管理类联考（199科目：MBA、MPA、MPAcc、审计、工程管理、旅游管理、图书情报、高级工商管理）

经济类联考（396科目：金融、应用统计、税务、国际商务、保险、资产评估）

逻辑应试技巧通关宝典

潘 杰 编著

复旦大学出版社

图书在版编目(CIP)数据

逻辑应试技巧通关宝典:全二册/潘杰编著. —上海:复旦大学出版社,2022.3(2024.2重印)
ISBN 978-7-309-16129-8

Ⅰ.①逻… Ⅱ.①潘… Ⅲ.①逻辑-研究生-入学考试-自学参考资料 Ⅳ.①B81

中国版本图书馆CIP数据核字(2022)第032753号

逻辑应试技巧通关宝典(全二册)
潘 杰 编著
责任编辑/陆俊杰

复旦大学出版社有限公司出版发行
上海市国权路579号 邮编:200433
网址:fupnet@fudanpress.com http://www.fudanpress.com
门市零售:86-21-65102580 团体订购:86-21-65104505
出版部电话:86-21-65642845
上海四维数字图文有限公司

开本787毫米×1092毫米 1/16 印张27 字数612千字
2024年2月第1版第3次印刷

ISBN 978-7-309-16129-8/B · 752
定价:51.00元

前　言

逻辑是一门“神奇而陌生”的学科，属于哲学的重要分支。随着管理类联考与经济类联考的热度越来越高，其中一门“神秘的科目”——逻辑越来越吸引大家的眼球。以管理类联考为例，综合考卷由3部分构成：初等数学（75分）、逻辑（60分）、写作（65分），其中逻辑带给大家的视觉冲击最大：题目长、语言表述生僻、选项貌似都差不多、考点吃不准、时间要求极其严格（平均做一道逻辑题不到2分钟）……然后大家翻开逻辑考试大纲，它告诉你“不考查逻辑学的专业知识”，但大纲给出的概念、判断、推理、论证等全部是“逻辑学的专业知识”，这就给从来没有接触过这门学科的考生的备考造成了很大的复习困难。

考生备考的第一步通常是选择一本参考书，作为复习的指引与依据。现在市面上的逻辑参考书质量良莠不齐，况且有些书籍动辄500多页，给考生（尤其是在职考生）造成极大的心理压力，加之逻辑题目读起来生僻难懂、做起来烧脑发晕，因此，很多考生选择“战略性放弃”。

事实上，逻辑是管理类联考综合的核心学科，虽然表面上“逻辑推理部分”只占60分，但是数学中“条件充分性判断”的核心思维其实就是逻辑知识点“充分性”，如果形式逻辑复习得当，解“条件充分性判断”试题时就会事半功倍；而写作中“论证有效性分析”的核心思维其实就是“论证方式”，这是论证逻辑的核心思维，如果论证逻辑复习得当，完成“论证有效性分析”时思路会非常清晰。因此，逻辑是管理类联考的核心学科，与之相关的考点占到120分，即占综合分值的60%，或占管理类联考总分的40%，因此“战略性放弃”绝不可取。那么，找到一本通俗易懂、知识点覆盖全面、例题解析详尽、重点明确的逻辑复习参考教材就尤为重要了。

本人早年在国外偶然接触到逻辑这门神奇的学科，回国后致力于“逻辑应试技巧”的研究并学以致用，抱着**“帮更多考生最快学会逻辑”的目的**，走上了考前辅导之路，至今从事联考逻辑辅导已逾13载，历任各大培训机构全国主讲，累计面授过的学员已经数万。从2014年开始，本人就在思考一个问题——如何让广大考生更好地接受逻辑、学好逻辑？古人就有“寓教于乐”的智慧，作为一名逻辑老师，我是不是可以让大家尽可能轻松地学习逻辑？于是，“趣味逻辑”这个概念也就产生了，又经过了3年的教学实践，本人决定把这个理念分享给大家，让更多考生与逻辑爱好者可以更轻松地学习晦涩的逻辑知识。

由于本人的主要教学对象是“考生”，就不可避免要涉及逻辑学知识与试题，所以本书的“趣味性”只是相对而言，“趣味逻辑”的目标是：通过尽可能少的理论知识、结合现实生活实例、用浅显易懂的方式讲授逻辑考点、配合一定的例题，真正做到“**考点精析、类型强化、举一反三**”。

逻辑大纲近十年没有发生变化，但是考试重点近几年却发生了很大的转变，近十年来的考点变化如下：

一、近十年管理类联考逻辑真题知识点分布表（★个数表示出题数量）

章节		2024 年	2023 年	2022 年	2021 年	2020 年	2019 年	2018 年	2017 年	2016 年	2015 年
形式逻辑	概念	★				★	★		★	★	
	简单命题		★				★	★	★		
	三段论							★			★
	复合命题	★★★	★★	★★★★★★	★★★	★★★	★★★★	★★★★★★	★★	★★★	★★★★★★★★★
论证逻辑	加强	★★★★★★★	★★★	★★★★★★	★★★★★★★★	★★★★★★★	★★★★★	★★★	★★★★★	★★★	★★★
	削弱	★★★★	★★★★★	★★	★★	★★	★★★	★	★	★★★★★★	★★
	假设	★	★		★	★★	★★		★	★★	★★★
	解释		★	★★	★				★★	★★★	★
	评价		★	★					★★	★★	
	结构类似		★★			★★	★	★★★	★★★	★	★
分析推理	代入排除	★★	★★★	★★	★★★★★	★★★★	★★★★★	★★★	★★	★★	
	确定性条件	★	★★★	★★★★	★	★	★★	★★★★★	★★	★	★
	假设法		★	★★★	★★★★★	★	★		★★	★	
	排序	★★				★★			★★★	★★	★
	分组	★★★★	★		★★	★★★	★★★	★★		★	★★★★
	综合推理	★★★★★	★★★★★	★★★★	★★	★★	★★	★★	★★	★★	★★
	其他							★	★	★	★

二、近十年经济类联考逻辑真题知识点分布表(★个数表示出题数量)

章节		2023年	2022年	2021年	2020年	2019年	2018年	2017年	2016年	2015年	2014年
形式逻辑	概念		★	★	★★		★	★	★★		
	简单命题	★					★		★	★	★
	三段论				★		★			★★	★
	复合命题	★★	★★★★	★★	★★★	★★★★★★	★	★	★★★★★★	★★★★	★★★
论证逻辑	加强	★★★	★★★	★★★★	★	★★★★	★★★	★★★	★★	★★	★★★★★
	削弱	★★	★	★★	★★★	★★	★★★★	★★★★★	★★★	★★★★	★★★★
	假设	★			★★	★★	★★★	★★★★	★	★★★★	★★★
	解释			★	★		★	★		★	★★★
	评价		★		★★★★	★★	★★★★	★★★	★	★	
	结构类似	★		★	★	★★	★	★	★		
分析推理	代入排除	★★	★★	★	★						
	确定性条件	★★★★									
	假设法	★	★★★	★★★		★			★★	★	
	排序			★★							
	分组		★								
	综合推理	★★	★★	★★★							
	其他	★	★★		★	★		★	★		

面对如此纷繁的考点与题型,作为一个初学者,应该如何应对呢?

第一步:设定一个学习目标,每位同学可以根据自己的学习情况设定目标,尤其是在职考生;

第二步:本书囊括了所有知识点和题型,还辅以相应的课后习题,本书的一个特色就是每一道例题和课后习题都有详解,并且习题册和解析册分开装订,可以最大限度地帮助考生便利学习;

第三步:当所有知识点和题型学习完成以后,可以进行系统化的测试,本书最后配套两份高度仿真模拟测试卷,可以抽 1 个小时左右做完,然后对于薄弱环节再进行针对性的补强;

第四步:进行真题和模拟试题的系统化训练。

本人在编写本书过程中,参考了近年来美国 GMAT、GRE 和 LSAT 中的逻辑试题,以及国内近年来 MBA、MPA、MPAcc、GRK 等考试中的逻辑试题和相关资料,谨在此向这些资料的编写者表示衷心的感谢。

考生在使用本书过程中，如有疑问，可以登录微信公众号“P老师考研”，本人将及时给大家答疑解惑。

最后，祝愿广大考生经过努力能够圆梦！真诚希望本书的理念与独特的解题应试技巧可以造福广大考生！

欢迎广大读者与同行对本书的疏漏之处提出批评指正！

潘　杰

2024年1月

目　录

强 化 篇

冲刺模拟篇

应试指导

YING SHI ZHI DAO

第一章 绪 论

1.1 联考逻辑考试大纲

1.1.1 管理类联考综合逻辑考试大纲

考试大纲中逻辑推理要求如下：

二、逻辑推理

综合能力考试中的逻辑推理部分主要考查考生对各种信息的理解、分析、判断和综合，以及相应的推理、论证、比较、评价等逻辑思维能力，不考查逻辑学的专业知识。试题内容涉及自然、社会和人文等各个领域，但不考查相关领域的专业知识。

试题内容主要包括：

（一）概念

1. 概念的种类
2. 概念之间的关系
3. 定义
4. 划分

（二）判断

1. 判断的种类
2. 判断之间的关系

（三）推理

1. 演绎推理
2. 归纳推理
3. 类比推理
4. 综合推理

（四）论证

1. 论证方式分析

2. 论证评价
(1) 加强
(2) 削弱
(3) 解释
(4) 其他
3. 谬误识别
(1) 混淆概念
(2) 转移论题
(3) 自相矛盾
(4) 模棱两可
(5) 不当类比
(6) 以偏概全
(7) 其他谬误

1.1.2 经济类联考综合逻辑考试大纲

考试大纲中逻辑推理要求如下：

二、逻辑推理

综合能力考试中的逻辑推理部分主要考查考生对各种信息的理解、分析、综合和判断，并进行相应的推理、论证、比较、评价等逻辑思维能力。试题内容涉及自然、社会的各个领域，但不考查有关领域的专业知识，也不考查逻辑学的专业知识。

试题内容主要包括：

(一) 概念
1. 概念的种类
2. 概念之间的关系
3. 定义
4. 划分
(二) 判断
1. 判断的种类
2. 判断之间的关系
(三) 推理
1. 演绎推理
2. 归纳推理
3. 类比推理
4. 综合推理
(四) 论证
1. 论证方式分析
2. 论证评价
(1) 加强

(2) 削弱
(3) 解释
(4) 其他
3. 谬误识别
(1) 混淆概念
(2) 转移论题
(3) 自相矛盾
(4) 模棱两可
(5) 不当类比
(6) 以偏概全
(7) 其他谬误

1.2 逻辑试题的特点

逻辑考试的试题来源主要是两种：国内学者、教师的命题(国产试题)；吸收、改造、直接引用美国GMAT(主要)、GRE和LSAT的试题(进口试题)。早期的MBA考试主要采用后者，但从2010年1月第一次进行管理类专业学位硕士研究生统一考试以后，进口试题的比重明显降低了。

与美国GMAT的逻辑试题相比，中国的逻辑试题**有非常明显的真假逻辑**尤其是形式化真假逻辑的特点。国产逻辑试题可以从考试要求上分为真假逻辑(形式逻辑)和非真假逻辑(论证逻辑)。

逻辑在中国的许多重要考试中属于必考科目，这些逻辑考试试题在结构上具有共同的三部分：题干、问题和选项。有些逻辑考试的要求是四选一，如工程硕士专业学位研究生入学资格考试(GCT)；有些逻辑考试的要求则是五选一，如管理类和经济类联考。逻辑科目往往不单独考核，而是作为综合考试的一部分，如管理类联考综合，在综合考试200分的总分值中，逻辑科目占60分的分值。这样，逻辑考试的难度便体现出来了：**不仅要求做对，更要求在一定的时间内做对**。

上述大纲列举了十几个逻辑学专业术语，没有接触过逻辑学的考生可能会感到不好理解。从实战角度来看，联考逻辑的考试内容可以分为难度依次增加的三类：**形式逻辑、论证逻辑和分析推理**。须指出的是，大纲的术语与本书的称谓有些区别，因为其描述并不十分准确，也无法应对联考逻辑试题。下面通过实例来认识一下这三类题目的特点。

题型一：形式逻辑

形式逻辑试题的特点是易于公式化、必然性推理，与生活常识无关，易掌握，提问常常以“为真”“为假”“可以推出”“可以得出”等形式出现，要求考生给出一个**确定性**的结果。

例题1 王涛和周波是理科(1)班的同学，他们是无话不说的好朋友。他们发现班里每一个人或者喜欢物理，或者喜欢化学。王涛喜欢物理，周波不喜欢化学。

根据以上陈述，以下哪项必定为真？

Ⅰ. 周波喜欢物理。

Ⅱ. 王涛不喜欢化学。

Ⅲ. 理科(1)班不喜欢物理的人喜欢化学。

Ⅳ. 理科(1)班的人一半喜欢物理，一半喜欢化学。

A. 仅Ⅰ。

B. 仅Ⅲ。

C. 仅Ⅰ、Ⅱ。

D. 仅Ⅰ、Ⅲ。

E. 仅Ⅱ、Ⅲ、Ⅳ。

这类考题要求考生灵活运用概念、命题、推理等相关知识，以题干给出的信息为基础做出相应的判断，难度较低，近年来，在试卷中**所占比例逐渐减少**，所占比重相对较小，管理类联考每年在6题左右，经济类联考每年在4题左右。然而，考生切不可因这部分题目难度低、比重小就放松学习要求。**同时，形式逻辑是分析推理的基础**，它也是整个逻辑学习的基础，考生务必打好这块基础，为后期的学习做好准备。

题型二：论证逻辑

论证逻辑试题的特点是非公式化、非确定推理、规律性弱，提问常常以“最能削弱”“最能支持”“最能解释”“最可能是题干假设”“最能评价”等形式出现，要求考生在选项中找出**最佳的结果**。

例题2 研究人员报告说，一项超过1万名70岁以上的老人参与的调查显示，每天睡眠时间超过9小时或少于5小时的人，他们的平均认知水平低于每天睡眠时间为7小时左右的人。研究人员据此认为，要改善老年人的认知能力，必须使用相关工具检测他们的睡眠时间，并对睡眠进行干预，使其保持适当的睡眠时间。

以下哪项如果为真，最能质疑上述研究人员的观点？

A. 尚没有专业的医疗器具可以检测人的睡眠时间。

B. 每天睡眠时间为7小时左右的都是70岁以上的老人。

C. 每天睡眠时间超过9小时或少于5小时的都是80岁以上的老人。

D. 70岁以上的老人一旦醒来就很难再睡着。

E. 70岁以上的老人中，有一半以上失去了配偶。

例题3 晴朗的夜晚可以看到满天星斗，其中有些是自身发光的恒星，有些是自身不发光但可以反射附近恒星光的行星，恒星尽管遥远，但是有些可以被现有的光学望远镜“看到”。和恒星不同，由于行星本身不发光，而且体积还小于恒星，因此，太阳系外的行星大多无法用现有的光学望远镜“看到”。

以下哪项如果为真，最能解释上述现象？

A. 如果行星的体积够大，现有的光学望远镜就能“看到”。

B. 太阳系外的行星因距离遥远，很少能将恒星光反射到地球上。

C. 现有的光学望远镜只能“看到”自身发光或者反射光的天体。

D. 有些恒星没有被现有光学望远镜“看到”。

E. 太阳系内的行星大多可用现有光学望远镜“看到”。

这类考题要求考生熟练掌握论证理论，如归纳论证、类比论证、对比论证、因果关系论证、方法措施论证、比例论证等论证方法的特点，根据题干所选用的论证方式给出最恰当的答案，难度较高，在试卷中所占比例相对较大，管理类联考每年在 12 题左右，经济类联考每年在 8～10 题。不仅如此，熟练掌握论证逻辑对论证有效性分析的写作也具有十分重要的意义。因此，该部分知识是联考逻辑的重点内容。

题型三：分析推理

分析推理试题的特点是考点综合化，结合各种逻辑学知识，有时候一个公共题干后面有多个问题，**属于确定推理，考试形式灵活多变、耗时长**，提问形式与形式逻辑一样，常以真假、对错等形式出现，要求考生给出确定结果。

例题 4 小明、小红、小丽、小强、小梅五人去听音乐会，他们五人在同一排且座位相连，其中只有一个座位最靠近走廊，结果小强想坐在最靠近走廊的座位上，小丽想跟小明紧挨着，小红不想跟小丽紧挨着，小梅想跟小丽紧挨着，但不想跟小强或小明紧挨着。

以下哪项顺序符合上述五人的意愿？

A. 小明，小梅，小丽，小红，小强。

B. 小强，小红，小明，小丽，小梅。

C. 小强，小梅，小红，小丽，小明。

D. 小明，小红，小梅，小丽，小强。

E. 小强，小丽，小梅，小明，小红。

例题 5 在某科室公开选拔副科长的招录考试中，共有甲、乙、丙、丁、戊、己、庚 7 人报名。根据统计，7 人的最高学历分别是本科和博士，其中博士毕业的有 3 人；女性 3 人。已知，甲、乙、丙的学历层次相同，己、庚的学历层次不同；戊、己、庚的性别相同，甲、丁的性别不同。最终录用的是一名女博士。

根据以上陈述，可以得出以下哪项？

A. 甲是男博士。

B. 己是女博士。

C. 庚不是男博士。

D. 丙是男博士。

E. 丁是女博士。

本类考题要求考生具有扎实的形式逻辑基础与严密的逻辑推理能力，在题干给出的复杂前提之间寻找内在关系，通过严密的分析和推理，有时甚至结合部分数学方法得出最终结论，难度最高，在试卷中所占比例不小，管理类联考每年在 12 题左右，经济类联考每年在 8 题左右。此类试题非常耗时，用最短的时间攻克综合推理问题，是逻辑科目取得高分的关键。

最后要指出的是，在试题中这三种题目是混排的。考生不仅要会分类做题，在实际考试时，还要会判别题目的基本种类，这样才能选择不同的解题思路与解题方法去处理。因此，在后期的学习中，考生应逐渐养成良好的解题习惯，进行适量的训练。

综上所述，结合考试大纲，逻辑知识体系与题型可以归纳如下：

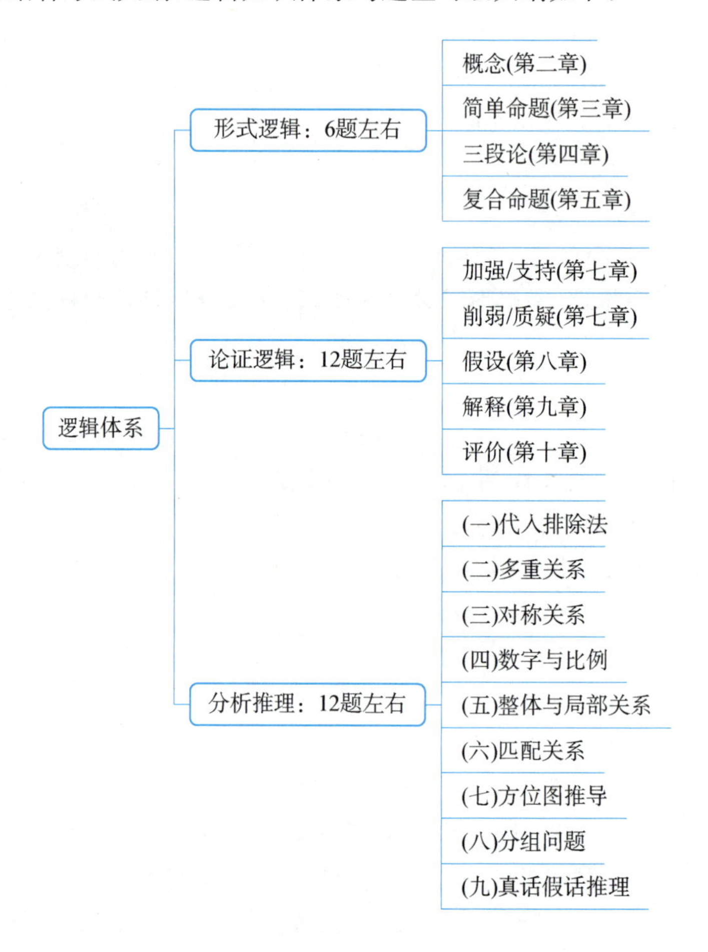

1.3 逻辑学习与复习建议

（1）逻辑学考试考查的是**思维的严谨性与思路的清晰性**，不直接考查逻辑学专业知识，但是解题时最好用到逻辑学专业知识，可迅速抓住题眼，快速解题。

（2）逻辑学考试不涉及其他相关专业知识，如经济学、环境学等，这些知识经常作为**背景知识**出现，但是题目的最终考点一定不会是这些具体学科的专业知识点，而是逻辑学的某个考点。

（3）逻辑学考试的建议时间为：管理类联考 55 分钟左右，考题为 30 题，每题 2 分，总

阅读量为 7 500～8 500 字，阅读量相当大，平均每道题的解题时间仅为 100 秒左右；经济类联考 40 分钟左右，考题为 20 题，每题 2 分，总阅读量为 5000 字左右，阅读量也比较大，平均每道题的解题时间仅为 120 秒左右。因此，快速找到题眼，忽略无关信息，**培养“扫略式”阅读习惯**尤为重要。

（4）逻辑学学习应该有一个系统的体系，学习过程应该是一个持续而深入的过程，切忌每阶段“浅尝辄止”“好像懂了”“差不多会了”，两遍 80%的最终效果远小于一遍 95%，因此，逻辑学学习应该是一个全面系统的过程。

（5）逻辑学学习十二字方针：**考点聚焦**、**类型集训**、**举一反三**。关于逻辑练习题的选取，建议以真题为主，尤其是论证逻辑题，真题都是经过命题专家反复推敲、精心编辑的，且其考点明确，很少出现偏题怪题，有很多同学希望将历年真题放在最后阶段练习，作为检验自己成果的标准，因此，真题一定要反复研究、仔细推敲。

基础篇

JI CHU PIAN

第二章　概　　念

【大纲考点】

1．概念的种类　2．概念之间的关系　3．定义　4．划分

【命题剖析】

(1) 概念是逻辑学的基础章节,须熟练掌握大纲规定的内容。

(2) 本章的内容考查主要体现在以下 3 个方面：

① 概念的定义与辨析；

② 概念之间的关系判断与交叉关系计算；

③ 概念之间的划分。

【知识体系】

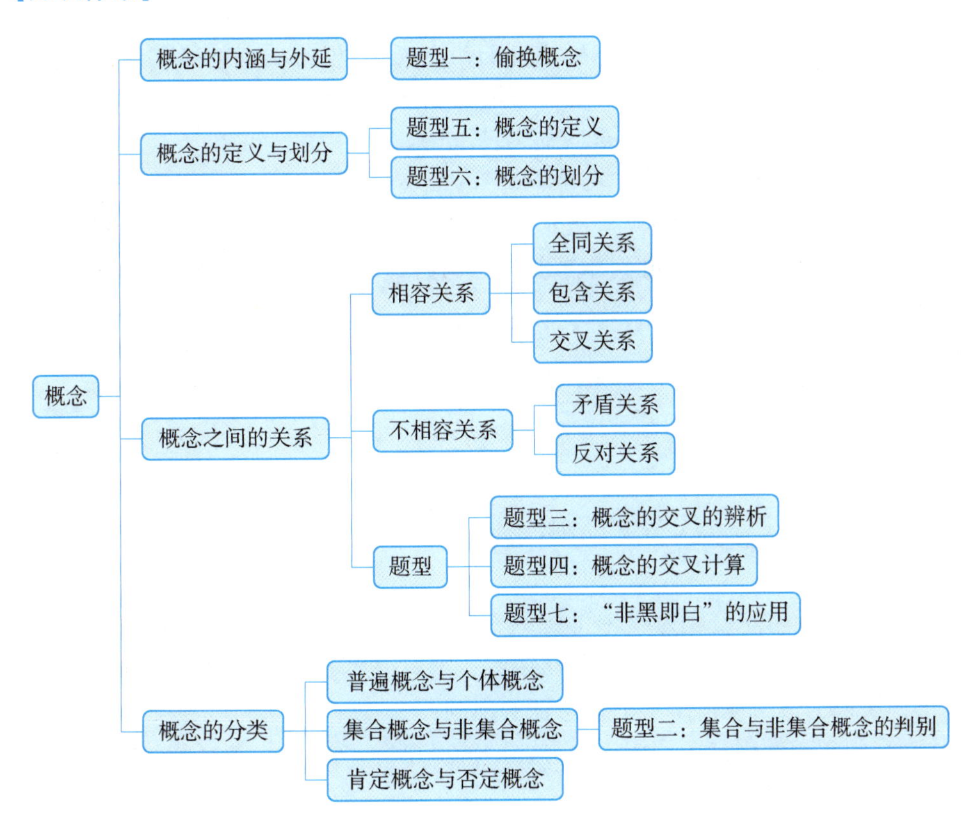

2.1 概念的内涵和外延

概念的内涵是指概念所反映的事物的特有属性，主要是指这个概念**是什么**。

概念的外延是指具有概念所反映的特有属性的对象，主要是指这个概念**有什么**。

例如，“三角形”的内涵是指由不在同一直线上的三条线段首尾顺次连接所组成的封闭图形，其外延是等腰三角形、等边三角形、直角三角形、锐角三角形、钝角三角形等。

概念的内涵越丰富，限制条件越多，其外延就越小，见下图。

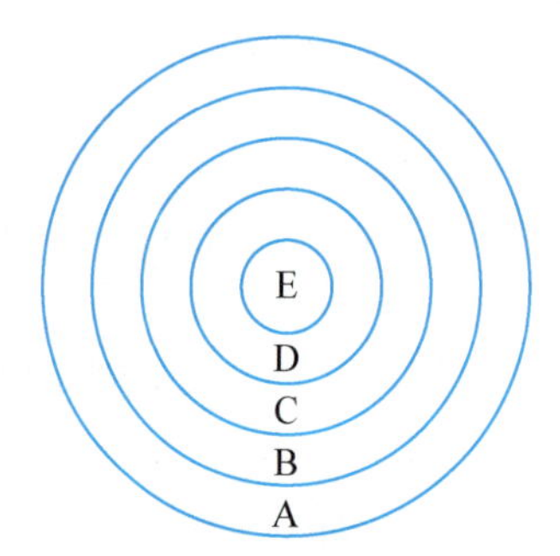

A-男人　B-好男人　C-优秀的好男人
D-优秀、多金的好男人
E-优秀、多金、帅气的好男人

注意：在运用概念时，要求对概念表达明确、理解明确。如果没有完全明白概念的内涵或外延，无意中把两个不同的概念当相同的概念使用，就犯了**混淆概念**的错误；如果故意使用一个不同的概念来代替原来的概念，则犯了**偷换概念**的错误。

题型一：偷换概念【★★★】

此类试题属于逻辑谬误范畴，从历年考查情况来看，出现的频率相对较高，而且其解题思路比较固定，难度较大。同时，本节知识点与后续论证逻辑及写作部分论证有效性分析也密切相关。

例题1　鲁迅的著作不是一天能读完的，《狂人日记》是鲁迅的著作，因此，《狂人日记》不是一天能读完的。

下列哪项最为恰当地指出了上述推理的逻辑错误？

A. 偷换概念。　B. 自相矛盾。　C. 以偏概全。
D. 倒置因果。　E. 循环论证。

例题2　一项时间跨度为半个世纪的专项调查研究得出肯定的结论：饮用常规量的咖啡对人的心脏无害。因此，咖啡的饮用者完全可以放心地享用，只要不过量。

以下哪项最为恰当地指出了上述论证的漏洞？

A. 咖啡的常规饮用量可能因人而异。

B. 心脏健康不等同于身体健康。
C. 咖啡饮用者可能在喝咖啡时吃对心脏有害的食物。
D. 喝茶,特别是喝绿茶比喝咖啡有利于心脏保健。
E. 有的人从不喝咖啡,但心脏仍然健康。

2.2 概念的种类

2.2.1 单独概念与普遍概念

根据概念外延的数量不同,可以将概念分为**单独概念**与**普遍概念**。

单独概念也称为**单数概念**,是反映某一个具体对象的概念,一般具有独一无二的特征,如"中国""亚洲""秦始皇"等。

普遍概念也称为**复数概念**,是反映一类事物的概念,该类事物可能包含多个对象,如"三角形""动物""中国人"等。

2.2.2 集合概念与非集合概念

根据概念所反映的对象是否为集合体,可以将概念分为**集合概念**与**非集合概念**。集合概念就是反映由若干个别事物构成的集合体的概念,如"森林""联合国""人类"等。构成集合体的个别对象**不必然**具有集合体的性质。集合体的这个根本特征,决定集合概念只反映集合体,不反映构成集合体的个体。综上所述,集合概念的特征是:**整体具有的特征其组成个体/部分未必具有**。例如,"中国人是勤劳的",其中的"中国人"是一个集合体,这个集合体具备的性质,不要求每个个体的中国人都具备。

非集合概念就是反映非集合体的概念,**整体具有的特征其组成个体也具有**。例如,在"牛有四条腿"中,"牛"是非集合概念,这里牛整体具有的性质要求每头牛的个体也都具备。

课堂练习:辨析集合概念与非集合概念。

(1) 中国人是亚洲人。

(2) 中国人是勤劳勇敢的。

(3) 小王是中国人。

(4) 中国人比德国人聪明,但不是很守纪律。

上述"中国人"在(1)、(3)中是非集合概念;在(2)、(4)中是集合概念。

【解析】 (1)中,每一个"中国人"可以合理地认为是"亚洲人",所以,(1)中的"中国人"是非集合概念。(2)中,每一个"中国人"都是"勤劳勇敢的"吗?很难合理地这样认为,所以,(2)中的"中国人"表示的是集合,即"中国人"作为一个种族具有"勤劳勇敢"的特点,所以,是集合概念。同理,(4)中的"中国人"也是集合概念。(3)中的"中国人"特指的是小王,是非集合概念。

2.2.3 肯定概念与否定概念

根据概念所反映的对象是否具有某种属性，可以将概念分为**肯定概念**与**否定概念**。肯定概念是反映对象具有某种属性的概念，又称**正概念**，如“金属”“党员”“合理”等。

否定概念是反映对象不具有某种属性的概念，又称**负概念**，如“非金属”“非党员”“不合理”等。在汉语中，否定概念一般用带有“非”“不”“无”“没”等否定意思的词或词组表示。

因此，在逻辑中，书写一个概念的负概念，加“非”即可。例如，“金属”的负概念就是“非金属”，“党员”的负概念就是“非党员”。

题型二：集合与非集合概念的判别【★】

此类试题属于谬误类试题，即题干信息犯了集合概念与非集合概念混淆的错误；从历年考查情况来看，出现的频率较低，但写作部分论证有效性分析也与此密切相关。**此类试题尤其要注意集合概念与非集合概念的判别**。

例题3　小李将自家护栏边的绿地毁坏，种上了黄瓜。小区物业人员发现后，提醒小李：护栏边的绿地是公共绿地，属于小区的所有人。物业为此下发了整改通知书，要求小李限期恢复绿地。小李对此辩称：“我难道不是小区的人吗？护栏边的绿地既然属于小区的所有人，当然也属于我。因此，我有权在自己的土地上种瓜。”

以下哪项论证和小李的错误最为相似？

A. 所有人都要为他的错误行为负责，小梁没有为他的错误行为负责，所以，小梁的这次行为没有错误。

B. 所有参展的兰花在这次博览会上被定购一空，李阳花大价钱买了一盆，由此可见，李阳买的必定是兰花。

C. 没有人能够一天读完大仲马的所有作品，没有人能够一天读完《三个火枪手》，因此，《三个火枪手》是大仲马的作品之一。

D. 所有莫尔碧骑士组成的军队在当时的欧洲是不可战胜的，翼雅王是莫尔碧骑士之一，所以，翼雅王在当时的欧洲是不可战胜的。

E. 任何一个人都不可能掌握当今世界的所有知识，地心说不是当今世界的知识，因此，有些人可以掌握地心说。

例题4　克鲁特是德国家喻户晓的“明星”北极熊，北极熊是名副其实的北极霸主，因此，克鲁特是名副其实的北极霸主。

以下除哪项外，均与上述论证中出现的谬误相似？

A. 儿童是祖国的花朵，小雅是儿童，因此，小雅是祖国的花朵。

B. 鲁迅的作品不是一天能读完的，《祝福》是鲁迅的作品，因此，《祝福》不是一天能读完的。

C. 中国人是不怕困难的，我是中国人，因此，我是不怕困难的。

D. 康怡花园坐落在清水街，清水街的建筑属于违章建筑，因此，康怡花园的建筑属于违章建筑。

E. 西班牙语是外语，外语是高等学校招生的必考科目，因此，西班牙语是高等学校招生的必考科目。

2.3 概念间的关系

根据外延是否有重合，可以将概念间的关系分为相容关系和不相容关系。

2.3.1 相容关系

概念间的外延全部或一部分重合，它们之间的关系称为相容关系。具有相容关系的概念为相容关系概念。相容关系分为**全同关系**、**包含关系**、**交叉关系**三种。

(1) 全同关系：两个概念的外延完全相同，二者之间的关系称为全同关系，也称同一关系。例如，“北京”和“中国的首都”之间的关系为全同关系。

(2) 包含关系：一个概念的部分外延是另一个概念外延的全部，二者之间的关系称为包含关系。**包含关系也称种属关系或属种关系**，其中，外延大的概念称为属概念，外延小的概念称为种概念。例如，“人”和“中国人”为包含关系，“人”的外延大于“中国人”的外延，前者包含后者，前者称为属概念，后者称为种概念。

(3) 交叉关系：一个概念的部分外延只与另一个概念的部分外延重合，二者之间的关系称为交叉关系。例如，“老人”和“男人”之间的关系为交叉关系。

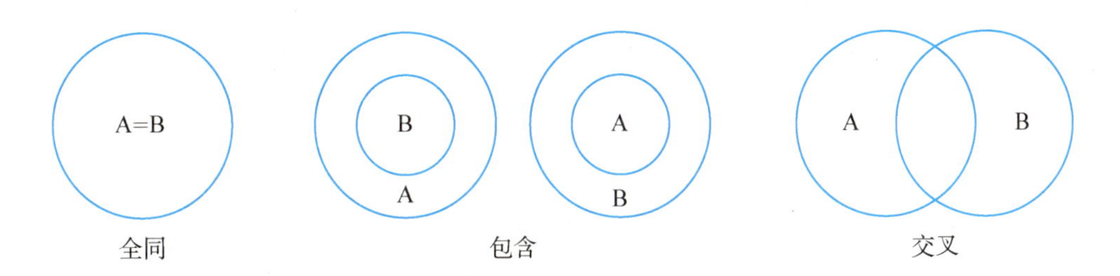

全同　　　包含　　　交叉

2.3.2 不相容关系

概念间的外延没有任何部分重合，它们之间的关系叫不相容关系，又称为全异关系。具有不相容关系的概念叫不相容关系概念。不相容关系分为**矛盾关系**和**反对关系**。

(1) 矛盾关系：两个概念的外延互相排斥，它们的外延之和等于其属概念的外延，二者的关系称为矛盾关系。例如，“金属”与“非金属”之间的关系为矛盾关系。矛盾可以理解为：不可能同真、不可能同假、必定一真一假。

(2) 反对关系：两个概念的外延互相排斥，它们的外延之和小于其属概念的外延，二者的关系称为反对关系。例如，“白色”与“黑色”之间的关系为反对关系，二者的外延相互排斥，它们的外延之和小于其属概念“颜色”。

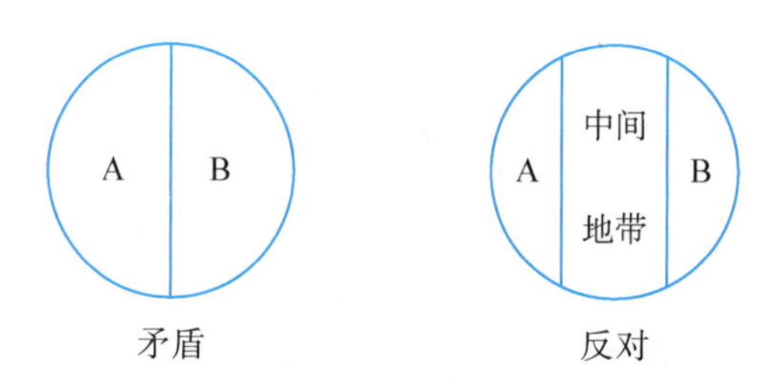

注意：在同一思维过程中，两个互相矛盾或互相反对的概念不能同时都是真的，否则，就违反了矛盾律，即当两个互相矛盾或互相反对的概念同时为真时，就犯了**"自相矛盾"的错误**。

两个互相矛盾的概念不能都加以否定，必须肯定其中一个是真的，否则就违反了排中律，即当两个互相矛盾的概念同时为假时，就犯了**"两不可"的错误**。

当把反对关系错误地当成矛盾关系的时候，就忽略了中间地带，犯了**"非黑即白"的错误**。

课堂难点解析一：从科学的角度讲，现代医学以生物学为基础，而生物学建立在物理、化学等学科基础之上。中医不以这些学科为基础，因此，它与**科学**不兼容，只能说是**伪科学**。

【解析】 即使"中医与科学不兼容"，但是并不能认定中医只能是"伪科学"。"科学"和"伪科学"是反对关系而并非矛盾关系，"科学"的对立面是"非科学"。比如，文学、艺术虽然不是科学，但也不是伪科学。——犯了"非黑即白"的错误。

课堂难点解析二：环环相扣的监督机制能确保企业内部各级管理者无法敷衍塞责，万一有人敷衍塞责，也会受到这一机制的制约。

【解析】 材料前面的观点是"环环相扣的监督机制能确保企业内部各级管理者无法敷衍塞责"，由此可以推定"没有人能够敷衍塞责"。而材料后面又认为"万一有人敷衍塞责，也会受到这一机制的制约"，即肯定了"敷衍塞责"发生的可能性。——犯了"自相矛盾"的错误。

课堂难点解析三：这次实验既不能算**成功**，也不能算**不成功**。

【解析】 "成功"与"不成功"互为矛盾关系，两者必定有一个为真，不可能同时为假。——犯了"两不可"的错误。

题型三：概念的交叉的辨析【★★】

例题5 概念A与概念B之间有交叉关系，当且仅当：

(1) 存在对象x，x既属于A又属于B；

(2) 存在对象y，y属于A但不属于B；

(3) 存在对象z，z属于B但不属于A。

根据上述定义，以下哪项中划线的两个概念之间有交叉关系？

A. 国画按题材分主要有<u>人物画</u>、花鸟画、山水画等；按技法分主要有<u>工笔画</u>和写意画等。

B. 《盗梦空间》除了是最佳影片的有力争夺者外，它在技术类奖项的争夺中也将有所斩获。

C. 洛邑小学 30 岁的食堂总经理为了改善伙食，在食堂放了几个意见本，征求学生们的意见。

D. 在微波炉清洁剂中加入漂白剂，就会释放出氯气。

E. 高校教师包括教授、副教授、讲师和助教等。

例题 6 概念 A 与概念 B 之间有种属关系，当且仅当：

(1) 存在对象 x，如果 x 属于 A，则属于 B；

(2) 存在对象 y，y 属于 B 但不属于 A。

根据上述定义，以下哪项中加下划线的两个概念之间有种属关系？

A. 这个组织的成员除了划分为男性成员和女性成员外，还可以划分为企业成员和非企业成员。

B. 江苏省包括南京市、苏州市等。

C. 中国人都是黄种人，并且都是亚洲人。

D. 在南方菜系中，淮扬菜相当著名。

E. 同济大学包括建筑学院、经济管理学院、同济 MBA 等 10 个一级学院。

题型四：概念的交叉计算【★★★】

此类试题属于数理逻辑类试题，属于分析推理范畴；从历年考查情况来看，出现的频率较高，而且其解题思路比较固定，难度较大。

例题 7 一个房间中，一批人在聊天。其中，1 个人是沈阳人，3 个人是南方人，2 个人是广东人，2 个人是作曲家，3 个人是诗人。

假设以上介绍涉及了房间中的所有人，那么，房间中最少可能是几个人？最多可能是几个人？

A. 最少可能是 4 人，最多可能是 9 人。
B. 最少可能是 3 人，最多可能是 8 人。
C. 最少可能是 4 人，最多可能是 11 人。
D. 最少可能是 5 人，最多可能是 9 人。
E. 最少可能是 5 人，最多可能是 11 人。

例题 8 某个饭店中，一桌人边用餐边谈生意。其中，1 个人是哈尔滨人，2 个人是北方人，1 个人是广东人，2 个人只做电脑生意，3 个人只做服装生意。

假设以上的介绍涉及这张桌上的所有人，那么，这一餐桌上最少可能是几个人？最多可能是几个人？

A. 最少可能是 3 人，最多可能是 8 人。
B. 最少可能是 5 人，最多可能是 8 人。
C. 最少可能是 5 人，最多可能是 9 人。
D. 最少可能是 3 人，最多可能是 9 人。
E. 最少可能是 2 人，最多可能是 8 人。

例题 9 在某市中级人民法院法庭上，有 2 个山东人，1 个大连人，1 个济南人，2 个人只爱慕 A，3 个人爱慕 B，4 个人爱慕 C(A、B、C 不是法庭上的人)。

假设以上介绍涉及了该法庭上的所有人，那么，法庭上最少可能是几个人，最多可能是几个人？

A. 最少可能是 6 人，最多可能是 9 人。
B. 最少可能是 6 人，最多可能是 12 人。
C. 最少可能是 6 人，最多可能是 14 人。
D. 最少可能是 9 人，最多可能是 12 人。
E. 最少可能是 9 人，最多可能是 14 人。

例题 10 某次讨论会共有 18 名参与者。已知：

(1) 至少有 5 名青年教师是女性；

(2) 至少有 6 名女教师年过中年；

(3) 至少有 7 名女青年是教师。

根据上述信息，关于参与人员可以得出以下哪项？

A. 有些女青年不是教师。
B. 有些青年教师不是女性。
C. 青年教师至少 11 名。
D. 女教师至少 13 名。
E. 女青年至多 11 名。

例题 11 有一家权威民意调查机构在世界范围内对“9·11”恐怖袭击事件发生的原因进行调查，结果发现：40%的人认为这是由美国不公正的外交政策造成的，55%的人认为这是由伊斯兰文明与西方文明的冲突造成的，23%的人认为这是出自恐怖分子的邪恶本性，19%的人没有表明意见。

以下哪项最能合理地解释上述看来包含矛盾的陈述？

A. 调查样本的抽取不是随机的，因而不具有代表性。
B. 有的被调查者后来改变了自己的观点。
C. 有不少被调查者认为，“9·11”恐怖袭击发生的原因不是单一的，而是复合的。
D. 调查结果的计算出现技术性差错。
E. 数据之间的差异不能用四舍五入来解释。

2.4 概念的定义规则

(1) 被定义项的外延和定义项的外延必须是全同关系。

(2) 若对概念限制过多，**就犯了定义过窄的错误**。

(3) 若对概念限制过少，**就犯了定义过宽的错误**。

(4) 定义项不得直接或间接包含被定义项。

定义项直接包含被定义项，这种错误在逻辑学上称为**同语反复**。

例如：心理学是研究心理的科学。

定义项间接包含被定义项，这种错误在逻辑学上称为**循环定义**。

例如：原因是导致结果的现象。

(5) 一般情况下，定义项不得包含负概念；负概念的作用主要是排除作用。

(6) 一般情况下，定义项不得包含比喻或者暗喻。

例如：建筑是凝固的音乐。

题型五：概念的定义【★★★】

例题 12　世界级的马拉松选手每天跑步不少于两小时，除非是元旦、星期天或得了较严重的疾病。

若以上论述为真，以下哪项所描述的人**不可能是**世界级马拉松选手？

A. 某人连续三天每天跑步仅一个半小时，并且没有任何身体不适。

B. 某运动员几乎每天都要练习吊环。

C. 某人在脚伤已经痊愈的一周内每天跑步至多一小时。

D. 某运动员在某个星期三没有跑步。

E. 某运动员身体瘦高，别人都说他是跳高运动员，而且他的跳高成绩相当不错。

例题 13　某单位要从 100 名报名者中挑选 20 名献血者进行体检。最不可能被挑选上的是 1993 年以来已经献过血，或是 1995 年以来在献血体检中不合格的人。

如果上述断定是真的，则以下哪项所言及的报名者最有可能被选上？

A. 小张 1995 年献过血，他的血型是 O 型，医用价值最高。

B. 小王是区献血标兵，近年来每年献血，这次她坚决要求献血。

C. 小刘 1996 年报名献血，因阳性体检不合格，这次出具转阴的证明，并坚决要求献血。

D. 大陈最近一次献血是在 1992 年，他因公伤截肢，血管中流动着义务献血者的血。他说，我比任何人都有理由献血。

E. 老孙 1993 年因体检不合格未能献血，1995 年体检合格献血。

例题 14　一个善的行为，必须既有好的动机，又有好的效果。如果是有意伤害他人，或是无意伤害他人，但这种伤害的可能性是可以预见的，在这两种情况下，对他人造成伤害的行为都是恶的行为。

以下哪项叙述符合题干的断定？

A. P 先生写了一封试图挑拨 E 先生与其女友之间关系的信。P 的行为是恶的，尽管这封信起到了与他的动机截然相反的效果。

B. 为了在新任领导面前表现自己，争夺一个晋升名额，J 先生利用业余时间解决积压的医疗索赔案件。J 的行为是善的，因为 S 小姐的医疗索赔请求因此得到了及时的补偿。

C. 在上班途中，M 女士把自己的早餐汉堡包给了街上的一个乞丐。乞丐由于急于吞咽而被意外地噎死了。所以，M 女士无意中实施了一个恶的行为。

D. 大雪过后,T先生帮邻居铲除了门前的积雪,但不小心在台阶上留下了冰。他的邻居因此摔了一跤。因此,一个善的行为导致了一个坏的结果。

E. S女士义务帮邻居照看3岁的小孩。小孩在S女士不注意时跑到马路上结果被车撞了。尽管S女士无意伤害这个小孩,但她的行为还是恶的。

2.5 概念的划分规则

(1) 各个子项的外延之和等于母项。

如果各个子项的外延之和大于母项的外延,就会犯多出子项的逻辑学错误。

如果各个子项的外延之和小于母项的外延,就会犯划分不全的逻辑学错误。

如果把一个母概念机械地划分为两个看似矛盾的概念,我们称之为“**机械二分**”。

例如:把青年人划分为“不读书也能成功的”和“读书也未必成功的”两类人,但实际上忽略了还有其他可能性,如“不读书也未必成功的”。

(2) 各个子项之间的关系必须是不相容的。

如果违反这条规定,就犯了子项相容的逻辑学错误。

例如:参加这次晚会的有大学生、小学生、共青团员和少先队员。这种划分就犯了子项相容的逻辑学错误,小学生和少先队员之间有交叉。

(3) 每次划分必须使用同一个划分标准。

(4) 不能越级划分。

题型六:概念的划分【★】

例题15 我最爱阅读外国文学作品,英国的、法国的、古典的,我都爱读。

上述陈述在逻辑上犯了哪项错误?

A. 划分外国文学作品的标准混乱,前者是按国别的,后者是按时代的。

B. 外国文学作品,没有分是诗歌、小说还是戏剧的。

C. 没有说最喜好什么。

D. 没有说是外文原版还是翻译本。

E. 在“古典的”后面,没有紧接着指出“现代的”。

例题16 某市2018年的人口发展报告显示,该市常住人口1170万,其中常住外来人口440万,户籍人口730万。从区级人口分布情况来看,该市G区常住人口240万,居各区之首;H区常住人口200万,位居第二。同时,这两个区也是吸纳外来人口较多的区域,两个区常住外来人口200万,占全市常住外来人口的45%以上。

根据以上陈述,可以得出以下哪个选项?

A. 该市G区的户籍人口比H区的常住外来人口多。

B. 该市H区的户籍人口比G区的常住外来人口多。

C. 该市H区的户籍人口比H区的常住外来人口多。
D. 该市G区的户籍人口比G区的常住外来人口多。
E. 该市其他各区的常住外来人口都没有G区或H区的多。

例题 17 有一首歌这样唱道:"十个男人七个傻,八个呆,九个坏,还有一个人人爱……"在上述歌词中提到的男人中,已知具备"傻""呆""坏"三种特性的一种或多种,则不会"人人爱",则对于同时具备"傻""呆""坏"三种特性的男人,以下说法正确的是?

A. 最多7人,最少6人。
B. 最多7人,最少4人。
C. 最多9人,最少7人。
D. 最多8人,最少7人。
E. 最多9人,最少6人。

题型七:"非黑即白"的应用【★★】

例题 18 主持人:有网友称你为国学巫师,也有网友称你为国学大师。你认为哪个名称更适合你?

上述提问中的不当也存在于以下各项中,除了(　　)。

A. 你要社会主义的低速度,还是资本主义的高速度?
B. 你主张为了发展可以牺牲环境,还是主张宁可不发展也不能破坏环境?
C. 你认为人都自私,还是认为人都不自私?
D. 你认为"9·11"恐怖袭击必然发生,还是认为有可能避免?
E. 你认为中国队必然夺冠,还是认为不可能夺冠?

2.6 课后习题

基础训练

1 自我陶醉人格是以过分重视自己为主要特点的人格障碍。它有多种具体特征:过高地估计自己的重要性,夸大自己的成就,对批评反应强烈,希望他人注意自己和羡慕自己;经常沉溺于幻想中,把自己看成特殊的人;人际关系不稳定,嫉妒他人,损人利己。

以下各项自我陈述中,除了哪项,均能体现自我陶醉人格的特征?

A. 我是这个团队的灵魂,一旦我离开了这个团队,他们将一事无成。
B. 他有什么资格批评我?大家看看,他的能力连我的一半都不到。
C. 我的家庭条件不好,但不愿意被别人看不起,所以,我借钱买了一部智能手机。
D. 这么重要的活动竟然没有邀请我参加,组织者的人品肯定有问题,不值得跟这样的人交往。
E. 我刚接手别人很多年没有做成的事情,我跟他们完全不在一个层次,相信很快就会将事情搞定。

2 根据学习在动机形成和发展中所起的作用，人的动机可分为原始动机和习得动机两种。原始动机是与生俱来的动机，它们是以人的本能需要为基础的；习得动机是指后天获得的各种动机，即经过学习产生和发展起来的各种动机。
根据以上陈述，以下哪项最可能属于原始动机？
A. 尊师重教，崇文尚武。
B. 不入虎穴，焉得虎子。
C. 宁可食无肉，不可居无竹。
D. 尊敬老人，孝顺父母。
E. 窈窕淑女，君子好逑。

3 在某次思维训练课上，张老师提出“尚左数”这一概念的定义：在连续排列的一组数字中，如果一个数字左边的数字都比其大（或无数字），且其右边的数字都比其小（或无数字），则称这个数字为尚左数。
根据张老师的定义，在 8、9、7、6、4、5、3、2 这列数字中，以下哪项包含该列数字中所有的尚左数？
A. 4、5、7 和 9。
B. 2、3、6 和 7。
C. 3、6、7 和 8。
D. 5、6、7 和 8。
E. 2、3、6 和 8。

4 小莫十分渴望成为一名微雕艺术家，为此，他去请教微雕大师孔先生：“您如果教我学习微雕，我将要多久才能成为一名微雕艺术家？”孔先生回答道：“大约十年。”小莫不足于此，再问：“如果我不分昼夜地每天苦练，能否缩短时间？”孔先生道：“那要用二十年。”
以下哪项最可能是孔先生的回答所提示的微雕艺术家的重要素质？
A. 谦虚。 B. 勤奋。 C. 尊师。 D. 耐心。 E. 决心。

5 过去，我们在道德宣传上有很多不切实际的高调，以至于不少人口头说一套，背后做一套，发生人格分裂现象。通过对此种现象的思考，有的学者提出，我们只要求普通人遵守“底线伦理”。
根据你的理解，以下哪一选项作为“底线伦理”的定义最合适？
A. 底线伦理就是不偷盗、不杀人。
B. 底线伦理不是要求人无私奉献的伦理。
C. 如果把人的道德比作一座大厦，底线伦理就是该大厦的基础部分。
D. 底线伦理是作为一个普通人所应遵守的一些最起码、最基本的行为规范和准则。
E. 底线伦理是社会发展的支柱，是我们国家昌盛的源泉。

6 学习迁移广泛地存在于知识、技能、态度和行为规范的学习中，是指一种学习对另一种学习的影响，即已获得的知识经验、知识结构、动作技能、学习态度、策略和方法等与新知识、新技能之间所发生的影响。
下列属于学习迁移的是（ ）
A. 小敏羽毛球打得很好，后来他准备学习网球，但网球的打法和羽毛球很不一样，因此，他花了很长时间才学会。

B. 小颖和小晨一起学习钢琴，小晨天赋很好，学得很快，为了帮助小颖，他经常陪着小颖一起练习，小颖也逐渐进步了。

C. 小羽的父母都是中医，受父母的熏陶，他从小就对中医感兴趣，并立志要报考中医专业。

D. 小元喜欢玩电脑游戏，经常玩到很晚，但是对学校里布置的计算机作业却不感兴趣，还常常逃课。

E. 某人在学习过程中不认真，最终没有考上 MPAcc，第二年，他痛定思痛，卧薪尝胆，终于考上了清华大学。

7 这次新机种试飞只是一次例行试验，既不能算成功，也不能算不成功。

以下哪项对于题干的评价最为恰当?

A. 题干的陈述没有漏洞。

B. 题干的陈述有漏洞，这一漏洞也出现在后面的陈述中：这次关于物价问题的社会调查结果，既不能说完全反映了民意，也不能说一点也没有反映民意。

C. 题干的陈述有漏洞，这一漏洞也出现在后面的陈述中：这次考前辅导，既不能说完全成功，也不能说彻底失败。

D. 题干的陈述有漏洞，这一漏洞也出现在后面的陈述中：人有特异功能，既不是被事实证明的科学结论，也不是纯属欺诈的伪科学结论。

E. 题干的陈述有漏洞，这一漏洞也出现在后面的陈述中：在即将举行的大学生辩论赛中，我不认为我校代表队一定能进入前四名，我也不认为我校代表队可能进不了前四名。

8 某架直升机上有 9 名乘客，其中，有 1 名科学家，2 名企业家，2 名律师，3 名美国人，4 名中国人。

补充以下哪一项，能够解释题干中提到的总人数和不同身份的人数之和之间的不一致?

A. 那位科学家和其中的 1 名美国人是夫妻。

B. 其中的 1 名企业家的产品主要出口到美国。

C. 2 名企业家都是中国人，另有 1 名美国人是律师。

D. 其中的 1 名律师是其中的 1 名企业家的法律顾问。

E. 科学家是澳大利亚人。

9 一种检测假币的仪器在检测到假币时会亮起红灯，制造商称该仪器将真币误认为是假币的可能性只有 0.1%。因此，该仪器在 1000 次亮起红灯时有 999 次会发现假币。

上述论证的推理是错误的，是因为(　　)

A. 忽略了在假币出现时红灯不亮的可能性。

B. 基于一个可能有偏差的事例概括出一个普遍的结论。
C. 忽略了仪器在检测假币时操作人员可能发生的人为错误。
D. 在讨论百分比时偷换了数据概念。
E. 没有说明该仪器是否对所有的假币都同样敏感。

10 在美国出生的正常的婴儿在3个月大时平均体重在12～14磅。因此,如果一个3个月大的婴儿体重只有10磅,那么他的体重增长就低于美国平均水平。
以下哪一项指出了上述推理中的一处缺陷?
A. 体重只是正常婴儿成长的一项指标。
B. 一些3个月大的婴儿体重有17磅。
C. 一个正常的婴儿出生时体重达到10磅是有可能的。
D. 短语“低于平均水平”并不一定意味着不够。
E. 平均体重增长同平均体重并不相同。

11 某计算机销售部向顾客承诺:“本部销售的计算机在1个月内包换、1年内免费包修、3年内上门服务免收劳务费,因使用不当造成的故障除外。”
以下哪项所讲的是该销售部应该提供的服务?
A. 某人购买了一台计算机,3个月后软驱出现问题,要求销售部修理,销售部给免费更换了软驱。
B. 计算机实验室从该销售部购买了30台计算机,50天后才拆箱安装。在安装时发现有一台显示器不能显示彩色,要求更换。
C. 某学校购买了10台计算机,没到1个月,计算机的鼠标丢失了3个,要求销售部无偿补齐。
D. 李明买了一台计算机,不小心感染了计算机病毒,造成存储的文件丢失,要求销售部赔偿损失。
E. 某人购买了一台计算机,1年后键盘出现故障,要求销售部按半价更换一个新键盘。

12 那些认为在棒球比赛中下手球的投掷方法没有危险的人,一定对查普曼的死不知道或者知道但并没有引起注意。1920年,查普曼被由投掷手卡尔投掷的下手球击中,结果死于脑部受伤。在刚进入新的世纪之际,应当呼吁在棒球比赛中禁止下手球的投掷方法。
以下哪项最为恰当地概括了题干的论证所使用的方法?
A. 用普遍原理来说明一个具体事例。
B. 用一个具体事例来说明一个普遍的结论。
C. 用煽动感情的方式来论证自己的观点。
D. 用混淆概念的方式来掩饰自己论证中的漏洞。

E. 用科学技术的成果来揭示原因和结果之间的联系。

13 当所学的新知识相对于原有的认知结构为上位关系，即原有知识是从属观念，而新学习的知识是总括性观念时，这样的学习即为上位学习。相反，如果新知识与原有知识是下位关系，则为下位学习。如果新知识仅仅是由原有知识的相关内容合理组合构成的，不能与原有某些特定的内容构成上位关系或下位关系，那么，这时的学习就是同位学习。

根据上述定义，下列属于上位学习的是哪一项？

A. 学生先学习平行四边形，再学习矩形。

B. 在学完所有的内容之后进行总复习。

C. 先学习理论知识，再进行实践技能的操作。

D. 教师为讲解某语法结构，先举了很多例句。

E. 学完《中国近代史纲要》后，进行易错题总结。

14 病毒式营销，是指发起人把产品的最初信息发送到用户，再依靠用户自发进行口碑宣传的一种营销方法。这种战略像病毒一样，利用快速复制的方式将信息传向数以千计乃至百万计的受众。

根据上述定义，下列属于病毒式营销的是哪一项？

A. 某公司通过发展客户作为销售渠道，鼓励他们向更多人推销该公司的产品。

B. 某企业举办广告创意设计大赛活动，让消费者自己设计相关产品的广告。

C. 某公司通过电子邮箱随机发送产品广告，并告知转发该广告可参与抽奖。

D. 某商家用标新立异的广告词宣传，网友纷纷转发，使其迅速成为流行语。

E. 某企业为了宣传自己的新产品，要求每个员工每天必须转发企业的产品宣传微博。

15 社会体育，是由企业、事业单位职工，国家机关工作人员，以及城镇或农村居民等不同的群体，为达到健身、健心、健美、娱乐、医疗等目的而进行的内容丰富、形式多样的身体锻炼活动。

根据上述定义，以下哪项活动不是社会体育活动？

A. 由北京市体委举办的群众长跑运动。

B. 某大学举办了教工篮球队与社区篮球队的友谊比赛。

C. 某市承办了国际铁人三项赛。

D. 在国家奥林匹克体育中心举办的社区居民网球赛。

E. 某企业组织了一年一度的“我爱大武当”杯太极拳表演赛。

16 如果能有效地利用互联网，就能快速方便地查询世界各地的信息，对科学研究、商业往来乃至寻医求药都会带来很大的好处。然而，如果上网成瘾，也有许多弊端，还可能带来严重的危害。尤其是青少年，上网成瘾可能荒废学业、影响工作。为了解决这一问题，某个网点上登载了“互联网瘾”自我测试办法。

以下各项提问，除了哪项，都与“互联网瘾”的表现形式有关？

A. 你是否有时上网到深夜并为连接某个网站时间过长而着急？

B. 你是否曾一再试图限制、减少或停止上网而不果？

C. 你试图减少或停止上网时，是否会感到烦躁、压抑或容易动怒？

D. 你是否曾因上网而危及一段重要关系或一份工作机会？

E. 你是否曾向家人、治疗师或其他人谎称你并未沉迷互联网？

强化训练

17 在某校新当选的校学生会的7名委员中，有1个大连人，2个北方人，1个福州人，2个特长生（有特殊专长的学生），3个贫困生（有特殊经济困难的学生）。

假设上述介绍涉及了该学生会中的所有委员，则以下各项关于该学生会委员的断定都与题干不矛盾，除了（　　）

A. 2个特长生都是贫困生。

B. 贫困生不都是南方人。

C. 特长生都是南方人。

D. 大连人是特长生。

E. 福州人不是贫困生。

18 以下是一份统计材料中的两个统计数据：

第一个数据：到1999年年底为止，“希望之星工程”所收到的捐款总额的82%来自国内200家年纯盈利一亿元以上的大中型企业；

第二个数据：到1999年年底为止，“希望之星工程”所收到的捐款总额的25%来自民营企业，这些民营企业中的五分之四从事服装业或餐饮业。

如果上述统计数据是准确的，则以下哪项一定是真的？

A. 上述统计中，“希望之星工程”所收到的捐款总额不包括来自民间的私人捐款。

B. 上述200家年盈利一亿元以上的大中型企业中，不少于一家从事服装业或餐饮业。

C. 在捐助“希望之星工程”的企业中，非民营企业的数量要大于民营企业。

D. 有的向“希望之星工程”捐款的民营企业的年纯盈利在一亿元以上。

E. 有的向“希望之星工程”捐款的从事服装业或餐饮业的企业年纯盈利在一亿元以上。

19 出席晚会的有3个人是足球爱好者，4个是亚洲人，2个是日本人，5个是商人。以上叙述涉及了所有晚会参加者，其中的日本人不经商。那么，参加晚会的人数是（　　）

A. 最多14人，最少5人。

B. 最多14人，最少7人。

C. 最多12人，最少7人。

D. 最多12人，最少5人。

E. 最多12人，最少8人。

20 如果一个儿童的体重与身高的比例超过本地区80%的儿童的水平，就称其为肥胖儿。根据历年的调查结果，15年来，临江市的肥胖儿的数量一直在稳定增长。

如果以上断定为真，则以下哪项也必为真？

A. 临江市每一个肥胖儿的体重都超过全市儿童的平均体重。

B. 15 年来，临江市的儿童锻炼越来越不足。

C. 临江市的非肥胖儿的数量 15 年来不断增长。

D. 15 年来，临江市体重不足标准体重的儿童数量不断下降。

E. 临江市每一个肥胖儿的体重与身高的比值都超过全市儿童的平均值。

21 常春藤通常指美国东部的八所大学。“常春藤”一词一直以来是美国名校的代名词，这八所大学不仅历史悠久、治学严谨，而且教学质量极高。这些学校的毕业生大多成为社会精英，他们中的大多数人年薪超过 20 万美元，有很多政界领袖来自常春藤，更有为数众多的科学家毕业于常春藤。

根据以上陈述，关于常春藤毕业生可以得出以下哪项？

A. 有些社会精英年薪超过 20 万美元。

B. 有些政界领袖年薪不足 20 万美元。

C. 有些科学家年薪超过 20 万美元。

D. 有些政界领袖是社会精英。

E. 有些科学家成为政界领袖。

22 我国计算机网络事业发展很快。据中国互联网络信息中心（CNNIC）的一项统计显示，截至 1999 年 6 月 30 日，我国上网用户人数约 400 万，其中，使用专线上网的用户人数约为 144 万，使用拨号上网的用户人数约为 324 万。

根据以上统计数据，最可能推出以下哪项判断有误？

A. 考虑到我国有 12 亿多的人口，与先进国家相比，我国上网的人数还是少得可怜。

B. 专线上网与拨号上网的用户之和超过了上网用户的总数，这不能用四舍五入引起的误差来解释。

C. 用专线上网的用户中，多数也选用拨号上网，可能是从家里用拨号联网更方便。

D. 由于专线上网的设备能力不足，在使用拨号上网的用户中，仅少数用户有使用专线上网的机会。

E. 从 1994 年到 1999 年的五年间，我国上网用户的平均年增长率在 50%以上。

23 所有的灰狼都是狼。这一断定显然是真的。因此，所有的疑似 SARS 病例都是 SARS 病例，这一断定也是真的。

以下哪项最为恰当地指出了题干论证的漏洞？

A. 题干的论证忽略了：一个命题是真的，不等于具有该命题形式的任一命题都是真的。

B. 题干的论证忽略了：灰狼与狼的关系，不同于疑似 SARS 病例和 SARS 病例的关系。

C. 题干的论证忽略了：在疑似 SARS 病例中，大部分不是 SARS 病例。

D. 题干的论证忽略了：许多狼不是灰色的。

E. 题干的论证忽略了：此种论证方式会得出其他许多明显违反事实的结论。

24 “男女”和“阴阳”似乎指的是同一种区分标准，但实际上，“男人和女人”区分人的性别特征，“阴柔和阳刚”区分人的行为特征。按照“男女”的性别特征，正常人分为两个不重合的部分；按照“阴阳”的行为特征，正常人分为两个重合的部分。

以下各项都符合题干的含义，除了（　　）

A. 人的性别特征不能决定人的行为特征。

B. 女人的行为不一定具有阴柔的特征。

C. 男人的行为不一定具有阳刚的特征。

D. 同一个人的行为，可以既有阴柔又有阳刚的特征。

E. 一个人的同一行为，可以既有阴柔又有阳刚的特征。

25 开会现场中：有3个人是到基层锻炼过的，4个是山东人，2个是济南人，5个是研究生学历。以上情况涉及了开会现场的所有人员，其中，济南人不是研究生学历。

那么开会现场有多少人？

A. 最少5人，最多12人。　　B. 最少7人，最多12人。

C. 最少5人，最多14人。　　D. 最少7人，最多14人。

E. 以上都不正确。

26 舞蹈学院的张教授批评本市芭蕾舞团最近的演出没能充分地表现古典芭蕾舞的特色。他的同事林教授认为这一批评是个人偏见。作为芭蕾舞技巧专家，林教授考察过芭蕾舞团的表演者，结论是每一位表演者都拥有足够的技巧和才能来表现古典芭蕾舞的特色。

以下哪一项最为恰当地概括了林教授反驳中的漏洞？

A. 他对张教授的评论风格进行攻击而不是对其观点加以批驳。

B. 他无视张教授的批评意见是与实际情况相符的。

C. 他仅从维护自己的权威地位的角度加以反驳。

D. 他依据一个特殊事例轻率地概括出一个普遍结论。

E. 他不当地假设，如果一个团体中的每个成员具有某种特征，那么这个团体就总能体现这种特征。

27 某语言学爱好者欲基于无涵义语词、有涵义语词构造合法的语句，已知：

（1）无涵义语词有a、b、c、d、e、f，有涵义语词有W、Z、X；

（2）如果两个无涵义语词通过一个有涵义语词连接，则它们构成一个有涵义语词；

（3）如果两个有涵义语词直接连接，则它们构成一个有涵义语词；

（4）如果两个有涵义语词通过一个无涵义语词连接，则它们构成一个合法的语句。

根据上述信息，以下哪项是合法的语句？

A. aWbcdXeZ。　　B. aWbcdaZe。　　C. fXazbZwb。

D. aZdacdfx。　　E. XWbaZdwe。

第三章　简单命题

【大纲考点】

（二）判断

1. 判断的种类　　2. 判断之间的关系

（三）推理

1. 演绎推理　　2. 归纳推理　　3. 类比推理　　4. 综合推理

【命题剖析】

（1）简单命题是推理学的基础章节，是后续章节三段论、复合命题、分析推理的学习基础，须熟练掌握大纲规定的内容。

（2）本章的内容考查主要体现在以下四个方面：

① 简单命题的简单改写——翻译；

② 简单命题的推理；

③ 简单命题的矛盾；

④ 真话假话推理。

【知识体系】

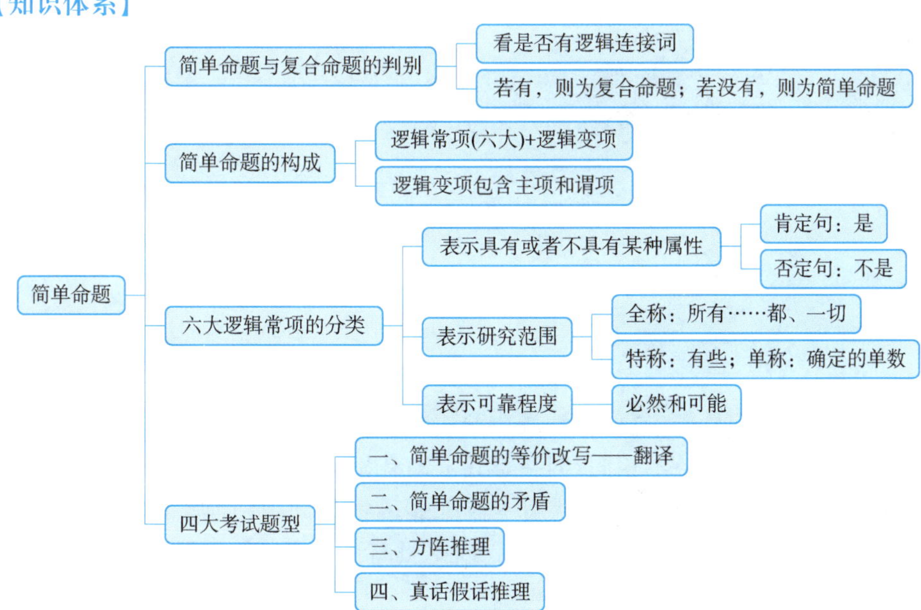

3.1 简单命题和复合命题的判别

命题(有些参考书称之为判断)是对思维对象**有所断定**的思维形式。例如:

(1) 所有商品都是有价值的。

(2) 如果刮台风,飞机就不会按时起飞。

命题断定的事物情况如果符合客观实际,则命题是真的;如果不符合客观实际,则命题是假的。**有所断定**和**有真假**是命题的两个根本特征。

课堂训练:判断以下语句是否是命题。

(1) P老师是帅哥。——陈述句,是命题。

(2) 猪八戒不是好人。——陈述句,是命题。

(3) 啊!……大海……——感叹句,不涉及断定,不是命题。

(4) 今天的天气真好啊!——感叹句,是命题。

(5) 逻辑难学吗?——疑问句,不是命题。

(6) 请把门打开。——祈使句,不是命题。

命题可以分为简单命题和复合命题两大类,两者之间的区别在于是否有逻辑连接词。如果有逻辑连接词,我们称之为复合命题;如果没有,则称之为简单命题。常见的逻辑连接词有:既……又……、如果……就……、只有……才……、除非……否则……、或者……或者……、只要……就……,等等。

课堂训练:判断以下语句是简单命题还是复合命题。

(1) 热忱而谦虚的张先生是一位受人尊重的、勤劳的、刻苦的机械工程师。

(2) 逻辑是一门高端、大气、上档次的学科。

(3) 逻辑这门学科不但高端,而且大气,还上档次。

(4) 有些人既是机械师也是工程师。

(5) 你见或不见,我就在那里。

(6) 只有下雨,会议才延期。

【解析】 (1)、(2)为简单命题,(3)、(4)、(5)、(6)为复合命题。

3.2 简单命题的分类

3.2.1 简单命题的构成

简单判断分为**直言命题**(也称为性质命题)和**模态命题**。

简单判断尽管内容上各不相同,但在形式上却有相同之处,即它们都由主项、谓项、逻辑常项三个部分组成。主项是简单判断中被陈述事物的词项[通常用S表示,即subject(主语)这个单词的缩写]。谓项是主项具有或不具有的性质[通常用P表示,即property

(性质)这个单词的缩写]。由于在不同内容的简单判断中,主项和谓项是由不同的概念充当的,所以,主项和谓项统称为逻辑变项。在阅读理解中,逻辑变项不是关注的重点。

例如:P老师是帅哥。其中,"P老师"为主项,"帅哥"为谓项,"是"为逻辑常项。

中华人民共和国不是可以战胜的。其中,"中华人民共和国"为主项,"可以战胜的"为谓项,"不是"为逻辑常项。

3.2.2 简单命题的三个维度

对简单判断的描述包括三个维度,分别是:

(1) 表示对象具有或不具有某种属性:是(表示肯定)或者不是(表示否定);

(2) 表示范围:全称或者特称;

(3) 表示可靠程度:必然或者可能。

这三个维度分别产生三组逻辑常项:**"是"或者"不是";"所有"或者"有些";"必然"或者"可能"**。

维度、逻辑常项、判断划分的关系如下表所示。

维度	逻辑常项	判断	例子
性质:联项	肯定联项:是(有)	肯定判断	今天下雨。
	否定联项:不是(没有)	否定判断	明天不下雪。
范围:量项	全称量项:所有(都、凡是、一切)	全称判断	人都是善良的。
	特称量项:有些(部分、少数、多数、一些、某一个)	特称判断	有些金属不导电。
	单称量项:确定的单数概念	单称判断	P老师是帅哥。
程度:模态	可能模态:可能(也许、大概)	可能判断	可能有些人没到会。
	必然模态:必然(一定、必定、绝对)	必然判断	国家必然是有阶级的。

注意一:有些日常语言的表达在形式上是不标准的,在逻辑分析中应先整理成标准形式。例如,"无奸不商",应整理成"所有的商人都是奸诈的"。而有些判断可以在阅读理解中视分析的方便来定。例如,"有些人不自私",可以等于"有些人不是自私的"——特称否定判断;也可以等于"有些人是不自私的"——特称肯定判断。

注意二:所有学校都是培训机构=所有学校是培训机构=学校都是培训机构,这三句话都是全称肯定判断,并且,**所有……都……=所有……=……都……**。

注意三:模态词的位置变化不改变肯定句的含义。例如,可能明天下雨=明天可能下雨=明天下雨是可能的。

课堂训练:

(1) 孙中山是民国总统。——单称、肯定判断。

(2) 有一些金属不导电。——特称、否定判断。

(3) 所有天鹅都是白色的。——全称、肯定判断。

(4) 李白必然是一位中国诗人。——单称、必然、肯定判断。

(5) 杜甫可能不是一位理想主义诗人。——单称、可能、否定判断。

(6) 有一些美国人可能不是运动员。——特称、可能、否定判断。

3.3 本章例题精讲

题型一：简单命题等价改写——翻译【★★★】

(一) 标准的简单命题

在标准的简单命题中，“不”或者“不是”应该紧跟谓项，若“不”或者“不是”出现在其他位置，需要将它翻译成标准的简单命题。

例如，金属都不导电＝(所有)金属都不(是)**导电(的)**，其谓项是“导电的”，属于“不”或者“不是”，应该紧跟谓项，因此，其为标准的简单命题。

金属不都导电＝(所有)金属都不(是)**都** **导电**(的)，其谓项是“导电的”，在“不”和其谓项“导电的”之间有一个逻辑常项“都”，因此，它不是标准的简单命题，需要进行翻译。

(二) 非标准简单命题的等价改写原则

翻译的基本原则：把“不”或者“不是”扔掉，把该“不”或者“不是”**后面的**逻辑常项全部取反。

课堂练习 1：不是所有骑白马的都是王子。

↓ ↓

有些骑白马的 不是王子。

第一步：补全，主要补“所有……都……”与“是”这两个逻辑常项。

第二步：“不是”在句子最开头，因此需要进行翻译，否定词后面的逻辑常项有两个：“所有……都……”与“是”，做好相应的标记。

第三步：将“不”或者“不是”**后面的**逻辑常项全部取反，“是”与“不是”、“所有”与“有些”在逻辑上互为反义。例如，“所有”的取反就是“有些”；逻辑变项(主谓项)在翻译过程中不发生任何变化。

课堂练习 2：不可能所有鸟都会飞。

第一步：补全，不可能所有鸟都(是)会飞(的)。

第二步：不可能所有鸟都 (是) 会飞(的)。

↓ ↓ ↓

必然有些鸟 不是 会飞的。

注意：由于“所有……都……＝所有……＝……都……”，对于“所有……都……”的翻译，只要将“所有”取反，变为“有些”即可，“都”可以不翻译，直接去掉。

课堂练习 3：金属都不导电＝(所有)金属都不(是)导电(的)，标准句。

课堂练习 4：不可能所有牛奶都是特仑苏。

不可能 所有 牛奶 都 是 特仑苏。

↓ ↓ ↓

必然 有些 牛奶 不是 特仑苏。

课堂练习 5：所有牛奶可能不都是特仑苏。

所有 牛奶 可能 不 都 是 特仑苏。

↓ ↓

有些 牛奶 可能 不是 特仑苏。

注意一：否定词“不”在“所有……都……”的中间，否定了“都”就相当于否定了“所有……都……”的这个整体；

注意二：“可能”在否定词“不”的前面，因此，“可能”不取反。

课堂练习 6：所有牛奶不可能都是特仑苏。

所有 牛奶 不 可能 都 是 特仑苏。

↓ ↓ ↓

有些 牛奶 必然 不是 特仑苏。

课堂练习 7：所有牛奶可能都不是特仑苏，标准句。

翻译的四个注意点：

注意一：变项(主项和谓项)不能取反，保持不变即可。

注意二：变项要统一。

举例：如果把“有些人不自私”看作否定句，则要把“张三自私”看作肯定句；

如果把“有些人不自私”看作肯定句，则要把“张三自私”看作否定句——以后统一使用。

注意三：根据阅读理解添加被省略的逻辑常项。

举例：“只要是钥匙就有它打不开的锁”，根据阅读理解，要翻译成：所有钥匙都打不开有的锁。

注意四：“存在”“可能”“必然”(以及“不存在”“不可能”“不必然”)不能作谓项，如果看到其作谓项，必须(在去“不”前)先改写，将其提到最前面。

举例：“一把钥匙能开所有锁，这样的钥匙是不存在的”，首先要改写成“不存在一把钥匙开所有锁”，即“并非一把钥匙能打开所有锁”。

例题 1 不可能所有的错误都能避免。

以下哪项最接近上述断定的含义？

A. 所有的错误必然都不能避免。

B. 所有的错误可能都不能避免。

C. 有的错误可能不能避免。

D. 有的错误必然能避免。

E. 有的错误必然不能避免。

例题 2 某公司人力资源管理部人士指出：由于本公司招聘职位有限，在本次招聘考试中不可能所有的应聘者都被录用。

基于以下哪项可以得出该人士的上述结论？

A. 在本次招聘考试中,可能有应聘者被录用。
B. 在本次招聘考试中,可能有应聘者不被录用。
C. 在本次招聘考试中,必然有应聘者不被录用。
D. 在本次招聘考试中,必然有应聘者被录用。
E. 在本次招聘考试中,可能有应聘者被录用,也可能有应聘者不被录用。

例题 3 在国际大赛中,即使是优秀的运动员,也有人不必然不失误,当然,并非所有的优秀运动员都可能失误。

以下哪项与上述意思最接近?

A. 有的优秀运动员可能失误,有的优秀运动员可能不失误。
B. 有的优秀运动员可能失误,有的优秀运动员不可能失误。
C. 有的优秀运动员可能不失误,有的优秀运动员不可能失误。
D. 有的优秀运动员一定失误,有的优秀运动员一定不失误。
E. 优秀运动员都可能失误,其中,有的优秀运动员不可能不失误。

例题 4 世界上不可能有某种原则适用所有不同的国度。

以下哪项与上述断定的含义最为接近?

A. 有某种原则可能不适用世界上所有不同的国度。
B. 有某种原则必然不适用世界上所有不同的国度。
C. 任何原则都必然有它适用的国度。
D. 任何原则都必然有它不适用的国度。
E. 任何原则都可能有它不适用的国度。

题型二:简单命题之间的推理【★★★】

简单判断之间的推理关系,是指具有同样的主语(主项)和性质(谓项)的同素材简单判断之间的对当关系。这些简单判断间只是三组维度产生的逻辑常项不同。在这些判断中,存在着一种特定的真假依存关系,通常称为对当关系。判断间的对当关系主要是**矛盾关系**和**推理关系**。对当关系可用下图来描述,称为逻辑方阵。逻辑方阵是对当关系的形象表述。

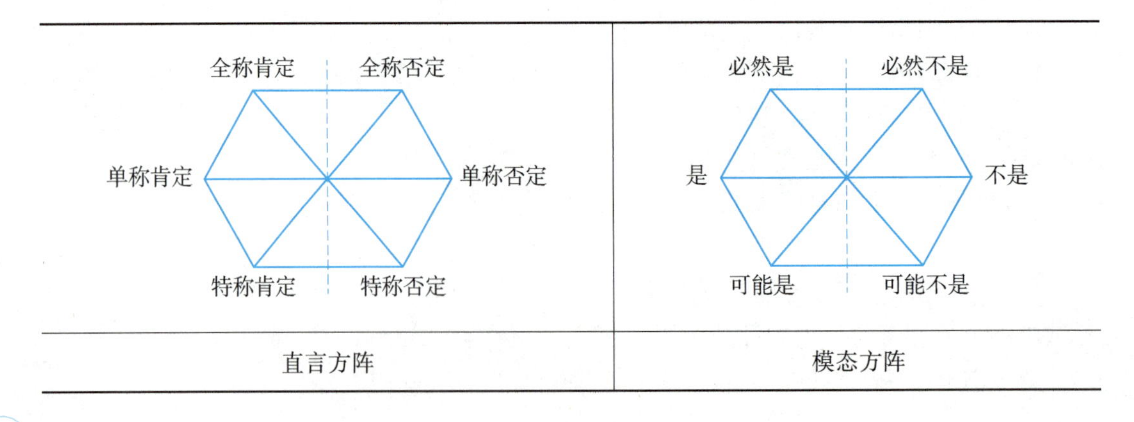

推理关系：推理关系是指通过某一个判断为真，推出另外一个判断为真。具体来说，推理关系的规则概括为“**同性质可推：全称真，则单称真，则特称真；必然真，则现实真，则可能真**”。即由信息量大的简单判断决定信息量小的简单判断。

矛盾关系：矛盾关系在上图中由对角线表示，来描述一种**不能同真、不能同假、且必定一真一假的关系**。一对关系是否矛盾，首先看命题的主、谓项是否一致，如果不一致，肯定不是矛盾；再看逻辑常项是否全部相反，如全部相反，即为矛盾——矛盾的严格定义，仅此一种。同理，如果要写一个命题的矛盾也是这样：逻辑常项全部取反，或者在前面加一个“不”或“并非”。

矛盾关系对我们理解否定的含义非常重要。日常生活中经常有否定特称判断以强调全称判断的情况，如下面的对话：

甲：有些美国人在上海是临时居住。

乙：不对。从国籍上讲，应该是所有美国人在上海都是临时居住。

根据简单判断矛盾的规则知，上面乙的反对是错误的，因为乙的反对最终含义是：所有美国人在上海都不是临时居住。

课堂练习：判断以下各对命题是否矛盾。

(1) 吾矛可穿天下所有盾；吾盾可挡天下所有矛。

(2) 人都是自私的；人都不是自私的。

(3) 我们班的同学都是团员；我不是团员。

(4) 汤姆是男人；汤姆是女人。

(5) 明天可能下雨；明天可能不下雨。

以上 5 个例子均不是矛盾关系，均不满足“**不能同真、不能同假、且必定一真一假**”的条件。

简单命题的矛盾可以表述为：**主谓项一致，逻辑常项全部取反**。

上对当关系是指上边两条横线之间的关系，也称为**上反对关系**。其特点是：不能同真，可以同假。我们常常利用这一关系来解决问题。例如：

(1)“教室里**所有**的人**都是**本科学历”与“教室里**所有**的人**都不是**本科学历”；

(2)“**所有**超市里的人**都是**买东西的”与“**所有**超市里的人**都不是**买东西的”。

从上边两个例子可以看出，每个例子中的两个判断不可能同时为真，但是可以同时为假。

如例(1)，教室里如果有一个专科生的话，两个判断都是错的；如果全是本科生的话，也只有前边一个真；如果全不是本科生的话，也只有后边的真。然而，教室里只能有这三种情况，不可能再有其他形式存在，所以，从这一点就可以看出两个上对当关系的判断：**不能同时为真，但可以同时为假，即至少有一个为假**。

下对当关系是指下边两条横线之间的关系，也称为**下反对关系**，即“有些……是……”与“有些……不是……”之间的关系，其特点是：不能同假，可以同真。我们常常利用这一关系来解决问题。例如：

(1)“教室里**有些人是**本科学历”与“教室里**有些人不是**本科学历”；

(2)“公园里的**有些人是**来游玩的”与“公园里的**有些人不是**来游玩的”。

同样，如例(1)，如果全是本科生的话，判断一真；如果全不是本科生的话，判断二真；如果有些是本科生，有些不是本科生的话，两个都为真。所以，此关系的特点是：**可以同真，但不能同假，即至少有一个是真的**。

正确的推理规则可以表示为：**上真推下真，下假推上假，对角是矛盾，其他不知道**。

通过矛盾和推理两种关系，在已知某一判断为真或为假时，就可以将相同素材的其他判断的真假全部确定。

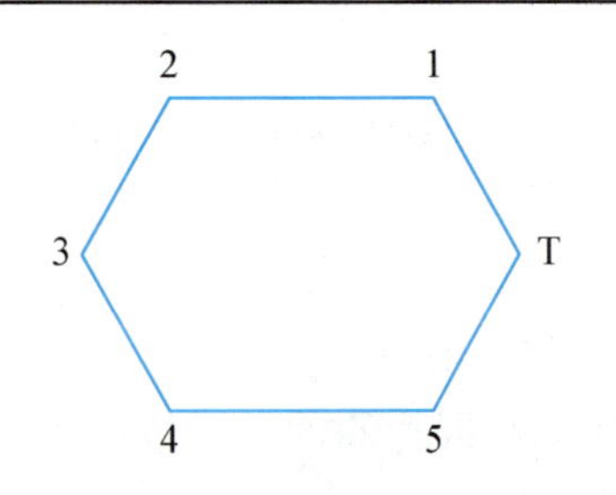

假设某一个点的真假，求剩余五个角的真假

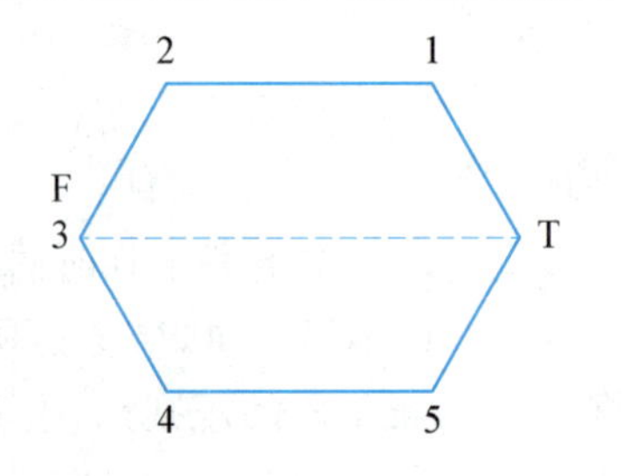

第一步，根据对角线一真一假，求出对角线为假

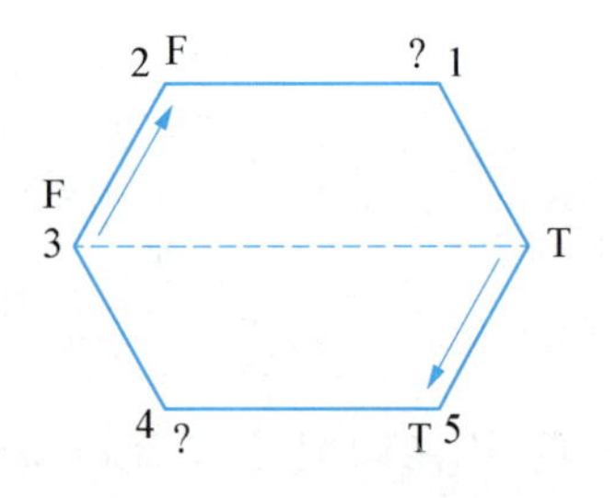

再利用“上真推下真，下假推上假，其他不知道”

综上所述可得：2、3 为假(一定为假)，5 为真(一定为真)，1 与 4 不确定真假

正是因为有了模态词及其否定，问题有 8 种方式，见下表，分别为求真、求假、求真和不确定、求假和不确定。(注意：在试题中，如果问题没有必然，则实质也是问必然，例如，能推出以下什么结论＝必然能推出以下什么结论。)

序号	问　　题	等价问题	问 题 要 求
1	以下哪项必然为真？	以下哪项为真？	寻找真的，可以推理出的
2	以下哪项可能为真，除了？	以下哪项为假？	寻找假的，可以推理出矛盾的
3	以下哪项可能为真？	以下哪项不为假？	寻找真的或者不确定的，推不出的
4	以下哪项必然为真，除了？	以下哪项不为真？	寻找假的或者不确定的，推不出的
5＝2	以下哪项必然为假？	以下哪项为假？	寻找假的，可以推理出矛盾的
6＝1	以下哪项可能为假，除了？	以下哪项为真？	寻找真的，可以推理出的
7＝4	以下哪项可能为假？	以下哪项不为真？	寻找假的或者不确定的，推不出的
8＝3	以下哪项必然为假，除了？	以下哪项不为假？	寻找真的或者不确定的，推不出的

例题5 已知“有的同学不是足球迷”为真，判断以下命题中有多少个不能确定真假。

(1) 所有同学都是足球迷。

(2) 所有同学都不是足球迷。

(3) 有的同学是足球迷。

(4) 张三同学不是足球迷。

(5) 张三同学是足球迷。

A. 1个。 B. 2个。 C. 3个。 D. 4个。 E. 5个。

例题6 在中唐公司的中层干部中，王宜获得了由董事会颁发的特别奖。

如果上述断定为真，则以下哪项断定不能确定真假?

Ⅰ. 中唐公司的中层干部都获得了特别奖。

Ⅱ. 中唐公司的中层干部都没有获得特别奖。

Ⅲ. 中唐公司的中层干部中，有人获得特别奖。

Ⅳ. 中唐公司的中层干部中，有人没有获得特别奖。

A. 只有Ⅰ。 B. 只有Ⅲ和Ⅳ。 C. 只有Ⅱ和Ⅲ。

D. 只有Ⅰ和Ⅳ。 E. Ⅰ、Ⅱ和Ⅲ。

例题7 近期国际金融危机对毕业生的就业影响非常大，某高校就业中心的陈老师希望广大同学能够调整自己的心态和预期。他在一次就业指导会上提到，有些同学对自己的职业定位还不够准确。

如果陈老师的陈述为真，则以下哪项不一定为真?

Ⅰ. 不是所有人对自己的职业定位都准确。

Ⅱ. 不是所有人对自己的职业定位都不够准确。

Ⅲ. 有些人对自己的职业定位准确。

Ⅳ. 所有人对自己的职业定位都不够准确。

A. 仅Ⅱ和Ⅳ。 B. 仅Ⅲ和Ⅳ。 C. 仅Ⅱ和Ⅲ。

D. 仅Ⅰ、Ⅱ和Ⅲ。 E. 仅Ⅱ、Ⅲ和Ⅳ。

题型三：简单命题之间的矛盾【★★★】

例题8 有人说：“哺乳动物都是胎生的。”

以下哪项最能驳斥以上判断?

A. 也许有的非哺乳动物是胎生的。

B. 可能有的哺乳动物不是胎生的。

C. 没有见到过非胎生的哺乳动物。

D. 非胎生的动物不大可能是哺乳动物。

E. 鸭嘴兽是哺乳动物，但不是胎生的。

例题 9　学者张某说："问题本身并不神秘，因与果不仅是哲学家的事。每个凡夫俗子一生之中都将面临许多问题，但分析问题的方法与技巧却很少有人掌握，无怪乎华尔街的大师们趾高气扬、身价百倍。"

以下哪项如果为真，最能反驳张某的观点？

A. 有些凡夫俗子可能不需要掌握分析问题的方法与技巧。

B. 有些凡夫俗子一生之中将要面临的问题并不多。

C. 凡夫俗子中很少有人掌握分析问题的方法与技巧。

D. 掌握分析问题的方法与技巧对多数人来说很重要。

E. 华尔街的分析大师们大都掌握分析问题的方法与技巧。

例题 10　张经理在公司大会结束后宣布："此次提出的方案得到一致赞同，全体通过。"会后，小陈就此事进行了调查，发现张经理所言并非是事实。

如果小陈的发现为真，则以下哪项也必然为真？

A. 有少数人未发表意见。

B. 有些人赞同，有些人反对。

C. 至少有人不赞同。

D. 至少有人赞同。

E. 大家都不赞同。

题型四：真话假话题——矛盾假设法【★★★】

（一）矛盾法

矛盾法识别：只要看到题干有好几个标语式的命题（好几句界限分明的话），又告诉你仅有一真、仅有一假、两真两假、至少一真、至少一假等（命题真假无法完全确定时），首先就要想到矛盾法。

矛盾法的原理：在题干的几个命题中寻找是否有矛盾（主谓项一致，逻辑常项全部取反），如果有，则这两个命题必定一真一假。如果题目中说仅有一真，则除了这对矛盾命题以外的其他命题全假；如果题目中说仅有一假，则除了这对矛盾命题以外的其他命题全真。

例如，假设(1)、(2)、(3)、(4)四个命题只有一个为真，且(1)和(3)是矛盾关系，那么可以得出(1)和(3)一定为一真一假，即真话一定在(1)和(3)之中，(2)和(4)一定为假。

（二）假设法

假设法识别：首先想到矛盾法的题目，如果经检验命题之间不存在矛盾关系，那么使用假设法。

假设法的原理：假设其中一个命题为真（一般先假设为真）来进行推理，如果推出矛盾（自相矛盾或与题干矛盾），则说明假设错误，该命题为假；如果没有推出矛盾，说明原假设可能正确，该命题可能为真。

例如，要证明"P老师帅气吗"，我们可以先假设"P老师帅气"为真，如果能得出与现实相违背的结论，那么该假设不正确，即可以得出“P老师不帅气”为真。

假设的原则。在几句话中选哪一句话假设一般遵循以下原则：

原则一：假设单称命题(如果只有一个单称)；

原则二：假设特殊命题(此处的特殊是指与题干中的其他命题相比，表述是不一样的)。

(三) 矛盾法和假设法联合使用

当四个命题两真两假时，四个命题中必有两个矛盾，还有两个不矛盾，矛盾的两个是一真一假，不矛盾的两个也是一真一假，然后再使用假设法，在不矛盾的两个命题里选一个进行假设。

例题 11 某班有一位同学做了好事没留下姓名，他是甲、乙、丙、丁四人中的一个。当老师问他们时，他们分别这样说：

甲：“这件好事不是我做的。”

乙：“这件好事是丁做的。”

丙：“这件好事是乙做的。”

丁：“这件好事不是我做的。”

这四人中只有一个人说了真话，请你推出是谁做了好事。

A. 甲。 B. 乙。 C. 丙。 D. 丁。 E. 不能推出。

例题 12 甲、乙、丙和丁是同班同学。

甲说：“我们班的同学都是团员。”

乙说：“丁不是团员。”

丙说：“我们班有人不是团员。”

丁说：“乙也不是团员。”

已知只有一人说假话，则可推出以下哪项断定是真的？

A. 说假话的是甲，乙不是团员。

B. 说假话的是乙，丙不是团员。

C. 说假话的是丙，丁不是团员。

D. 说假话的是丁，乙是团员。

E. 说假话的是甲，丙不是团员。

例题 13 小东在玩“勇士大战”游戏，进入第二关时，界面出现四个选项。第一个选项是“选择任意选项都需要支付游戏币”，第二个选项是“选择本项后可以得到额外游戏奖励”，第三个选项是“选择本项后游戏不会进行下去”，第四个选项是“选择某个选项不需要支付游戏币”。

如果四个选项中的陈述只有一句为真，则以下哪项一定为真？

A. 选择任意选项都需要支付游戏币。

B. 选择任意选项都不需要支付游戏币。

C. 选择任意选项都不能得到额外游戏奖励。

D. 选择第二个选项后可以得到额外游戏奖励。

E. 选择第三个选项后游戏能继续进行下去。

例题 14 某律师事务所共有 12 名工作人员。

Ⅰ. 有些人会使用计算机；

Ⅱ. 有些人不会使用计算机；

Ⅲ. 所长不会使用计算机。

上述三个判断中只有一个是真的，以下哪项正确表示了该律师事务所会使用计算机的人数？

A. 12 人都会使用。　B. 仅有一人不会使用。　C. 12 人都不会使用。

D. 仅有一人会使用。　E. 不能确定。

例题 15 甲、乙、丙和丁进入某围棋邀请赛半决赛，最后要决出一名冠军。张、王和李三人对结果做了如下预测：

张：冠军不是丙；

王：冠军是乙；

李：冠军是甲。

已知张、王、李三人中恰有一人的预测正确，则以下哪项为真？

A. 冠军是甲。　B. 冠军是乙。　C. 冠军是丙。

D. 冠军是丁。　E. 无法确定冠军是谁。

例题 16 郝大爷过马路时不幸摔倒昏迷，所幸有小伙子及时将他送往医院救治。郝大爷病情稳定后有四位陌生小伙陈安、李康、张幸、汪福来医院看望他，郝大爷问他们究竟是谁送他来医院的，他们回答如下：

陈安：我们四人都没有送您来医院；

李康：我们四人有人送您来医院；

张幸：李康和汪福至少有一人没有送您来医院；

汪福：送您来医院的人不是我。

后来证实上述四人有两人说真话，两人说假话。根据以上信息，可以得出以下哪项？

A. 说真话的是李康和张幸。　B. 说真话的是陈安和张幸。

C. 说真话的是李康和汪福。　D. 说真话的是张幸和汪福。

E. 说真话的是陈安和汪福。

3.4 课后习题

基础训练

1 并非不参加辅导班的同学都是不努力的。

下列哪项与上述命题含义相同?

A. 所有不参加辅导班的同学都不是不努力的。

B. 不参加辅导班的同学中有不努力的。

C. 有的不参加辅导班的同学是努力的。

D. 没有一个不参加辅导班的同学不是不努力的。

E. 有的参加辅导班的同学是不努力的。

2 不必然任何经济发展都会导致生态恶化,但不可能有不阻碍经济发展的生态恶化。

以下哪项最为准确地表达了题干的含义?

A. 任何经济发展都不必然导致生态恶化,但任何生态恶化都必然阻碍经济发展。

B. 有的经济发展可能导致生态恶化,而任何生态恶化都可能阻碍经济发展。

C. 有的经济发展可能不导致生态恶化,但任何生态恶化都可能阻碍经济发展。

D. 有的经济发展可能不导致生态恶化,但任何生态恶化都必然阻碍经济发展。

E. 任何经济发展都可能不导致生态恶化,但有的生态恶化必然阻碍经济发展。

3 人都不可能不犯错误,不一定所有人都会犯严重错误。

如果上述断定为真,则以下哪项一定为真?

A. 人都可能会犯错误,但有的人可能不犯严重错误。

B. 人都可能会犯错误,但所有的人都可能不犯严重错误。

C. 人都一定会犯错误,但有的人可能不犯严重错误。

D. 人都一定会犯错误,但所有的人都可能不犯严重错误。

E. 人都可能会犯错误,但有的人一定不犯严重错误。

4 某部门包括经理在内共 10 名人员,有关这 10 名人员,以下三个断定中,只有一个是真的:

Ⅰ. 有人在该公司入股;

Ⅱ. 有人没在该公司入股;

Ⅲ. 经理没在该公司入股。

根据以上事实,则以下哪项是真的?

A. 10 名员工都入了股。　B. 10 名员工都没有入股。　C. 只有一人入了股。

D. 只有一人没有入股。　E. 无法确定入股人数。

5 重点班有的同学迟到。

如果上述为真,则以下哪项不能判断真假?

Ⅰ. 此班所有的同学都迟到;

Ⅱ. 此班有的同学没有迟到;

Ⅲ. 此班所有的同学都没有迟到。

A. 只有Ⅰ和Ⅱ。 B. 只有Ⅰ和Ⅲ。 C. 有Ⅰ、Ⅱ和Ⅲ。
D. 只有Ⅰ。 E. 只有Ⅱ和Ⅲ。

6 在一次歌唱比赛中，每一名参赛选手都有评委投了优秀票。
如果上述断定为真，则以下哪项不可能为真？
Ⅰ. 有的评委投了所有参赛选手优秀票；
Ⅱ. 有的评委没有给任何参赛选手投优秀票；
Ⅲ. 有的参赛选手没有得到一张优秀票。
A. 只有Ⅰ。 B. 只有Ⅱ。 C. 只有Ⅲ。
D. 只有Ⅰ和Ⅱ。 E. 只有Ⅰ和Ⅲ。

7 关于甲班体育达标测试，三位老师有如下预测：
张老师说："不会所有人都不及格。"
李老师说："有人会不及格。"
王老师说："班长和学习委员都能及格。"
如果三位老师中只有一人的预测正确，则以下哪项一定为真？
A. 班长和学习委员都没及格。 B. 班长和学习委员都及格了。
C. 班长及格，但学习委员没及格。 D. 班长没及格，但学习委员及格了。
E. 以上各项都不一定为真。

8 桌子上有四个杯子，每个杯子上写着一句话。第一个杯子："所有的杯子中都有水果糖。"第二个杯子："本杯中有苹果。"第三个杯子："本杯中没有巧克力。"第四个杯子："有些杯子中没有水果糖。"
如果其中只有一句真话，那么以下哪项为真？
A. 所有的杯子中都有水果糖。 B. 所有的杯子中都没有水果糖。
C. 所有的杯子中都没有苹果。 D. 第三个杯子中有巧克力。
E. 第二个杯子中有苹果。

9 明天不必然下雨。
如果此表达真实，则以下哪项与上述断定的意思最为接近？
A. 明天必然不下雨。 B. 明天可能下雨。
C. 明天可能不下雨。 D. 明天不可能下雨。
E. 明天必然下雨。

10 在编号1、2、3、4的四个盒子中装有绿茶、红茶、花茶和白茶四种茶，每个盒子只装一种茶，每种茶只装一个盒子。已知：
(1) 装绿茶和红茶的盒子在1、2、3号范围之内；

(2) 装红茶和花茶的盒子在 2、3、4 号范围之内；
(3) 装白茶的盒子在 1、2、3 号范围之内。
根据上述信息，可以得出以下哪项？
A. 绿茶在 3 号。 B. 花茶在 4 号。 C. 白茶在 3 号。
D. 红茶在 2 号。 E. 绿茶在 1 号。

11 所有的三星级饭店都搜查过了，没有发现犯罪嫌疑人的踪迹。
如果上述断定为真，则在下面 4 个断定中，可确定为假的是？
Ⅰ. 没有三星级饭店被搜查过；
Ⅱ. 有的三星级饭店被搜查过；
Ⅲ. 有的三星级饭店没有被搜查过；
Ⅳ. 犯罪嫌疑人躲藏的三星级饭店已被搜查过。
A. 只有Ⅰ和Ⅱ。 B. 只有Ⅰ和Ⅲ。 C. 只有Ⅱ和Ⅲ。
D. 只有Ⅰ、Ⅲ和Ⅳ。 E. 只有Ⅰ、Ⅱ和Ⅲ。

12 不可能有作案者没有作案动机，但不一定作案者都有作案时间。
以下哪项最符合题干的断定？
A. 作案者都必然有作案动机，但有的作案者可能没有作案时间。
B. 作案者都必然有作案时间，有作案动机的不一定都作案。
C. 作案者都可能有作案动机，不作案者不一定没有作案时间。
D. 有作案动机的都可能是作案者，有作案时间的可能不是作案者。
E. 有作案动机的都可能是作案者，但有的作案者可能没有作案时间。

13 某县领导参加全县的乡计划生育干部会，临时被邀请上台讲话。由于事先没有做调查研究，也不熟悉县里计划生育的具体情况，只能说些模棱两可、无关痛痒的话。他讲道：“在我们县 14 个乡中，有的乡完成了计划生育指标，有的乡没有完成计划生育指标，李家集乡就没有完成嘛。”在领导讲话时，县计划生育委员会主任手里捏了一把汗，因为领导讲的三句话中有两句不符合实际，真后悔临时拉领导来讲话。
以下哪项正确表示了该县计划生育工作的实际情况？
A. 14 个乡中至少有一个乡没有完成计划生育指标。
B. 在 14 个乡中除李家集乡外还有别的乡没有完成计划生育指标。
C. 在 14 个乡中没有一个乡没有完成计划生育指标。
D. 在 14 个乡中只有一个乡没有完成计划生育指标。
E. 在 14 个乡中只有李家集乡完成了计划生育指标。

14 所有的金属都是固体。
以下哪项最能反驳这个论断？

A. 也许有的非金属是固体。
B. 可能有的金属不是固体。
C. 日常生活中还没有发现不是固体的金属。
D. 不是固体的金属不大可能是金属。
E. 水银是金属，但不是固体。

15 不可能所有的香港人都会讲普通话。
以下哪项判断的含义与上述判断最为接近？
A. 可能所有的香港人都会讲普通话。
B. 可能所有的香港人都不会讲普通话。
C. 必然所有的香港人都不会讲普通话。
D. 必然有的香港人不会讲普通话。
E. 必然有的香港人会讲普通话。

16 某戒毒所收容了一批当地吸毒犯，其中发现有艾滋病毒感染者。另据有关统计数据显示，近年来当地艾滋病毒感染和发病率呈明显上升趋势。如果把感染途径按其感染率排列，第一位是静脉注射吸毒，其次是同性恋，再次是卖淫嫖娼。除此以外，没有其他感染途径。
如果上述断定是真的，并且上述统计数据是准确反映事实的，则以下哪项断定也一定是真的？
Ⅰ. 该批吸毒犯中有用静脉注射方式吸毒的；
Ⅱ. 该批吸毒犯中有同性恋者；
Ⅲ. 该批吸毒犯中有卖淫嫖娼者。
A. Ⅰ、Ⅱ和Ⅲ。
B. 只有Ⅰ和Ⅲ。
C. 只有Ⅱ和Ⅲ。
D. 只有Ⅰ和Ⅱ。
E. Ⅰ、Ⅱ和Ⅲ都不一定是真的。

17 这幢楼中已有住户向居委会报告家中发现蟑螂。
如果上述住户的报告是真的，则下述三个断定中不能确定真假的是？
Ⅰ. 这幢楼中没有住户家中没发现蟑螂；
Ⅱ. 这幢楼中有的住户家中没发现蟑螂；
Ⅲ. 这幢楼中所有的住户家中都未发现蟑螂。
A. Ⅰ、Ⅱ和Ⅲ。
B. 只有Ⅰ和Ⅱ。
C. 只有Ⅰ和Ⅲ。
D. 只有Ⅱ和Ⅲ。
E. Ⅰ、Ⅱ和Ⅲ都能确定。

18 艾森豪威尔烟瘾很大，烟斗几乎不离手。某天，他宣布戒烟，立刻引起轰动。记者们向他提出了戒烟能否成功的问题，艾森豪威尔回答说："我决不第二次戒烟。"

下面各项都可能是艾森豪威尔讲话的含义，除了（ ）

A. 在这次戒烟以前，我从没有戒过烟。

B. 我曾经戒过烟，但失败了。

C. 如果这次戒烟失败，我就不再戒烟。

D. 我相信这次戒烟一定成功。

E. 我具有戒烟所需要的足够的意志和决断力。

19 某学校校长在校庆大会上讲话时说："我们有许多毕业同学以自己的努力已在各自领域中获得了优异成绩。他们有的已成为科学家、将军、市长、大企业家，我们的学校以他们为骄傲。毋庸置疑，我们已毕业同学中有许多女同学……"

如果该校长讲话中的断定都是真的，那么以下哪项必定是真的？

A. 取得优异成绩的全部是女同学。

B. 取得优异成绩的至少有女同学。

C. 取得优异成绩的男同学多于女同学。

D. 取得优异成绩的女同学多于男同学。

E. 取得优异成绩的可能没有女同学。

20 根据韩国当地媒体10月9日报道：用于市场主流的PC100规格的64MB DRAM的8M×8内存元件，10月8日在美国现货市场的交易价格已跌至15.99～17.30美元，但前一个交易日的交易价格为16.99～18.38美元，一天内下跌近1美元。此价格与台湾地震后曾经达到的最高价格21.46美元相比，已经跌了约4美元。

以下哪项与题干内容有矛盾？

A. 台湾是生产这类元件的重要地区。

B. 美国是该元件的重要交易市场。

C. 若两人购买的数量相同，10月8日的购买者一定比10月7日的购买者省钱。

D. 韩国很可能是该元件的重要输出国或输入国，所以特别关心该元件的国际市场价格。

E. 该元件是计算机中的重要器件，供应商对市场的行情是很敏感的。

强化训练

21 一把钥匙能打开天下所有的锁。这样的万能钥匙是不可能存在的。

以下哪项最符合题干的断定？

A. 任何钥匙都必然有它打不开的锁。

B. 至少有一把钥匙必然打不开天下所有的锁。

C. 至少有一把锁天下所有的钥匙都必然打不开。

D. 任何钥匙都可能有它打不开的锁。

E. 至少有一把钥匙可能打不开天下所有的锁。

22 在一场魔术表演中，魔术师看来很随意地请一位观众志愿者上台配合他的表演。根据魔术师的要求，志愿者从魔术师手中的一副扑克中随意抽出一张。志愿者看清楚了这张牌，但显然没有让魔术师看到这张牌。随后，志愿者把这张牌插回那副扑克中。魔术师把扑克洗了几遍，又切了一遍。最后，魔术师从中取出一张，志愿者确认，这就是他抽出的那一张。有好奇者重复三次看了这个节目，想揭穿其中的奥秘。第一次，他用快速摄像机记录了魔术师的手法，没有发现漏洞；第二次，他用自己的扑克代替魔术师的扑克；第三次，他自己充当志愿者。这三次表演，魔术师无一失手。此好奇者因此推断：该魔术的奥秘不在手法技巧，也不在扑克或志愿者有诈。

以下哪项最为确切地指出了好奇者的推理中的漏洞？

A. 好奇者忽视了这种可能性：他的摄像机的功能会不稳定。

B. 好奇者忽视了这种可能性：除了摄像机以外，还有其他仪器可以准确地记录魔术师的手法。

C. 好奇者忽视了这种可能性：手法技巧只有在使用做了手脚的扑克时才能奏效。

D. 好奇者忽视了这种可能性：魔术师表演同一个节目可以使用不同的方法。

E. 好奇者忽视了这种可能性：魔术师可能会使用其他方法。

23 一些性情暴躁的野狼可能不喜欢猎杀耐性极好的黄牛。

以下各项与上述陈述含义一致，除了(　　)

A. 所有性情暴躁的野狼不必然都喜欢猎杀耐性极好的黄牛。

B. 所有性情暴躁的野狼必然喜欢猎杀耐性极好的黄牛。

C. 所有性情暴躁的野狼可能不都喜欢猎杀耐性极好的黄牛。

D. 一些性情暴躁的野狼不必然喜欢猎杀耐性极好的黄牛。

E. 所有性情暴躁的野狼都喜欢猎杀耐性极好的黄牛，这不是必然的。

24 有球迷喜欢所有参赛球队。

如果上述断定为真，则以下哪项不可能为真？

A. 所有参赛球队都有球迷喜欢。

B. 有球迷不喜欢所有参赛球队。

C. 所有球迷都不喜欢某个参赛球队。

D. 有球迷不喜欢某个参赛球队。

E. 每个参赛球队都有球迷不喜欢。

25 在 MBA 的“财务管理”课程期终考试后，班长想从老师那里打听成绩。班长说：“老师，这次考试不太难，我估计我们班同学们的成绩都在 70 分以上吧？”老师说：“你的前半句话不错，后半句话不对。”

根据老师的意思，下列哪项必为事实？

A. 多数同学的成绩在 70 分以上，有少数同学的成绩在 60 分以下。

B. 有些同学的成绩在 70 分以上，有些同学的成绩在 70 分以下。
C. 如果研究生的课程 70 分才算及格，那么肯定有的同学成绩不及格。
D. 这次考试太难，多数同学的考试成绩不理想。
E. 这次考试太容易，全班同学的考试成绩都在 80 分以上。

26 集美大学欲选拔“学习之星”，若要当选，很重要的一点就是通过初试的筛选，只有五门考试中每门考试的成绩都在 80 分以上，才算通过初试。财务管理专业 1101 班的最终成绩结果如下：

(1) 该班有的同学没有通过初试；
(2) 该班有同学通过了初试；
(3) 并非该班有的同学没有通过初试；
(4) 该班的陈佳以优异的成绩通过了初试。

如果以上陈述中有两个是假的，则以下哪项必假？

A. 该班有人没通过初试。
B. 该班所有人都通过了初试。
C. 陈佳没有通过初试。
D. 该班有的人通过了初试。
E. 该班所有人都没有通过初试。

27 你可以随时愚弄某些人。

假如以上属实，则以下哪些判断必然为真？

Ⅰ. 张三和李四随时都可能被你愚弄；
Ⅱ. 你随时都想愚弄人；
Ⅲ. 你随时都可能愚弄人；
Ⅳ. 你只能在某些时候愚弄人；
Ⅴ. 你每时每刻都在愚弄人。

A. 只有Ⅲ。
B. 只有Ⅱ。
C. 只有Ⅰ和Ⅲ。
D. 只有Ⅱ、Ⅲ和Ⅳ。
E. 只有Ⅰ、Ⅲ和Ⅴ。

28 北方人不都爱吃面食，但南方人都不爱吃面食。

如果已知上述第一个断定为真，第二个断定为假，则以下哪项据此不能确定真假？

Ⅰ. 北方人都爱吃面食，有的南方人也爱吃面食；
Ⅱ. 有的北方人爱吃面食，有的南方人不爱吃面食；
Ⅲ. 北方人都不爱吃面食，南方人都爱吃面食。

A. 只有Ⅰ。
B. 只有Ⅱ。
C. 只有Ⅲ。
D. 只有Ⅱ和Ⅲ。
E. Ⅰ、Ⅱ和Ⅲ。

29 大多数独生子女都有以自我为中心的倾向，有些非独生子女同样有以自我为中心的倾向。以自我为中心倾向的产生有各种原因，但一个共同原因是缺乏父母的正确引导。

如果上述断定为真，则以下哪项一定为真？

A. 每个缺乏父母正确引导的家庭都有独生子女。

B. 有些缺乏父母正确引导的家庭有不止一个子女。

C. 有些家庭虽然缺乏父母的正确引导，但子女并不以自我为中心。

D. 大多数缺乏父母正确引导的家庭都有独生子女。

E. 缺乏父母正确引导的多子女家庭，少于缺乏父母正确引导的独生子女家庭。

30～31 题基于以下题干：

某岛上的男性公民分为骑士和无赖。骑士只讲真话，无赖只讲假话。骑士又分为贫穷的和富有的两部分。有一个姑娘，她只喜欢贫穷的骑士。一个男性公民只讲了一句话，使得这姑娘确信他是一个贫穷的骑士。另外，姑娘问任何一个男性公民一个问题，根据回答就能确定他是贫穷的骑士。

30 以下哪项可能是该男性公民所讲的话？

A. 我不是无赖。

B. 我是贫穷的骑士。

C. 我不是富有的骑士。

D. 我很穷，但我不说假话。

E. 我正是你所喜欢的人。

31 以下哪项可能是姑娘的问句？

A. 你是富有的骑士吗？

B. 你是无赖吗？

C. 你是贫穷的骑士吗？

D. 你说真话吗？

E. 你说假话吗？

32 我想说的都是真话，但真话我未必都说。

如果上述断定为真，则以下各项都可能为真，除了（　　）

A. 我有时也说假话。

B. 我不是想啥说啥。

C. 有时说某些善意的假话并不违背我的意愿。

D. 我说的都是我想说的话。

E. 我说的都是真话。

33 学校在为失学儿童义捐活动中收到两笔没有署真名的捐款，经过多方查找，可以断定是周、吴、郑、王中的某两位捐的。经询问，周说：“不是我捐的。”吴说：“是王捐的。”郑说：“是吴捐的。”王说：“我肯定没有捐。”最后经过详细调查证实四个人中只有两个人说的是真话。

根据已知条件，请你判断下列哪项可能为真：

A. 是吴和王捐的。

B. 是周和王捐的。

C. 是郑和王捐的。

D. 是郑和吴捐的。

E. 是郑和周捐的。

34 任何方法都是有缺陷的。在母语为非英语的外国学生中，如何公正合理地选拔合格的考生对于美国这样一个每年要吸收大量外国留学生的国家来说，目前实行的托福考试恐怕是所有带缺陷的方法中最好的方法了。

以下各项关于托福考试及其考生的断定都符合上述议论的含义，除了（　　）

A. 大多数考生的实际水平与他们的考分是基本相符的。

B. 存在低考分的考生，他们有较高的实际水平。

C. 高分低能或低分高能现象的产生，是实际考试中操作失误所致。

D. 存在高分的考生，他们并无相应的实际水平。

E. 对美国来说，目前恐怕没有比托福考试更能使人满意的方法来测试外国考生的英语能力。

35 不可能有足球爱好者不喜欢看球赛，但不一定所有足球爱好者都踢球，有的足球爱好者身体不好。

以下哪项最符合题干的断定？

A. 足球爱好者都必然喜欢看球赛，但有的足球爱好者可能不踢球。

B. 足球爱好者都必然踢球，爱看球赛的不一定都是足球爱好者。

C. 足球爱好者都可能喜欢看球赛，非足球爱好者不一定不踢球。

D. 喜欢看球赛的都可能是足球爱好者，踢球的可能不是足球爱好者。

E. 不踢球的人都可能是身体不好的足球爱好者。

36 孙先生的所有朋友都声称，他们知道某人每天抽烟至少两盒，而且持续了40年，但身体一直不错，不过可以确信的是，孙先生并不知道有这样的人，在他的朋友中也有像孙先生这样不知情的。

根据以上信息，最可能得出以下哪项？

A. 抽烟的多少和身体健康与否无直接关系。

B. 朋友之间的交流可能会夸张，但没有人想故意说谎。

C. 孙先生的每位朋友知道的烟民一定不是同一个人。

D. 孙先生的朋友中有人没有说真话。

E. 孙先生的大多数朋友没有说真话。

37 社区组织的活动有两种类型：养生型的和休闲型的。组织者对所有参加者的统计发现：社区老人有的参加了所有养生型的活动，有的参加了所有休闲型的活动。

按这个统计，以下哪项一定为真？

A. 社区组织的有些活动没有社区老人参加。

B. 有些社区老人没有参加社区组织的任何活动。
C. 社区组织的任何活动都有社区老人参加。
D. 社区的中年人也参加了社区组织的活动。
E. 有些社区老人参加了社区组织的所有活动。

38 一对夫妻带着他们的一个孩子在路上碰到一个朋友。朋友问孩子:“你是男孩还是女孩?”朋友没听清孩子的回答。孩子的父母中某一个说,我孩子回答的是“我是男孩”,另一个接着说:“这孩子撒谎,她是女孩。”这家人中男性从不说谎,而女性从来不连续说两句真话,也不连续说两句假话。

如果上述陈述为真,那么以下哪项一定为真?

Ⅰ. 父母俩第一个说话的是母亲;
Ⅱ. 父母俩第一个说话的是父亲;
Ⅲ. 孩子是男孩。

A. 只有Ⅰ。
B. 只有Ⅱ。
C. 只有Ⅰ和Ⅲ。
D. 只有Ⅱ和Ⅲ。
E. 不能确定。

39 人应对自己的正常行为负责,这种负责甚至包括因行为触犯法律而承受制裁。但是,人不应该对自己不可控制的行为负责。

以下哪项结论能从上述断定推出?

Ⅰ. 人的有些正常行为会导致触犯法律;
Ⅱ. 人对自己的正常行为有控制力;
Ⅲ. 不可控制的行为不可能触犯法律。

A. 只有Ⅰ。
B. 只有Ⅱ。
C. 只有Ⅲ。
D. 只有Ⅰ和Ⅱ。
E. Ⅰ、Ⅱ和Ⅲ。

第四章　三　段　论

【大纲考点】

（三）推理

1. 演绎推理　　2. 归纳推理　　3. 类比推理　　4. 综合推理

【命题剖析】

（1）本章属于简单命题推理的应用，属于演绎推理，须熟练掌握大纲规定的内容。

（2）本章的内容考查主要体现在以下三个方面：

① 三段论的基本规则；

② 利用三段论的知识，寻找平行结构；

③ 利用欧拉图解决相对复杂的直言推理。

【知识体系】

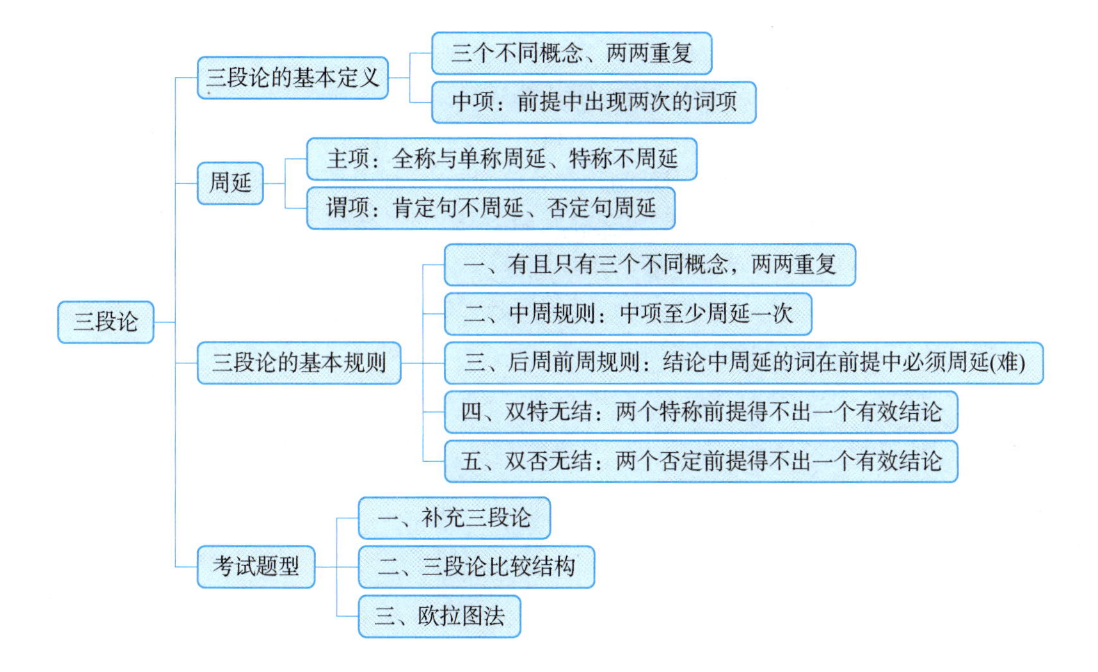

4.1 三段论的基本概念

4.1.1 三段论的定义

三段论也称为直言三段论，是由包含一个共同词项的两个直言命题为前提，推出另一个直言命题作为结论的推理。例如：所有金属都是导电的，铜是金属，因此，铜是导电的。

一个直言三段论都有并且只有三个不同的词项。这三个词项分别叫作中项、小项和大项。中项是指在两个前提中都出现而在结论中不出现的词项，用 M 表示，如上例中的“金属”。小项和大项在联考中不作要求，本章不做介绍。

中项的特点是有一个词项在两句作为前提的判断中都出现，起到桥梁作用，以使另外两个只出现一次的词项建立起联系。逻辑学将前提出现两次而结论不出现的这个词项称为中项。例如：凡科学都是有用的；凡社会科学都是科学。所以，凡社会科学都是有用的。

该推理中“科学”在两句前提中各出现一次，但在结论中不出现，所以，“科学”是中项。

课堂练习：判断以下三段论的中项：

(1) 所有人都会死，苏格拉底是人，因此，苏格拉底会死。

(2) 有些自然物品具有审美价值，所有的艺术品都有审美价值，因此，有些自然物品也是艺术品。

答案：(1)的中项是“人”；(2)的中项是“有审美价值”。

4.1.2 周延规则

在进行三段论推理时，要注意词项的**周延性规则**。

是否周延，要看在一个判断中词项(主项和谓项)的外延是否全部被涉及，如果全部被涉及，则该词项是周延的；否则，是不周延的。在简单判断中，词项是否周延的判断依据如下：

主项是否周延，根据判断的范围。全称判断主项周延，特称判断主项不周延；单称判断主项只有一个，所以，规定单称判断的主项周延。

例如：“所有金属都是导电的”中的“金属”周延；“有些人是教师”中的“人”不周延；“华盛顿可能是美国首都”中的“华盛顿”周延。

谓项是否周延，根据判断的性质，肯定不周延，否定周延。

例如：“有些植物都不是动物”中的“动物”周延；“所有中国人都是亚洲人”中的“亚洲人”不周延。

注意：对于词项周延性判断，首先要将判断的性质和范围确定。

小练习：说明下列判断中主、谓项的周延性。

(1) 中国是亚洲国家。

(2) 没有中国人是黑皮肤的。

(3) 并非有些鸟不会飞。

(4) 中国人是勤劳勇敢的。

(5) 所有的动物都不是单细胞的生物。

(6) 他不是好人。

(7) 并非星期一是星期二。 (8) 所有的上海人都来自南方。

(9) 一些美国人不是黑人。 (10) 我不是教师。

(11) 有少数人不是很乐意。

答案：(9)和(11)的主项不周延，其他所有判断的主项都周延；(1)、(3)、(4)、(8)的谓项不周延，其他判断的谓项都周延。

4.2 三段论的基本规则

三段论的基本规则表明，并不是所有满足“是由包含一个共同词项的两个直言命题为前提，推出另一个直言命题作为结论的推理”，都是有效的推理，还必须满足一定的推理规则，才能构成一个有效的三段论。

(1) 在一个三段论中，必须有而且只能有三个不同的概念。

例如：我国的大学是分布于全国各地的，复旦大学是我国的大学，所以，复旦大学是分布于全国各地的。

这是一个典型的“四概念错误”，第一个“我国的大学”是指所有大学，第二个“我国的大学”是指复旦大学，是大学之一，不符合规则(1)。

(2) 中项在前提中至少周延一次。本规则简称为“中周规则”。

例如：所有的和尚是理光头的，陈佩斯是理光头的，所以，陈佩斯是和尚。

中项是“理光头的”，均为肯定句的谓项，不周延，不符合规则(2)。

(3) 词项如果在前提中不周延，那么在结论中也不得周延；也就是说，结论中周延的词项在前提中必须周延。本规则简称为“后周前周规则”。

例如：运动员需要努力锻炼身体，我不是运动员，所以，我不需要努力锻炼身体。

“努力锻炼身体”在前提中不周延，但是“努力锻炼身体”在结论中周延，不符合规则(3)。

(4) 两个否定前提不能推出有效的结论；前提之一是否定的，结论也应当是否定的；结论是否定的，前提之一必须是否定的。本规则简称为“双否无结规则”。

例如：一切有神论者都不是唯物主义者，某人不是有神论者，所以，某人不是唯物主义者。

前提为两个否定句，推不出有效的结论，不符合规则(4)。

(5) 两个特称前提不能得出有效的结论；前提之一是特称的，结论必然是特称的。本规则简称为“双特无结规则”。

例如：有的同学是运动员，有的运动员是影星，所以，有的同学是影星。

前提为两个特称句，推不出有效的结论，不符合规则(5)。

4.3 补充三段论

如果已知三段论的一个前提和结论，问“需要补充哪一个前提可以推出题干结论”，这类试题我们称之为补充三段论。

补充三段论的本质是一种充分性假设。充分性假设是指：论证已知一些条件和结论，但是从已有条件不能推出结论，需要补充条件，当该条件为真时，论证的结论就必然被推出。充分性假设是否正确采取的验证方法是肯定验证法：将被选项与题干已知的条件相结合，然后根据相应的逻辑规则进行推导，当推导能够得到题干已知结论时，该被选项就是正确的答案。

上述肯定验证法的一般形式是：已知论证条件 1、2 等，又已知论证结论 3，问补充什么前提才可以得到结论 3。正确的选项若是 A，则 A 需要满足：(A+1+2)→3。

例题 1 有的外科医生是协和医科大学 8 年制的博士毕业生，所以，有些协和医科大学 8 年制的博士毕业生有着精湛的医术。

以下哪项必须为真，才能够保证上述结论正确？

A. 有的外科医生具有精湛的医术。

B. 并非所有的外科医生都医术精湛。

C. 所有医术精湛的医生都是协和医科大学 8 年制的博士毕业生。

D. 所有的外科医生都具有精湛的医术。

E. 有的外科医生不是协和医科大学的博士。

例题 2 有些通信网络维护涉及个人信息安全，因而，不是所有通信网络的维护都可以外包。

以下哪项可以使上述论证成立？

A. 所有涉及个人信息安全的都不可以外包。

B. 有些涉及个人信息安全的不可以外包。

C. 有些涉及个人信息安全的可以外包。

D. 所有涉及国家信息安全的都不可以外包。

E. 有些通信网络维护涉及国家信息安全。

例题 3 某些理发师留胡子。因此，某些留胡子的人穿白衣服。

下述哪项如果为真，足以佐证上述论断的正确性？

A. 某些理发师不喜欢穿白衣服。

B. 某些穿白衣服的理发师不留胡子。

C. 所有理发师都穿白衣服。

D. 某些理发师不喜欢留胡子。

E. 所有穿白衣服的人都是理发师。

例题 4 有些低碳经济是绿色经济，因此，低碳经济都是高技术经济。

以下哪项如果为真，最能反驳上述论证？

A. 绿色经济都不是高技术经济。

B. 绿色经济有些是高技术经济。

C. 有些低碳经济不是绿色经济。

D. 有些绿色经济不是低碳经济。

E. 低碳经济就是绿色经济。

例题5 有些阔叶树是常绿植物，因此，阔叶树都不生长在寒带地区。

以下哪项如果为真，最能反驳上述结论？

A. 有些阔叶树不生长在寒带地区。

B. 常绿植物都生长在寒带地区。

C. 寒带某些地区不生长常绿植物。

D. 常绿植物都不生长在寒带地区。

E. 常绿植物不都是阔叶树。

4.4 欧拉图法

对于欧拉图的解题技巧，笔者总结为以下解题套路：

（1）只需要画“所有S都是P”与“所有S都不是P”两种情况，碰到“有些”最后再通过填小三角的方式进行填补，有小三角的地方一定有该概念，没有小三角的地方未知，有小三角的地方不确定是否有该概念的补集。

（2）两种画图方式的补充。

所有S都是P	所有S都不是P	有些S是P
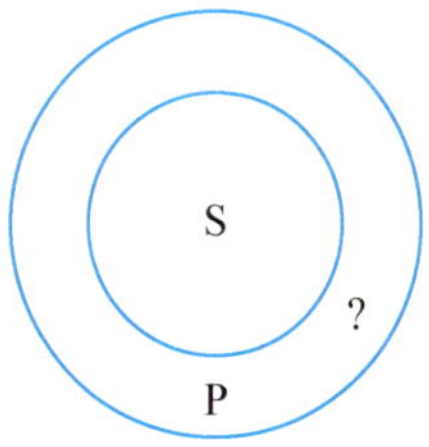 S ? P ? 表示：S能否等于P?	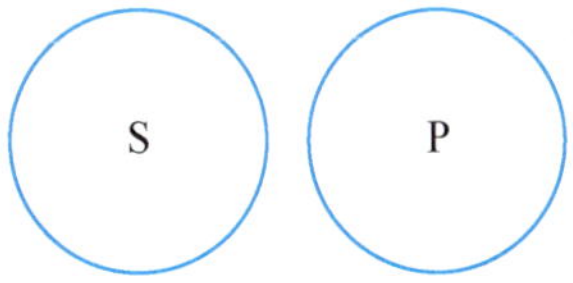 S P	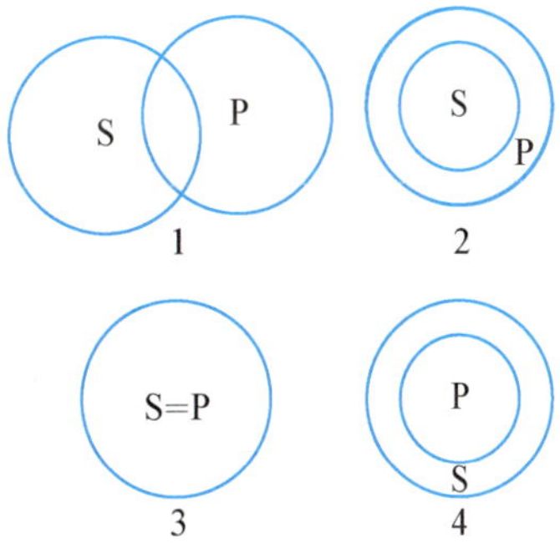 S P 1 S P 2 S=P 3 P S 4
“所有S都是P”不必然地推出“所有P都是S”	“所有S都不是P”可以推出“所有P都不是S”	“有些S是P”可以推出“有些P是S”

例题6 所有参加此次运动会的选手都是身体强壮的运动员，所有身体强壮的运动员都是极少生病的，但是有一些身体不适的选手参加了此次运动会。

以下哪项不能从上述前提中得出？

A. 有些身体不适的选手是极少生病的。

B. 有些极少生病的选手感到身体不适。

C. 参加此次运动会的选手都是极少生病的。

D. 极少生病的选手都参加了此次运动会。

E. 有些身体强壮的运动员感到身体不适。

例题 7 去年 4 月，股市出现了强劲反弹，某证券部通过对该部股民持仓品种的调查发现，大多数经验丰富的股民都买了小盘绩优股，所有年轻的股民都选择了大盘蓝筹股，而所有买了小盘绩优股的股民都没有买大盘蓝筹股。

如果上述情况为真，则以下哪项关于该证券部股民的调查结果也必定为真？

Ⅰ. 有些年轻的股民是经验丰富的股民；

Ⅱ. 有些经验丰富的股民没买大盘蓝筹股；

Ⅲ. 年轻的股民都没买小盘绩优股。

A. 只有Ⅱ。　　B. 只有Ⅰ和Ⅱ。　　C. 只有Ⅱ和Ⅲ。

D. 只有Ⅰ和Ⅲ。　　E. Ⅰ、Ⅱ和Ⅲ。

例题 8 除了吃川菜，张涛不吃其他菜肴。所有林村人都爱吃川菜，川菜的特点为麻辣香，其中有大量的干鲜辣椒、花椒、大蒜、姜、葱、香菜等调料。大部分吃川菜的人都喜好一边吃川菜，一边喝四川特有的盖碗茶。

如果上述断定为真，则以下哪项一定为真？

A. 所有林村人都爱吃麻辣香的食物。　　B. 所有林村人都喝四川出产的茶。

C. 大部分林村人喝盖碗茶。　　D. 张涛喝盖碗茶。

E. 张涛是四川人。

例题 9 有些具有优良效果的护肤化妆品是诺亚公司生产的。所有诺亚公司生产的护肤化妆品都价格昂贵，而价格昂贵的护肤化妆品无一例外地受女士们的信任。

以下各项都能从题干的断定中推出，除了（　　）

A. 受到女士们信任的护肤化妆品中，有些实际效果并不优良。

B. 有些效果优良的护肤化妆品受到女士们的信任。

C. 所有诺亚公司生产的护肤化妆品都受到女士们的信任。

D. 有些价格昂贵的护肤化妆品是效果优良的。

E. 所有被女士们不信任的护肤化妆品的价格都不昂贵。

例题 10～11 基于以下题干：

所有安徽来京打工人员，都办理了暂住证；所有办理了暂住证的人员，都获得了就业许可证；有些安徽来京打工人员当上了门卫；有些业余武术学校的学员也当上了门卫；所有的业余武术学校的学员都未获得就业许可证。

例题 10 如果上述断定都是真的，则除了以下哪项，其余的断定也必定是真的？

A. 所有安徽来京打工人员都获得了就业许可证。

B. 没有一个业余武术学校的学员办理了暂住证。

C. 有些安徽来京打工人员是业余武术学校的学员。

D. 有些门卫没有就业许可证。

E. 有些门卫有就业许可证。

例题 11 以下哪个人的身份,不可能符合上述题干所做的断定?

A. 一个获得了就业许可证的人,但并非业余武术学校的学员。

B. 一个获得了就业许可证的人,但没有办理暂住证。

C. 一个办理了暂住证的人,但并非安徽来京打工人员。

D. 一个办理了暂住证的业余武术学校的学员。

E. 一个门卫,他既没有办理暂住证,又不是业余武术学校的学员。

4.5 三段论比较结构

三段论比较结构非常简单,只要掌握以下步骤。

(1) 比较肯定、否定句。

一般来说比较结论就够了,如果题干结论是肯定句,那么结论是否定句的选项肯定就不类似。

(2) 比较中项位置。

中项位置大致来说只有三种情况:双前、双后和一前一后。

一前一后和一后一前是没有区别的,因为前提的顺序可以随意调换。

(3) 比较结论中的主项在前提中的位置。

在前两个步骤比较完后,如果还有两个以上选项与题干类似,才需要步骤(3)。

考生必须确定题干和选项的结论中的主项是出现在前提中什么命题(肯定还是否定、全称还是特称)的什么位置(主项还是谓项),是否一致,如果不一致,则不类似。

例题 12 金属都是导电的,铜是导电的,所以,铜是金属。

下面哪项与上述推理结构最相似?

A. 所有的鸟都是卵生动物,蝙蝠不是卵生动物,所以,蝙蝠不是鸟。

B. 所有的鸟都是卵生动物,天鹅是鸟,所以,天鹅是卵生动物。

C. 所有从事工商管理的都要学习企业管理,老陈是学习企业管理的,所以,老陈是从事工商管理工作的。

D. 只有精通市场营销理论,才是一个合格的市场营销经理,老张精通市场营销理论,所以,老张一定是合格的市场营销经理。

E. 华山险于黄山,黄山险于泰山,所以,华山险于泰山。

例题 13 有些自然物品具有审美价值,所有的艺术品都有审美价值,因此,有些自然物品也是艺术品。

以下哪个推理在结构上所犯的逻辑错误与题干推理相类似?

A. 有些有神论者是佛教徒,所有的基督教徒都不是佛教徒,所以,有些有神论者不是基督教徒。

B. 有些牙科医生喜欢烹饪,李进是牙科医生,所以,李进喜欢烹饪。

C. 有些南方人喜欢吃辣椒，所有南方人都习惯吃大米，因此，有些习惯吃大米的人爱吃辣椒。

D. 有些进口货是假货，所有国内组装的彩电都不是进口货，所以，有些国内组装的彩电不是假货。

E. 有些研究生拥有了汽车，所有大款都有汽车，所以，有些研究生也是大款。

例题 14 科学不是宗教，宗教都主张信仰，所以，主张信仰都不科学。

以下哪项最能说明上述推理不成立？

A. 所有渴望成功的人都必须努力工作，我不渴望成功，所以，我不必努力工作。

B. 商品都有使用价值，空气当然有使用价值，所以，空气当然是商品。

C. 不刻苦学习的人都成不了技术骨干，小张是刻苦学习的人，所以，小张能成为技术骨干。

D. 台湾人不是北京人，北京人都说汉语，所以，说汉语的人都不是台湾人。

E. 犯罪行为都是违法行为，违法行为都应受到社会的谴责，所以，应受到社会谴责的行为都是犯罪行为。

例题 15 所有名词是实词，动词不是名词，所以，动词不是实词。

以下哪项推理与上述推理在结构上最为相似？

A. 凡细粮都不是高产作物。因为凡薯类都是高产作物，凡细粮都不是薯类。

B. 先进学生都是遵守纪律的，有些先进学生是大学生，所以，大学生都是遵守纪律的。

C. 铝是金属，又因为金属都是导电的，因此，铝是导电的。

D. 虚词不能独立充当句法成分，介词是虚词，所以，介词不能独立充当句法成分。

E. 实词能独立充当句法成分，连词不能独立充当句法成分，所以，连词不是实词。

4.6 课后习题

基础训练

1 有些高校教师具有海外博士学位，所以，有些海外博士具有很高的水平。

以下哪项能够保证上述论断的准确性？

A. 所有高校教师都具有很高的水平。

B. 并非所有的高校教师都有很高的水平。

C. 有些高校教师具有很高的水平。

D. 所有水平高的教师都具有海外博士学位。

E. 有些高校教师没有海外博士学位。

2 翠竹的大学同学都在某德资企业工作，溪兰是翠竹的大学同学。涧松是该德资企业的部门经理。该德资企业的员工有些来自淮安。该德资企业的员工都曾到德国研修，他们都会说德语。

以下哪项可以从以上陈述中得出？

A．涧松来自淮安。

B．溪兰会说德语。

C．翠竹与涧松是大学同学。

D．涧松与溪兰是大学同学。

E．翠竹的大学同学有些是部门经理。

3 翔云中学的每个学生都会选择参加学校的社团，所有参加围棋社团的都参加了象棋社团，因此有些参加声乐社团的没有参加围棋社团。

为使上述论证成立，以下哪项断定是必须假设的？

A．所有参加象棋社团的都参加了声乐社团。

B．所有参加声乐社团的都参加了象棋社团。

C．所有参加象棋社团的都没参加声乐社团。

D．有些参加声乐社团的参加了象棋社团。

E．有些没参加象棋社团的参加了声乐社团。

4 蝴蝶是一种非常美丽的昆虫，有 14 000 余种，大部分分布在美洲，尤以亚马孙河流域的品种最多。蝴蝶在世界其他地区除了南北极寒冷地带以外都有分布。我国台湾也以蝴蝶品种繁多著名。蝴蝶翅膀一般色彩鲜艳，翅膀和身体有各种花斑，头部有一对棒状或锤状触角。最大的蝴蝶翅展可达 24 厘米，最小的只有 1.6 厘米。

根据以上陈述，可以得出以下哪项？

A．蝴蝶的首领是昆虫的首领之一。

B．最大的蝴蝶是最大的昆虫。

C．蝴蝶品种繁多，所以，各类昆虫的品种繁多。

D．有的昆虫翅膀色彩鲜艳。

E．最小的蝴蝶比最小的昆虫大。

5 所有的物质实体都可以再分，而任何可以再分的东西都是不完美的。因而，灵魂并非物质实体。

以下哪个选项是使上文结论成立的假设？

A．所有可以再分的东西都是物质实体。

B．没有任何不完美的东西是不可再分的。

C．灵魂是可分的。

D．灵魂是完美的。

E．灵魂不是完美的。

6 所有的聪明人都是近视眼，我近视得很厉害，所以，我很聪明。
以下哪项与上述推理的逻辑结构一致？
A. 他是个笨人，因为所有聪明人都是近视眼，而他的视力那么好。
B. 所有的猪都有一条短尾巴。这种动物的头虽然像猪，但尾巴很长，所以，它不是猪。
C. 小陈整天乐呵呵的，所以，他一定会长得很胖，因为心宽体就胖嘛。
D. 所有的天才都高度近视。诸葛亮一定是个近视眼，因为他是人们公认的天才。
E. 所有的鸡都是尖嘴的，在院子里吃虫子的鸟是尖嘴的，因此，这只鸟一定是鸡。

7 如今大学生的就业形势越来越严峻，某调查人员经过研究发现：有些东京大学的毕业生精通C语言。因此，有些工科背景的大学毕业生精通C语言。
以下哪项如果为真，最能保证上述论证的成立？
A. 有些东京大学的毕业生是工科背景的大学毕业生。
B. 有些精通C语言的东京大学的毕业生不是工科背景的大学毕业生。
C. 所有东京大学的毕业生都是工科背景的大学毕业生。
D. 有些东京大学的毕业生还没有精通C语言。
E. 所有具有工科背景的大学毕业生都是东京大学的毕业生。

8 在清北中学初一(5)班，有些班干部的数学成绩不优秀。所有逻辑思维能力强的学生都善于思考，所有数学成绩不优秀的学生都不善于思考。
如果上述断定是真的，则以下哪项关于该班级的断定必定是真的？
A. 所有的班干部都是逻辑思维能力强的学生。
B. 有些班干部是善于思考的。
C. 有些班干部的逻辑思维能力不强。
D. 并非所有逻辑思维能力强的学生都是班干部。
E. 某些学习成绩不优秀的学生是逻辑思维能力强的。

9 青春中学的一些数学老师取得了硕士学位，因此，青春中学不是所有男老师都没有取得硕士学位。
以下哪项最可能是上述论证所必须假设的？
A. 青春中学的数学老师都是男老师。
B. 青春中学的数学老师都不是男老师。
C. 青春中学的数学老师有些是男老师。
D. 青春中学有些男老师是教数学的。
E. 青春中学有些取得硕士学位的老师是数学老师。

10 铜是导电的，所以，铜是金属。

以下哪项如果为真,最能反驳上述论证?

A. 导电的物体有些是金属。

B. 导电的物体都不是金属。

C. 有些金属不能导电。

D. 有些导电的物体不是金属。

E. 金属就是导电的物体。

强化训练

11 在某次综合性学术年会上,物理学会做学术报告的人都来自高校;化学学会做学术报告的人有些来自高校,但是大部分来自中学;其他做学术报告者均来自科学院。来自高校的学术报告者都具有副教授以上职称,来自中学的学术报告者都具有中高级以上职称。李默、张嘉参加了这次综合性学术年会,李默并非来自中学,张嘉并非来自高校。

以上陈述如果为真,可以得出以下哪项结论?

A. 张嘉如果做了学术报告,那么他不是物理学会的。

B. 张嘉不具有副教授以上职称。

C. 李默不是化学学会的。

D. 张嘉不是物理学会的。

E. 李默如果做了学术报告,那么他不是化学学会的。

12 有关部委负责人表示,今年将在部分地区进行试点,为全面清理"小产权房"做制度和政策准备。要求各地对农村集体土地进行确权登记发证,凡是小产权房均不予确权登记,不受法律保护。因此,河西村的这片新建房屋均不受法律保护。

以下哪项如果为真,最能削弱上述论证?

A. 河西村的这片新建房屋已经得到相关部门的默许。

B. 河西村的这片新建房屋都是小产权房。

C. 河西村的这片新建房屋均建在农村集体土地上。

D. 河西村的这片新建房屋有些不是建在农村集体土地上。

E. 河西村的这片新建房屋有些不是小产权房。

13 一位房地产信息员通过对某地的调查发现:护城河两岸房屋的租金都比较廉价;廉租房都坐落在凤凰山北麓;东向的房屋都是别墅;非廉租房不可能具有廉价的租金;有些单室套的"两限房"建在凤凰山北麓;别墅都建筑在凤凰山南麓。

根据该房地产信息员的调查,以下哪项不可能存在?

A. 东向的护城河两岸的房屋。

B. 凤凰山北麓的"两限房"。

C. 单室套的廉租房。

D. 护城河两岸的单室套。

E. 南向的廉租房。

14 所有文学爱好者都爱好诗词，所有诗词爱好者对中国历史都有较深的了解。有些数学爱好者同时也爱好文学。所有痴迷于游戏机者对中国历史都不甚了解，有些未成年人痴迷于游戏机。

如果上述断定都是真的，则以下哪项也一定是真的？

A. 有些数学爱好者不了解中国历史。

B. 有些未成年人不是文学爱好者。

C. 有些数学爱好者是痴迷于游戏机者。

D. 有些痴迷于游戏机者爱好文学。

E. 有些文学爱好者不爱好数学。

15～16 题基于以下题干：

李娜说，作为一个科学家，她知道没有一个科学家喜欢朦胧诗，而绝大多数科学家都擅长逻辑思维。因此，至少有些喜欢朦胧诗的人不擅长逻辑思维。

15 以下哪项是对李娜的推理的最恰当评价？

A. 李娜的推理是正确的。

B. 李娜的推理不正确，因为事实上有科学家喜欢朦胧诗。

C. 李娜的推理不正确，因为从“绝大多数科学家都擅长逻辑思维”推不出“擅长逻辑思维的都是科学家”。

D. 李娜的推理不正确，因为合乎逻辑的结论应当是“喜欢朦胧诗的人都不擅长逻辑思维”，而不应当弱化为“至少有些喜欢朦胧诗的人不擅长逻辑思维”。

E. 李娜的推理不正确，因为创作朦胧诗既需要形象思维，也需要逻辑思维。

16 以下哪项的推理结构和题干的推理结构最为类似？

A. 余静说，作为一个生物学家，他知道所有的有袋动物都不产卵，而绝大多数有袋动物都产在澳大利亚。因此，至少有些澳大利亚动物不产卵。

B. 方华说，作为父亲，他知道没有父亲会希望孩子在临睡前吃零食，而绝大多数父亲都是成年人。因此，至少有些希望孩子在临睡前吃零食的人是孩子。

C. 王唯说，作为一个品酒专家，他知道，陶瓷容器中的陈年酒的质量，都不如木桶中的陈年酒，而绝大多数中国陈年酒都装在陶瓷容器中。因此，中国陈年酒的质量至少不如装在木桶中的法国陈年酒。

D. 林宜说，作为一个摄影师，他知道，没有彩色照片的清晰度能超过最好的黑白照片，而绝大多数风景照片都是彩色照片。因此，至少有些风景照片的清晰度不如最好的黑白照片。

E. 张杰说，作为一个商人，他知道，没有商人不想发财。因为绝大多数商人都是守法的，所以，至少有些守法的人并不想发财。

17 青海湖的湟鱼是味道鲜美的鱼，近年来由于自然环境的恶化和人为的过度捕捞，数量

大为减少，成了珍稀动物，因此需要保护起来。凡是珍稀动物都是需要保护的动物。

如果以上陈述为真，则以下陈述都必然为真，除了（　　）

A. 有些珍稀动物是味道鲜美的鱼。

B. 有些需要保护的动物不是青海湖的湟鱼。

C. 有些味道鲜美的鱼是需要保护的动物。

D. 所有不需要保护的动物都不是青海湖的湟鱼。

E. 可以随意捕捞的动物都不是珍稀动物。

18 一个来自北京的旅游团在海南岛旅游，导游带他们去一家大型的水果市场。团队中凡是买椰子的人都没有买木瓜。所有买芒果的人都没有买椰子。有些买鸡蛋果的人买了椰子。有些买鸡蛋果的人买了木瓜。有些买鸡蛋果的人买了芒果。

如果以上陈述为真，则根据这些陈述，以下哪项也一定是真的？

A. 凡是没有买椰子的人都买了木瓜。

B. 凡是没有买芒果的人都买了椰子。

C. 有些买芒果的人没有买木瓜。

D. 有些买木瓜的人既没有买芒果，也没有买鸡蛋果。

E. 有些买鸡蛋果的人既没有买芒果，也没有买木瓜。

19 姜昆是相声演员，姜昆是曲艺演员。所以，相声演员都是曲艺演员。

以下哪项推理明显说明上述论证不成立？

A. 人都有思想，狗不是人，所以，狗没有思想。

B. 商品都有价值，商品都是劳动产品，所以，劳动产品都有价值。

C. 所有技术骨干都刻苦学习，小张不是技术骨干，所以，小张不是刻苦学习的人。

D. 犯罪行为都是违法的行为，犯罪行为都应受到社会的谴责，所以，违法行为都应受到社会的谴责。

E. 黄金是金属，黄金是货币，所以，金属都是货币。

20 所有男演员都是精力充沛的人。所有精力充沛的人都是性格外向的人。但是，仍然有一些害羞的人是男演员。

如果上面的陈述是正确的，则下面除了哪一项之外也都是正确的？

A. 有些害羞的人也是性格外向的人。

B. 有些害羞的性格外向的人不是男演员。

C. 有些精力充沛的男演员是害羞的人。

D. 并非所有性格不外向的人都是男演员。

E. 有些性格外向的人是害羞的人。

第五章 复合命题

【大纲考点】

（二）判断

1. 判断的种类　　2. 判断之间的关系

（三）推理

1. 演绎推理　　2. 归纳推理　　3. 类比推理　　4. 综合推理

【命题剖析】

（1）本章属于复合命题推理，属于演绎推理，须熟练掌握大纲规定的内容。

（2）本章属于考试的重点章节，所占比重较大，且本章是分析推理的基础，与本章相关的内容接近15题。

（3）本章的内容考查主要体现在以下五个方面：

① 复合命题的形式化；

② 复合命题的推理规则；

③ 复合命题的矛盾与等价；

④ 复合命题在分析推理中的应用；

⑤ 二难推理及其应用。

5.1 复合命题的判别与分类

有逻辑连接词的命题，我们称之为复合命题；如果没有逻辑连接词，则称之为简单命题。常见的逻辑连接词有：既……又……、如果……就……、只有……才……、除非……否则……、或者……或者……、只要……就……，等等。

根据逻辑连接词的含义，复合判断分为三种：**联言判断、选言判断、假言判断**。每种类型内部又有简单的区别。其中，假言判断在逻辑考试试题中涉及最多，并且作为分析推理的基础，所占分值最多，也最重要，而联言判断和选言判断则相对简单，但容易和其他知识点复合考查。

近年来，直接考查推理规则的试题在考试中所占的比例有下降的趋势，但仍旧是形式逻辑中最重要的考点。值得注意的是，近年来综合推理的考查越来越多，而综合推理的基础就是“假言三大推理规则”与选言命题的“否推肯规则”等，因此，本章知识点仍旧是复习与备考的重中之重。

5.2 联言命题

5.2.1 联言命题的识别

“联言判断”中的“联”，和数学条件充分性判断中“联立”的“联”的意义一致，都是同时满足的意思。例如，条件(1)与条件(2)联立即表示：既满足条件(1)，又满足条件(2)。

联言判断是断定几种事物情况同时为真的复合判断，标准形式是“P并且Q”(符号表示为 $P \wedge Q$)。一个联言判断是真的，当且仅当联言肢判断都是真的，也就是说，联言肢判断只要有一个是假的，联言判断就是假的。

须强调的是，在日常语言中，表述联言判断的连接词是最丰富的，如“不仅P，而且Q”“虽然P，但是Q”等。具体而言，日常语言的以下三种情况，其逻辑含义的实质都是联言关系：

(1) 表示**并列**的。例如，他是工程师，并且我也是工程师。

(2) 表示**转折**的。例如，他非常有钱，可是他过得并不幸福。

(3) 表示**递进**的。例如，中国队不仅进入了世界杯，而且还打进了四强。

此外，还有一种情况是特殊的联言：当一个命题中没有逻辑连接词，而两句话之间采用“，”连接。例如：他是工程师，我也是工程师=他是工程师，并且我也是工程师。

5.2.2 联言命题的真假判断

联言判断的逻辑含义是联言肢都真，联言判断才真，因此，联言判断的关系包括：联言判断与联言肢判断的关系；联言判断的否定。

P(联言肢)	Q(联言肢)	$P \wedge Q$(联言命题)
T	T	T
T	F	F

续 表

P(联言肢)	Q(联言肢)	P∧Q(联言命题)
F	T	F
F	F	F

联言命题的判断：**全真为真，有假即假**。

P∧Q 为真，那么一定能推得 **P 为真并且 Q 为真**。

课堂练习 1：已知“张先生在公司里既做销售又做财务工作”为真，那么下面判断是真是假？还是不确定？

张先生在公司里做销售工作。（真）

张先生在公司里做财务工作。（真）

张先生在公司里不做财务工作。（假）

张先生在公司里不做销售工作。（假）

张先生在公司里做人事管理工作。（不确定）

课堂练习 2：已知“张先生在公司里做销售工作”为真，那么下面判断是真是假？还是不确定？

张先生在公司里既做销售又做财务工作。（不确定）

张先生在公司里既不做销售又不做财务工作。（假）

5.3 选言命题

5.3.1 选言命题的识别

选言判断分为两种情况：**相容选言和不相容选言**。

相容选言是断定几种情况至少有一种存在的复合判断。选言判断的标准形式是“P 或者 Q”(符号表示为 P∨Q)；相容选言判断为真时，选言肢判断至少有一真，也可以都真(这就是相容的含义)。也就是说，相容选言判断只有在选言肢判断都是假的情况下才假，在其余情况下都是真的。表示相容选言判断的逻辑连接词包括：**或者……或者……**、**也许……也许……**、**可能……可能……**、**至少……**。

不相容选言判断的逻辑连接词主要有四个：**要么……要么……**、**择一……**、**必居其一……**、**不是……就是……**，其余的选言均是相容选言。不相容选言判断中的肢判断**有且只有一个是真的**。

或者看电影，或者打游戏，二者必居其一。（不相容选言）

或者看电影，或者打游戏，二者至少其一。（相容选言）

由于不相容选言判断的相关试题较少，因此，除非特殊说明，本书所指的选言判断都是指相容选言判断。

5.3.2 选言命题的真假

选言判断分为相容选言和不相容选言,其真假判别存在一定的区别,具体如下表。

P(选言肢)	Q(选言肢)	P∨Q(相容选言)	P▽Q(不相容选言)
T	T	T	F
T	F	T	T
F	T	T	T
F	F	F	F

相容选言的真假判断规则:有真即真,全假为假。

不相容选言的真假判断规则:有且仅有一真为真。

课堂训练 3:已知"或者中国人民是勤劳的,或者中国人民是勇敢的"为真,则下面判断是真是假?还是不确定?

(1) 中国人民是勤劳的。(不确定)

(2) 中国人民是勇敢的。(不确定)

(3) 中国人民既是勤劳又是勇敢的。(不确定)

(4) 中国人民不是勤劳的。(不确定)

(5) 中国人民不是勇敢的。(不确定)

(6) 中国人民既不是勤劳又不是勇敢的。(为假)

课堂训练 4:已知"中国人民是勤劳的"为真,则下面判断是真是假?还是不确定?

(1) 或者中国人民是勤劳的,或者中国人民是勇敢的。(为真)

(2) 或者中国人民不是勤劳的,或者中国人民不是勇敢的。(不确定)

5.3.3 选言命题的否推肯——否定必肯定

选言命题推理是前提中有一个选言命题,并根据选言命题的逻辑性质进行的推理。根据选言命题种类的不同,选言命题推理可以分为相容选言推理和不相容选言推理。

相容选言的否推肯——**否定必肯定,肯定不确定。**

相容选言推理有两条规则:

(1) 否定一部分选言肢,则推出肯定另一部分选言肢(简称为否定肯定式)。

(2) 肯定一部分选言肢,不能推出否定另一部分选言肢。

不相容选言推理是前提中有一不相容选言命题,并根据不相容选言命题与其肢命题之间的真假制约关系所进行的推理。

不相容选言推理公式:

要么 P,要么 Q　　　或　　　要么 P,要么 Q

　　既然 P　　　　　　　　　既然非 P

　　所以,非 Q　　　　　　　　所以,Q

不相容选言推理有两条规则:

(1) 否定一个选言肢,则推出肯定未被否定的那个选言肢。

(2) 肯定一个选言肢,就要否定其余的选言肢。

5.3.4 联言与相容选言的矛盾

(一) 联言与相容选言的矛盾

在一般情况下,联言的矛盾是选言,选言的矛盾是联言,例如:

"P∧Q的矛盾"可以表示为:$\overline{P \wedge Q}=\overline{P} \vee \overline{Q}$。

该法则类似于数学中的摩根定律,有一个口诀:**长横变短横,符号要反向**。"非 P"也可以用符号"¬P"表示。

例如,"张先生在公司里既做销售又做财务工作"为假,等价于"张先生在公司里或者不做财务工作或者不做销售工作",这是选言判断。所以,联言判断的否定等于选言判断,即:并非 (P ∧ Q) = (并非 P) ∨ (并非 Q)。

课堂练习 5:已知"张先生在公司里既做销售又做财务工作"为假,那么下面判断是真是假?还是不确定?

(1) 张先生在公司里做销售工作。(不确定)

(2) 张先生在公司里做财务工作。(不确定)

(3) 张先生在公司里不做财务工作。(不确定)

(4) 张先生在公司里不做销售工作。(不确定)

(5) 张先生在公司里既不做销售又不做财务工作。(不确定)

课堂练习 6:已知"或者中国人民是勤劳的,或者中国人民是勇敢的"为假,则下面判断是真是假?还是不确定?

(1) 中国人民是勤劳的。(为假)

(2) 中国人民是勇敢的。(为假)

(3) 中国人民既是勤劳又是勇敢的。(为假)

(4) 中国人民不是勤劳的。(为真)

(5) 中国人民不是勇敢的。(为真)

(6) 中国人民既不是勤劳又不是勇敢的。(为真)

(二) 联言与不相容选言的矛盾

P▽Q(不相容选言)的矛盾可以表示为:(P∧Q)∨(非 P∧非 Q)。

题型一:选言命题的性质【★★★★】

例题 1 一桩投毒谋杀案,作案者要么是甲,要么是乙,二者必有其一;所用毒药或者是毒鼠强,或者是乐果,二者至少其一。

如果上述断定为真,则以下哪项推断一定成立?

Ⅰ. 该投毒案不是甲投毒鼠强所为,因此,一定是乙投乐果所为;

Ⅱ. 在该案侦破中发现甲投了毒鼠强,因此,案中的毒药不可能是乐果;

Ⅲ. 该投毒案的作案者不是甲,并且所投毒药不是毒鼠强,因此,一定是乙投乐果所为。

A．只有Ⅰ。　　B．只有Ⅱ。　　C．只有Ⅲ。
D．只有Ⅰ和Ⅲ。　　E．Ⅰ、Ⅱ和Ⅲ。

例题2　某山区发生了较大面积的森林病虫害。在讨论农药的使用时，老许提出："要么使用甲胺磷等化学农药，要么使用生物农药。前者过去曾用过，价钱便宜，杀虫效果好，但毒性大；后者未曾使用过，效果不确定，价格贵。"

从老许的提议中，不可能推出的结论是（　　）

A．如果使用化学农药，那么就不使用生物农药。
B．或者使用化学农药，或者使用生物农药，两者必居其一。
C．如果不使用化学农药，那么就使用生物农药。
D．化学农药比生物农药好，应该优先考虑使用。
E．化学农药和生物农药是两类不同的农药，两类农药不要同时使用。

例题3　李丽和王佳是好朋友，同在一家公司上班，常常在一起喝下午茶，她们发现常去喝下午茶的人或者喜欢红茶，或者喜欢花茶，或者喜欢绿茶，李丽喜欢绿茶，王佳不喜欢花茶。

根据以上陈述，以下哪项必定为真？

Ⅰ．王佳如果喜欢红茶，就不喜欢绿茶；
Ⅱ．王佳如果不喜欢绿茶，就一定喜欢红茶；
Ⅲ．常去喝下午茶的人如果不喜欢红茶，就一定喜欢绿茶或花茶；
Ⅳ．常去喝下午茶的人如果不喜欢绿茶，就一定喜欢红茶和花茶。

A．仅Ⅱ和Ⅳ。　　B．仅Ⅱ、Ⅲ和Ⅳ。　　C．仅Ⅲ。
D．仅Ⅰ。　　E．仅Ⅱ和Ⅲ。

例题4　小李考上了清华，或者小孙没考上北大。

增加以下哪项条件，能推出小李考上了清华？

A．小张和小孙至少有一人未考上北大。　　B．小张和小孙至少有一人未考上清华。
C．小张和小孙都考上了北大。　　D．小张和小李都未考上清华。
E．小张和小孙都未考上北大。

例题5　在印度发现了一群不平常的陨石，它们的构成元素表明，它们只可能来自水星、金星或火星。由于水星靠太阳最近，它的物质只可能被太阳吸引而不可能落到地球上；这些陨石也不可能来自金星，因为金星表面的任何物质都不可能摆脱它和太阳的引力而落到地球上。因此，这些陨石很可能是某次巨大的碰撞后从火星落到地球上的。

上述论证方式和以下哪项最为类似？

A．这起谋杀或是劫杀，或是仇杀，或是情杀。但作案现场并无财物丢失；死者家属和睦，夫妻恩爱，并无情人。因此，最大的可能是仇杀。

B．如果张甲是作案者，那必有作案动机和作案时间。张甲确有作案动机，但没有作案时间。因此，张甲不可能是作案者。

C．此次飞机失事的原因，或是人为破坏，或是设备故障，或是操作失误。被发现的黑匣子显示，事故原因确是设备故障。因此，可以排除人为破坏和操作失误。

D．所有的自然数或是奇数，或是偶数。有的自然数不是奇数，因此，有的自然数是偶数。

E．任一三角形或是直角三角形，或是钝角三角形，或是锐角三角形。这个三角形有两个内角之和小于 90°。因此，这个三角形是钝角三角形。

题型二：联言和选言的矛盾【★★★★】

例题 6 对本届奥运会所有奖牌获得者进行了化验尿样，没有发现兴奋剂使用者。

如果上述陈述为假，则以下哪项一定为真？

Ⅰ．或者有的奖牌获得者没有化验尿样，或者在奖牌获得者中发现了兴奋剂的使用者；

Ⅱ．虽然有的奖牌获得者没有化验尿样，但还是发现了兴奋剂使用者；

Ⅲ．如果对所有奖牌获得者进行了化验尿样，则一定发现了兴奋剂使用者。

A．只有Ⅰ。　　B．只有Ⅱ。　　C．只有Ⅲ。

D．只有Ⅰ和Ⅲ。　　E．只有Ⅰ和Ⅱ。

例题 7 对所有产品都进行了检查，并没有发现假冒伪劣产品。

如果上述断定为假，则以下哪项为真？

Ⅰ．有的产品尚未经检查，但发现了假冒伪劣产品；

Ⅱ．或者有产品尚未经过检查，或者发现了假冒伪劣产品；

Ⅲ．如果对所有产品都进行了检查，则可发现假冒伪劣产品。

A．只有Ⅰ。　　B．只有Ⅱ。　　C．只有Ⅲ。

D．只有Ⅰ和Ⅱ。　　E．只有Ⅱ和Ⅲ。

例题 8 总经理：根据本公司目前的实力，我主张环岛绿地和宏达小区这两项工程至少上马一个，但清河桥改造工程不能上马。董事长：我不同意。

以下哪项最为准确地表达了董事长实际同意的意思？

A．环岛绿地、宏达小区和清河桥改造这三个工程都上马。

B．环岛绿地、宏达小区和清河桥改造这三个工程都不上马。

C．环岛绿地和宏达小区两个工程中至多上马一个，但清河桥改造工程要上马。

D．环岛绿地和宏达小区两个工程中至多上马一个，如果这点做不到，那也要保证清河桥改造工程上马。

E．环岛绿地和宏达小区两个工程都不上马，如果这点做不到，那也要保证清河桥改造工程上马。

例题 9　产品出售后发现有严重质量问题，用户提出："要么调换，要么加倍赔款，二者必居其一。"卖方说："我们不能同意。"

如果卖方坚持自己的主张，则以下哪项断定是卖方在逻辑上必须同意的？

A. 直接退货。

B. 既不调换又不加倍赔款。

C. 如果既不调换又不加倍赔款，就必须接受既调换又加倍赔款。

D. 既调换又加倍赔款。

E. 或者既不调换又不加倍赔款，或者既调换又加倍赔款。

5.4　假言命题

5.4.1　假言命题的识别

假言判断是断定事物之间的依存条件关系的复合判断。按依存条件关系的不同，假言判断又分为三种：**充分条件、必要条件和充分必要条件（充要条件）**。其中，充要条件假言判断涉及较少，表示充要条件假言判断的逻辑连接词是"当且仅当"，在联考中，可以把它等价转换为"等于"。逻辑考试中最重要也最常见的是充分条件和必要条件。

充分条件与必要条件假言判断最简单，但是一定要在掌握逻辑推理的基础上去解题，显示了一种前肢与后肢判断同真或同假的关系。

考生在试题中看到表示假言判断的逻辑连接词时，首先应知道怎样"形式化"。下面是充分条件和必要条件常见的自然语言逻辑连接词。

充分条件推理——有之即可，无之未必不行：

(1) 天下雨，则地上湿。（天下雨→地湿）

(2) 若你去，我也去。（你去→我去）

(3) 如果我们胜利了，就可以有幸福生活。（胜利→幸福生活）

(4) 天若有情天亦老。（天有情→天老）

(5) 只要努力，就一定会成功。（努力→成功）

(6) 所有的商人都是奸诈的。（商人→奸诈）

(7) 不到长城非好汉。（不到长城→不是好汉）

(8) 管理类联考越努力，越幸运。（越努力→越幸运）

(9) 骄兵必败。（骄兵→败）

(10) 如果努力学习，就会取得好成绩并考上大学。（努力学习→好成绩并考上大学）＝努力学习→（好成绩∧考上大学）。

技巧点拨：

(1) "如果 P，则 Q"＝"P，则 Q"＝"如果 P，Q"。三种形式都是充分条件的表示，都可以简化为：P→Q。

(2) 此类推理的简化应该严格执行"形式套路"，切不可代入自己的理解。例如，如果母猪能上树，那么张三是好人，在我们逻辑上的推理就是：母猪能上树→张三是好人，但是有很多同学会纠结“母猪怎么能上树呢”。关于这一点，我们要清楚逻辑考查的要点：**重形式、轻具体专业内容**。

必要条件推理——有之未必行，无之一定不行：

(1) 只有年满18岁才有选举权。(选举权→年满18岁)

(2) 好好学习是考上大学的基础/前提/必要条件。(考上大学→好好学习)

(3) 除非我们谦虚，否则不会进步。(非谦虚→不会进步)

(4) 你很难考取大学，除非你认真听讲。(非认真听讲→很难考取大学)

(5) 你要听从我的吩咐，否则没有工资。(非听我的吩咐→没有工资)

(6) 除非你去，我才去。(我去→你去)

注：除非你去，我才去=只有你去，我才去。

(7) 山无棱、水断流，乃敢与君绝。

=(只有)山无棱、水断流，才敢与君绝=与君绝→(山无棱∧水断流)。

技巧点拨：

(1) 对于“除非……否则……”的推理，有一个万能做法：

“除非P，否则Q”=“除非P，Q”=“P，否则Q”=非P→Q。

(2) “只有P，才Q”=“只有P，Q”=“P，才Q”，三种形式都是必要条件的表示，都可以简化为：Q→P。

充要条件推理——既是充分条件，又是必要条件：

在联考中可以当“等于”使用。

(1) 我去当且仅当你去。(我去=你去，你去是我去的充要条件)

(2) 你能考上只要并且只有好好学习。(考上=好好学习)

5.4.2 假言命题的真假判断

关于假言判断P→Q：它是一个判断，与“P并且Q”“P或者Q”一样是复合判断。

P(前件)	Q(后件)	P→Q(假言命题)
T	T	T
T	F	F
F	T	T
F	F	T

对P→Q的否定即是指：P发生了同时Q没有发生。因此，P→Q的矛盾就是：P且非Q。

P→Q等价于“非P或Q”。

5.4.3 假言命题的推理规则

假言命题的三大推理规则是联考的重中之重，主要有以下三大规则。

(1) 逆否规则：P→Q=非 Q→非 P。

例如，如果天下雨，那么地上湿(天下雨→地上湿)；如果地上没有湿，那么一定没有下雨(非地上湿→非天下雨)。在此，笔者给大家提供一个口诀：**前真推后真，后假推前假，其他不知道**。假言的逆否规则是每年必考的重点。

(2) 传递规则：P→Q，Q→R，R→S=P→Q→R→S。

这是指前提中有两个或两个以上的假言命题，并根据假言命题逻辑性质所进行的推理。例如：如果没有天，就没有地；如果没有地，就没有家。

没有天→没有地→没有家。

(3) 逆否+传递规则：没有天→没有地→没有家。

假设现在有结论“有家”，那么能得出：有家→有地→有天。

题型三：假言命题的推理规则【★★★★】

例题 10 只有通过身份认证的人才允许上公司内网，如果没有良好的业绩，就不可能通过身份认证，张辉有良好的业绩而王纬没有良好的业绩。

如果上述断定为真，则以下哪项一定为真？

A. 允许张辉上公司内网。

B. 不允许王纬上公司内网。

C. 张辉通过身份认证。

D. 有良好的业绩，就允许上公司内网。

E. 没有通过身份认证，就说明没有良好的业绩。

例题 11 如果他勇于承担责任，那么他就一定会直面媒体，而不是选择逃避；如果他没有责任，那么他就一定会聘请律师，捍卫自己的尊严。可是事实上，他不仅没有聘请律师，现在逃得连人影都不见了。

根据以上陈述，可以得出以下哪项结论？

A. 即使他没有责任，也不应该选择逃避。

B. 虽然选择了逃避，但是他可能没有责任。

C. 如果他有责任，那么他应该勇于承担责任。

D. 如果他不敢承担责任，那么说明他责任很大。

E. 他不仅有责任，而且他没有勇气承担责任。

例题 12 针对威胁人类健康的甲型 H1N1 流感，研究人员研制出了相应的疫苗，尽管这些疫苗是有效的，但某大学研究人员发现，阿司匹林、羟苯基乙酰胺等抑制某些酶的药物会影响疫苗的效果，这位研究人员指出：“如果你使用了阿司匹林或者对乙酰氨基酚，那么你注射疫苗后就必然不会产生良好的抗体反应。”

如果小张注射疫苗后产生了良好的抗体反应，那么根据上述题干可以得出以下哪项？

A. 小张服用了阿司匹林，但没有服用对乙酰氨基酚。

B. 小张没有服用阿司匹林，但感染了甲型 H1N1 流感病毒。
C. 小张服用了阿司匹林，但没有感染甲型 H1N1 流感病毒。
D. 小张没有服用阿司匹林，也没有服用对乙酰氨基酚。
E. 小张服用了对乙酰氨基酚，但没有服用羟苯基乙酰胺。

例题 13 蟋蟀是一种非常有趣的小动物，宁静的夏夜，草丛中传来阵阵清脆的鸣叫声，那是蟋蟀在歌唱。蟋蟀优美动听的歌声并不是出自它的好嗓子，而是来自它的翅膀。左右两翅一张一合，相互摩擦，就可以发出悦耳的声响了。蟋蟀还是建筑专家，与它那柔软的挖掘工具相比，蟋蟀的住宅真可以算得上是伟大的工程了。在其住宅门口，有一个收拾得非常舒适的平台。夏夜，除非下雨或刮风，否则，蟋蟀肯定会在这个平台上歌唱。

根据以上陈述，以下哪项是蟋蟀在无雨的夏夜所做的？
A. 修建住宅。
B. 收拾平台。
C. 在平台上歌唱。
D. 如果没有刮风，它就在抢修工程。
E. 如果没有刮风，它就在平台上歌唱。

例题 14 如果马来西亚航空公司的客机没有发生故障，也没有被恐怖组织劫持，那就一定是被导弹击落了。如果客机被导弹击落，一定会被卫星发现；如果卫星发现客机被导弹击落，一定会向媒体公布。

如果要得到“飞机被恐怖组织劫持了”这一结论，需要补充以下哪项？
A. 客机没有被导弹击落。
B. 没有导弹击落客机的报道，客机也没有发生故障。
C. 客机没有发生故障。
D. 客机发生了故障，没有导弹击落客机。
E. 客机没有发生故障，卫星发现客机被导弹击落。

例题 15 一个人如果没有崇高的信仰，就不可能守住道德的底线；一个人只有不断加强理论学习，才能始终保持崇高的信仰。

根据以上信息，可以得出以下哪项？
A. 一个人只有不断加强理论学习，才能守住道德的底线。
B. 一个人如果不能守住道德的底线，就不可能保持崇高的信仰。
C. 一个人只要有崇高的信仰，就能守住道德的底线。
D. 一个人只要不断加强理论学习，就能守住道德底线。
E. 一个人没能守住道德的底线，是因为他首先丧失了崇高的信仰。

例题 16 李明、王兵、马云三位股民对股票 A 和股票 B 分别做了如下预测：
李明：只有股票 A 不上涨，股票 B 才不上涨。
王兵：股票 A 和股票 B 至少有一个不上涨。

马云：股票 A 上涨当且仅当股票 B 上涨。

若三人的预测都为真，则以下哪项符合他们的预测？

A. 股票 A 上涨，股票 B 不上涨。

B. 股票 A 不上涨，股票 B 上涨。

C. 股票 A 和股票 B 均上涨。

D. 股票 A 和股票 B 均不上涨。

E. 只有股票 A 上涨，股票 B 才不上涨。

题型四：假言的矛盾【★★★★】

例题 17 在家电产品“三下乡”活动中，某销售公司的产品受到了农村居民的广泛欢迎。该公司总经理在介绍经验时表示：只有用最流行畅销的明星产品面对农村居民，才能获得他们的青睐。

以下哪项如果为真，最能质疑总经理的论述？

A. 某品牌电视机由于其较强的防潮能力，尽管不是明星产品，仍然获得了农村居民的青睐。

B. 流行畅销的明星产品由于价格偏高，没有获得农村居民的青睐。

C. 流行畅销的明星产品只有质量过硬，才能获得农村居民的青睐。

D. 有少数娱乐明星为某些流行畅销的产品做虚假广告。

E. 流行畅销的明星产品最适合城市中的白领使用。

例题 18 小张是某公司营销部的员工，公司经理对他说：“如果你争取到这个项目，我就奖励你一台笔记本电脑或者给你项目提成。”

以下哪项如果为真，说明该经理没有兑现承诺？

A. 小张没有争取到这个项目，该经理没有给他项目提成，但送了他一台笔记本电脑。

B. 小张没有争取到这个项目，该经理没奖励给他笔记本电脑，也没给他项目提成。

C. 小张争取到了这个项目，该经理给他项目提成，但并未奖励他笔记本电脑。

D. 小张争取到了这个项目，该经理奖励他一台笔记本电脑并给他三天假期。

E. 小张争取到了这个项目，该经理未给他项目提成，但奖励了他一台台式电脑。

例题 19 只有具有一定文学造诣且具有生物学专业背景的人，才能读懂这篇文章。

如果上述命题为真，则以下哪项不可能为真？

A. 小张没有读懂这篇文章，但他的文学造诣是大家所公认的。

B. 计算机专业的小王没有读懂这篇文章。

C. 从未接触过生物学知识的小李读懂了这篇文章。

D. 小周具有生物学专业背景，但他没有读懂这篇文章。

E. 生物学博士小赵读懂了这篇文章。

例题 20 只有公司相关部门的所有员工都考评合格了，该部门的员工才能得到年终奖金。财务部有些员工考评合格了，综合部所有员工都得到了年终奖金，行政部的赵强考评合格了。

如果以上陈述为真，则以下哪项可能为真？

Ⅰ. 财务部员工都考评合格了； Ⅱ. 赵强得到了年终奖金；

Ⅲ. 综合部有些员工没有考评合格； Ⅳ. 财务部员工没有得到年终奖金。

A. 只有Ⅰ、Ⅱ。 B. 只有Ⅱ、Ⅲ。 C. 只有Ⅰ、Ⅱ、Ⅳ。

D. 只有Ⅰ、Ⅱ、Ⅲ。 E. 只有Ⅱ、Ⅲ、Ⅳ。

例题21 陈先生在鼓励他孩子时说道："不要害怕暂时的困难和挫折，不经历风雨怎么见彩虹？"他孩子不服气地说："您说得不对。我经历了那么多风雨，怎么就没见到彩虹呢？"

陈先生孩子的回答最适宜用来反驳以下哪项？

A. 如果想见到彩虹，就必须经历风雨。

B. 只要经历了风雨，就可以见到彩虹。

C. 只有经历风雨，才能见到彩虹。

D. 即使经历了风雨，也可能见不到彩虹。

E. 即使见到了彩虹，也不是因为经历了风雨。

例题22 张教授指出，明清时期的科举考试分为四级，即院试、乡试、会试、殿试。院试在县府举行，考中者称为生员；乡试每三年在各省省城举行一次，生员才有资格参加，考中者称为举人，举人第一名称为解元；会试于乡试后第二年在京城举行，举人才有资格参加，考中者称为贡士，贡士第一名称为会元；殿试在会试当年举行，由皇帝主持，贡士才有资格参加，录取分为三甲，一甲三名，二甲、三甲各若干名，统称为进士，一甲第一名称为状元。

根据张教授的陈述，以下哪项是不可能的？

A. 中举者不曾中进士。 B. 中状元者曾为生员和举人。

C. 中会元者不曾中举。 D. 可有连中三元者(解元、会元、状元)。

E. 未中解元者，不曾中会元。

例题23 2010年上海世博会盛况空前，200多个国家场馆和企业主题馆让人目不暇接。大学生王刚决定在学校放暑假的第二天前往世博会参观。前一天晚上，他特地上网查看了各位网友对热门场馆选择的建议，其中最吸引王刚的有三条：

(1) 如果参观沙特馆，就不参观石油馆。

(2) 石油馆和中国国家馆择一参观。

(3) 中国国家馆和石油馆不都参观。

实际上，第二天王刚的世博会行程非常紧凑，他没有接受上述三条建议中的任何一条。

关于王刚所参观的热门场馆，以下哪项描述正确？

A. 参观沙特馆、石油馆，没有参观中国国家馆。
B. 沙特馆、石油馆、中国国家馆都参观了。
C. 沙特馆、石油馆、中国国家馆都没有参观。
D. 没有参观沙特馆，参观了石油馆和中国国家馆。
E. 没有参观石油馆，参观了沙特馆和中国国家馆。

题型五：假言的等价【★★★】

例题 24 经理说："有了自信不一定赢。"董事长回应说："但是没有自信一定会输。"以下哪项与董事长的意思最为接近？
A. 不输即赢，不赢即输。
B. 如果自信，则一定会赢。
C. 只有自信，才可能不输。
D. 除非自信，否则，不可能输。
E. 只有赢了，才可能更自信。

例题 25 中国要拥有一流的国家实力，必须有一流的教育。只有拥有一流的国家实力，中国才能做出应有的国际贡献。
以下各项都符合题干的意思，除了（　　）
A. 中国难以做出应有的国际贡献，除非拥有一流的教育。
B. 只要中国拥有一流的教育，就能做出应有的国际贡献。
C. 如果中国拥有一流的国家实力，就不会没有一流的教育。
D. 不能设想中国做出了应有的国际贡献，但缺乏一流的教育。
E. 中国面临选择：或者放弃应尽的国际义务，或者创造一流的教育。

例题 26 除非不把理论当作教条，否则，就会束缚思想。
以下各项都表达了与题干相同的含义，除了（　　）
A. 如果不把理论当作教条，就不会束缚思想。
B. 如果把理论当作教条，就会束缚思想。
C. 只有束缚思想，才会把理论当作教条。
D. 只有不把理论当作教条，才不会束缚思想。
E. 除非束缚思想，否则，不会把理论当作教条。

5.5 二难推理

假言推理扩充形成了二难推理。二难推理的目的往往是为了说明结果的两难处境或者为了强调某一结论所进行的推理。二难推理具有多种形式，本书根据中国管理类联考和美国 GMAT 逻辑试题的特点，将二难推理概括为以下形式。

基本形式：

如果 P，则 Q；

如果非 P，则 Q；

所以，Q。

课堂训练 7：如果周日下雨，那么会议延期；如果周日不下雨，会议也延期；所以，周日的会议将会延期。

形式化为：下雨→会议延期；

不下雨→会议延期；

隐含条件：（下雨 ∨ 不下雨）；

因此，会议延期。

扩展形式：

如果 P，则 Q；

如果非 P，则 R；

所以，Q 或 R 一定成立。

课堂训练 8：如果周日下雨，那么会议延期；如果周日不下雨，会议将在露天召开。所以，周日的会议或者延期，或者在露天召开。

形式化为：下雨→会议延期；

不下雨→露天召开；

隐含条件：（下雨 ∨ 不下雨）；

因此，会议延期 ∨ 露天召开。

一般形式：

如果 P，则 Q；

如果 R，则 S；

又，P 或者 R；

所以，Q 或 S 一定成立。

课堂训练 9：如果周日下雨，那么会议延期；如果周日晴天，那么会议在操场举行。又，周日或者下雨或者晴天。所以，周日的会议或者延期，或者在操场举行。

形式化为：下雨→会议延期；

晴天→操场举行；

隐含条件：（下雨 ∨ 晴天）；

因此，会议延期 ∨ 操场举行。

综上，如果题干出现二难推理考点，将其转化为：**两个假言＋一个选言的结构**。

题型六：二难推理

例题 27 某国大选在即，国际政治专家陈研究员预测：选举结果或者是甲党控制政府，或者是乙党控制政府。如果甲党赢得对政府的控制权，该国将出现经济问题；如果乙党赢得对政府的控制权，该国将陷入军事危机。

根据陈研究员上述预测，可以得出以下哪项？

A. 该国可能不会出现经济问题，也可能不会陷入军事危机。

B. 如果该国出现经济问题，那么甲党赢得了对政府的控制权。

C. 该国将出现经济问题，或者将陷入军事危机。

D. 如果该国陷入了军事危机，那么乙党赢得了对政府的控制权。

E. 如果该国出现了经济问题并且陷入了军事危机，那么甲党与乙党均赢得了对政府的控制权。

例题 28　在恐龙灭绝 6 500 万年后的今天，地球正面临着又一次物种大规模灭绝的危机，截至 20 世纪末，全球大概有 20% 的物种灭绝，现在，大熊猫、西伯利亚虎、北美玳瑁、巴西红木等许多珍稀物种面临着灭绝的危险。有三位学者对此做了预测：

学者一：如果大熊猫灭绝，西伯利亚虎也将灭绝；

学者二：如果北美玳瑁灭绝，巴西红木不会灭绝；

学者三：或者北美玳瑁灭绝，或者西伯利亚虎不会灭绝。

如果三位学者的预测都为真，则以下哪项一定为假？

A. 大熊猫和北美玳瑁都将灭绝。

B. 巴西红木将灭绝，西伯利亚虎不会灭绝。

C. 大熊猫和巴西红木都将灭绝。

D. 大熊猫将灭绝，巴西红木不会灭绝。

E. 巴西红木将灭绝，大熊猫不会灭绝。

例题 29　在潮湿的气候中仙人掌很难成活；在寒冷的气候中柑橘很难生长。在某省的大部分地区，仙人掌和柑橘至少有一种不难成活生长。

如果上述断定为真，则以下哪项一定为假？

A. 该省的一半地区，既潮湿又寒冷。

B. 该省的大部分地区炎热。

C. 该省的大部分地区潮湿。

D. 该省的某些地区既不寒冷也不潮湿。

E. 柑橘在该省的所有地区都无法生长。

题型七：复合命题在分析推理中的应用

例题 30　某集团公司有四个部门，分别生产冰箱、彩电、电脑和手机。根据前三个季度的数据统计，四个部门经理对 2010 年全年的赢利情况做了如下预测：

(1) 冰箱部门经理：今年手机部门会赢利。

(2) 彩电部门经理：如果冰箱部门今年赢利，那么彩电部门就不会赢利。

(3) 电脑部门经理：如果手机部门今年没赢利，那么电脑部门也没赢利。

(4) 手机部门经理：今年冰箱部门和彩电部门都会赢利。

全年数据统计完成后，发现上述四个预测只有一个符合事实。

关于该公司各部门的全年赢利情况，以下除哪项外均可能为真？

A. 彩电部门赢利，冰箱部门没赢利。

B. 冰箱部门赢利，电脑部门没赢利。

C. 电脑部门赢利，彩电部门没赢利。

D. 冰箱部门和彩电部门都没赢利。

E. 冰箱部门和电脑部门都赢利。

例题 31 有五支球队参加比赛，对于比赛结果，观众有如下议论：

(1) 冠军队不是山南队，就是江北队；

(2) 冠军队既不是山北队，也不是江南队；

(3) 冠军队只能是江南队；

(4) 冠军队不是山南队。

比赛结果显示，只有一条议论是正确的。那么，获得冠军队的是(　　)

A. 山南队。　B. 江南队。　C. 山北队。　D. 江北队。　E. 江东队。

例题 32 某金库发生了失窃案，公安机关侦查确定，这是一起典型的内盗案，可以断定金库管理员甲、乙、丙、丁中至少有一人是作案者。办案人员对四人进行了询问，四人的回答如下：

甲："如果乙不是窃贼，我也不是窃贼。"

乙："我不是窃贼，丙是窃贼。"

丙："甲或者乙是窃贼。"

丁："乙或者丙是窃贼。"

后来事实表明，他们四人中只有一人说了真话。

根据以上陈述，以下哪项一定为假？

A. 乙不是窃贼。　B. 丙不是窃贼。　C. 甲说的是真话。

D. 丙说的是假话。　E. 丁说的是真话。

例题 33 在一次考试中，试卷上画了五大洲的图形，每个图形都编了号，要求填出其中任意两个洲名，分别有五名学生填了如下编号：

甲：3 是欧洲，2 是美洲；　乙：4 是亚洲，2 是大洋洲；

丙：1 是亚洲，5 是非洲；　丁：4 是非洲，3 是大洋洲；

戊：2 是欧洲，5 是美洲。

结果他们每人只填对一半，请根据以上条件判断下列正确的选项是(　　)

A. 1 是亚洲，2 是欧洲。　B. 2 是大洋洲，3 是非洲。

C. 3 是欧洲，4 是非洲。　D. 4 是美洲，5 是非洲。

E. 3 是欧洲，4 是亚洲。

例题 34 一个花匠正在配制插花。可供配制的花共有苍兰、玫瑰、百合、牡丹、海棠和秋菊六个品种，一件合格的插花必须至少由两种花组成，并同时满足以下条件：如果有苍兰或海棠，则不能有秋菊；如果有牡丹，则必须有秋菊；如果有玫瑰，则必须有海棠。

以下各项所列的两种花都可以单独或与其他花搭配，组成一件合格的插花，除了（ ）

A. 苍兰和玫瑰。 B. 苍兰和海棠。 C. 玫瑰和百合。
D. 玫瑰和牡丹。 E. 百合和秋菊。

5.6 课后习题

基础训练

1～2 题基于以下题干：

只要不起雾，飞机就按时起飞。

1 以下哪项正确地表达了上述断定？

Ⅰ. 如果飞机按时起飞，则一定没起雾；
Ⅱ. 如果飞机不按时起飞，则一定起雾；
Ⅲ. 除非起雾，否则，飞机按时起飞。

A. 只有Ⅰ。 B. 只有Ⅱ。 C. 只有Ⅲ。
D. 只有Ⅱ和Ⅲ。 E. Ⅰ、Ⅱ和Ⅲ。

2 以下哪项如果为真，说明上述断定不成立？

Ⅰ. 没起雾，但飞机没按时起飞；
Ⅱ. 起雾，但飞机仍然按时起飞；
Ⅲ. 起雾，飞机航班延期。

A. 只有Ⅰ。 B. 只有Ⅱ。 C. 只有Ⅲ。
D. 只有Ⅱ和Ⅲ。 E. Ⅰ、Ⅱ和Ⅲ。

3 这两个《通知》或者属于规章，或者属于规范性文件，任何人均无权依据这两个《通知》将本来属于当事人选择公证的事项规定为强制公证的事项。

根据以上信息，可以得出以下哪项？

A. 规章或者规范性文件既不是法律，也不是行政法规。
B. 规章或规范性文件或者不是法律，或者不是行政法规。
C. 这两个《通知》如果一个属于规章，那么另一个属于规范性文件。
D. 这两个《通知》如果都不属于规范性文件，那么就属于规章。
E. 将本来属于当事人选择公证的事项规定为强制公证的事项属于违法行为。

4 10 月 6 日晚上，张强要么去电影院看电影，要么去拜访朋友秦玲。如果那天晚上张强开车回家，他就没去电影院看电影，只有张强事先与秦玲约定，张强才能拜访她，事实上，张强不可能事先约定。

根据上述陈述，可以得出以下哪个结论？

A. 那天晚上张强没有开车回家。

B. 张强那天晚上拜访了朋友。

C. 张强晚上没有去电影院看电影。

D. 那天晚上张强与秦玲一起看电影了。

E. 那天晚上张强开车去电影院看电影。

5 有人认为，任何一个机构都包括不同的职位等级或层级，每个人都隶属于其中一个层次。如果某人在原来级别岗位上干得出色，就会被提拔，而被提拔者得到重用后却碌碌无为，这会造成机构效率低下，人浮于事。

以下哪项为真，最能质疑上述观点？

A. 个人晋升常常会在一定程度上影响所在机构的发展。

B. 不同岗位的工作方法是不同的，对新的岗位要有一个适应过程。

C. 王副教授教学科研都很强，而晋升正教授后却表现平平。

D. 李明的体育运动成绩并不理想，但他进入管理层后却干得得心应手。

E. 部门经理王先生业绩出众，被提拔为公司总经理后工作依然出色。

6 企业要建设科技创新中心，就要推进与高校、科研院所的合作，这样才能激发自主创新的活力。一个企业只有搭建服务科技创新发展战略的平台、科技创新与经济发展对接的平台以及聚集创新人才的平台，才能催生重大科技成果。

根据上述信息，可以得出以下哪项？

A. 如果企业搭建了科技创新与经济发展对接的平台，就能激发其自主创新的活力。

B. 如果企业搭建了服务科技创新发展战略的平台，就能催生重大科技成果。

C. 能否推进与高校、科研院所的合作决定企业是否具有自主创新的活力。

D. 如果企业没有搭建聚集创新人才的平台，就无法催生重大科技成果。

E. 如果企业推进与高校、科研院所的合作，就能激发其自主创新的活力。

7 生态文明建设事关社会发展方式和人民福祉，只有实行最严格的制度、最严密的法治，才能为生态文明建设提供可靠保障；如果要实行最严格的制度、最严密的法治，就要建立责任追究制度，对那些不顾生态环境盲目决策并造成严重后果者，追究其相应的责任。

根据上述信息，可以得出以下哪项？

A. 如果对那些不顾生态环境盲目决策并造成严重后果者追究相应的责任，就能为生态文明建设提供可靠保障。

B. 实行最严格的制度和最严密的法治是生态文明建设的重要目标。

C. 如果不建立责任追究制度，就不能为生态文明建设提供可靠保障。

D. 只有筑牢生态环境的制度防护墙，才能造福于民。
E. 如果要建立责任追究制度，就要实行最严格的制度、最严密的法治。

8 某县县委关于下周一几位领导的工作安排如下：
(1) 如果李副书记在县城值班，那么他就要参加宣传工作例会；
(2) 如果张副书记在县城值班，那么他就要做信访接待工作；
(3) 如果王书记下乡调研，那么张副书记或李副书记就须在县城值班；
(4) 只有参加宣传工作例会或做信访接待工作，王书记才不下乡调研；
(5) 宣传工作例会只需分管宣传的副书记参加，信访接待工作也只需一名副书记参加。
根据上述工作安排，可以得出以下哪项？
A. 张副书记做信访接待工作。　　B. 王书记下乡调研。
C. 李副书记参加宣传工作例会。　　D. 李副书记做信访接待工作。
E. 张副书记参加宣传工作例会。

9～10 题基于以下题干：

某大学运动会即将召开，经管学院拟组建一支 12 人的代表队参赛，参赛队员将从该院 4 个年级的学生中选拔。学校规定：每个年级都须在长跑、短跑、跳高、跳远、铅球 5 个项目中选择 1～2 项参加比赛，其余项目可任意选择。一个年级如果选择长跑，就不能选择短跑或跳高；一个年级如果选择跳远，就不能选择长跑或铅球。每名队员只参加一项比赛。已知该院：
(1) 每个年级均有队员被选拔进入代表队；
(2) 每个年级被选拔进入代表队的人数各不相同；
(3) 有两个年级的队员人数相乘等于另一个年级的队员人数。

9 根据以上信息，一个年级最多可选拔多少人？
A. 8 人。　B. 7 人。　C. 6 人。　D. 5 人。　E. 4 人。

10 如果某年级队员的人数不是最少的，且选择了长跑，那么对于该年级来说，以下哪项是不可能的？
A. 选择铅球或跳远。　B. 选择短跑或铅球。　C. 选择短跑或跳远。
D. 选择长跑或跳高。　E. 选择铅球或跳高。

11 蓝星航线上所有货轮的长度都大于 100 米，该航线上所有客轮的长度都小于 100 米。蓝星航线上的大多数轮船都是 1990 年以前下水的。金星航线上的所有货轮和客轮都是 1990 年以后下水的，其长度都小于 100 米。大通港一号码头只对上述两条航线的轮船开放，该码头设施只适用于长度小于 100 米的轮船。捷运号是最近停靠在大通港一号码头的一艘货轮。

如果上述判定为真,则以下哪项一定为真?

A. 捷运号是1990年以后下水的。

B. 捷运号属于蓝星航线。

C. 大通港只适于长度小于100米的货轮。

D. 大通港不对其他航线开放。

E. 蓝星航线上的所有轮船都早于金星航线上的轮船下水。

12 一个产品要畅销,产品的质量和经销商的诚信缺一不可。

以下各项都符合题干的断定,除了(　　)

A. 一个产品滞销,说明它或者质量不好,或者经销商缺乏诚信。

B. 一个产品只有质量高并且诚信经销才能畅销。

C. 一个产品畅销,说明它质量高并有诚信的经销商。

D. 一个产品除非有高的质量和诚信的经销商,否则不能畅销。

E. 一个质量好并且由诚信者经销的产品不一定畅销。

13 一方面确保法律面前人人平等,同时又允许有人触犯法律而不受制裁,这是不可能的。

以下哪项最符合题干的断定?

A. 或者允许有人凌驾于法律之上,或者任何人触犯法律都要受到制裁,这是必然的。

B. 任何人触犯法律都要受到制裁,这是必然的。

C. 有人凌驾于法律之上,触犯法律而不受制裁,这是可能的。

D. 如果不允许有人触犯法律可以不受制裁,那么法律面前人人平等就是可能的。

E. 一方面允许有人凌驾于法律之上,同时声称任何人触犯法律都要受到制裁,这是可能的。

14 正是因为有了第二味觉,哺乳动物才能够边吃边呼吸。显然,边吃边呼吸对保持哺乳动物高效率的新陈代谢是必要的。

以下哪种哺乳动物的发现,最能削弱以上的断言?

A. 有高效率的新陈代谢和边吃边呼吸能力的哺乳动物。

B. 有低效率的新陈代谢和边吃边呼吸能力的哺乳动物。

C. 有低效率的新陈代谢但没有边吃边呼吸能力的哺乳动物。

D. 有高效率的新陈代谢但没有第二味觉的哺乳动物。

E. 有低效率的新陈代谢和第二味觉的哺乳动物。

15 一般将缅甸所产的经过风化或经河水搬运至河谷、河床中的翡翠大砾石,称为老坑玉。老坑玉的特点是水头好、质坚、透明度高,其上品透明如玻璃,故称玻璃种或冰种。同为老坑玉,其质量相对也有高低之分,有的透明度高一些,有的透明度稍差一些，所以价值也有差别。在其他条件都相同的情况下，透明度高的老坑玉比透明度较低的单位价值高，但是开采的实践告诉人们，没有单位价值最高的老坑玉。

以上陈述如果为真，可以得出以下哪项结论？

A. 没有透明度最高的老坑玉。

B. 透明度高的老坑玉未必水头好。

C. 老坑玉中也有质量很好的翡翠。

D. 老坑玉的单位价值还决定于其加工的质量。

E. 随着年代的增加，老坑玉的单位价值会越来越高。

16 张珊喜欢喝绿茶，也喜欢喝咖啡。他的朋友中没有人既喜欢喝绿茶又喜欢喝咖啡，但他的所有朋友都喜欢喝红茶。

如果上述断定为真，则以下哪项不可能为真？

A. 张珊喜欢喝红茶。

B. 张珊的所有朋友都喜欢喝咖啡。

C. 张珊的所有朋友喜欢喝的茶在种类上完全一样。

D. 张珊有一个朋友既不喜欢喝绿茶也不喜欢喝咖啡。

E. 张珊喜欢喝的饮料，他有一个朋友都喜欢喝。

17 只有具备足够的资金投入和技术人才，一个企业的产品才能拥有高科技含量。而这种高科技含量，对于一个产品长期稳定地占领市场是必不可少的。

以下哪项情况如果存在，最能削弱以上断定？

A. 苹果牌电脑拥有高科技含量并长期稳定地占领市场。

B. 西子牌洗衣机没能长期稳定地占领市场，但该产品并不缺乏高科技含量。

C. 长江牌电视机没能长期稳定地占领市场，因为该产品缺乏高科技含量。

D. 清河牌空调长期稳定地占领市场，但该产品的厂家没有足够的资金投入。

E. 开开牌电冰箱没能长期稳定地占领市场，但该产品的厂家有足够的资金投入和技术人才。

18 储存在专用电脑中的某财团的商业核心机密被盗窃。该财团的三名高级雇员甲、乙、丙三人涉嫌被拘审。经审讯，查明了以下事实：

(1) 机密是在电脑密码被破译后窃取的；破译电脑密码必须受过专门训练。

(2) 如果甲作案，那么丙一定参与。

(3) 乙没有受过破译电脑密码的专门训练。

(4) 作案者就是这三人中的一人或一伙。

从上述条件，可推出以下哪项结论？

A. 作案者中有甲。　　B. 作案者中有乙。　　C. 作案者中有丙。

D. 作案者中有甲和丙。　　E. 甲、乙和丙都是作案者。

19 东山市威达建材广场每家商店的门边都设有垃圾桶。这些垃圾桶的颜色是绿色或红色。

如果上述断定为真，则以下哪项一定为真？

Ⅰ. 东山市有一些垃圾桶是绿色的；

Ⅱ. 如果东山市的一家商店门边没有垃圾桶，那么这家商店不在威达建材广场；

Ⅲ. 如果东山市的一家商店门边有一个红色垃圾桶，那么这家商店在威达建材广场。

A. 只有Ⅰ。

B. 只有Ⅱ。

C. 只有Ⅰ和Ⅱ。

D. 只有Ⅰ和Ⅲ。

E. Ⅰ、Ⅱ和Ⅲ。

20 联欢晚会上，小李表演了一段京剧，老张夸奖道："小李京剧表演得那么好，他一定是个北方人。"

以下哪项是老张的话不包含的意思？

A. 不是北方人，京剧不可能唱得那么好。

B. 只有京剧唱得好，才是北方人。

C. 只要京剧唱得像小李那样好，就是北方人。

D. 除非小李是北方人，否则，京剧不可能唱得那么好。

E. 只有小李是北方人，京剧才能唱得那么好。

21 校务委员会决定除非是少数民族贫困生，否则，不能获得特别奖学金。

以下哪项如果为真，说明校务委员会的上述决定没有得到贯彻？

Ⅰ. 赵明是少数民族贫困生，没有获得特别奖学金。

Ⅱ. 刘斌是汉族贫困生，获得了特别奖学金。

Ⅲ. 熊强不是贫困生，获得了特别奖学金。

A. 只有Ⅰ。

B. 只有Ⅰ和Ⅱ。

C. 只有Ⅱ和Ⅲ。

D. 只有Ⅰ和Ⅲ。

E. Ⅰ、Ⅱ和Ⅲ。

22 龙蒿是一种多年生的草本菊科植物，含挥发油，主要成分为醛类物质，还含少量生物碱。青海民间入药，治暑湿、发热、虚劳等。龙蒿的根有辣味，新疆民间取根研末，代替辣椒作调味品。俄罗斯龙蒿和法国龙蒿看起来非常相似，俄罗斯龙蒿开花而法国龙蒿不开花，但是俄罗斯龙蒿的叶子却没有那种使法国龙蒿成为理想的调味品的独特香味。

若植物必须开花，才能产生种子，则从以上论述中一定可以推出以下哪项结论？

A. 作为观赏植物，法国龙蒿比俄罗斯龙蒿更令人喜爱。

B. 俄罗斯龙蒿的花可能没有香味。

C. 由龙蒿种子长出的植物不是法国龙蒿。

D. 除了俄罗斯龙蒿和法国龙蒿外，没有其他种类的龙蒿。
E. 俄罗斯龙蒿与法国龙蒿不好区分。

23 世界乒乓球锦标赛男子团体赛决赛前，H 国的教练在排兵布阵。他的想法是：如果 1 号队员的竞技状态好并且伤势已经痊愈，那么让 1 号队员出场。只有 1 号队员不能出场时才派 2 号队员出场。
如果决赛时 2 号队员出场，则以下哪项一定为真？
A. 1 号队员的伤势比较重。
B. 1 号队员的竞技状态不好。
C. 2 号队员没有受伤。
D. 如果 1 号队员的伤已痊愈，那么他的竞技状态不好。
E. 1 号队员出场。

24 法国航空公司一架客机失事。如果法国及其他多国没有采取积极的搜救行动，就不会尽早发现失事飞机的残骸。如果失事飞机设计公司提供技术支持并且派专家参与失事原因分析，那么关于失事原因的调查报告就会更客观。
如果以上陈述为真，则以下哪项不可能为假？
A. 或者法国及其他多国采取积极的搜救行动，或者不会尽早发现失事飞机的残骸。
B. 除非失事飞机设计公司提供技术支持，否则，就不会尽早发现失事飞机的残骸。
C. 如果法国及其他多国采取积极的搜救行动，就会尽早发现失事飞机的残骸。
D. 如果失事飞机设计公司提供技术支持，那么关于失事原因的调查报告就会更客观。
E. 如果法国及其他多国采取积极的搜救行动，就会派专家参与失事原因分析。

25 要使中国足球队真正能跻身世界强队之列，至少得解决两个关键问题：一是提高队员的基本技能；二是讲究科学训练。不切实地解决这两点，即使临战时的拼搏精神发挥得再好，也不可能取得突破性的进展。
以下哪项所表达的意思与题干不相同？
A. 只有提高队员的基本技能和讲究科学训练，才能取得突破性进展。
B. 除非提高队员的基本技能和讲究科学训练，否则，不能取得突破性进展。
C. 如果不能提高队员的基本技能，即使讲究科学训练，也不可能取得突破性进展。
D. 如果取得了突破性进展，说明一定提高了队员的基本技能并且讲究了科学训练。
E. 只要提高了队员的基本技能和讲究科学训练，再加上临战的拼搏精神发挥得好，就一定能取得突破性进展。

26 某实验室一共有 A、B、C 三种类型的机器人，A 型能识别颜色，B 型能识别形状，C 型既不能识别颜色也不能识别形状。实验室用红球、蓝球、红方块和蓝方块对 1 号和

2号机器人进行实验，命令它们拿起红球，但1号拿起了红方块，2号拿起了蓝球。
根据上述实验，以下哪项断定一定为真？
A. 1号和2号都是C型。
B. 1号和2号中有且只有一个是C型。
C. 1号是A型且2号是B型。
D. 1号不是B型且2号不是A型。
E. 1号可能不是A、B、C三种类型中的任何一种。

27 小林因未戴泳帽被拒绝进入深水池。小林出示深水合格证说：根据规定，我可以进入深水池。游泳池的规定是：未戴泳帽者不得进入游泳池；只有持有深水合格证，才能进入深水池。
小林最可能把游泳池的规定理解为(　　)
A. 除非持有深水合格证，否则，不能进入深水池。
B. 只有持有深水合格证的人，才不需要戴泳帽。
C. 如果持有深水合格证，就能进入深水池。
D. 准许进入游泳池的，不一定准许进入深水池。
E. 有了深水合格证，就不需要戴泳帽。

28 域控制器存储了域内的账户、密码和属于这个域的计算机三项信息。当计算机接入网络时，域控制器首先要鉴别这台计算机是否属于这个域，用户使用的登录账户是否存在，密码是否正确。如果三项信息均正确，则允许登录；如果以上信息有一项不正确，那么域控制器就会拒绝这个用户从这台计算机登录。小张的登录账户是正确的，但是域控制器拒绝小张的计算机登录。
基于以上陈述能得出以下哪项结论？
A. 小张输入的密码是错误的。
B. 小张的计算机不属于这个域。
C. 如果小张的计算机属于这个域，那么他输入的密码就是错误的。
D. 只有小张输入的密码是正确的，它的计算机才属于这个域。
E. 如果小张输入的密码是正确的，那么它的计算机就属于这个域。

29 美国食品药品监督管理局(FDA)管理在市场中引入的新的治疗药剂，因此，它在提高美国人的健康保健方面起了非常关键的作用，那些在学校里、政府研究团体内的人的职责是从事长期研究，以图发现新的治疗药剂，并对它进行临床试验。而对实验室里新发现的比较容易地转移到市场上市的药剂，FDA的作用和职责并不是很大，这些新发现显示：只有在转移之后才能有助于病人。
下面哪一个陈述可以从上述段落中推出？
A. FDA有责任确保任何销售到市场上的治疗药剂在当时都处于受控状态。

B. 在新的治疗药剂转移到市场之前，它们不能帮助病人。
C. 研究团体有职责对新药进行特别长期的测试，而 FDA 却没有这样的责任。
D. FDA 应该更紧密地与研究者合作，以确保治疗药剂的质量不会下降。
E. 如果新的医药发现已从实验室转移到市场上，那么它将有助于病人。

30 Eva：因为 Kai 是人气演员，所以，他有资格被提名最佳新人奖。
Guo：不，因为 Kai 吸毒，他不是年轻人的好榜样，因此，他不应被提名。
Guo 的论证使用了以下哪项作为前提？
Ⅰ. 有些人气演员吸毒；
Ⅱ. 所有吸毒者都不是年轻人的好榜样；
Ⅲ. 所有被提名最佳新人奖的都是年轻人的好榜样。
A. 只有Ⅰ。 B. 只有Ⅱ。 C. 只有Ⅲ。
D. 只有Ⅱ和Ⅲ。 E. Ⅰ、Ⅱ和Ⅲ。

31 爱因斯坦发表狭义相对论时，有人问他：“预计公众会有什么反应？”他答道：“很简单，如果我的理论是正确的，那么，德国人会说我是德国人，法国人会说我是欧洲人，美国人会说我是世界公民；如果我的理论不正确，那么，美国会说我是欧洲人，法国人会说我是德国人，德国人会说我是犹太人。”
如果爱因斯坦的话为真，则以下哪项也一定为真？
A. 有人会说爱因斯坦是世界公民。
B. 法国人会说爱因斯坦是欧洲人。
C. 有人会说爱因斯坦是德国人。
D. 有人会说爱因斯坦是犹太人。
E. 如果爱因斯坦是德国人，那么他就是欧洲人。

32 教育专家李教授提出，每个人在自己的一生中，都要不断地努力，否则，就会像龟兔赛跑的故事一样，一时跑得快并不能保证一直领先。如果你本来基础好又能不断努力，那你肯定能比别人更早取得成功。
如果李教授的陈述为真，则以下哪项一定为假？
A. 只要不断努力，任何人都可能取得成功。
B. 一时不成功并不意味着一直不成功。
C. 小王本来基础好并且能不断努力，但也可能比别人更晚取得成功。
D. 人的成功是有衡量标准的。
E. 不论是谁，只有不断努力，才可能取得成功。

33 如果把一杯酒倒入一桶污水中，你得到的是一桶污水；如果把一杯污水倒入一桶酒中，你得到的依然是一桶污水。在任何组织中，都可能存在几个难缠的人物。他们存在的目的似乎就是把事情搞糟。如果一个组织不加强内部管理，一个正直能干的人进入某低效的部门就会被吞没。而一个无德无才者就能将一个高效的部门变成一盘散沙。

根据上述信息，可以得出以下哪项？

A. 如果不将一杯污水倒进一桶酒中，你就不会得到一桶污水。

B. 如果一个正直能干的人进入组织，就会使组织变得更为高效。

C. 如果组织中存在几个难缠的人物，很快就会把组织变成一盘散沙。

D. 如果一个正直能干的人在低效部门没有被吞没，则该部门加强了内部管理。

E. 如果一个无德无才的人把组织变成一盘散沙，则该组织没有加强内部管理。

34 有关数据显示，2011 年全球新增 870 万结核病患者，同时有 140 万患者死亡。因为结核病对抗生素有耐药性，所以，对结核病的治疗一直都进展缓慢。如果不能在近几年消除结核病，那么还会有数百万人将死于结核病。如果要控制这种流行病，就要有安全、廉价的疫苗。目前有 12 种新疫苗正在测试之中。

根据以上信息，可以得出以下哪项？

A. 2011 年结核病患者的死亡率已达 16.1%。

B. 有了安全、廉价的疫苗，我们就能控制结核病。

C. 如果解决了抗生素的耐药性问题，结核病治疗将会获得突破性进展。

D. 只有在近几年消除结核病，才能避免数百万人死于这种疾病。

E. 新疫苗一旦应用于临床，将有效地控制结核病的传播。

35 在某届洲际杯足球赛中，第一阶段某小组单循环赛共有 4 支队伍参加，每支队伍需要在这一阶段比赛三场。甲国足球队在该小组的前两轮比赛中一平一负。在第三轮比赛之前，甲国足球队教练在新闻发布会上表示："只有我们在下一场比赛中获得胜利并且本组的另外一场比赛打成平局，我们才有可能从这个小组出线。"

如果甲国队主教练的陈述为真，则以下哪项是不可能的？

A. 甲国队第三场比赛取得了胜利，但他们未能从小组出线。

B. 第三轮比赛该小组另外一场比赛打成平局，甲国队从小组出线。

C. 第三轮比赛该小组两场比赛都分出了胜负，甲国队从小组出线。

D. 第三轮比赛甲国队取得了胜利，该小组另一场比赛打成平局，甲国队未能从小组出线。

E. 第三轮比赛该小组两场比赛都打成了平局，甲国队未能从小组出线。

36 在某项目招标过程中，赵嘉、钱宜、孙斌、李汀、周武、吴纪 6 人作为各自公司代表参与投标，有且只有一人中标。关于究竟谁是中标者，招标小组中有 3 位成员各自谈了自己的看法：

(1) 中标者不是赵嘉就是钱宜；

(2) 中标者不是孙斌；

(3) 周武和吴纪都没有中标。

经过深入调查，发现上述3人中只有一人的看法是正确的。

根据以上信息，以下哪项中的3人都可以确定没有中标？

A. 赵嘉、孙斌、李汀。　B. 赵嘉、钱宜、李汀。　C. 孙斌、周武、吴纪。

D. 赵嘉、周武、吴纪。　E. 钱宜、孙斌、周武。

强化训练

37 尊重他人是一种高尚的美德，是个人内在修养的外在表现；受人尊重是一种享受，更是一种幸福。人都渴望得到他人的尊重，但只有尊重他人才能赢得他人的尊重。

根据以上陈述，可以得出以下哪项？

A. 只有具有高尚的美德，才能赢得幸福。

B. 只有加强内在修养，才能赢得他人的尊重。

C. 不具备任何高尚的美德，就不能赢得他人的尊重。

D. 尊重总是双方的，单方面的尊重是不存在的。

E. 如果你不尊重他人，就不可能得到幸福。

38 肖群一周工作五天，除非这周内有法定休假日。除了周五在志愿者协会，其余四天肖群都在大平保险公司上班。上周没有法定休假日。因此，上周的周一、周二、周三和周四肖群一定在大平保险公司上班。

以下哪项是上述论证所假设的？

A. 一周内不可能出现两天以上的法定休假日。

B. 大平保险公司实行每周四天工作日制度。

C. 上周的周六和周日肖群没有上班。

D. 肖群在志愿者协会的工作与保险业有关。

E. 肖群是个称职的雇员。

39 在接受治疗的腰肌劳损患者中，有人只接受理疗，也有人接受理疗与药物双重治疗。前者可以得到与后者相同的预期治疗效果。对于上述接受药物治疗的腰肌劳损患者来说，此种药物对于获得预期的治疗效果是不可缺少的。

如果上述断定为真，则以下哪项一定为真？

Ⅰ. 对于一部分腰肌劳损患者来说，要配合理疗取得治疗效果，药物治疗是不可缺少的；

Ⅱ. 对于一部分腰肌劳损患者来说，要取得治疗效果，药物治疗不是不可缺少的；

Ⅲ. 对于所有腰肌劳损患者来说，要取得治疗效果，理疗是不可缺少的。

A. 只有Ⅰ。　B. 只有Ⅱ。　C. 只有Ⅲ。

D. 只有Ⅰ和Ⅱ。　E. Ⅰ、Ⅱ和Ⅲ。

40 已知某班共有25位同学，女生中身高最高者与最矮者相差10厘米，男生中身高最高者与最矮者相差15厘米。小明认为，根据已知信息，只要再知道男生、女生最高者的具体身高，或者再知道男生、女生的平均身高，均可确定全班同学中身高最高者与最低者之间的差距。

以下哪项如果为真，最能构成对小明观点的反驳？

A. 根据已知信息，如果不能确定全班同学中身高最高者与最低者之间的差距，则也不能确定男生、女生身高最高者的具体身高。

B. 根据已知信息，即使确定了全班同学中身高最高者与最低者之间的差距，也不能确定男生、女生的平均身高。

C. 根据已知信息，如果不能确定全班同学中身高最高者与最低者之间的差距，则既不能确定男生、女生身高最高者的具体身高，也不能确定男生、女生的平均身高。

D. 根据已知信息，尽管再知道男生、女生的平均身高，也不能确定全班同学中身高最高者与最低者之间的差距。

E. 根据已知信息，仅仅再知道男生、女生最高者的具体身高，就能确定全班同学中身高最高者与最低者之间的差距。

41 若一个管理者是某领域优秀的专家学者，则他一定会管理好公司的基本事务；一位品行端正的管理者可以得到下属的尊重；但是对所有领域都一知半解的人一定不会得到下属的尊重。浩瀚公司董事会只会解除那些没有管理好公司基本事务者的职务。

根据以上信息，可以得出以下哪项？

A. 浩瀚公司董事会不可能解除品行端正的管理者的职务。

B. 浩瀚公司董事会解除了某些管理者的职务。

C. 浩瀚公司董事会不可能解除受下属尊重的管理者的职务。

D. 作为某领域优秀专家学者的管理者，不可能被浩瀚公司董事会解除职务。

E. 对所有领域都一知半解的管理者，一定会被浩瀚公司董事会解除职务。

42 兰教授认为，不善于思考的人不可能成为一名优秀的管理者，没有一个谦逊的智者学习占星术，占星家均学习占星术，但是有些占星家却是优秀的管理者。

以下哪项如果为真，最能反驳兰教授的上述观点？

A. 有些占星家不是优秀的管理者。

B. 有些善于思考的人不是谦逊的智者。

C. 所有谦逊的智者都是善于思考的人。

D. 谦逊的智者都不是善于思考的人。

E. 善于思考的人都是谦逊的智者。

43 国际足联一直坚称，世界杯冠军队所获得的“大力神”杯是实心的纯金奖杯。某教授经过精密测量和计算认为，世界杯冠军奖杯——实心的“大力神”杯不可能是纯金制成的，否则，球员根本不可能将它举过头顶并随意挥舞。

以下哪项与这位教授的意思最为接近？

A. 只有球员能够将“大力神”杯举过头顶并自由挥舞，它才由纯金制成，并且不是实心的。

B. 若球员能够将“大力神”杯举过头顶并自由挥舞，则它很可能是空心的纯金杯。

C. 若“大力神”杯是实心的纯金杯，则球员不可能把它举过头顶并随意挥舞。

D. 只有“大力神”杯是实心的，它才可能是纯金的。

E. 若“大力神”杯是由纯金制成的，则它肯定是空心的。

44 对于现代城市来说，除了要有活力和生气，还需要有和谐稳定的治安环境以及人居环境。除非一个城市有和谐稳定的治安环境或者合适的人居环境，否则，人们不会在这个城市生活，而且即使来了也会尽快想办法离开。

以下哪项如果为真，最能对上述断定提出质疑？

A. 即使一个城市有了和谐稳定的治安环境和合适的人居环境，人们也不一定就来这个城市生活，或者即使来了也会想办法离开。

B. 一个城市如果没有和谐稳定的治安环境，即使有了合适的人居环境，人们也不会来这个城市生活，而且即使来了也会尽快想办法离开。

C. 一个城市如果没有合适的人居环境，即使有了和谐稳定的治安环境，人们也不会来这个城市定居，而且即使来了也会想办法离开。

D. 一个城市没有和谐稳定的治安环境或者没有合适的人居环境，但人们还是会到这个城市来生活，而且即使来了也不会尽快想办法离开。

E. 一个城市没有和谐稳定的治安环境也没有合适的人居环境，但是人们还是会来这个城市生活，而且来了也不会尽快想办法离开。

45 大李和小王是某报新闻部的编辑，该报总编计划从新闻部抽调人员到经济部。总编决定：未经大李和小王本人的同意，将不调动两人。大李告诉总编：“我不同意调动，除非我知道小王是否调动。”小王说：“除非我知道大李是否同意调动，否则，我不同意调动。”

如果上述三人坚持各自的决定，则可推出以下哪项结论？

A. 两人都不可能调动。

B. 两人都可能调动。

C. 两人至少有一人可能调动，但不可能两人都调动。

D. 要么两人都调动，要么两人都不调动。

E. 题干的条件推不出关于两人调动的确定结论。

46 太阳风中的一部分带电粒子可以到达M星表面，将足够的能量传递给M星表面的粒子，使后者脱离M星表面，逃逸到M星大气中。为了判定这些逃逸的粒子，科学家们通过三个实验获得了如下信息：

实验一：或者是 x 粒子，或者是 y 粒子。

实验二：或者不是 y 粒子，或者不是 z 粒子。

实验三：如果不是 z 粒子，就不是 y 粒子。

根据以上三个实验，以下哪项一定为真？

A. 这种粒子是 x 粒子。

B. 这种粒子是 y 粒子。

C. 这种粒子是 z 粒子。

D. 这种粒子不是 x 粒子。

E. 这种粒子不是 z 粒子。

47 最终审定的项目或者意义重大或者关注度高，凡意义重大的项目均涉及民生问题。但是，有些最终审定的项目并不涉及民生问题。

根据以上陈述，可以得出以下哪项？

A. 意义重大的项目比较容易引起关注。

B. 有些项目意义重大但是关注度不高。

C. 涉及民生问题的项目有些没有引起关注。

D. 有些项目尽管关注度高但并非意义重大。

E. 有些不涉及民生问题的项目意义也非常重大。

48 某科研单位 2013 年新招聘的研究人员，或者是具有副高以上职称的引进人才，或者是具有北京户籍的应届毕业的博士研究生。应届毕业的博士研究生都居住在博士后公寓中，引进人才都居住在牡丹园小区。

关于该单位 2013 年新招聘的研究人员，以下哪项判断是正确的？

A. 居住在博士后公寓的都没有副高以上职称。

B. 具有博士学位的都是具有北京户籍的。

C. 居住在牡丹园小区的都没有博士学位。

D. 非应届毕业的博士研究生都居住在牡丹园小区。

E. 有些具有副高以上职称的引进人才也具有博士学位。

49 思考是人的大脑才具有的机能。计算机所做的事（如深蓝与国际象棋大师对弈）更接近于思考，而不同于动物（指人以外的动物，下同）的任何一种行为。但计算机不具有意志力，而有些动物具有意志力。

如果上述断定为真，则以下哪项一定为真？

Ⅰ. 具备意志力的不一定要经过思考；

Ⅱ. 动物的行为中不包括思考；

Ⅲ. 思考不一定要具备意志力。

A. 只有Ⅰ。

B. 只有Ⅱ。

C. 只有Ⅲ。

D. 只有Ⅰ和Ⅱ。

E. Ⅰ、Ⅱ和Ⅲ。

50 某公司一批优秀的中层干部竞选总经理职位。所有的竞选者除了李女士自身外，没有人能同时具备她的所有优点。

从以上断定能合乎逻辑地得出以下哪项结论？

A. 在所有竞选者中，李女士最具备条件当选总经理。

B. 李女士具备其他竞选者都不具备的某些优点。

C. 李女士具备其他竞选者的所有优点。

D. 李女士的任一优点都有竞选者不具备。

E. 任何其他竞选者都有不及李女士之处。

51 大小行星悬浮在太阳系边缘，极易受附近星体引力作用的影响。据研究人员计算，有时这些力量会将彗星从奥尔特星云拖出。这样，它们更有可能靠近太阳。两位研究人员据此分别做出了以下两种有所不同的断定：

(1) 木星的引力作用要么将它们推至更小的轨道，要么将它们逐出太阳系；

(2) 木星的引力作用或者将它们推至更小的轨道，或者将它们逐出太阳系。

如果上述两种断定只有一种为真，则可以推出以下哪项结论？

A. 木星的引力作用将它们推至更小的轨道，并且将它们逐出太阳系。

B. 木星的引力作用没有将它们推至更小的轨道，但是将它们逐出太阳系。

C. 木星的引力作用将它们推至更小的轨道，但是没有将它们逐出太阳系。

D. 木星的引力作用既没有将它们推至更小的轨道，也没有将它们逐出太阳系。

E. 木星的引力作用如果将它们推至更小的轨道，就不会将它们逐出太阳系。

52 信仰乃道德之本，没有信仰的道德，是无源之水、无本之木。没有信仰的人是没有道德底线的；一个人一旦没有了道德底线，法律对于他也是没有约束力的。法律、道德、信仰是社会和谐运行的基本保障，而信仰是社会和谐运行的基石。

根据以上陈述，可以得出以下哪项？

A. 道德是社会和谐运行的基石之一。

B. 如果一个人有信仰，法律就能对他产生约束力。

C. 只有社会和谐运行，才能产生道德和信仰的基础。

D. 法律只对有信仰的人具有约束力。

E. 没有道德也就没有信仰。

53 某中药配方有如下要求：

(1) 如果有甲药材，那么也要有乙药材；

(2) 如果没有丙药材，那么必须有丁药材；

(3) 人参和天麻不能都有；

(4) 如果没有甲药材而有丙药材，则需要有人参。

如果有天麻，则关于该配方的断定哪项为真？

A. 含有甲药材。 B. 含有丙药材。 C. 没有丙药材。
D. 没有乙药材和丁药材。 E. 含有乙药材或丁药材。

54 所有好的评论家都喜欢格林在这次演讲中提到的每一个诗人。虽然格斯特是非常优秀的诗人，可是没有一个好的评论家喜欢他。
根据以上陈述，可以得出以下哪项？
A. 格斯特不是好的评论家。 B. 格林喜欢格斯特。
C. 格林不喜欢格斯特。 D. 有的评论家不是好的评论家。
E. 格林在这次演讲中没有提到格斯特。

55 除非年龄在50岁以下，并且能持续游泳在3000米以上，否则，不能参加下个月举行的横渡长江活动。同时，高血压和心脏病患者不能参加。老黄能持续游泳3000米以上，但没被批准参加这项活动。
以上断定能推出以下哪项结论？
Ⅰ. 老黄的年龄至少50岁；
Ⅱ. 老黄患有高血压；
Ⅲ. 老黄患有心脏病。
A. 只有Ⅰ。 B. 只有Ⅱ。 C. 只有Ⅲ。
D. Ⅰ、Ⅱ、Ⅲ至少有一。
E. Ⅰ、Ⅱ、Ⅲ都不能从题干推出。

56 人或许可以分为两类：有那么一点雄心的和没有那一点雄心的。对普通人而言，那一点雄心是把自己拉出庸常生活的坚定动力；没有那一点雄心的，只能无力甚至无知无觉地、慢慢地被庸常的生活所淹没。在变革时代，只有靠那一点雄心或许能导致波澜壮阔的结果。
以下哪项陈述构成对上文观点的反驳？
A. 编草鞋的刘备，从没有忘记自己是皇叔的身份。就凭这一点，他从两手空空到三分天下有其一。
B. 张雄虽壮志凌云，却才智庸常，一生努力奋斗，但一事无成，还弄得遍体鳞伤。
C. 柳琴既无什么雄心，也无特别才华，仅凭天生丽质，一生有贵人相助，做成了很多事情。
D. 菊花姐姐既不才高八斗，也不貌美如花，但自视甚高，不断折腾，一生也过得风生水起。
E. P某人自认为才高八斗，却无大志，人过而立，一事无成，不足为奇。

57 对行为的解释与对行为的辩护，是两个必须加以区别的概念。对一个行为的解释，是指准确地表达导致这一行为的原因。对一个行为的辩护，是指行为者具有实施这一行为的正当理由。事实上，对许多行为的辩护，并不是对此种行为的解释。只有当对一个行为的辩护成为对该行为解释的实质部分时，这样的行为才是合理的。

根据上述断定，能得出以下哪项结论？

A. 当一个行为得到辩护时，则也得到解释。

B. 当一个行为的原因中包含该行为的正当理由时，则该行为是合理的。

C. 任何行为都不可能是完全合理的。

D. 有些行为的原因是不可能被发现的。

E. 如果一个行为是合理的，则实施这一行为的正当理由必定也是导致该行为的原因。

58 赵元的同事都是球迷，赵元在软件园工作的同学都不是球迷，李雅既是赵元的同学又是他的同事，王伟是赵元的同学但不在软件园工作，张明是赵元的同学但不是球迷。

根据以上陈述，可以得出以下哪项？

A. 王伟是球迷。　　B. 赵元不是球迷。

C. 李雅不在软件园工作。　　D. 张明在软件园工作。

E. 赵元在软件园工作。

59 宏达汽车公司生产的小轿车都安装了驾驶员安全气囊。在安装驾驶员安全气囊的小轿车中，有50%安装了乘客安全气囊。只有安装乘客安全气囊的小轿车才会同时安装减轻冲击力的安全杠和防碎玻璃。

如果上述判定为真，并且事实上李先生从宏达汽车公司购进的一辆小轿车中装有防碎玻璃，则以下哪项一定为真？

Ⅰ. 这辆车一定装有安全杠；

Ⅱ. 这辆车一定装有乘客安全气囊；

Ⅲ. 这辆车一定装有驾驶员安全气囊。

A. 只有Ⅰ。　　B. 只有Ⅱ。　　C. 只有Ⅲ。

D. 只有Ⅰ和Ⅱ。　　E. Ⅰ、Ⅱ和Ⅲ。

60 许多国家的首脑在就任前并未有丰富的外交经验，但这并没有妨碍他们做出成功的外交决策。外交学院的教授告诉我们，丰富的外交经验对于成功的外交决策是不可缺少的。但事实上，一个人只要有高度的政治敏感、准确的信息分析能力和果断的个人勇气，就能很快地学会如何做出成功的外交决策。对于一个缺少以上三种素养的外交决策者来说，丰富的外交经验没有什么价值。

如果上述断定为真，则以下哪项一定为真？

A. 外交学院的教授比就任前的国家首脑具有更多的外交经验。

B. 具有高度的政治敏感、准确的信息分析能力和果断的个人勇气，是一个国家首脑做出成功的外交决策的必要条件。

C. 丰富的外交经验，对于国家首脑做出成功的外交决策来说，既不是充分条件，也不是必要条件。

D. 丰富的外交经验，对于国家首脑做出成功的外交决策来说，是必要条件，但不是充分条件。

E. 在其他条件相同的情况下，外交经验越丰富，越有利于做出成功的外交决策。

61 环宇公司规定，其所属的各营业分公司，如果年营业额超过 800 万元，其职员可获得优秀奖；只有年营业额超过 600 万元的，其职员才能获得激励奖。年终统计显示，该公司所属的 12 个分公司中，6 个分公司的年营业额超过了 1000 万元，其余的则不足 600 万元。

如果上述断定为真，则以下哪项关于该公司今年获奖的断定一定为真？

Ⅰ. 获得激励奖的职员，一定获得优秀奖；

Ⅱ. 获得优秀奖的职员，一定获得激励奖；

Ⅲ. 半数职员获得了优秀奖。

A. 只有Ⅰ。　B. 只有Ⅱ。　C. 只有Ⅲ。

D. 只有Ⅰ和Ⅲ。　E. Ⅰ、Ⅱ和Ⅲ。

62 19 世纪前，技术和科学的发展相对独立，而 19 世纪的电气革命，是建立在科学基础上的技术创新，它不可避免地导致两者的结合与发展，而这又使人类不可避免地面对尖锐的伦理道德、资源环境问题。

以下哪项符合题干的断定？

Ⅰ. 产生当今尖锐的伦理道德问题和资源环境问题的一个重要根源是电气革命；

Ⅱ. 如果没有电气革命，则不会产生当今尖锐的伦理道德问题和资源环境问题；

Ⅲ. 如果没有科学与技术的结合，就不会有电气革命。

A. 只有Ⅰ。　B. 只有Ⅱ。　C. 只有Ⅲ。

D. 只有Ⅰ和Ⅲ。　E. Ⅰ、Ⅱ和Ⅲ。

63 三分之二的陪审员认为证人在被告作案时间、作案地点或作案动机上提供伪证。

以下哪项能作为结论从上述断定中推出？

A. 三分之二的陪审员认为证人在被告作案时间上提供伪证。

B. 三分之二的陪审员认为证人在被告作案地点上提供伪证。

C. 三分之二的陪审员认为证人在被告作案动机上提供伪证。

D. 在被告作案时间、作案地点或作案动机这三个问题中，至少有一个问题，三分之二的陪审员认为证人在这个问题上提供伪证。

E. 以上各项均不能从题干的断定推出。

64 如果一个学校的大多数学生都具备足够的文学欣赏水平和道德自律意识，那么像《红粉梦》和《演艺十八钗》这样的出版物就不可能成为在该校学生中销售最多的书。去年在 H 学院的学生中,《演艺十八钗》的销售量仅次于《红粉梦》。

如果上述断定为真,则以下哪项一定为真?

Ⅰ. 去年 H 学院的大多数学生都购买了《红粉梦》或《演艺十八钗》;

Ⅱ. H 学院的大多数学生既不具备足够的文学欣赏水平,也不具备足够的道德自律意识;

Ⅲ. H 学院至少有些学生不具备足够的文学欣赏水平,或者不具备足够的道德自律意识。

A. 只有Ⅰ。　　B. 只有Ⅱ。　　C. 只有Ⅲ。

D. Ⅱ和Ⅲ。　　E. Ⅰ、Ⅱ和Ⅲ。

65 为了配合剧情,招 4 类角色,即外国游客 1～2 名、购物者 2～3 名、商贩 2 名、路人若干,可用人选只有甲、乙、丙、丁、戊、己 6 人,且每人在同一场景中只能出演一个角色。已知:

(1) 只有甲、乙才能出演外国游客;

(2) 上述 4 类角色在每个场景中至少有 3 类同时出现;

(3) 每个场景中,若乙或丁出演商贩,则甲和丙出演购物者;

(4) 在每个场景中,扮演购物者和路人的演员数量之和不多于 2 人。

根据以上信息,可以得出以下哪项?

A. 同一场景中,若戊和己出演路人,那么甲只能出演外国游客。

B. 同一场景中,若乙出演外国游客,那么甲只能出演商贩。

C. 至少有 2 人在不同场景中出演不同的角色。

D. 甲、乙、丙、丁不会出现在同一场景中。

E. 同一场景中,若丁和戊出演购物者,则乙只能出演外国游客。

66 某民乐小组拟购买几种乐器,购买要求如下:

(1) 二胡、箫至多购买一种;

(2) 笛子、二胡和古筝至少购买一种;

(3) 箫、古筝、唢呐至少购买两种;

(4) 如果购买箫,则不购买笛子。

根据以上要求,可以得出以下哪项?

A. 至少购买了 3 种乐器。　　B. 箫、笛子至少购买了一种。

C. 至少要购买 3 种乐器。　　D. 古筝、二胡至少购买一种。

E. 一定要购买唢呐。

67～68 题基于以下题干:

某海军部队有甲、乙、丙、丁、戊、己、庚 7 艘舰艇,拟组成两个编队出航,第一编队编列

3 艘舰艇，第二编队编列 4 艘舰艇，编列须满足以下条件：

(1) 航母己必须编列在第二编队；

(2) 戊和丙至多有一艘编列在第一编队；

(3) 甲和丙不在同一编队；

(4) 如果乙编列在第一编队，则丁也必须编列在第一编队。

67 如果甲在第二编队，则下列哪项中的舰艇一定也在第二编队？

A. 乙。 B. 丙。 C. 丁。 D. 戊。 E. 庚。

68 如果丁和庚在同一编队，则可以得出以下哪项？

A. 甲在第一编队。 B. 乙在第一编队。 C. 丙在第一编队。
D. 戊在第二编队。 E. 庚在第二编队。

69～70 题基于以下题干：

一江南园林拟建松、竹、梅、兰、菊 5 个园子。该园林拟设东、南、北 3 个门，分别位于其中的 3 个园子。这 5 个园子的布局满足如下条件：

(1) 如果东门位于松园或菊园，那么南门不位于竹园；

(2) 如果南门不位于竹园，那么北门不位于兰园；

(3) 如果菊园在园林的中心，那么它与兰园不相邻；

(4) 兰园与菊园相邻，中间连着一座美丽的廊桥。

69 根据以上信息，可以得出以下哪项？

A. 兰园不在园林的中心。 B. 菊园不在园林的中心。
C. 兰园在园林的中心。 D. 菊园在园林的中心。
E. 梅园不在园林的中心。

70 如果北门位于兰园，则可以得出以下哪项？

A. 南门位于菊园。 B. 东门位于竹园。 C. 东门位于梅园。
D. 东门位于松园。 E. 南门位于梅园。

71 所有值得拥有专利的产品或设计方案都是创新，但并不是每一项创新都值得拥有专利；所有的模仿都不是创新，但并非每一个模仿者都应该受到惩罚。

根据以上陈述，以下哪项是不可能的？

A. 有些创新者可能受到惩罚。 B. 有些值得拥有专利的产品是模仿。
C. 所有的模仿者都受到了惩罚。 D. 没有模仿值得拥有专利。
E. 有些值得拥有专利的创新产品并没有申请专利。

72 某大学有位女教师默默资助一偏远山区的贫困家庭长达 15 年，记者多方打听，发现做好事者是该大学传媒学院甲、乙、丙、丁、戊 5 位老师中的一位。在接受采访时，5

位老师都很谦虚,她们是这么对记者说的:
甲:这件事是乙做的。
乙:我没有做,是丙做了这件事。
丙:我并没有做这件事。
丁:我也没有做这件事,是甲做的。
戊:如果甲没有做,则丁也不会做。
记者后来得知,上述5位老师中只有一人说的话符合真实情况。
根据以上信息,可以得出做这件好事的人是( )
A. 甲。 B. 乙。 C. 丙。 D. 丁。 E. 戊。

73～74题基于以下题干:
某校有7名优秀的学生G、H、L、M、U、W和Z。学校将派他们去英国和美国考察。该校只有这7名学生参加这次活动,每人恰好去这两个国家中的一个,考虑到每个学生的特长,这次活动必须满足以下条件:
(1) 如果G去英国,则H去美国;
(2) 如果L去英国,则M和U都去美国;
(3) W所去的国家与Z所去的国家不同;
(4) U所去的国家与G所去的国家不同;
(5) 如果Z去英国,则H也去英国。

73 最多可以有几个学生一起去英国?
A. 2个。 B. 3个。 C. 4个。 D. 5个。 E. 6个。

74 如果M和W都去英国,则以下哪一项可以为真?
A. G和L都去英国。 B. G和U都去美国。 C. H和Z都去英国。
D. L和U都去美国。 E. Z和L都去英国。

75 某重点高中规定:只要在国家数理化三门科目竞赛中某一门获得一等奖及以上,就能保送清华大学;只有全年级前十名,才能保送北京大学。高三2班一共有50名学生,根据统计,一共有3人一次或者多次获得过国家数理化竞赛的一等奖,但他们的成绩都没有排名年级前十;另外有2人分别排名年级第4和第7名。据此,校长认为,高三2班一共有3名学生保送清华大学;而教导主任认为,高三2班一共有2名学生保送北京大学。
以下哪项是对校长和教导主任看法的评价?
A. 两个人的看法都不正确。 B. 两个人的看法都正确。
C. 校长看法正确,教导主任看法不正确。 D. 教导主任看法正确,校长看法不正确。
E. 如果校长看法不正确,那么教导主任看法正确。

强化篇

QIANG HUA PIAN

第六章　逻辑计算和综合推理

【大纲考点】

（三）推理

1. 演绎推理　　2. 归纳推理　　3. 类比推理　　4. 综合推理

【命题剖析】

（1）本章属于综合题型，考生须在熟练掌握形式逻辑内容的基础上再进行本章的深入学习。

（2）本章属于考试的重点章节。随着 2012 年管理类联考的合并，逻辑考试将逻辑计算和综合推理作为重点的考查模块，尤其是 2013 年开始大规模地出现逻辑计算推理题。该部分也是逻辑考试中难度最大的一部分，其考试范围广，缺乏系统性的知识体系，技巧性强，耗时长，可以说完全是智商测试题，而非知识、能力考题，是历年来最让考生头疼的考试内容。该模块的试题有 10～12 道，占考试的 1/3 左右，该部分内容分为逻辑计算和综合推理两大模块，本章将系统地对这类试题进行分析。

（3）本章的考查内容比较分散，且没有特别明显的规律，因此，考生必须反复做题，以保证解题的正确率和速度。

【知识体系】

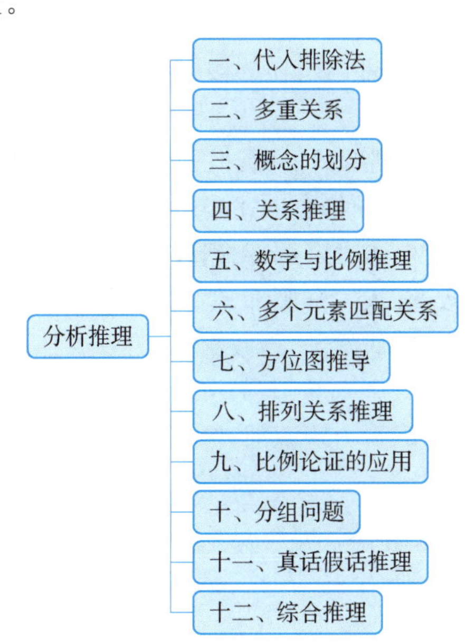

6.1 本章例题精讲

题型一：代入排除法【★★★★】

试题特征识别：

该类试题的选项是有穷的，且各个选项之间的内容一样或者非常接近，只是排列顺序不一样。

解题技巧：

（1）将选项代入题干，逐个排除；（2）对照条件，逐个排除选项。

例题1 在某次考试中，有3个关于北京旅游景点的问题，要求考生每题选择某个景点的名称作为唯一答案。其中，6位考生关于上述3个问题的答案依次如下：

第一位考生：天坛、天坛、天安门；

第二位考生：天安门、天安门、天坛；

第三位考生：故宫、故宫、天坛；

第四位考生：天坛、天安门、故宫；

第五位考生：天安门、故宫、天安门；

第六位考生：故宫、天安门、故宫。

考试结果表明每位考生都至少答对其中1道题。

根据以上陈述，可知这3个问题的答案依次是（　　）

A. 天坛、故宫、天坛。　B. 故宫、天安门、天安门。　C. 天安门、故宫、天坛。

D. 天坛、天坛、故宫。　E. 故宫、故宫、天坛。

例题2 某公司有一栋6层的办公楼，公司的财务部、企划部、行政部、销售部、人力资源部、研发部6个部门在此办公，每个部门占据其中的一层。已知：

（1）人力资源部、销售部两个部门所在的楼层不相邻；

（2）财务部在企划部下一层；

（3）行政部所在的楼层在企划部的上面，但是在人力资源部的下面。

按照从下到上的顺序，以下哪项符合上述楼层的分布？

A. 财务部、企划部、行政部、人力资源部、研发部、销售部。

B. 财务部、企划部、行政部、人力资源部、销售部、研发部。

C. 企划部、财务部、销售部、研发部、行政部、人力资源部。

D. 销售部、财务部、企划部、研发部、人力资源部、行政部。

E. 财务部、企划部、研发部、人力资源部、销售部、行政部。

例题3 李赫、张岚、林宏、何柏、邱辉是5位同事。近日他们各自买了一台不同品牌的小轿车，分别为雪铁龙、奥迪、宝马、奔驰、桑塔纳。这5辆车的颜色分别与5人名字最后一个字谐音的颜色不同。已知李赫买的是蓝色的雪铁龙。

以下哪项排列可能依次对应张岚、林宏、何柏、邱辉所买的车?

A. 灰色奥迪、白色宝马、灰色奔驰、红色桑塔纳。

B. 黑色奥迪、红色宝马、灰色奔驰、白色桑塔纳。

C. 红色奥迪、灰色宝马、白色奔驰、黑色桑塔纳。

D. 白色奥迪、黑色宝马、红色奔驰、灰色桑塔纳。

E. 黑色奥迪、灰色宝马、白色奔驰、红色桑塔纳。

例题 4 颜子、曾寅、孟申、荀辰申请一个中国传统文化建设项目。根据规定,该项目的主持人只能有 1 位,且在上述 4 位申请者中产生;包括主持人在内,项目组成员不能超过 2 位。另外,各位申请者在申请答辩时做出如下陈述:

(1) 颜子:如果我成为主持人,将邀请曾寅或荀辰作为项目组成员;

(2) 曾寅:如果我成为主持人,将邀请颜子或孟申作为项目组成员;

(3) 荀辰:只有颜子成为项目组成员,我才能成为主持人;

(4) 孟申:只有荀辰或颜子成为项目组成员,我才能成为主持人。

假定 4 人的陈述都为真,则关于项目组成员的组合,以下哪项是不可能的?

A. 孟申、曾寅。　　B. 荀辰、孟申。　　C. 曾寅、荀辰。

D. 颜子、孟申。　　E. 颜子、荀辰。

例题 5 某保险柜的所有密码都是 4 个阿拉伯数字和 4 个英文字母的组合。已知:

(1) 若 4 个英文字母不连续排列,则密码组合中的数字之和大于 15;

(2) 若 4 个英文字母连续排列,则密码组合中的数字之和等于 15;

(3) 密码组合中的数字之和或者等于 18,或者小于 15。

根据上述信息,以下哪项是可能的密码组合?

A. 2acgf716。　　B. 18ac42de。　　C. 37av26dc。

D. 1adbe356。　　E. 58bcde32。

例题 6 有一 6×6 的方阵,它所含的每个小方格中可填入一个汉字,已有部分汉字填入,现要求该方阵中的每行和每列均含有礼、乐、射、御、书、数 6 个汉字,既不能重复,也不能遗漏。

根据上述要求,以下哪项是方阵底行 5 个空格中从左至右依次应填入的汉字?

	乐		御	书	
			乐		
射	御	书		礼	
	射			数	礼
御		数			射
					书

A. 数、礼、乐、射、御。　B. 乐、数、御、射、礼。　C. 数、礼、乐、御、射。
D. 乐、礼、射、数、御。　E. 数、御、乐、射、礼。

题型二：多重关系(双重属性)【★★★】

例题 7　某综合性大学只有理科和文科，理科学生多于文科学生，女生多于男生。如果上述断定为真，则以下哪项关于该大学学生的断定也一定为真？

Ⅰ. 文科的女生多于文科的男生；
Ⅱ. 理科的男生多于文科的男生；
Ⅲ. 理科的女生多于文科的男生。

A. 只有Ⅰ和Ⅱ。　B. 只有Ⅲ。　C. 只有Ⅱ和Ⅲ。
D. Ⅰ、Ⅱ和Ⅲ。　E. Ⅰ、Ⅱ和Ⅲ都不一定是真的。

例题 8　在世界总人口中，男女比例相当，但是黄种人是多于黑种人的；在其他肤色的人种中，男性比例大于女性，由此可见(　　)

A. 黄种女性多于黑种男性。　B. 黄种男性多于黑种女性。
C. 黄种男性多于黑种男性。　D. 黄种女性多于黑种女性。
E. 黄种女性等于黑种女性。

例题 9　百花山公园是市内最大的市民免费公园，园内种植着奇花异卉以及品种繁多的特色树种。其中，有花植物占大多数。由于地处温带，园内的阔叶树种超过了半数；各种珍稀树种也超过了一般树种。一到春夏之交，鲜花满园；秋收季节，果满枝头。

根据以上陈述，可以得出以下哪项？

A. 园内珍稀阔叶树种超过了一般非阔叶树种。
B. 园内阔叶有花植物超过了非阔叶无花植物。
C. 园内珍稀挂果树种超过了不挂果的一般树种。
D. 百花山公园的果实市民可以免费采摘。
E. 园内珍稀有花树种超过了半数。

题型三：概念的划分【★★★】

例题 10　参加某国际学术研讨会的 60 名学者中，亚裔学者 31 人，博士 33 人，非亚裔学者中无博士学位的 4 人。

根据上述陈述，参加此次国际研讨会的亚裔博士有几人？

A. 1 人。　B. 2 人。　C. 4 人。
D. 7 人。　E. 8 人。

例题 11　有人养了一些兔子。别人问他有多少只雌兔？多少只雄兔？他答：在他所养的兔子中，每一只雄兔的雌性同伴比它的雄性同伴少一只，而每一只雌兔的雄性同伴比它的雌性同伴的两倍少两只。

根据上述回答，判断他养了多少只雌兔？多少只雄兔？

A. 8 只雄兔，6 只雌兔。
B. 10 只雄兔，8 只雌兔。
C. 12 只雄兔，10 只雌兔。
D. 14 只雄兔，8 只雌兔。
E. 14 只雄兔，12 只雌兔。

例题 12 据统计，去年在某校参加高考的 385 名文、理科考生中，女生 189 人，文科男生 41 人，非应届男生 28 人，应届理科考生 256 人。

由此可见，去年在该校参加高考的考生中（　　）

A. 应届理科男生多于 129 人。
B. 应届理科女生少于 130 人。
C. 应届理科女生多于 130 人。
D. 非应届文科男生多于 20 人。
E. 非应届文科男生少于 20 人。

题型四：对称关系与非对称关系【★★★★】

本类试题是分析推理中考查比较多的知识点，主要分为对称关系、半对称关系与传递关系。

（1）**对称关系**：当事物 a 与事物 b 有关系 R，且 b 与 a 之间一定也有关系 R 时，则 R 是对称关系。例如：张三是李四的同学，则李四也是张三的同学。同学关系即为对称关系。

常见的对称关系有：相同关系、相等关系、相似关系、交叉关系、矛盾关系、反对关系、同盟关系、同学关系、同事关系、同城关系、同乡关系、邻居关系、战友关系等。

（2）**半对称关系**：当事物 a 和事物 b 有关系 R，且 b 与 a 是否有关系 R 不定，即 b 与 a 既可能有关系 R，也可能没有关系 R 时，关系 R 就是半对称关系。例如：张三喜欢李四，而李四是否喜欢张三则不一定，此种关系为半对称关系。

常见的半对称关系有：喜欢、认识、表扬、批评、帮助、信任、佩服等。

（3）**传递性关系**：当事物 a 与事物 b 有关系 R，事物 b 与事物 c 有关系 R，且事物 a 与事物 c 也有关系 R 时，关系 R 就是传递关系。

例如：张三比李四高，李四比王五高，则张三比王五高。此种关系为传递性关系。

常见传递性关系有：大于、小于、多于、少于、早于、晚于、相等、相似、平行、包含、前、后等。

例题 13 在丈夫和妻子至少有一个是中国人的夫妻中，中国女性比中国男性多 2 万。

如果上述断定为真，则以下哪项一定为真？

Ⅰ. 恰有 2 万中国女性嫁给了外国人；

Ⅱ. 在和中国人结婚的外国人中，男性多于女性；

Ⅲ. 在和中国人结婚的人中，男性多于女性。

A. 只有Ⅰ。
B. 只有Ⅱ。
C. 只有Ⅲ。

D. 只有Ⅱ和Ⅲ。　　E. Ⅰ、Ⅱ和Ⅲ。

例题 14 甲、乙、丙、丁、戊 5 人之间进行比赛(相互之间最多比赛 1 场),已知甲比赛了 4 场,乙比赛了 3 场,丙比赛了 2 场,丁比赛了 1 场,问戊比赛了几场?

A. 4。　B. 3。　C. 2。　D. 1。　E. 0。

例题 15 有 A、B、C、D 四个有实力的排球队进行循环赛(每个队与其他队各比赛一场)。比赛结果,B 队输了一场,C 队比 B 队少赢一场,而 B 队又比 D 队少赢一场。

关于 A 队的名次,下列哪项为真?

A. 第一名。　B. 第二名。　C. 第三名。
D. 第四名。　E. 条件不足,不能判定。

例题 16 某学术会议正举行分组会议,某一组有八个人出席。分组会议主席问大家原来各自认识与否。结果是全组中仅有一个人认识小组中的三个人,有三个人认识小组中的两个人,有四个人认识小组中的一个人。

若以上统计属实,则最能得出以下哪项结论?

A. 会议主席认识小组中的人最多。
B. 此类学术会议是第一次举行,大家都是生面孔。
C. 有些成员所说的认识可能仅是电视上或报告会上见过而已。
D. 虽然会议成员原来的熟人不多,但原来认识的都是至交。
E. 通过这次会议,小组成员都相互认识了,以后见面就能直呼其名了。

例题 17 没有人爱每一个人;牛郎爱织女;织女爱每一个爱牛郎的人。

如果以上陈述为真,则下列哪项不可能为真?

Ⅰ. 每一个人都爱牛郎;　Ⅱ. 每一个人都爱一些人;　Ⅲ. 织女不爱牛郎。

A. 只有Ⅰ。　B. 只有Ⅱ。　C. 只有Ⅲ。
D. 只有Ⅰ和Ⅱ。　E. Ⅰ、Ⅱ和Ⅲ。

例题 18 在 LH 公司,从董事长、总经理、总会计师到每个员工,没有人信任所有的人,董事长信任总经理,总会计师不信任董事长,总经理信任所有信任董事长的人。

如果上述断定为真,则以下哪项不可能为真?

Ⅰ. 总经理不信任董事长;
Ⅱ. 总经理信任总会计师;
Ⅲ. 所有的人都信任董事长。

A. 只有Ⅰ。　B. 只有Ⅱ。　C. 只有Ⅲ。
D. Ⅱ和Ⅲ。　E. Ⅰ、Ⅱ和Ⅲ。

例题 19 张珊获得的奖金比李思的高，得知王武的奖金比苗晓琴的高后，可知张珊的奖金也比苗晓琴的高。

以下各项假设均能使上述推断成立，除了（ ）

A. 王武的奖金比李思的高。

B. 李思的奖金比苗晓琴的高。

C. 李思的奖金比王武的高。

D. 李思的奖金和王武的一样高。

E. 张珊的奖金不比王武的低。

题型五：数字与比例推理【★★★★】

数字与比例问题是历年联考的重点考点，主要考查以下细节：

（1）相对概念（比例）与绝对概念（数量）之间不可互推；

（2）平均数（反映整体的属性）与个体之间不可互推；

（3）整体与局部之间的数量关系推理。

例题 20 近 10 年来，某电脑公司的个人笔记本电脑的销量持续增长，但其增长率低于该公司所有产品总销量的增长率。

以下哪项关于该公司的陈述与上述信息相冲突？

A. 近 10 年来，该公司个人笔记本电脑的销量每年略有增长。

B. 个人笔记本电脑的销量占该公司产品总销量的比例近 10 年来由 68%上升到 72%。

C. 近 10 年来，该公司产品总销量增长率与个人笔记本电脑的销量增长率每年同时增长。

D. 近 10 年来，该公司个人笔记本电脑的销量占该公司产品总销量的比例逐年下降。

E. 个人笔记本电脑的销量占该公司产品总销量的比例近 10 年来由 64%下降到 49%。

例题 21 A 地区与 B 地区相邻。如果基于耕种地和休耕地的总面积计算最近 12 年的平均亩产，A 地区是 B 地区的 120%；如果仅基于耕种地的面积，A 地区是 B 地区的 70%。

如果上述陈述为真，最可能推断出以下哪项？

A. A 地区生产的谷物比 B 地区多。

B. A 地区的休耕地比 B 地区的耕种地少。

C. A 地区少量休耕地是可利用的农田。

D. 耕种地占总农田的比例，A 地区比 B 地区高。

E. B 地区休耕地的面积比 A 地区耕种地的面积多。

例题 22 某校以年级为单位，把学生的学习成绩分为优、良、中、差四等。在一学年中，各门考试总分前 10%的为优，后 30%的为差，其余的为良与中。在上一学年中，高二年级成绩为优的学生多于高一年级成绩为优的学生。

如果上述断定为真，则以下哪项一定为真？

A. 高二年级成绩为差的学生少于高一年级成绩为差的学生。

B. 高二年级成绩为差的学生多于高一年级成绩为差的学生。

C. 高二年级成绩为优的学生多于高一年级成绩为良的学生。

D. 高二年级成绩为优的学生少于高一年级成绩为良的学生。

E. 高二年级成绩为差的学生多于高一年级成绩为中的学生。

例题 23 某机关精简机构，计划减员 25%，撤销三个机构，这三个机构的人数正好占全机关的 25%。计划实施后，上述三个机构被撤销，全机关实际减员 15%。此过程中，机关内部人员有所调动，但全机关只有减员没有增员。

如果上述断定为真，则以下哪项一定为真？

Ⅰ. 上述计划实施后，有的机构调入新成员；

Ⅱ. 上述计划实施后，没有一个机构调入的新成员的总数超出机关总人数的 10%；

Ⅲ. 上述计划实施后，被撤销机构中的留任人员不超过机关原总人数的 10%。

A. 只有Ⅰ。　　B. 只有Ⅱ。　　C. 只有Ⅲ。

D. 只有Ⅰ和Ⅱ。　　E. Ⅰ、Ⅱ和Ⅲ。

例题 24 现有甲、乙两所学校，根据上年度的经费实际投入统计，若仅仅比较在校本科生的学生人均投入经费，甲校是乙校的 86%；若比较所有学生（本科生加上研究生）的人均经费投入，甲校是乙校的 118%。各校研究生的人均经费投入均高于本科生。

根据以上信息，最可能得出以下哪项？

A. 上年度，学生总数甲校多于乙校。

B. 上年度，研究生人数甲校少于乙校。

C. 上年度，研究生占该校学生的比例甲校高于乙校。

D. 上年度，研究生的人均经费投入甲校高于乙校。

E. 上年度，研究生占该校学生的比例甲校高于乙校，或者研究生人均经费投入甲校高于乙校。

例题 25 很多成年人对于儿时熟悉的《唐诗三百首》中的许多名诗，常常仅记得几句名句，而不知诗的作者或诗名。甲校中文系硕士生只有三个年级，每个年级的人数相等。统计发现，一年级学生都能把该书中的名句与诗名及其作者对应起来；二年级 2/3 的学生能把该书中的名句与作者对应起来；三年级 1/3 的学生不能把该书中的名句与诗名对应起来。

根据上述信息，关于该校中文系硕士生，可以得出以下哪项？

A. 1/3 以上的一、二年级学生不能把该书中的名句与作者对应起来。

B. 1/3 以上的硕士生不能将该书中的名句与诗名或作者对应起来。

C. 大部分硕士生能将该书中的名句与诗名及其作者对应起来。

D. 2/3 以上的一、三年级学生能把该书中的名句与诗名对应起来。

E. 2/3 以上的一、二年级学生不能把该书中的名句与诗名对应起来。

题型六：多个元素匹配关系【★★★★】

匹配关系主要指的是多重元素之间的一一对应关系，难度相对较大，经常和其他知识点结合考查，考查的频率较高。

例题 26 为了加强学习型机关建设，某机关党委开展了菜单式学习活动，拟开设课程有“行政学”“管理学”“科学前沿”“逻辑”“国际政治”五门课程，要求其下属的四个支部各选择其中两门课程进行学习。已知：第一支部没有选择“管理学”“逻辑”，第二支部没有选择“行政学”“国际政治”，只有第三支部选择了“科学前沿”。任意两个支部所选课程均不完全相同。

根据上述信息，关于第四支部的选课情况可以得出以下哪项？

A. 如果没有选择“行政学”，那么选择了“管理学”。

B. 如果没有选择“管理学”，那么选择了“国际政治”。

C. 如果没有选择“行政学”，那么选择了“逻辑”。

D. 如果没有选择“管理学”，那么选择了“逻辑”。

E. 如果没有选择“国际政治”，那么选择了“逻辑”。

例题 27 某省大力发展旅游产业，目前已经形成东湖、西岛、南山三个著名景点，每处景点都有二日游、三日游、四日游三种路线。李明、王刚、张波拟赴上述三地进行九日游，每个人都设计了各自的旅游计划。后来发现，每处景点他们三人都选择了不同的路线：李明赴东湖的计划天数与王刚赴西岛的计划天数相同，李明赴南山的计划是三日游，王刚赴南山的计划是四日游。

根据以上陈述，可以得出以下哪项？

A. 李明计划东湖二日游，王刚计划西岛二日游。

B. 王刚计划东湖三日游，张波计划西岛四日游。

C. 张波计划东湖四日游，王刚计划西岛三日游。

D. 张波计划东湖三日游，李明计划西岛四日游。

E. 李明计划东湖二日游，王刚计划西岛三日游。

例题 28 Q、T、W 三位老师分别在小学三年级教劳动、科学、自然、手工、音乐、德育，且每位老师教两门课。自然老师和劳动老师住同一个宿舍。W 老师最年轻，自然老师和 Q 老师都爱打篮球，T 老师比科学老师岁数大，比手工老师岁数小，三人中年纪中等的老师住得比其他两位老师远。

由此可以推断出（　　）

A. Q 老师教手工、劳动；T 老师教自然、音乐；W 老师教科学、德育。

B. Q 老师教自然、手工；T 老师教音乐、德育；W 老师教劳动、科学。

C. Q 老师教手工、劳动；T 老师教德育、音乐；W 老师教科学、自然。

D. Q老师教手工、德育；T老师教自然、音乐；W老师教劳动、科学。

E. Q老师教手工、科学；T老师教音乐、德育；W老师教劳动、手工。

题型七：方位图推导【★★★★】

方位图推导主要须明确两点：

(1) 确定自己最习惯的位置(一般以自己面对的方向为正方向)；

(2) 联考考查的是相对位置，不需要确定对象之间的绝对位置。

例题29 甲、乙、丙、丁、戊和己6人围坐在一张正六边形的小桌前，每边各坐一人。已知：

(1) 甲与乙正面相对；

(2) 丙与丁不相邻，也不正面相对。

如果乙与己不相邻，则以下哪项一定为真？

A. 戊与乙相邻。

B. 甲与丁相邻。

C. 己与乙正面相对。

D. 如果甲与戊相邻，则丁与己正面相对。

E. 如果丙与戊不相邻，则丙与己相邻。

例题30 小区业主委员会的四名成员晨桦、建国、向明和嘉媛坐在一张方桌前(每边各坐一人)讨论小区大门旁的绿化方案。四人的职业各不相同，每个人的职业是高校教师、软件工程师、园艺师或邮递员之中的一种。已知：晨桦是软件工程师，他坐在建国的左手边；向明坐在高校教师的右手边；坐在建国对面的嘉媛不是邮递员。

根据以上信息，可以得出以下哪项？

A. 嘉媛是高校教师，向明是园艺师。

B. 向明是邮递员，嘉媛是园艺师。

C. 建国是邮递员，嘉媛是园艺师。

D. 建国是高校教师，向明是园艺师。

E. 嘉媛是园艺师，向明是高校教师。

例题31 某镇进行新区规划，决定以市民公园为中心，在东、南、西、北分别建设一个特色社区。这四个社区分别定位为文化区、休闲区、商业区和行政服务区。已知，行政服务区在文化区的西南方向，文化区在休闲区的东南方向。

根据以上陈述，可以得出以下哪项？

A. 市民公园在行政服务区的北面。

B. 休闲区在文化区的西南方向。

C. 文化区在商业区的东北方向。

D. 商业区在休闲区的东南方向。

E. 行政服务区在市民公园的西南方向。

例题32～33题基于以下题干：

三对夫妇以相同的间隔围着一张圆桌就坐。男人都没有坐在自己妻子的旁边，但每一个妇女的两旁都坐着一个男人。三位男子的名字为刘辉、李强、赵亮。他们的妻子名字为(不按完全相应的次序)小红、小娜、小丽。男人们的职业(也不按相应次序)分别为建筑师、政治家、企业家。此外:

(1)建筑师的妻子和小红经常一起打麻将。

(2)企业家是个独生子,坐在小丽的左边。

(3)政治家的座位离小红座位比离小娜座位近一些。

(4)建筑师没有姐妹,建筑师是赵亮的姐夫。赵亮坐在他唯一的姐姐的右边。

例题 32 若以上为真,可推出哪位是小娜的丈夫?

A. 刘辉。 B. 李强。 C. 赵亮。

D. 企业家。 E. 无法确定。

例题 33 若以上为真,可推出坐在小红左边的是哪位?

A. 刘辉。 B. 李强。 C. 赵亮。

D. 建筑师。 E. 无法确定。

题型八:排列关系推理【★★★★】

排列推导主要须明确两点:

(1) 联考考查的是相对位置;

(2) 利用题干的确定条件,先将确定的条件进行排列。

例题 34 某著名风景区有“妙笔生花”“猴子观海”“仙人晒靴”“美人梳妆”“阳关三叠”“禅心向天”6 个景点。为方便游人,景区提示如下:

(1) 只有先游“猴子观海”,才能游“妙笔生花”;

(2) 只有先游“阳关三叠”,才能游“仙人晒靴”;

(3) 如果游“美人梳妆”,就要先游“妙笔生花”;

(4) “禅心向天”应第四个游览,之后才可以游览“仙人晒靴”。

张先生按照上述提示,顺利游览了上述 6 个景点。

根据上述信息,关于张先生的游览顺序,以下哪项不可能为真?

A. 第一个游览的是“猴子观海”。

B. 第二个游览的是“阳关三叠”。

C. 第三个游览的是“美人梳妆”。

D. 第五个游览的是“妙笔生花”。

E. 第六个游览的是“仙人晒靴”。

例题 35~37 基于以下题干:

12 本书从左到右放在书架上,其中,4 本是小的纸皮书,2 本是大的纸皮书,3 本是布皮书,3 本是皮面书。

(1) 4 本小的纸皮书互相相邻;

(2) 3本皮面书互相相邻;

(3) 第1本书和第12本书是纸皮书。

例题35 若第12本书是小纸皮书,第4本书是皮面书,而且任何两本布皮书是不相邻的,则以下哪本书一定是大的纸皮书?

A. 第2本。 B. 第3本。 C. 第5本。

D. 第6本。 E. 第7本。

例题36 若第1本书是小纸皮书,3本布皮书互相相邻,第11本书是皮面书,则以下哪本书可能是大的纸皮书?

A. 第4本。 B. 第5本。 C. 第6本。

D. 第9本。 E. 第10本。

例题37 若第1本书是大纸皮书,第2本书是小纸皮书,第7本书是皮面书,则以下哪项可能正确?

A. 第4本是布皮书。 B. 第5本是皮面书。 C. 第6本是大纸皮书。

D. 第8本是布皮书。 E. 第9本是布皮书。

例题38~39基于以下题干:

某影城将在"十一"黄金周7天(周一至周日)放映14部电影,其中,有5部科幻片、3部警匪片、3部武侠片、2部战争片、1部爱情片。限于条件,影城一天放映2部电影。已知:

(1) 除科幻片安排在周四外,其余6天每天放映的2部电影都属于不同的类型;

(2) 爱情片安排在周日;

(3) 科幻片或武侠片没有安排在同一天;

(4) 警匪片和战争片没有安排在同一天。

例题38 根据以上信息,以下哪项中的2部电影不可能安排在同一天放映?

A. 警匪片和爱情片。 B. 科幻片和警匪片。

C. 武侠片和战争片。 D. 武侠片和警匪片。

E. 科幻片和战争片。

例题39 根据以上信息,如果同类影片放映日期连续,则周六可以放映的电影是哪项?

A. 科幻片和警匪片。 B. 武侠片和警匪片。

C. 科幻片和战争片。 D. 科幻片和武侠片。

E. 警匪片和战争片。

题型九:比例论证的应用【★★★★】

在联考中,经常需要区分具体数量和比例、密度、频率等,考查的频率相对较高。

例题 40 对某高校本科生的某项调查统计发现：在因成绩优异被推荐免试攻读硕士研究生的文科专业学生中，女生占70%，由此可见，该校本科生文科专业的女生比男生优秀。

以下哪项如果为真，能最有力地削弱上述结论？

A. 在该校本科文科专业学生中，女生占30%以上。

B. 在该校本科文科专业学生中，女生占30%以下。

C. 在该校本科文科专业学生中，男生占30%以上。

D. 在该校本科文科专业学生中，男生占30%以下。

E. 在该校本科文科专业学生中，男生占70%以上。

例题 41 一项调查报告显示，在儿童意外伤害地点的排名中，客厅卧室占39.85%，排名居首；其次才是幼儿园，占37.41%；再次是公共场所和娱乐场所，占22.74%。由此有专家认为：儿童受伤，头号凶手是"家"。

以下选项中，最能削弱上述结论的是(　　)

A. 调查显示，很多情况下儿童受伤是因为年轻父母缺乏经验造成的。

B. 据调查，造成意外死亡的地点大多是在公共场所和娱乐场所。

C. 统计显示，儿童在客厅卧室的时间占儿童活动时间的50%以上。

D. 这份调查是针对3至6岁儿童进行的。

E. 有些儿童在其他场所也会受伤。

题型十：分组问题【★★★】

例题42～43基于以下题干：

天南大学准备派两名研究生、三名本科生到山村小学支教。经过个人报名和民主决议，最终人选将在研究生赵婷、唐玲和殷倩三人和本科生周艳、李环、文琴、徐昂、朱敏五人中产生。按规定，同一学院或者同一社团至多选派一人。已知：(1)唐玲和朱敏均来自数学学院；(2)周艳和徐昂均来自文学院；(3)李环和朱敏均来自辩论协会。

例题 42 根据上述条件，以下必定入选的是(　　)

A. 文琴。　　B. 唐玲。　　C. 殷倩。　　D. 周艳。　　E. 赵婷。

例题 43 如果唐玲入选，则以下必定入选的是(　　)

A. 赵婷。　　B. 殷倩。　　C. 周艳。　　D. 李环。　　E. 徐昂。

例题44～45基于以下题干：

某公司有F、G、H、I、M和P六位总经理助理，三个部门，每一部门恰由三位总经理助理分管。每位总经理助理至少分管一个部门。以下条件必须满足：

(1) 有且只有一位总经理助理同时分管三个部门；

(2) F和G不分管同一部门；

(3) H和I不分管同一部门。

例题44 以下哪项一定为真?

A. 有的总经理助理恰分管两个部门。
B. 任一部门由F或G分管。
C. M和P只分管一个部门。
D. 没有部门由F、M和P分管。
E. P分管的部门M都分管。

例题45 如果F和M不分管同一部门,则以下哪项一定为真?

A. F和H分管同一部门。
B. F和I分管同一部门。
C. I和P分管同一部门。
D. M和G分管同一部门。
E. M和P不分管同一部门。

题型十一:真话假话推理【★★★★】

真话假话推理是历年考试的重点,也是难点。主要分为四种考查方式:

(1) 矛盾法的应用;

(2) 假设法的应用;

(3) “二难推理”的应用;

(4) 代入排除法的应用。

矛盾法与假设法在前述章节已有详细描述,本节主要讲述“二难推理”和代入排除法在真话假话题中的应用。

例题46 经过多轮淘汰赛后,甲、乙、丙、丁四名选手争夺最后的排名,排名不设并列名次。分析家预测:

Ⅰ. 第一名或者是甲,或者是乙;

Ⅱ. 如果丙不是第一名,则丁也不是第一名;

Ⅲ. 甲不是第一名。

如果分析家的预测只有一句是对的,则第一名是谁?

A. 丙。
B. 乙。
C. 推不出。
D. 丁。
E. 甲。

例题47 某高中一次临时测验中,有学生作弊,现在可以断定张明、李欣、王峰、谢虎四人当中至少有一人是作弊者。班主任老师对四人进行问话,四人回答如下:

张明:“如果李欣不是作弊者,我也不是作弊者。”

李欣:“我不是作弊者,王峰是作弊者。”

王峰:“张明或者李欣是作弊者。”

谢虎:“李欣或者王峰是作弊者。”

后来事实表明,他们四人中只有一人说了真话。

根据以上陈述,以下哪项一定为假?

A. 王峰说的是假话。
B. 王峰不是作弊者。
C. 李欣不是作弊者。

D．谢虎说的是真话。　　E．张明说的是真话。

例题48～49基于以下题干：

某公司年度审计期间，审计人员发现一张发票，上面有赵义、钱仁礼、孙智、李信四个签名，签名者的身份各不相同，是经办人、复核、出纳或审批领导之中的一个，且每个签名都是本人所签。询问四位相关人员，得到以下答案：

赵义："审批领导的签名不是钱仁礼。"　　①

钱仁礼："复核的签名不是李信。"　　②

孙智："出纳的签名不是赵义。"　　③

李信："复核的签名不是钱仁礼。"　　④

已知上述每个回答中，如果提到的人是经办人，则该回答为假；如果提到的人不是经办人，则该回答为真。

例题48 根据以上信息，可以得出经办人是(　　)

A．赵义。　B．钱仁礼。　C．孙智。　D．李信。　E．无法确定。

例题49 根据以上信息，该公司的复核与出纳分别是(　　)

A．李信、赵义。　B．孙智、赵义。　C．钱仁礼、李信。
D．赵义、钱仁礼。　E．孙智、李信。

题型十二：综合推理【★★★★】

例题50～52基于以下题干：

孔智、孟睿、荀慧、庄聪、墨灵、韩敏六人组成一个代表队参加某次棋类大赛，其中两人参加围棋比赛，两人参加中国象棋比赛，还有两人参加国际象棋比赛。有关他们具体参加比赛项目的情况还须满足以下条件：

(1) 每位选手只能参加一个比赛项目；

(2) 孔智参加围棋比赛，当且仅当庄聪和孟睿都参加中国象棋比赛；

(3) 如果韩敏不参加国际象棋比赛，那么墨灵参加中国象棋比赛；

(4) 如果荀慧参加中国象棋比赛，那么庄聪不参加中国象棋比赛；

(5) 荀慧和墨灵至少有一人不参加中国象棋比赛。

例题50 如果荀慧参加中国象棋比赛，那么可以得出以下哪项？

A．庄聪和墨灵都参加围棋比赛。　B．孟睿参加围棋比赛。
C．孟睿参加国际象棋比赛。　D．墨灵参加国际象棋比赛。
E．韩敏参加国际象棋比赛。

例题51 如果庄聪和孔智参加相同的比赛项目，且孟睿参加中国象棋比赛，那么可以得出以下哪项？

A．墨灵参加国际象棋比赛。　B．庄聪参加中国象棋比赛。

C. 孔智参加围棋比赛。　　D. 荀慧参加围棋比赛。

E. 韩敏参加中国象棋比赛。

例题 52　根据题干信息，以下哪项可能为真？

A. 庄聪和韩敏参加中国象棋比赛。　　B. 韩敏和荀慧参加中国象棋比赛。

C. 孔智和孟睿参加围棋比赛。　　D. 墨灵和孟睿参加围棋比赛。

E. 韩敏和孔智参加围棋比赛。

例题 53～54 基于以下题干：

某校四位女生施琳、张芳、王玉、杨虹与四位男生范勇、吕伟、赵虎、李龙进行中国象棋比赛。他们被安排在四张桌上，每桌一男一女对弈，四张桌从左到右分别记为 1、2、3、4 号，每对选手须进行四局比赛，比赛规定：选手每胜一局得 2 分，和一局得 1 分，负一局得 0 分。前三局结束时，按分差大小排列，四对选手的总积分分别是 6∶0、5∶1、4∶2、3∶3。

已知：

(1) 张芳跟吕伟对弈，杨虹在 4 号桌比赛，王玉的比赛桌在李龙比赛桌的右边；

(2) 1 号桌的比赛至少有一局是和局，4 号桌双方的总积分不是 4∶2；

(3) 赵虎前三局的总积分并不领先他的对手，他们也没有下成过和局；

(4) 李龙已连输三局，范勇在前三局的总积分上领先他的对手。

例题 53　根据上述信息，前三局比赛结束时谁的总积分最高？

A. 杨虹。　　B. 施琳。　　C. 范勇。　　D. 王玉。　　E. 张芳。

例题 54　如果下列有位选手前三局均与对手下成和局，那么他(她)是谁？

A. 施琳。　　B. 杨虹。　　C. 张芳。

D. 范勇。　　E. 王玉。

例题 55～56 基于以下题干：

某高校数学、物理、化学、管理、文秘、法学 6 个专业毕业生要就业，现有风云、怡和、宏宇三家公司前来学校招聘，已知每家公司只招聘该校 2 至 3 个专业若干名毕业生，且需要满足以下条件：

(1) 招聘化学专业的公司也招聘数学专业；

(2) 怡和公司招聘的专业，风云公司也招聘；

(3) 只有一家公司招聘文秘专业，且该公司不招聘物理专业；

(4) 如果怡和公司招聘管理专业，那么也招聘文秘专业；

(5) 如果宏宇公司没有招聘文秘专业，那么怡和公司招聘文秘专业。

例题 55　如果只有一家公司招聘物理专业，那么可以得出以下哪项？

A. 风云公司招聘化学专业。　　B. 怡和公司招聘管理专业。

C. 宏宇公司招聘数学专业。 D. 风云公司招聘物理专业。
E. 怡和公司招聘物理专业。

例题 56 如果三家公司都招聘了 3 个专业若干名毕业生，那么可以得出以下哪项？
A. 风云公司招聘化学专业。 B. 怡和公司招聘法学专业。
C. 宏宇公司招聘化学专业。 D. 风云公司招聘数学专业。
E. 怡和公司招聘物理专业。

例题 57～58 基于以下题干：
晨曦公园拟在园内东、南、西、北四个区域种植四种不同的特色树木，每个区域只种植一种。选定的特色树种为水杉、银杏、乌桕、龙柏。布局的基本要求是：
(1) 如果在东区或者南区种植银杏，那么在北区不能种植龙柏或者乌桕；
(2) 北区或者东区要种植水杉或者银杏之一。

例题 57 根据上述种植要求，如果北区种植龙柏，则以下哪项一定为真？
A. 西区种植水杉。 B. 南区种植乌桕。 C. 南区种植水杉。
D. 西区种植乌桕。 E. 东区种植乌桕。

例题 58 根据上述种植要求，如果水杉必须种植于西区或南区，则以下哪项一定为真？
A. 南区种植水杉。 B. 西区种植水杉。 C. 东区种植银杏。
D. 北区种植银杏。 E. 南区种植乌桕。

例题 59～60 基于以下题干：
江海大学的校园美食节开幕了，某女生宿舍有 5 人积极报名参加此次活动，她们的姓名分别为金粲、木心、水仙、火珊、土润。举办方要求，每位报名者只做一道菜品参加评比，但须自备食材。限于条件，该宿舍所备食材仅有 5 种：金针菇、木耳、水蜜桃、火腿和土豆。要求每种食材只能有 2 人选用。每人又只能选用 2 种食材，并且每人所选食材名称的第一个字与自己的姓氏均不相同。已知：
(1) 如果金粲选水蜜桃，则水仙不选金针菇；
(2) 如果木心选金针菇或土豆，则她也须选木耳；
(3) 如果火珊选水蜜桃，则她也须选木耳和土豆；
(4) 如果木心选火腿，则火珊不选金针菇。

例题 59 根据上述信息，可以得出以下哪项？
A. 木心选用水蜜桃、土豆。 B. 水仙选用金针菇、火腿。
C. 土润选用金针菇、水蜜桃。 D. 火珊选用木耳、水蜜桃。
E. 金粲选用木耳、土豆。

例题 60　如果水仙选用土豆，则可以得出以下哪项？

A. 木心选用金针菇、水蜜桃。　B. 金粲选用木耳、火腿。

C. 火珊选用金针菇、土豆。　D. 水仙选用木耳、土豆。

E. 土润选用水蜜桃、火腿。

例题 61　因业务需要，某公司欲将甲、乙、丙、丁、戊、己、庚 7 个部门合并到丑、寅、卯 3 个子公司。已知：

(1) 一个部门只能合并到一个子公司；

(2) 若丁和丙中至少有一个未合并到丑公司，则戊和甲均合并到丑公司；

(3) 若甲、己、庚中至少有一个未合并到卯公司，则戊合并到寅公司且丙合并到卯公司。

根据上述信息，可以得出以下哪项？

A. 甲、丁均合并到丑公司。　B. 乙、戊均合并到寅公司。

C. 乙、丙均合并到寅公司。　D. 丁、丙均合并到丑公司。

E. 庚、戊均合并到卯公司。

例题 62　某单位有甲、乙、丙、丁、戊、己、庚、辛、壬、癸 10 名新进员工，他们所学专业是哲学、数学、化学、金融和会计 5 个专业之一，每人只学其中一个专业。已知：

(1) 若甲、丙、壬、癸中至多有 3 人是数学专业，则丁、庚、辛 3 人都是化学专业；

(2) 若乙、戊、己中至多有 2 人是哲学专业，则甲、丙、庚、辛 4 人专业各不相同。

根据以上信息，所学专业相同的新员工是？

A. 乙、戊、己。　B. 甲、壬、癸。　C. 丙、丁、癸。

D. 丙、戊、己。　E. 丁、庚、辛。

例题 63～64 基于以下题干：

张华即将参加国家管理类联考的考试，他为了使复习更有效率，决定每周至少复习以下四门功课中的某一门：英语、数学、逻辑和写作。并且在复习过程中，他为自己建立了以下复习原则：

(1) 如果某一周复习了逻辑，那么下一周便不复习逻辑；

(2) 在一周内，逻辑和数学至少复习一门功课；

(3) 如果某一周没有复习英语，那么这一周既要复习写作又要复习逻辑；

(4) 只有某一周没有复习数学，这一周才不复习写作。

例题 63　根据以上复习原则，张华在第三周没有复习写作，由此可以推出以下哪项为真？

A. 张华在第三周没有复习英语。　B. 张华在第三周复习了数学。

C. 张华在第四周没有复习英语。　D. 张华在第四周复习了逻辑。

E. 张华在第二周复习了写作。

例题 64 按照以上复习原则，假设张华在第二周复习了逻辑，那么以下哪项为假？

A. 张华在第三周没有复习逻辑。
B. 张华在第二周没有复习英语。
C. 张华在第三周复习了数学。
D. 张华在第三周复习了写作。
E. 张华在第一周没有复习写作。

例题 65～66 基于以下题干：

某机关甲、乙、丙、丁 4 人参加本年度综合考评。在德、能、勤、绩、廉 5 个方面的单项考评中，他们之中都恰有 3 人被评为“优秀”，但没有人 5 个单项均被评为“优秀”。

已知：

(1) 若甲和乙在德方面均被评为“优秀”(P1)，则他们在廉方面也均被评为“优秀”(Q1)；
(2) 若乙和丙在德方面均被评为“优秀”(P2)，则他们在绩方面也均被评为“优秀”(Q2)；
(3) 若甲在廉方面被评为“优秀”(P3)，则甲和丁在绩方面均被评为“优秀”(Q3)。

例题 65 根据上述信息，可以得出以下哪项？

A. 甲在廉方面被评为“优秀”。
B. 丙在绩方面被评为“优秀”。
C. 丙在能方面被评为“优秀”。
D. 丁在勤方面被评为“优秀”。
E. 丁在德方面被评为“优秀”。

例题 66 若甲在绩方面未被评为“优秀”且丁在能方面未被评为“优秀”，则可以得出以下哪项？

A. 甲在勤方面未被评为“优秀”。
B. 甲在能方面未被评为“优秀”。
C. 乙在德方面未被评为“优秀”。
D. 丙在廉方面未被评为“优秀”。
E. 丁在廉方面未被评为“优秀”。

6.2 课后习题

基础训练

1. P 老师统计学生们的模拟考试成绩发现：在数学、英语、逻辑、写作四门科目中，70%的考生数学及格了，75%的考生英语及格了，80%的考生写作及格了，85%的考生逻辑及格了。

如果上述情况属实，那么以下哪项一定为真？

A. 在此次考试中，大部分考生四门课都及格了。
B. 在此次考试中，大部分考生四门课没有都及格。
C. 在此次考试中，四门课不都及格的考生不到 90%。
D. 在此次考试中，有不少于 10%的考生四门课都及格了。
E. 在此次考试中，有不少于 10%的考生四门课都没有及格。

2～3 题基于以下题干：

李浩、王鸣和张翔是同班同学，住在同一宿舍，其中，一个是湖南人，一个是重庆人，一个是辽宁人。李浩和重庆人不同岁，张翔的年龄比辽宁人小，重庆人比王鸣年龄大。

2 根据题干所述，可以推出以下哪项结论？

A. 李浩是湖南人，王鸣是重庆人，张翔是辽宁人。
B. 李浩是重庆人，王鸣是湖南人，张翔是辽宁人。
C. 李浩是重庆人，王鸣是辽宁人，张翔是湖南人
D. 李浩是辽宁人，王鸣是湖南人，张翔是重庆人。
E. 李浩是辽宁人，王鸣是重庆人，张翔是湖南人。

3 根据题干所述，以下哪项是关于他们三人的年龄次序（由大到小）的正确表述？

A. 李浩、王鸣、张翔。 B. 李浩、张翔、王鸣。 C. 王鸣、李浩、张翔。
D. 张翔、李浩、王鸣。 E. 张翔、王鸣、李浩。

4 公司派三位年轻的工作人员乘动车到南方出差，他们三人恰好坐在一排。坐在 24 岁右边的两人中至少有一个人是 20 岁，坐在 20 岁左边的两人中也恰好有一人是 20 岁；坐在会计左边的两人中至少有一人是销售员，坐在销售员右边的两人中也恰好有一人是销售员。

根据以上陈述，可以得出三位出差的年轻人是：

A. 20 岁的会计、20 岁的销售员、24 岁的销售员。
B. 20 岁的会计、24 岁的销售员、24 岁的销售员。
C. 24 岁的会计、20 岁的销售员、20 岁的销售员。
D. 20 岁的会计、20 岁的会计、24 岁的销售员。
E. 24 岁的会计、20 岁的会计、20 岁的销售员。

5 张明、李英、王佳和陈蕊四人在一个班组工作，他们来自江苏、安徽、福建和山东四个省，每个人只会说原籍的一种方言。现已知福建人会说闽南方言，山东人学历最高且会说中原官话，王佳比福建人的学历低，李英会说徽州话并且和来自江苏的同事是同学，陈蕊不懂闽南方言。

根据以上陈述，可以得出以下哪项？

A. 陈蕊不会说中原官话。 B. 张明会说闽南方言。
C. 李英是山东人。 D. 王佳会说徽州话。
E. 陈蕊是安徽人。

6 在某公司的招聘会上，公司行政部、人力资源部和办公室拟各招聘一名工作人员，来自中文系、历史系和哲学系的三名毕业生前来应聘这三个不同的职位。招聘信息显示，历史系毕业生比应聘办公室的年龄大，哲学系毕业生和应聘人力资源部的着装颜

色相近，应聘人力资源部的比中文系毕业生年龄小。

根据以上陈述，可以得出以下哪项？

A. 哲学系毕业生比历史系毕业生年龄大。

B. 中文系毕业生比哲学系毕业生年龄大。

C. 历史系毕业生应聘行政部。

D. 中文系毕业生应聘办公室。

E. 应聘办公室的比应聘行政部的年龄大。

7 某市已开通运营一、二、三、四号地铁线路，各条地铁线每一站运行加停靠所需的时间均彼此相同。小张、小王、小李三人是同一单位的职工，单位附近有北口地铁站。某天早晨，三人同时在常青站乘一号线上班，但三人关于乘车路线的想法不尽相同。已知：

(1) 如果一号线拥挤，小张就坐 2 站后转三号线，再坐 3 站到北口站；如果一号线不拥挤，小张就坐 3 站后转二号线，再坐 4 站到北口站。

(2) 只有一号线拥挤，小王才坐 2 站后转三号线，再坐 3 站到北口站。

(3) 如果一号线不拥挤，小李就坐 4 站后转四号线，坐 3 站后再转三号线，坐 1 站到达北口站。

(4) 该天早晨地铁一号线不拥挤。

假定三人换乘及步行的总时间相同，则以下哪项最可能与上述信息不一致？

A. 小王和小李同时到达单位。

B. 小张和小王同时到达单位。

C. 小王比小李先到达单位。

D. 小李比小张先到达单位。

E. 小张比小王先到达单位。

8 中国是全球最大的卷烟生产国和消费国，但近年来政府通过出台禁烟令、提高卷烟消费税等一系列公共政策努力改变这一形象。一项权威调查的数据显示，在 2014 年同比上升 2.4%之后，中国卷烟消费量在 2015 年同比下降了 2.4%，这是 1995 年来的首次下降。尽管如此，2015 年中国卷烟消费量仍占全球的 45%，但这一下降对全球卷烟总消费量产生巨大影响，使其同比下降了 2.1%。

根据以上信息，可以得出以下哪项？

A. 2015 年发达国家卷烟消费量同比下降比率高于发展中国家。

B. 2015 年世界其他国家卷烟消费量同比下降比率低于中国。

C. 2015 年世界其他国家卷烟消费量同比下降比率高于中国。

D. 2015 年中国卷烟消费量大于 2013 年。

E. 2015 年中国卷烟消费量恰好等于 2013 年。

9 按照联合国开发计划署 2007 年的统计，挪威是世界上居民生活质量最高的国家，欧美和日本等发达国家也名列前茅。如果统计 1990 年以来生活质量改善最快的国家，发达国家则落后了，至少在联合国开发计划署统计的 116 个国家中，17 年来，非洲东南部国家莫桑比克的生活质量提高最快，2007 年其生活质量指数比 1990 年提高了 50%，很多非洲国家取得了和莫桑比克类似的成就。作为世界上最受瞩目的发展中国家，中国的生活质量指数在过去 17 年中也提高了 27%。

以下哪项可以从联合国开发计划署的统计中得出？

A. 2007 年，发展中国家的生活质量指数都低于西方国家。

B. 2007 年，莫桑比克的生活质量指数不高于中国。

C. 2006 年，日本的生活质量指数不高于中国。

D. 2006 年，莫桑比克的生活质量的改善快于非洲其他各国。

E. 2007 年，挪威的生活质量指数高于非洲各国。

10 在某次认知能力测试中，刘强得了 118 分，蒋明的得分比王丽高，张华和刘强的得分之和大于蒋明和王丽的得分之和，刘强的得分比周梅高；此次测试 120 分以上的为优秀，五人之中有两人没有达到优秀。

根据以上信息，以下哪项是上述五人在本次测试中得分由高到低的排列？

A. 张华、王丽、周梅、蒋明、刘强。

B. 张华、蒋明、王丽、刘强、周梅。

C. 张华、蒋明、刘强、王丽、周梅。

D. 蒋明、张华、王丽、刘强、周梅。

E. 蒋明、王丽、张华、刘强、周梅。

11～15 题基于以下题干：

沿江高铁某段由西向东设置了五个站点，已知：

(1) 扶夷站在灏韵站之东、胡瑶站之西，并与胡瑶站相邻；

(2) 韭上站与银岭站相邻。

11 根据以上信息，关于五个站点由西向东的排列顺序，以下哪项是可能的？

A. 银岭站、灏韵站、韭上站、扶夷站、胡瑶站。

B. 扶夷站、胡瑶站、韭上站、银岭站、灏韵站。

C. 灏韵站、银岭站、韭上站、扶夷站、胡瑶站。

D. 灏韵站、胡瑶站、扶夷站、银岭站、韭上站。

E. 扶夷站、银岭站、灏韵站、韭上站、胡瑶站。

12 如果韭上站与灏韵站相邻并且在灏韵站之东，则可以得出(　　)

A. 胡瑶站在最东面。

B. 扶夷站在最西面。

C. 银岭站在最东面。

D. 韭上站在最西面。

E. 灏韵站在中间。

13 如果灏韵站在韭上站之东，则可以得出(　　)

A. 银岭站与灏韵站相邻并且在灏韵站之西。

B. 灏韵站与扶夷站相邻并且在扶夷站之西。

C. 韭上站与灏韵站相邻并且在灏韵站之西。

D. 银岭站与扶夷站相邻并且在扶夷站之西。
E. 银岭站与胡瑶站在五个站的东西两端。

14 如果灏韵站与银岭站相邻,则可以得出(　　)
A. 银岭站在灏韵站之西。
B. 扶夷站在韭上站之西。
C. 灏韵站在银岭站之西。
D. 韭上站在银岭站之西。
E. 韭上站在扶夷站之西。

15 假如灏韵站位于最西面,则这五个站点可能的排列顺序有(　　)
A. 3 种。 B. 4 种。 C. 5 种。 D. 6 种。 E. 8 种。

16 某单位有负责网络、文秘和后勤的三名办公人员,即文珊、孔瑞和姚薇,为了培养年轻干部,领导决定她们三人在这三个岗位之间实行轮岗,并将她们原来的工作间 110 室、111 室和 112 室也进行了轮换。结果,原本负责后勤的文珊接替了孔瑞的文秘工作,由 110 室调到了 111 室。
根据以上信息,可以得出以下哪项?
A. 姚薇接替孔瑞的工作。
B. 孔瑞接替文珊的工作。
C. 孔瑞被调到了 110 室。
D. 孔瑞被调到了 112 室。
E. 姚薇被调到了 112 室。

17 去年春江市的汽车月销售量一直保持稳定。在这一年中,宏达车的月销售量较前年翻了一番,它在春江市的汽车市场上所占的销售份额也有相应的增长。今年一开始,尾气排放新标准开始在春江市实施。在该标准实施的头三个月中,虽然宏达车在春江市的月销售量仍然保持在去年年底达到的水平,但在春江市的汽车市场上所占的销售份额明显下降。
如果上述断定为真,则以下哪项不可能为真?
A. 在实施尾气排放新标准的头三个月中,除了宏达车以外,所有品牌的汽车各自在春江市的月销售量都明显下降。
B. 在实施尾气排放新标准之前的三个月中,除了宏达车以外,所有品牌的汽车销售量在春江市汽车市场所占的份额明显下降。
C. 如果汽车尾气排放新标准不实施,宏达车在春江市汽车市场上所占的销售份额比题干所断定的情况更低。
D. 如果汽车尾气排放新标准继续实施,春江市的月销售总量将会出现下降。
E. 由于实施了汽车尾气排放新标准,在春江市销售的每辆宏达车的平均利润有所上升。

18～21 题基于以下题干:
某班打算从方如芬、郭嫣然、何之莲三名女生中选拔两人,从彭友文、裘志节、任向阳、宋文凯、唐晓华五名男生中选拔三人，组成大学生五人支教小组到山区义务支教。要求：

(1) 郭嫣然和唐晓华不同时入选；

(2) 彭友文和宋文凯不同时入选；

(3) 裘志节和唐晓华不同时入选。

18 下列哪位一定入选？

A. 方如芬。　B. 郭嫣然。　C. 宋文凯。
D. 何之莲。　E. 任向阳。

19 如果郭嫣然入选，则下列哪位也一定入选？

A. 方如芬。　B. 何之莲。　C. 彭友文。
D. 裘志节。　E. 宋文凯。

20 若何之莲未入选，则下列哪一位也未入选？

A. 唐晓华。　B. 彭友文。　C. 裘志节。
D. 宋文凯。　E. 方如芬。

21 若唐晓华入选，则下列哪两位一定入选？

A. 方如芬和郭嫣然。　B. 郭嫣然和何之莲。　C. 彭友文和何之莲。
D. 任向阳和宋文凯。　E. 方如芬和何之莲。

22 佛教中，六道是众生轮回之道途。六道者：一、天道；二、人间道；三、修罗道；四、畜生道；五、饿鬼道；六、地狱道。六道根据造业的优良和惨重，可分为三善道和三恶道：三善道为天、人、阿修罗；三恶道为畜生、饿鬼、地狱。然而，六道还有另一种分类方法，即将六道分为“有器”和“无器”，其中“有器道”会满足以下要求：

(1) 天道和人道至少一道；

(2) 畜生道和饿鬼道至少一道；

(3) 天道、饿鬼道至少都不会与畜生道共属有器道。

根据以上条件，若饿鬼道不属于有器道，则下列中哪两道必属有器道？

A. 天道、畜生道。　B. 畜生道、地狱道。　C. 修罗道、畜生道。
D. 修罗道、地狱道。　E. 人道、畜生道。

23～24 题基于以下题干：

丰收公司邢经理需要在下个月赴湖北、湖南、安徽、江西、江苏、浙江、福建 7 省进行市场需求调研，各省均调研一次，他的行程须满足如下条件：

(1) 第一个或最后一个调研江西省；

(2) 调研安徽省的时间早于浙江省，在这两省的调研之间调研除了福建省的另外两省；

(3) 调研福建省的时间安排在调研浙江省之前或刚好调研完浙江省之后；

(4) 第三个调研江苏省。

23 如果邢经理首先赴安徽省调研,则关于他的行程,可以确定以下哪项?

A. 第二个调研湖北省。 B. 第二个调研湖南省。
C. 第五个调研福建省。 D. 第五个调研湖北省。
E. 第五个调研浙江省。

24 如果安徽省是邢经理第二个调研的省份,则关于他的行程,可以确定以下哪项?

A. 第一个调研江西省。 B. 第四个调研湖北省。
C. 第五个调研浙江省。 D. 第五个调研湖南省。
E. 第六个调研福建省。

25～26 题基于以下题干:

三个中国学生张林、赵强、李珊和三个外国留学生约翰、杰西、安娜暑假外出旅游,可供选择的旅游地有西安、杭州、大连和张家界。已知:

(1)每人只能去一个地方;

(2)凡是有中国学生去的地方,就必须有外国留学生去;

(3)凡是外国留学生去的地方,就必须有中国学生去;

(4)约翰去西安或者杭州,赵强去张家界。

25 如果杰西去大连,则以下哪项一定为真?

A. 安娜去张家界。 B. 张林去大连。 C. 李珊去西安。
D. 约翰去杭州。 E. 约翰去西安。

26 去杭州的人中不可能同时包含以下哪两个学生?

A. 张林和李珊。 B. 李珊和安娜。 C. 杰西和安娜。
D. 张林和杰西。 E. 约翰和张林。

27～29 题基于以下题干:

东宇大学公开招聘三个教师职位,哲学学院、管理学院和经济学院各一个。每个职位都有分别来自南山大学、西京大学、北清大学的候选人。有位“聪明”人士李先生对招聘结果做出了如下预测:

(1) 如果哲学学院录用北清大学的候选人,那么管理学院录用西京大学的候选人;

(2) 如果管理学院录用南山大学的候选人,那么哲学学院也录用南山大学的候选人;

(3) 如果经济学院录用北清大学或者西京大学的候选人,那么管理学院录用北清大学的候选人。

27 如果哲学学院、管理学院和经济学院最终录用的候选人的大学归属信息依次如下,则哪项符合李先生的预测?

A. 南山大学、南山大学、西京大学。 B. 北清大学、南山大学、南山大学。

C. 北清大学、北清大学、南山大学。
D. 西京大学、北清大学、南山大学。
E. 西京大学、西京大学、西京大学。

28 若哲学学院最终录用西京大学的候选人，则以下哪项表明李先生的预测错误？
A. 管理学院录用北清大学的候选人。
B. 管理学院录用南山大学的候选人。
C. 经济学院录用南山大学的候选人。
D. 经济学院录用北清大学的候选人。
E. 经济学院录用西京大学的候选人。

29 如果三个学院最终录用的候选人分别来自不同的大学，则以下哪项符合李先生的预测？
A. 哲学学院录用西京大学的候选人，经济学院录用北清大学的候选人。
B. 哲学学院录用南山大学的候选人，管理学院录用北清大学的候选人。
C. 哲学学院录用北清大学的候选人，经济学院录用西京大学的候选人。
D. 哲学学院录用西京大学的候选人，管理学院录用南山大学的候选人。
E. 哲学学院录用南山大学的候选人，管理学院录用西京大学的候选人。

强化训练

30 某医院采用一种新方法来测试献血者是否服用过胃药。在这种方法实施前，估计报名献血者中将有5%因服用过胃药而被淘汰。实际结果显示，仍有三分之二的服用过胃药的报名献血者通过测试而献了血，他们占实际献血人数的10%。
以下哪项最可能是上述断定的逻辑结论？
A. 是否服用胃药的测定是国际范围内医学界的难题。
B. 实施测试方法前对被淘汰的胃药服用者数量百分比的估计偏高。
C. 实施测试方法前对被淘汰的胃药服用者数量百分比的估计偏低。
D. 实施测试方法前对被淘汰的胃药服用者数量百分比的估计非常准确。
E. 由含药物输血引起的输血后不良反应将可能在该院上升大约10%。

31 张云、李华、王涛都收到了明年二月初赴北京开会的通知，他们可以选择乘坐飞机、高铁与大巴等交通工具到北京，他们对这次进京方式有如下考虑：
(1) 张云不喜欢坐飞机，如果有李华同行，他就选择乘坐大巴；
(2) 李华不计较方式，如果高铁票价比飞机便宜，他就选择乘坐高铁；
(3) 王涛不在乎价格，除非预报二月初北京有雨雪天气，否则，他就选择乘坐飞机；
(4) 李华和王涛家住得较近，如果航班时间合适，他们将一同乘飞机出行。
如果上述三人的考虑都得到满足，则可以得出以下哪项？
A. 如果李华没有选择乘坐高铁或飞机，则他肯定和张云一起乘坐大巴进京。
B. 如果王涛和李华乘坐飞机进京，则二月初北京没有雨雪天气。
C. 如果张云和王涛乘坐高铁进京，则二月初北京有雨雪天气。
D. 如果三人都乘坐飞机进京，则飞机票价比高铁便宜。

E. 如果三人都乘坐大巴进京，则预报二月初北京有雨雪天气。

32 近日，某集团高层领导研究了发展方向问题。

王总经理认为：既要发展纳米技术，也要发展生物医药技术；

赵副总经理认为：只有发展智能技术，才能发展生物医药技术；

李副总经理认为：如果发展纳米技术和生物医药技术，那么也要发展智能技术。

最后经过董事会研究，只有其中一位的意见被采纳。

根据以上陈述，以下哪项符合董事会的研究决定？

A. 发展纳米技术和智能技术，但是不发展生物医药技术。

B. 发展生物医药技术和纳米技术，但是不发展智能技术。

C. 发展智能技术和生物医药技术，但是不发展纳米技术。

D. 发展智能技术，但是不发展纳米技术和生物医药技术。

E. 发展生物医药技术、智能技术和纳米技术。

33 某机关拟在全民国防教育日举办专项教育活动，至于采取何种方式，组织者甲、乙、丙三人的意见如下：

甲：如果搞读书演讲、知识竞赛，那就不搞文艺演出和专题展览；

乙：如果不搞文艺演出和专题展览，那就搞读书演讲、知识竞赛；

丙：不搞读书演讲、知识竞赛。

如果上述三个人的意见中只有一个人的意见与最后结果相符合，则以下哪项是最终的结果？

A. 搞读书演讲、知识竞赛，也搞文艺演出和专题展览。

B. 搞读书演讲、知识竞赛，不搞文艺演出和专题展览。

C. 如果搞读书演讲、知识竞赛，则也要搞文艺演出和专题展览。

D. 不搞读书演讲、知识竞赛，搞文艺演出和专题展览。

E. 不搞读书演讲、知识竞赛，也不搞文艺演出和专题展览。

34～35 题基于以下题干：

六一节快到了，幼儿园老师为班上的小明、小雷、小刚、小芳、小花 5 位小朋友准备了红、橙、黄、绿、青、蓝、紫 7 份礼物。已知所有礼物都送了出去，每份礼物只能由一人获得，每人最多获得 2 份礼物。另外，礼物派送还需要满足如下要求：

(1) 如果小明收到橙色礼物，则小芳会收到蓝色礼物；

(2) 如果小雷没有收到红色礼物，则小芳不会收到蓝色礼物；

(3) 如果小刚没有收到黄色礼物，则小花不会收到紫色礼物；

(4) 没有人既能收到黄色礼物，又能收到绿色礼物；

(5) 小明只收到橙色礼物，而小花只收到紫色礼物。

34 根据上述信息，以下哪项可能为真？

A. 小明和小芳都收到 2 份礼物。
B. 小雷和小刚都收到 2 份礼物。
C. 小刚和小花都收到 2 份礼物。
D. 小芳和小花都收到 2 份礼物。
E. 小明和小雷都收到 2 份礼物。

35 根据上述信息,如果小刚收到 2 份礼物,则可以得出以下哪项?
A. 小雷收到红色和绿色 2 份礼物。
B. 小刚收到黄色和蓝色 2 份礼物。
C. 小芳收到绿色和蓝色 2 份礼物。
D. 小刚收到黄色和青色 2 份礼物。
E. 小芳收到青色和蓝色 2 份礼物。

36 为防御电脑受病毒侵袭,研究人员开发了防御病毒、查杀病毒的程序,前者启动后能使程序运行免受病毒侵袭,后者启动后能迅速查杀电脑中可能存在的病毒。某台电脑上现装有甲、乙、丙 3 种程序。已知:
(1) 甲程序能查杀目前已知的所有病毒;
(2) 若乙程序不能防御已知的一号病毒,则丙程序也不能查杀该病毒;
(3) 只有丙程序能防御已知的一号病毒,电脑才能查杀目前已知的所有病毒;
(4) 只有启动甲程序,才能启动丙程序。
根据上述信息可以得出以下哪项?
A. 只有启动丙程序,才能防御并查杀一号病毒。
B. 只有启动乙程序,才能防御并查杀一号病毒。
C. 如果启动了丙程序,就能防御并查杀一号病毒。
D. 如果启动了乙程序,那么不必启动丙程序也能查杀一号病毒。
E. 如果启动了甲程序,那么不必启动乙程序也能查杀所有病毒。

37～38 题基于以下题干:

年初,为激励员工努力工作,某公司决定根据每月的工作绩效评选“月度之星”。王某在当年前 10 个月恰好只在连续的 4 个月中当选“月度之星”,他的另三位同事郑某、吴某、周某也做到了这一点。关于这四人当选“月度之星”的月份,已知:
(1) 王某和郑某仅有三个月同时当选;
(2) 郑某和吴某仅有三个月同时当选;
(3) 王某和周某不曾在同一个月当选;
(4) 仅有两人在 7 月同时当选;
(5) 至少有一人在 1 月当选。

37 根据以上信息,有三人同时当选“月度之星”的月份是(　　)
A. 5—7 月。
B. 4—6 月。
C. 3—5 月。
D. 2—4 月。
E. 1—3 月。

38 根据以上信息,王某当选“月度之星”的月份是(　　)

A. 7—10 月。　B. 5—8 月。　C. 4—7 月。
D. 3—6 月。　E. 1—4 月。

39 以下诸项结论都是根据 1998 年度西单繁星商厦各个职能部门收到的雇员报销单据综合得出的，在此项综合统计做出后，有的职能部门又收到了雇员补交上来的报销单据。

以下哪项结论不可能被补交报销单据这一新的事实所推翻？

A. 超级市场部仅有 14 个雇员交了报销单据，报销了至少 8700 元。
B. 公关部最多只有 3 个雇员交了报销单据，总额不多于 2600 元。
C. 后勤部至少有 8 个雇员交了报销单据，报销总额为 5234 元。
D. 会计部至少有 4 个雇员交了报销单据，报销了至少 2500 元。
E. 总经理事务部至少有 7 个雇员交了报销单据，报销额不比后勤部多。

40 在东海大学研究生会举办的一次中国象棋比赛中，来自经济学院、管理学院、哲学学院、数学学院和化学学院的 5 名研究生(每学院 1 名)相遇在一起，有关甲、乙、丙、丁、戊 5 名研究生之间的比赛信息满足以下条件：

(1) 甲仅与 2 名选手比赛过；
(2) 化学学院的选手与 3 名选手比赛过；
(3) 乙不是管理学院的，也没有与管理学院的选手比赛过；
(4) 哲学学院的选手与丙比赛过；
(5) 管理学院、哲学学院、数学学院的选手相互都交过手；
(6) 丁仅与 1 名选手比赛过。

根据以上条件，请问丙来自哪个学院？

A. 哲学学院。　B. 管理学院。　C. 经济学院。
D. 化学学院。　E. 数学学院。

41～42 题基于以下题干：

互联网好比一个复杂多样的虚拟世界，在互联网主机上的信息又构成了一个微观虚拟世界。若在某主机上可以访问本主机上的信息，则称该主机相通于自身；若主机 x 能通过互联网访问主机 y 的信息，则称 x 相通于 y。已知代号分别为甲、乙、丙、丁的四台联网主机有如下信息：

(1) 甲主机相通于任一不相通于丙的主机；
(2) 丁主机不相通于丙；
(3) 丙主机相通于任一相通于甲的主机。

41 若丙主机不相通于自身，则以下哪项一定为真？

A. 若丁主机相通于乙，则乙主机相通于甲。
B. 甲主机相通于乙，乙主机相通于丙。

C．只有甲主机不相通于丙，丁主机才相通于乙。
D．甲主机相通于丁，也相通于丙。
E．丙主机不相通于丁，但相通于乙。

42 若丙主机不相通于任何主机，则以下哪项一定为假？
A．甲主机相通于乙。
B．乙主机相通于自身。
C．丁主机不相通于甲。
D．若丁主机相通于甲，则乙主机相通于甲。
E．若丁主机不相通于甲，则乙主机相通于甲。

43 张霞、李丽、陈露、邓强和王硕一起坐火车去旅游。他们正好坐在同一车厢相对两排的五个座位上，每人各坐一个位置。第一排的座位按顺序分别记作1号和2号，第二排的座位按顺序记为3、4、5号。座位1和座位3直接相对，座位2和座位4直接相对。座位5不和上述任何座位直接相对。李丽坐在4号位置；陈露所坐的位置不与李丽相邻，也不与邓强相邻（相邻是指同一排上紧挨着）；张霞不坐在与陈露直接相对的位置上。
根据以上信息，张霞所坐位置有多少种可能的选择？
A．5种。　B．4种。　C．3种。　D．2种。　E．1种。

44～45题基于以下题干：
某皇家园林依中轴线布局，从前到后依次排列着七个庭院。这七个庭院分别以汉字“日”“月”“金”“木”“水”“火”“土”来命名。已知：
（1）“日”字庭院不是最前面的那个庭院；
（2）“火”字庭院和“土”字庭院相邻；
（3）“金”“月”两庭院间隔的庭院数与“木”“水”两庭院间隔的庭院数相同。

44 根据上述信息，下列哪个庭院可能是“日”字庭院？
A．第一个庭院。　B．第二个庭院。　C．第四个庭院。
D．第五个庭院。　E．第六个庭院。

45 如果第二个庭院是“土”字庭院，则可以得出以下哪项？
A．第七个庭院是“水”字庭院。　B．第五个庭院是“木”字庭院。
C．第四个庭院是“金”字庭院。　D．第三个庭院是“月”字庭院。
E．第一个庭院是“火”字庭院。

46～49题基于以下题干：
某大学文学院语言学专业2014年毕业的五名研究生张、王、李、赵、刘分别被三家用人单位天枢、天机、天璇中的一家录用，并且各单位至少录用了其中的一名。已知：

（1）李被天枢录用；

（2）李和赵没有被同一家单位录用；

（3）刘和赵被同一家单位录用；

（4）如果张被天璇录用，那么王也被天璇录用。

46 以下哪项可能是正确的？

A. 李和刘被同一单位录用。

B. 王、赵、刘都被天机录用。

C. 只有刘被天璇录用。

D. 只有王被天璇录用。

E. 天枢录用了其中的三个人。

47 以下哪项一定是正确的？

A. 张和王被同一单位录用。

B. 王和刘被不同的单位录用。

C. 天枢至多录用了两人。

D. 天枢和天璇录用的人数相同。

E. 王没有被天枢录用。

48 下列哪项正确，则可以确定每个毕业生的录用单位？

A. 李被天枢录用。

B. 张被天璇录用。

C. 张被天枢录用。

D. 刘被天机录用。

E. 王被天机录用。

49 如果刘被天璇录用，则以下哪项一定是错误的？

A. 天璇录用了三人。

B. 录用李的单位只录用了他一人。

C. 王被天璇录用。

D. 天机只录用了其中的一人。

E. 张被天璇录用。

50～53 题依据以下题干：

某单位在九月初一、初二、初三安排六个人值班，他们是 G、H、K、L、P、S，每天需要安排两个人值班。人员安排要满足以下条件：

L 与 P 必须在同一天值班；

G 与 H 不能在同一天值班；

如果 K 在初一值班，那么 G 在初二值班；

如果 S 在初三值班，那么 H 在初二值班。

50 以下哪一项必然为真？

A. G 与 S 在同一天值班。

B. G 与 K 在同一天值班。

C. G 与 K 不在同一天值班。

D. K 与 S 不在同一天值班。

E. H 与 S 不在同一天值班。

51 如果 P 在初二值班，以下哪项可能为真？

A. G在初一值班。 B. H在初二值班。 C. K在初一值班。
D. L在初三值班。 E. S在初三值班。

52 如果G与K在同一天值班,以下哪项必然为真?
A. H在初一值班。 B. K在初二值班。 C. K不在初二值班。
D. L在初一值班。 E. S不在初三值班。

53 如果H在S的前一天值班,则以下哪项不可能为真?
A. G在初二值班。 B. H在初一值班。 C. K在初一值班。
D. P在初二值班。 E. S在初三值班。

54～55题基于以下题干:

某公司新进李丽、张静、刘亮、赵强、马霞、孙明六名员工,分配到三个部门,其中两人分配到市场部,两人分配到财务部,还有两人分配到公关部。有关他们工作分配的情况还须满足以下条件:

(1) 李丽分配到市场部,当且仅当,赵强和张静都分配到财务部;
(2) 如果孙明不分配到公关部,那么马霞分配到财务部;
(3) 如果刘亮分配到财务部,则赵强不能分配到财务部;
(4) 刘亮和马霞至少有一人不分配到财务部。

54 如果赵强和李丽分配到同一部门,且张静分配到财务部,那么可以得出以下哪项?
A. 刘亮分配到市场部。 B. 赵强分配到财务部。 C. 李丽分配到市场部。
D. 马霞分配到公关部。 E. 孙明分配到财务部。

55 根据题干信息,以下哪项可能为真?
A. 赵强和孙明分配到财务部。 B. 孙明和刘亮分配到财务部。
C. 李丽和张静分配到市场部。 D. 马霞和张静分配到市场部。
E. 孙明和李丽分配到市场部。

56～57题基于以下题干:

某机构对我国东部地区甲、乙、丙三个城市的三类居民住房(按价格从高到低分别是别墅、普通商用房和经济适用房)的平均房价做了调研,公布的信息中有如下内容:按别墅房售价,从高到低是甲城、乙城、丙城;按普通商用房售价,从高到低是甲城、丙城、乙城;按经济适用房售价,从高到低是乙城、甲城、丙城。

56 关于以上三个城市的居民住房整体平均价格,以下哪项判断是错误的?
A. 甲城的居民住房整体平均价格最高。
B. 乙城的居民住房整体平均价格居中。
C. 丙城的居民住房整体平均价格最低。

D. 甲城的居民住房整体平均价格最低。

E. 乙城的居民住房整体平均价格高于丙城。

57 要能断定甲城的居民住房整体平均价格最高，仅需要增加以下哪项假定？

Ⅰ. 三个城市在售的经济适用房面积都小于各自总在售居民住房面积的10%；

Ⅱ. 三个城市在售的别墅房、普通商用房、经济适用房面积之比都相同；

Ⅲ. 在售的经济适用房前两名城市的价格差价小于其他类型住房前两名城市的住房差价。

A. Ⅰ。　　B. Ⅰ和Ⅱ。　　C. Ⅰ和Ⅲ。

D. Ⅱ和Ⅲ。　　E. Ⅰ、Ⅱ和Ⅲ。

58 在某次学术讨论会上，有人发现：凡是认识李博士的人张教授都认识，只要是有些人不认识的人赵研究员全都认识，新参加会议的研究生小王不认识与会的任何人，其他人也没听说过他。

如果上述断定均为真，则以下哪项也必然是真的？

A. 张教授和赵研究员相互认识。

B. 张教授认识赵研究员，但赵研究员不认识张教授。

C. 张敏授与赵研究员相互不认识。

D. 张教授不认识赵研究员，但赵研究员认识张教授。

E. 张教授认识李博士。

59～60题基于以下题干：

7个孩子坐在一排从西到东排列的7把椅子上。所有这7个孩子都是面朝北坐。其中，有4个是男孩：赵、钱、孙、李；3个是女孩：张、周、陈。这些孩子按照以下条件就坐：

(1) 每个孩子坐一把椅子；

(2) 所有的男孩子都不相邻；

(3) 孙在这排座位中间紧靠着第4个孩子的东边坐；

(4) 周坐在孙的东边；

(5) 赵与张相邻。

59 赵和张坐的不同椅子的组对数目最大可能值是(　　)

A. 1。　　B. 2。　　C. 3。

D. 4。　　E. 以上答案均不对。

60 以下哪项一定是错误的？

A. 钱和李坐在赵的东边。　　B. 钱和张坐在赵的东边。

C. 钱和李坐在赵的西边。　　D. 钱和张坐在赵的西边。

E. 李和张坐在赵的西边。

第七章 加强与削弱

7.1 论证

【大纲考点】

（四）论证

1．论证方式分析

2．论证评价

（1）加强　（2）削弱　（3）解释　（4）其他

3．谬误识别

（1）混淆概念　（2）转移论题　（3）自相矛盾　（4）模棱两可

（5）不当类比　（6）以偏概全　（7）其他谬误

【命题剖析】

（1）论证是逻辑学的核心章节，考生须熟练掌握大纲规定的内容；

（2）本章的内容考查不仅体现在逻辑上，而且也是写作中“论证有效性分析”的理论基础。

【知识体系】

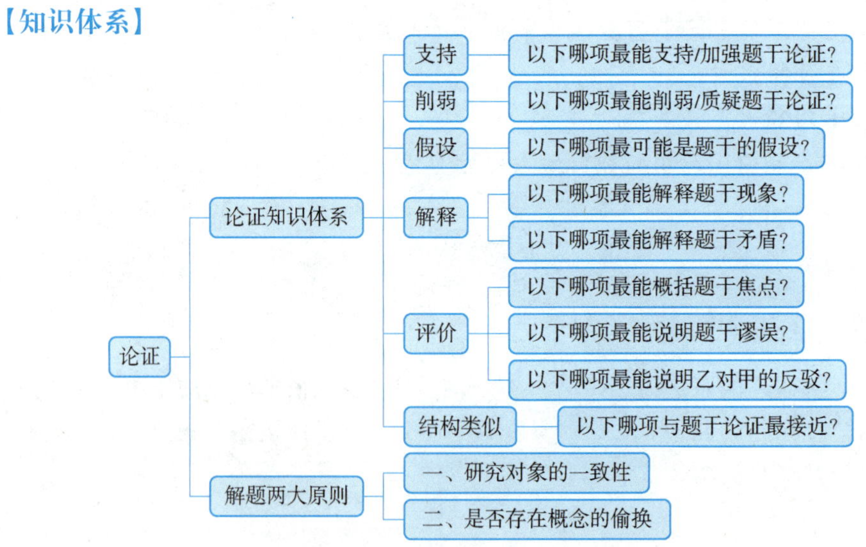

论证是论证者运用论据来证明论点的逻辑过程和方式，是用一个或者多个真实的判断（命题）确定另一个判断（命题）真实性的思维过程，在一个论证中，论据一般有多个，而论点一般只有一个。任何一个完整论证都是由论据、论点和论证关系三个要素构成的。其中，论证关系是指论据和论点之间的联系方式，即论证过程中所采用的推理形式，它所需要解决的是“怎样用论据论证论点”，也是整个论证的核心要素。

识别论证对于考生来说，既是一门基本功，也是快速解题的技巧，解题的最佳工具就是利用结构标识词去寻找前提和结论，然后根据题目的要求去分析前提和结论的关系。常见的论证标识词见下表：

前提（论据）标识词	结论（论点）标识词
因为、由于、根据、理由是、举例来说、这么说的理由是、支持我们的观点是……	所以、因此、由此可见、结论是、综上所述、总而言之……

尽管论证方式分析属于逻辑理论知识，但它作为论证评价的基础，在逻辑考试试题中并不直接涉及，有关论证的试题集中在加强（支持）、削弱（质疑）、假设、解释等论证评价之中，同时，论证逻辑也是写作部分“论证有效性分析”的基础。

加强和削弱试题的特点是，题干给出完整的论证，有前提也有结论，然后针对此论证找出加强和削弱的选项。这一类试题绝大部分都是不可形式化的，由于加强和削弱属于相反方向，本章将它们合并，分析其解题思路。

假设题相对较难，但是其思路贯穿整个论证逻辑之中，是论证逻辑的核心。

解释题是给一个反常现象找出合适的理由，或者说明为什么看似矛盾的两者可以共存。

评价题是对论证的谬误、焦点与方法的综合考查。

结构类似是对应试者寻找相同论证方式的能力的考查。

7.2 加强削弱

【知识体系】

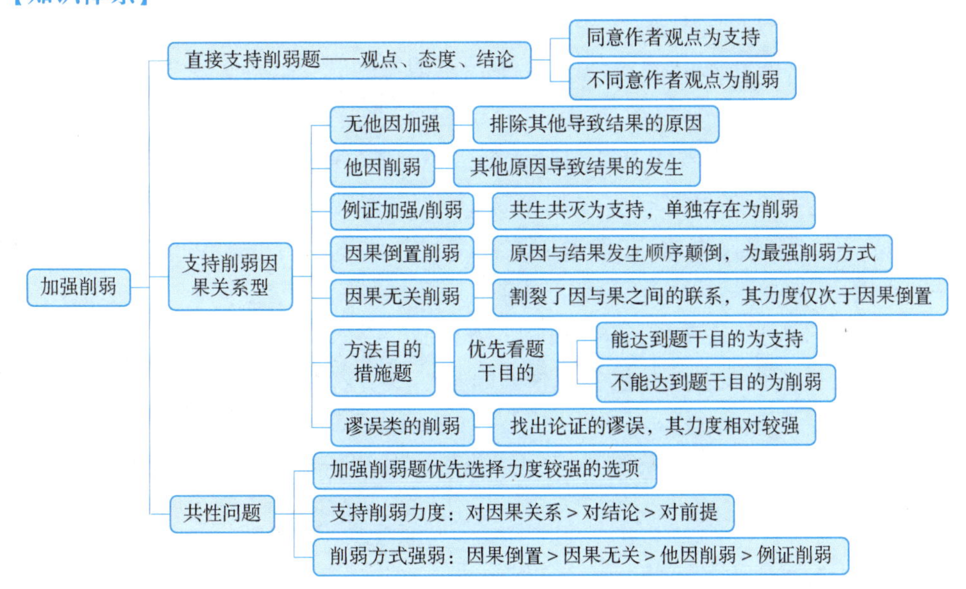

7.3 具体知识点与题型剖析

知识点 1：加强削弱题特征

加强削弱型试题是题干中给出一个有前提和结论的推理或者一个有论题和论据的论证，加强（削弱）就是使推理或论证成立的可能性增加（降低），要求从备选项中寻找最（不）能加强、支持（削弱、质疑）题干论题的选项。加强削弱型试题的提问方式一般有：

“以下哪项如果为真，最能支持/加强（削弱/质疑）上述论证/结论/推断？”

“以下哪项如果为真，最不可能支持/削弱上述论证的结论？”

“以下各项都是对上述看法的质疑/支持，除了……”

按照题型，可以分为加强（削弱）结果型和加强（削弱）因果关系型。

知识点 2：直接加强削弱

此类试题相对比较容易，题干会给出一个结论或者观点，同意作者观点的就是加强（支持），不同意作者观点的就是削弱（质疑）。此类试题的干扰项经常设置为题干与选项核心概念的偷换。

题型一：观点、态度、目的的应用【★★★★】

例题 1 有 90 个病人，都患难治疾病 T，服用过同样的常规药物。这些病人被分为人数相等的两组，第一组服用一种用于治疗 T 的试验药物 W 素，第二组服用不含有 W 素的安慰剂。10 年后的统计显示，两组都有 44 人死亡。因此，这种试验药物是无效的。

以下哪项如果为真，最能削弱上述论证？

A. 在上述死亡的病人中，第二组的平均死亡年份比第一组早两年。

B. 在上述死亡的病人中，第二组的平均寿命比第一组小两岁。

C. 在上述活着的病人中，第二组的病情比第一组的更严重。

D. 在上述活着的病人中，第二组的比第一组的更年长。

E. 在上述活着的病人中，第二组的比第一组的更年轻。

例题 2 在某次课程教学改革的研讨会上，负责工程类教学的程老师说，在工程设计中用于解决数学问题的计算机程序越来越多了，这样就不必要求工程技术类大学生对基础数学有深刻的理解。因此，在未来的教学体系中，基础数学课程可以用其他重要的工程类课程替代。

以下哪项如果为真，能削弱程老师的上述论证？

Ⅰ. 工程类基础课程中已经包含了相关的基础数学内容；

Ⅱ. 在工程设计中，设计计算机程序需要对基础数学有全面的理解；

Ⅲ. 基础数学课程的一个重要目标是培养学生的思维能力，这种能力对工程设计来说是很关键的。

A. 只有Ⅱ。　　B. 只有Ⅰ和Ⅱ。　　C. 只有Ⅰ和Ⅲ。
D. 只有Ⅱ和Ⅲ。　　E. Ⅰ、Ⅱ和Ⅲ。

例题 3 近年来,越来越多的机器人被用于在战场上执行侦察、运输等任务,甚至将来冲锋陷阵的都不再是人,而是形形色色的机器人。人类战争正在经历自核武器诞生以来最深刻的革命。有专家据此分析指出:机器人战争技术的出现可以使人类远离危险,更安全地实现战争目标。

以下哪些选项如果为真,最能质疑上述专家的观点?

A. 现代人类掌控机器人,但未来机器人可能会掌控人类。

B. 因不同国家军事科技实力的差距,机器人战争技术只会让部分国家远离危险。

C. 机器人战争技术有助于摆脱以往大规模杀戮的血腥模式,从而让现代战争变得更为人道。

D. 掌握机器人战争技术的国家为数不多,将来战争的发生更为频繁也更为血腥。

E. 全球化时代的机器人战争技术要消耗更多资源,破坏生态环境。

例题 4 3D立体技术代表了当前电影技术的尖端水平,由于使电影实现了高度可信的空间感,它可能成为未来电影的主流。3D立体电影中的荧幕角色虽然由计算机生成,但是那些包括动作和表情的电脑角色的“表演”,都以真实演员的“表演”为基础,就像数码时代的化妆技术一样。这也引起了某些演员的担心:随着计算机技术的发展,未来计算机生成的图像和动画会替代真人表演。

以下哪项如果为真,最能减弱上述演员的担心?

A. 所有电影的导演只能和真人交流,而不是和电脑交流。

B. 任何电影的拍摄都取决于制片人的选择,演员可以跟上时代的发展。

C. 3D立体电影目前的高票房只是人们一时图新鲜的结果,未来尚不可知。

D. 掌握3D立体技术的动画专业人员不喜欢去电影院看3D电影。

E. 电影故事只能用演员的心灵、情感来表现,其表现形式与导演的喜欢无关。

例题 5 足球是一项集体运动,若想不断取得胜利,每个强队都必须有一位核心队员,他总是能在关键场次带领全队赢得比赛。友南是某国甲级联赛强队西海队队员。据某记者统计,在上赛季参加的所有比赛中,有友南参赛的场次,西海队的胜率高达75.5%,另有16.3%的场次平局,8.2%的场次输球,而在友南缺阵的情况下,西海队的胜率只有58.9%,输球的比率高达23.5%。该记者由此得出结论,友南是上赛季西海队的核心队员。

以下哪项如果为真,最能质疑该记者的结论?

A. 上赛季友南上场且西海队输球的比赛,都是西海队与传统强队对阵的关键场次。

B. 西海队队长表示:“没有友南我们将失去很多东西,但我们会找到解决办法。”

C. 本赛季开始以来,在友南上阵的情况下,西海队的胜率暴跌20%。

D. 上赛季友南缺席且西海队输球的比赛，都是小组赛中西海队已经确定出线后的比赛。

E. 西海队教练表示："球队是一个整体，不存在有友南的西海队和没有友南的西海队。"

例题 6　现在许多人很少在深夜 11 点以前安然入睡，他们未必都在熬夜用功，大多是在玩手机或看电视，其结果就是晚睡，第二天就会头晕脑涨、哈欠连天。不少人常常对此感到后悔，但一到晚上他们多半还会这么做。有专家就此指出，人们似乎从晚睡中得到了快乐，但这种快乐其实隐藏着某种烦恼。

以下哪项如果为真，最能支持上述专家的结论？

A. 晨昏交替，生活周而复始，安然入睡是对当天生活的满足和对明天生活的期待。而晚睡者只想活在当下，活出精彩。

B. 晚睡者具有积极的人生态度。他们认为，当天的事须当天完成，哪怕晚睡也在所不惜。

C. 大多数习惯晚睡的人白天无精打采，但一到深夜就感觉自己精力充沛，不做点有意义的事情就觉得十分可惜。

D. 晚睡其实是一种表面难以察觉的、对"正常生活"的抵抗，它提醒人们现在的"正常生活"存在着某种令人不满的问题。

E. 晚睡者内心并不愿意睡得晚，也不觉得手机或电视有趣，甚至都不记得玩过或看过什么，但他们总是要在睡觉前花较长的时间磨蹭。

例题 7　旅游是一种独特的文化体验。游客可以跟团游，也可以自由行。自由行的游客虽避免了跟团游的集体束缚，但也放弃了人工导游的全程讲解，而近年来他们了解旅游景点的文化需求却有增无减。为适应这一市场需求，基于手机平台的多款智能导游 App 被开发出来。它们可定位用户位置，具有自动提供景点讲解、游览问答等功能。有专家就此指出，未来智能导游必然会取代人工导游，传统的导游职业行将消亡。

以下哪项如果为真，最能质疑上述专家的论断？

A. 目前发展较好的智能导游 App 用户量在百万级左右，这与当前中国旅游人数总量相比还只是一个很小的比例，市场还没有培养出用户的普遍消费习惯。

B. 旅行中才会使用的智能导游 App，如何保持用户黏性，未来又如何取得商业价值等都是待解决的问题。

C. 好的人工导游可以根据游客需求进行不同类型的讲解，不仅关注景点，还可表达观点，个性化很强，这是智能导游 App 难以企及的。

D. 国内景区配备的人工导游需要收费，大部分导游讲解的内容都是事先背好的标准化内容。但是，即便人工导游没有特色，其退出市场也需要一定的时间。

E. 至少有 95%的国外景点所配备的导游讲解器没有中文语音，中国出境游客因为语言和文化上的差异，对智能导游 App 的需求比较强烈。

例题 8 如今，孩子写作业不仅仅是他们自己的事，大多数中小学生的家长都要面临陪孩子写作业的任务，包括给孩子听写、检查作业、签字等。一项针对 3000 余名家长进行的调查显示，84%的家长每天都会陪孩子写作业，而 67%的受访家长会因为陪孩子写作业而烦恼。有专家对此指出，家长陪孩子写作业，相当于充当学校老师的助理，让家庭成为课堂的延伸，会对孩子的成长产生不利影响。

以下哪项如果为真，最能支持上述专家的论断？

A. 家长辅导孩子，不应围绕老师布置的作业，而应着重激发孩子的学习兴趣，培养孩子良好的学习习惯，让孩子在成长中感到新奇、快乐。

B. 家长通常有自己的本职工作，有的晚上要加班，有的即使晚上回家也需要研究工作、操持家务，一般难有精力认真完成学校老师布置的“家长作业”。

C. 家长是最好的老师，家长辅导孩子获得各种知识本来就是家庭教育的应有之义，对于中低年级的孩子，学习过程中的父母陪伴尤为重要。

D. 大多数家长在孩子教育上并不是行家，他们或许早已遗忘了自己曾经学过的知识，或者根本不知道如何将自己拥有的知识传授给孩子。

E. 家长陪孩子写作业，会使得孩子在学习中缺乏独立性和主动性，整天处于老师和家长的双重压力下，既难生发学习情趣，更难养成独立人格。

例题 9 《淮南子・齐俗训》中有曰：“今屠牛而烹其肉，或以为酸，或以为甘，煎熬燎炙，齐味万方，其本一牛之体。”其中的“熬”便是熬牛肉制汤的意思。这是考证牛肉汤做法最早的文献资料，某民俗专家由此推论，牛肉汤的起源不会晚于春秋战国时期。

以下哪项如果为真，最能支持上述推论？

A.《淮南子・齐俗训》完成于西汉时期。

B. 早在春秋战国时期，我国已经开始耕牛。

C.《淮南子》的作者是来自齐国故地的人。

D. 春秋战国时期我国已有熬汤的鼎器。

E.《淮南子・齐俗训》记述的是春秋战国时期齐国的风俗习惯。

知识点 3：因果关系的加强削弱方式（原因是 A，结果是 B）

此类试题相对比较复杂，题干会给出一个或者多个因果关系，需要对因果关系支持或者削弱。由于论证由前提、结论与论证关系三部分构成，因此，存在三种支持/削弱方式：

（1）对因果关系的支持/削弱；

（2）对结论的支持/削弱；

（3）对前提的支持/削弱。

其支持/削弱强度由强到弱依次为：（1）＞（2）＞（3）。

（一）因果倒置削弱

因果倒置就是说明 B 才是造成 A 的原因，指出题干中论证实际颠倒了因果关系；也可说明题干中结果 B 发生在前，而原因 A 发生在后。

例如，题干说明得奖学金的学生学习都努力，于是得出结论，要加大奖学金的力度以促进学习。这实际上是假设“奖学金是学习努力的原因”。因此，选项若作为削弱，答案可能是：学生是因为学习努力取得好的成绩而获得奖学金的。

因果倒置是一种很强的削弱方法，**是联考中见到的最强削弱方式**，对因果倒置的排除就是加强。在试题中，因果倒置的思路主要用于削弱型试题，少量也存在于加强型试题和其他试题中。

题型二：因果倒置的应用【★★★】

例题 10 某国研究人员报告说，与心跳速度每分钟低于 58 次的人相比，心跳速度每分钟超过 78 次的人的心脏病发作或者发生其他心血管问题的概率高出 39%，死于这类疾病的风险高出 77%，其整体死亡率高出 65%。研究人员指出，长期心跳过快导致了心血管疾病。

以下哪项如果为真，最能对该研究人员的观点提出质疑？

A. 各种心血管疾病影响身体的血液循环机能，导致心跳过快。

B. 在老年人中，长期心跳过快的不到 39%。

C. 在老年人中，长期心跳过快的超过 39%。

D. 野外奔跑的兔子心跳很快，但是很少发现它们患心血管疾病。

E. 相对于老年人，年轻人生命力旺盛，心跳较快。

例题 11 一项关于婚姻状况的调查显示，那些起居时间明显不同的夫妻之间，虽然每天相处的时间相对较少，但每月爆发激烈争吵的次数比起那些起居时间基本相同的夫妻明显要多。因此，为了维护良好的夫妻关系，夫妻之间应当注意尽量保持基本相同的起居规律。

以下哪项如果为真，最能削弱上述论证？

A. 夫妻间不发生激烈争吵，不一定关系就好。

B. 夫妻闹矛盾时，一方往往用不同时起居的方式以示不满。

C. 个人的起居时间一般随季节变化。

D. 起居时间的明显变化会影响人的情绪和健康。

E. 起居时间的不同很少是夫妻间争吵的直接原因。

（二）因果无关

因果无关是指原因（前提）和结果（结论）之间没有联系或没有本质联系。例如，B 的发生仅与 C 有关，这就否定了 A 与 B 之间存在因果关系，属于因果无关的削弱方式。

因果无关是一种很强的削弱方法，**是联考中见到的比较强的削弱方式之一，仅次于因果倒置**。

题型三：因果无关的应用【★★★】

例题 12 随着光纤网络带来的网速大幅度提高，高速下载电影、在线看大片等都不再是困扰我们的问题。即使在社会生产力发展水平较低的国家，人们也可以通过网络随时随地获得最快的信息、最贴心的服务和最佳体验。有专家据此认为：光纤网络将大幅提高人们的生活质量。

以下哪项如果为真，最能质疑该专家的观点？

A. 网络上所获得的贴心服务和美妙体验有时是虚幻的。

B. 即使没有光纤网络，同样可以创造高品质的生活。

C. 随着高速网络的普及，相关上网费用也随其增加。

D. 人们生活质量的提高仅决定于社会生产力的发展水平。

E. 快捷的网络服务可能使人们将大量时间消耗在娱乐上。

例题 13 构成生命的基础——蛋白质的主要成分是氨基酸分子。它是一种有机分子，尽管人们还没有在宇宙太空中直接观测到氨基酸分子，但是科学家在实验室里用氢、水、氧、甲烷及甲醛等有机物，模拟太空的自然条件，已成功合成几种氨基酸。而合成氨基酸所用的原材料，在星际分子中大量存在。不难想象，宇宙空间也一定存在氨基酸分子，只要有适当的环境，它们就有可能转变为蛋白质，进一步发展成为有机生命。据此推测，地球以外的其他星球也存在生命体，甚至可能是具有高等智慧的生命体。

以下哪项如果为真，最能反驳上述推测？

A. 从蛋白质发展成为有机生命的过程和从有机分子转变为蛋白质的过程存在巨大的差异。

B. 高等智慧不仅是一个物质进化的产物，更是一个不断社会化的产物。

C. 在自然环境中，由已经存在的星际分子合成氨基酸分子是一个小概率事件。

D. 有些星际分子是在地球环境中找不到的，而且至今在实验室中也无法得到。

E. 人们曾经认为火星上存在生命体，但是最近的火星探测基本上否定了这个猜测。

例题 14 不仅人上了年纪会难以集中注意力，就连蜘蛛也有类似的情况。年轻蜘蛛结的网整齐均匀，角度完美；年老蜘蛛结的网可能出现缺口，形状怪异。蜘蛛越老，结的网就越没有章法。科学家由此认为，随着时间的流逝，这种动物的大脑也会像人脑一样退化。

以下哪项如果为真，最能质疑科学家的上述论证？

A. 优美的蛛网更容易受到异性蜘蛛的青睐。

B. 年老蜘蛛的大脑较之年轻蜘蛛，其脑容量明显偏小。

C. 运动器官的老化会导致年老蜘蛛的结网能力下降。

D. 蜘蛛结网只是一种本能的行为，并不受大脑控制。

E. 形状怪异的蛛网较之整齐均匀的蛛网，其功能没有大的差别。

（三）例证加强/削弱

一个因果关系如果是正确的，那么它应当是普遍的。也就是说，在一个时间、地点、条件下，A 导致 B 成立，那么在另一个时间、地点、条件下，A 导致 B 也应当成立。这种普遍性的要求构成了加强削弱的一种方法——正反例证（简称例证法）。

正反例证就是举正面例子加强，举反面例子削弱。其基本思路是：题干通过在某一场合下两个现象(A、B)的联系性，得出结论：A和B具有因果关系。选项说明另外一个场合下A和B的关系：A、B共生共灭，为加强；A、B单独存在，为削弱。下表为正反例证加强削弱的基本思路。

题干已经建立了A、B因果关系，选项说明的是另外一个背景下的A和B的关系		
有A存在	有B存在	加强
有A存在	无B存在	削弱
无A存在	有B存在	削弱
无A存在	无B存在	加强

在正反例证加强削弱的思路中，题干说明A是B的原因，寻找加强削弱选项的基本方向是首先确认有无A和B现象，然后再考虑选项中的A和B关系。

题型四：例证法的应用【★★★★】

例题15 研究发现，昆虫是通过它们身体上的气孔系统来“呼吸”的。气孔连着气管，而且由上往下又附着更多层的越来越小的气孔，由此把氧气送到全身。在目前大气的氧气含量水平下，气孔系统的总长度已经达到极限；若总长度超过这个极限，供氧的能力就会不足。因此可以判断，氧气含量的多少可以决定昆虫的形体大小。

以下哪项如果为真，最能支持上述论证？

A. 对海洋中的无脊椎动物的研究发现，在更冷和氧气含量更高的水中，那里的生物的体积也更大。

B. 石炭纪时期地球大气层中氧气的浓度高达35%，比现在的21%要高很多，那时地球上生活着许多巨型昆虫，蜻蜓翼展接近一米。

C. 小蝗虫在低含氧量环境中尤其是氧气浓度低于15%的环境中就无法生存，而成年蝗虫则可以在2%的氧气含量环境下生存下来。

D. 在氧气含量高、气压也高的环境下，接受试验的果蝇生活到第五代，身体尺寸增长了20%。

E. 在同一座山上，生活在山脚下的动物总体上比生活在山顶的同种动物要大。

例题16 自闭症会影响社会交往、语言交流和兴趣爱好等方面的行为。研究人员发现，实验鼠体内神经连接蛋白的蛋白质如果合成过多，会导致自闭症。由此他们认为，自闭症与神经连接蛋白质合成量具有重要关联。

以下哪项如果为真，最能支持上述观点？

A. 生活在群体之中的实验鼠较之独处的实验鼠患自闭症的比例要小。

B. 雄性实验鼠患自闭症的比例是雌性实验鼠的5倍。

C. 抑制神经连接蛋白的蛋白质合成可缓解实验鼠的自闭症状。

D. 如果将实验鼠控制蛋白质合成的关键基因去除，其体内的神经连接蛋白就会增加。

E. 神经连接蛋白正常的老年实验鼠患自闭症的比例很低。

例题 17 人们知道鸟类能感觉到地球磁场,并利用它们导航。最近某国科学家发现,鸟类其实是利用右眼“查看”地球磁场的。为检验该理论,当鸟类开始迁徙的时候,该国科学家把若干知更鸟放进一个漏斗形状的庞大的笼子里。笼壁上涂着标记性物质,鸟要通过笼子细口才能飞出去。如果鸟碰到笼壁,就会粘上标记性物质,以此判断鸟能否找到方向。

以下哪项如果为真,最能支持研究人员的上述发现?

A. 没戴眼罩的鸟和右眼戴眼罩的鸟顺利地从笼中飞了出去;左眼戴眼罩的鸟朝哪个方向飞的都有。

B. 没戴眼罩的鸟和左眼戴眼罩的鸟朝哪个方向飞的都有;右眼戴眼罩的鸟顺利地从笼中飞了出去。

C. 戴眼罩的鸟,不论左眼还是右眼,都顺利地从笼中飞了出去;没戴眼罩的鸟朝哪个方向飞的都有。

D. 没戴眼罩的鸟和左眼戴眼罩的鸟顺利地从笼中飞了出去;右眼戴眼罩的鸟朝哪个方向飞的都有。

E. 没戴眼罩的鸟顺利地从笼中飞了出去;戴眼罩的鸟,不论左眼还是右眼,朝哪个方向飞的都有。

(四) 他因削弱

他因削弱就是指有其他原因导致结果的发生,也就是说,B(结果)的产生是由于 C(他因),而很可能不是 A(本因)。

题型五:他因削弱的应用【★★★★】

例题 18 某教育专家认为:“男孩危机”是指男孩调皮捣蛋、胆小怕事、学习成绩不如女孩好等现象。近些年,这种现象已经成为儿童教育专家关注的一个重要问题。这位专家在列出一系列统计数据后,提出了“今日男孩为什么从小学、中学到大学全面落后于同年龄段的女孩”的疑问,这无疑加剧了无数男孩家长的焦虑。该专家通过分析指出,恰恰是家庭和学校不适当的教育方法导致了“男孩危机”现象。

以下哪项如果为真,最能对该专家的观点提出质疑?

A. 家庭对独生子女的过度呵护,在很大程度上限制了男孩发散思维的拓展和冒险性格的养成。

B. 现在的男孩比以前的男孩在女孩面前更喜欢表现出“绅士”的一面。

C. 男孩在发展潜能方面要优于女孩,大学毕业后他们更容易在事业上有所成就。

D. 在家庭、学校教育中,女性充当了主要角色。

E. 现代社会游戏泛滥,男孩天性比女孩更喜欢游戏,这耗去了他们大量的精力。

例题 19　一般认为，剑乳齿象是从北美洲迁入南美洲的。剑乳齿象的显著特征是具有笔直的长剑形门齿，颚骨较短，臼齿的齿冠隆起，齿板数目为 7 至 8 个，并呈乳状凸起，剑乳齿象因此得名。剑乳齿象的牙齿结构比较复杂，这表明它能吃草。在南美洲的许多地方都有证据显示史前人类捕捉过剑乳齿象。由此可以推测，剑乳齿象的灭绝可能与人类的过度捕杀有密切关系。

以下哪项如果为真，最能反驳上述论证？

A. 史前动物之间经常发生大规模相互捕杀的现象。

B. 剑乳齿象在遇到人类攻击时缺乏自我保护能力。

C. 剑乳齿象也存在由南美洲进入北美洲的回迁现象。

D. 由于人类活动范围的扩大，大型食草动物难以生存。

E. 幼年剑乳齿象的牙齿结构比较简单，自我生存能力弱。

例题 20　H 国赤道雨林的面积每年以惊人的比例减少，引起了全球的关注。但是，卫星照片的数据显示，去年 H 国雨林面积的缩小比例明显低于往年。去年，H 国政府支出数百万美元用以制止滥砍滥伐和防止森林火灾。H 国政府宣称，上述卫星照片的数据说明，本国政府保护赤道雨林的努力取得了显著成效。

以下哪项如果为真，最能削弱 H 国政府的上述结论？

A. 去年 H 国用以保护赤道雨林的财政投入明显低于往年。

B. 与 H 国毗邻的 G 国的赤道雨林的面积并未缩小。

C. 去年 H 国的旱季出现了异乎寻常的大面积持续降雨。

D. H 国用于雨林保护的费用只占年度财政支出的很小比例。

E. 森林面积的萎缩是全球性的环保问题。

（五）无他因加强

无他因加强是指没有其他原因导致结果的发生，即排除了其他原因产生结果的可能性。可以表示为：B(结果)的产生不是由于 C(其他原因)，而很可能是 A(本因)。

题型六：无他因加强的应用【★★★★】

例题 21　对常兴市 23 家老人院的一项评估显示，爱慈老人院在疾病治疗水平方面受到的评价相当低，而在其他不少方面评价不错，虽然各老人院的规模大致相当，但爱慈老人院的医生与住院老人的比率在常兴市的老人院中几乎是最小的。因此，医生数量不足是造成爱慈老人院在疾病治疗水平方面评价偏低的原因。

以下哪项如果为真，最能加强上述论证？

A. 和祥老人院也在常兴市，对其疾病治疗水平的评价比爱慈老人院还要低。

B. 爱慈老人院的医务护理人员比常兴市其他老人院都要多。

C. 爱慈老人院的医生发表的相关学术文章很少。

D. 爱慈老人院位于常兴市的市郊。

E. 爱慈老人院某些医生的医术一般。

例题 22 在司法审判中，所谓肯定性误判是指把无罪者判为有罪，简称错判；否定性误判是指把有罪者判为无罪，简称错放。司法公正的根本原则是：不放过一个坏人，不冤枉一个好人。某法学家认为，衡量一个法院在办案中是否对司法公正的原则贯彻得足够好，就看它的肯定性误判率是否足够低。

以下哪项能最有力地支持上述法学家的观点？

A. 各个法院的办案正确率有明显的提高。

B. 各个法院的否定性误判率基本相同。

C. 宁可错判，不可错放，是“左”的思想在司法界的反映。

D. 错放造成的损失，大多是可以弥补的；错判对被害人造成的伤害，是不可以弥补的。

E. 错放，只是放过了坏人；错判，则是既放过了坏人，又冤枉了好人。

例题 23 在一项研究中，51 名中学生志愿者被分成测试组和对照组，进行同样的数学能力培训。在为期 5 天的培训中，研究人员使用一种称为经颅随机噪声刺激的技术对 25 名测试组成员脑部被认为与运算能力有关的区域进行轻微的电击。此后的测试结果表明，测试组成员的数学运算能力明显高于对照组成员。更令他们惊讶的是，这一能力提高的效果至少可以持续半年时间。研究人员由此认为，脑部微电击可提高大脑的运算能力。

以下哪项如果为真，最能支持上述研究人员的观点？

A. 这种非侵入式的刺激手段成本低廉，且不会给人体带来任何痛苦。

B. 对脑部轻微电击后，大脑神经元间的血液流动明显增强，但多次刺激后又恢复常态。

C. 在实验之前，两个组学生的数学成绩相差无几。

D. 脑部微电击的受试者更加在意自己的行为，测试时注意力更集中。

E. 测试组和对照组的成员数量基本相等。

（六）方法、目的、措施、建议型加强削弱

题干论证是为了达到……目的，而采取……方法（或计划、建议、措施等），该类试题先看能否达到最终目的，能到达题干设定目的的就是加强题干，否则，就是削弱题干。

题型七：方法、目的、措施型加强/削弱的应用【★★★★】

例题 24 某市私家车泛滥，加重了该市的空气污染，并且在早高峰和晚高峰期间常常造成多个路段出现严重的拥堵现象。为了解决这一问题，该市政府决定对私家车实行全天候单、双号限行，即奇数日只允许尾号为单数的私家车出行，偶数日只允许尾号为双数的私家车出行。

以下哪项最能质疑该市政府的决定？

A. 该市有一家大型汽车生产企业，限行令必将影响该企业的汽车销售。

B. 该市私家车拥有者一般都有两辆或者两辆以上的私家车。

C. 该市私家车车主一般都比较富有,他们不在乎违规罚款。

D. 该市正在大力发展轨道交通,这将有助于克服拥堵现象。

E. 私家车的运行是该市的税收来源之一,税收减少将影响公共交通的进一步改善。

例题 25 一些城市由于作息时间比较统一,加上机动车太多,很容易造成交通早高峰和晚高峰,市民们在高峰时间上下班很不容易,为了缓解上下班时间的交通压力,某政府顾问提议采取不同时间段上下班制度,即不同单位可以在不同的时间段上下班。

以下哪项如果为真,最可能使该顾问的提议无法取得预期效果?

A. 有些上班时间段与员工的用餐时间冲突,会影响他们的生活规律,从而影响他们的工作积极性。

B. 许多上班时间段与员工的作息时间不协调,他们需要较长一段时间来调整适应,这段时间的工作效率难以保证。

C. 许多单位的大部分工作需要员工一起讨论、集体合作才能完成。

D. 城市机动车数量持续增加,即使不在早晚高峰期,交通拥堵现象也时有发生。

E. 有些单位员工的住处与单位非常近,步行即可上下班。

例题 26 1991 年 6 月 15 日,菲律宾吕宋岛上的皮纳图博火山突然大喷发,2000 万吨二氧化硫气体冲入平流层,形成的霾像毯子一样盖在地球上空,把部分要照射到地球的阳光反射回太空。几年之后,气象学家发现这平流层使得当时地球表面的温度累计下降了 0.5℃,而皮纳图博火山喷发前的一个世纪,因人类活动而造成的温室效应已经使地球表面温度升高 1℃。某位持"人工气候改造论"的科学家据此认为,可以用火箭弹等方式将二氧化硫充入大气层,阻挡部分阳光,达到地球表面降温的目的。

以下哪项如果为真,最能对该科学家提议的有效性构成质疑?

A. 如果利用火箭弹将二氧化硫充入大气层,会导致航空乘客呼吸不适。

B. 如果在大气层上空放置反光物,就可以避免地球表面强烈阳光的照射。

C. 可以把大气中的碳取出来存储到地下,减少大气层的碳含量。

D. 不论何种方式,"人工气候改造"都将破坏地球的大气层结构。

E. 火山喷发形成的降温效应只是暂时的,经过一段时间温度将再次回升。

(七)逻辑谬误类加强削弱

主要是题干论证犯了逻辑谬误,正确选项只要找出对这个错误的正确表述。

题型八:逻辑谬误的应用【★★★★】

例题 27 临床试验显示,对偶尔食用一定量的牛肉干的人而言,大多数品牌牛肉干的添加剂并不会导致动脉硬化。因此,人们可以放心食用牛肉干而无须担心对健康的影响。

以下哪项如果为真,最能削弱上述论证?

A. 食用大量牛肉干不利于动脉健康。

B. 动脉健康不等于身体健康。
C. 肉类都含有对人体有害的物质。
D. 喜欢吃牛肉干的人往往也喜欢食用其他对动脉健康有损害的食品。
E. 题干所述的临床试验大都是由医学院的实习生在医师指导下完成的。

例题 28 某中学发现有学生课余用扑克玩带有赌博性质的游戏,便规定学生不得带扑克进入学校。不过,即使是硬币,也可以用作赌具,但禁止学生带硬币进入学校是不可思议的,因此,禁止学生带扑克进入学校是荒谬的。

以下哪项如果为真,最能削弱上述论证?
A. 禁止学生带扑克进入学校不能阻止学生在校外赌博。
B. 硬币作为赌具远不如扑克方便。
C. 很难查明学生是否带扑克进入学校。
D. 赌博不但败坏校风,而且影响学习成绩。
E. 有的学生玩扑克不涉及赌博。

例题 29 为了调查当前人们的识字水平,实验者列举了 20 个词语,请 30 位文化人士识读,这些人的文化程度都在大专以上。识读结果显示,多数人只读对 3 到 5 个词语,极少数人读对 15 个以上,甚至有人全部读错。其中,"蹒跚"的辨识率最高,30 人中有 19 人读对;"呱呱坠地"所有人都读错。20 个词语的整体误读率接近 80%。该实验者由此得出,当前人们的识字水平并没有提高,甚至有所下降。

以下哪项如果为真,最能对该实验者的结论构成质疑?
A. 实验者选取的 20 个词语不具有代表性。
B. 实验者选取的 30 位识读者均没有博士学位。
C. 实验者选取的 20 个词语在网络流行语言中不常用。
D. "呱呱坠地"这个词的读音有些大学老师也经常读错。
E. 实验者选取的 30 位识读者中约有 50%的人在大学期间成绩不佳。

例题 30 某博主宣称:"我的这篇关于房价未来走势的分析文章得到了 1000 余个网民的跟帖,我统计了一下,其中 85%的跟帖是赞同我的观点的。这说明大部分民众是赞同我的观点的。"

以下哪项最能质疑该博主的结论?
A. 有些人虽然赞同他的观点,但是不赞同他的分析。
B. 该博主其他得到比较高支持率的文章后来被证实其观点是错误的。
C. 有些支持反对意见的跟帖理由更充分。
D. 博主文章的观点迎合了大多数人的喜好。
E. 关注该博主文章的大部分人是其忠实粉丝。

例题31 莫大伟到吉安公司上班的第一天，就被公司职工自由散漫的表现所震惊。莫大伟由此得出结论：吉安公司是一个管理失效的公司，吉安公司的员工都缺乏工作积极性和责任心。

以下哪项如果为真，最能削弱上述论证？

A. 当领导不在时，公司的员工会表现出自由散漫。

B. 吉安公司的员工超过2万名，遍布该省的十多个城市。

C. 莫大伟大学刚毕业就到吉安公司，对校门外的生活不适应。

D. 吉安公司的员工和领导的表现完全不一样。

E. 莫大伟上班的这一天刚好是节假日后的第一个工作日。

例题32 人们通常认为，幸福能够增进健康、有利于长寿，而不幸福则是健康状况不佳的直接原因，但最近有研究人员对300多人的生活状况调查后发现，幸福或不幸福并不意味着死亡的风险会相应地变得更低或更高。他们由此指出，疾病可能会导致不幸福，但不幸福本身并不会对健康状况造成损害。

以下哪项如果为真，最能质疑上述研究人员的论证？

A. 有些高寿老人的人生经历较为坎坷，他们有时过得并不幸福。

B. 有些患有重大疾病的人乐观向上，积极地与疾病抗争，他们的幸福感比较高。

C. 人的死亡风险低并不意味着健康状况好，死亡风险高也不意味着健康状况差。

D. 幸福是个体的一种心理体验，要求被调查对象准确地断定其幸福程度有一定的难度。

E. 少数个体死亡风险的高低难以进行准确评估。

7.4 课后习题

基础训练

1 通识教育重在帮助学生掌握尽可能全面的基础知识，即帮助学生了解各个学科领域的基本常识；人文教育则重在培育学生了解生活世界的意义，并对自己及他人行为的价值和意义做出合理的判断，形成“智识”。因此，有专家指出，相比较而言，人文教育对个人未来生活的影响会更大一些。

以下哪项如果为真，最能支持上述专家的断言？

A. 当今我国有些大学开设的通识教育课程要远远多于人文教育课程。

B. “知识”是事实判断，“智识”是价值判断，两者不能相互替代。

C. 没有知识就会失去应对未来生活挑战的勇气，而错误的价值观可能会误导人的生活。

D. 关于价值和意义的判断事关个人的幸福和尊严，值得探究和思考。

E. 没有知识，人依然可以活下去；但如果没有价值和意义的追求，人只能成为没有灵魂的躯壳。

2 进入冬季以来，内含大量有毒颗粒物的雾霾频繁袭击我国的部分地区。有关调查显示，持续接触高浓度污染物会导致10%～15%的人患有眼睛慢性炎症和干眼症。有专家由此认为，如果不采取紧急措施改善空气质量，这些疾病的发病率和相关的并发症将会增加。

以下哪项如果为真，最能支持上述专家的观点？

A. 上述被调查的眼疾患者中有65%是年龄在20～40岁的男性。

B. 有毒颗粒物会刺激并损害人的眼睛，长期接触会影响泪腺细胞。

C. 空气质量的改善不是短期内能做到的，许多人不得不在污染环境中工作。

D. 在重污染环境中采取戴护目镜、定期洗眼等措施有助于预防干眼症等眼疾。

E. 眼睛慢性炎症和干眼症等病例通常集中出现于花粉季。

3 一般认为，出生地间隔较远的夫妻生的子女智商较高。有资料显示，夫妻均为本地人，其所生子女的平均智商为102.45；夫妻是省内异地的，其所生子女的平均智商为106.17；隔省婚配的，其所生子女的平均智商则高达109.35。因此，异地通婚可提高下一代的智商水平。

以下哪项为真，最能削弱以上结论？

A. 统计孩子平均智商的样本数量不够多。

B. 不难发现，一些天才儿童的父母均是本地人。

C. 不难发现，一些低智商的儿童父母的出生地间隔较远。

D. 能够异地通婚者是智商比较高的，他们自身的高智商促成了异地通婚。

E. 一些情况下，夫妻双方出生地间隔很远，但他们的基因可能很近。

4 作为一种独有的艺术形式，译制片配音曾在我国广受欢迎。然而，时过境迁，现在许多人已经不喜欢看配过音的外国影视剧。他们觉得还是听原汁原味的声音才到位。有专家由此断言，配音已失去观众，必将退出历史舞台。

以下除哪项外均能支持上述专家的观点？

A. 很多上了年纪的国人仍习惯看配过音的外国影视剧，而在国内放映的外国大片有的仍然是配过音的。

B. 配音是一种艺术再创作，倾注了艺术家的心血，但有的人对此并不领情，反而觉得配音妨碍了他们对原剧的欣赏。

C. 许多中国人通晓外文，观赏外国原版影视剧并不存在语言的困难，即使不懂外文，边看中文字幕边听原声也不影响理解剧情。

D. 随着对外交流的加强，现在外国影视剧大量涌入国内，有的国人已经等不及慢条斯理、精工细作的配音了。

E. 现在有的外国影视剧配音难以模仿剧中的演员的出色嗓音，有时也与剧情不符，对此观众并不接受。

5 如今这几年参加注册会计师考试的人越来越多了，可以这样讲，所有想从事会计工作的人都想要获得注册会计师证书。小朱也想获得注册会计师证书，所以，小朱一定是想从事会计工作了。
以下哪项如果为真，最能加强上述论证？
A. 目前越来越多的从事会计工作的人具有了注册会计师证书。
B. 不想获得注册会计师证书，就不是一个好的会计工作者。
C. 只有获得注册会计师证书的人，才有资格从事会计工作。
D. 只有想从事会计工作的人，才想获得注册会计师证书。
E. 想要获得注册会计师证书，一定要对会计理论非常熟悉。

6 甲校学生的数学考试成绩比乙校学生的数学考试成绩好，因此，甲校的数学教学方法比乙校好。
除以下哪项外，其余各项若真会削弱上述结论？
A. 甲校的数学考试题总比乙校的容易。
B. 甲校学生的数学基础比乙校学生好。
C. 乙校选用的数学教材比甲校难。
D. 乙校的数学老师比甲校的数学老师工作更勤奋。
E. 乙校学生数学课的课时比甲校少。

7 鸽子走路时，头部并不是有规律地前后移动，而是一直在往前冲。行走时，鸽子脖子往前一探，然后，头部保持静止，等待着身体和爪子跟进。有学者曾就鸽子走路时伸脖子的现象做出假设：在等待身体跟进的时候，暂时静止的头部有利于鸽子获得稳定的视野，看清周围的食物。
以下哪项如果为真，最能支持上述假设？
A. 鸽子行走时如果不伸脖子，很难发现远处的食物。
B. 步伐较大的鸟类，伸脖子的幅度远比步伐小的要大。
C. 鸽子行走速度的变化，刺激内耳控制平衡的器官，导致伸脖子。
D. 鸽子行走时一举翅一投足，都可能出现脖子和头部肌肉的自然反射，所以头部不断运动。
E. 如果雏鸽步态受到限制，功能发育不够完善，那么，成年后鸽子的步伐变小，脖子伸缩幅度则会随之降低。

8 某市的《消费者权益保护条例》明确规定，消费者对其所购商品可以“7 天内无理由退货”，但这项规定出台后并未得到顺利执行。众多消费者在 7 天内“无理由”退货时，常常遭遇商家的阻挠，他们以商品已经做低价处理、商品已经开封或使用等理由拒绝退货。

以下哪项如果为真，最能质疑商家阻挠的理由？

A. 开封验货后，如果商品规格、质量等问题来自消费者本人，他们应为此承担责任。

B. 那些做特价处理的商品，本来质量就没有保证。

C. 如果不开封验货，就不能知道商品是否存在质量问题。

D. 政府总偏向消费者，这对于商家来说是不公平的。

E. 商品一旦开封或使用了，即使不存在问题，消费者也可以选择退货。

9 开车上路一个人不仅要有良好的守法意识，也要有特有的“理性计算”：在拥堵的车流中，只要有“加塞”的，你开的车就一定要让着它；你开着车在路上正常直行，有车不打方向灯在你近旁突然横过来要撞上你，原来它想要变道，这时你也得让着它。

以下除哪项外，均能质疑上述“理性计算”的观点？

A. 如果不让，就会碰上；碰上之后，即便是自己有理，也会有许多麻烦。

B. “理性计算”其实就是胆小怕事，总觉得凡事能躲则躲，但有的事很难躲过。

C. 一味退让就会给行车带来极大的危险，不但可能伤及自己，而且有可能伤及无辜。

D. 即便碰上也不可怕，碰上之后如果立即报警，警方一般会公正地裁决。

E. 有理的让着没有理的，只会助长歪风邪气，有悖于社会的法律与道德。

10 在计算机技术高度发达的今天，我们可以借助计算机完成许多工作。但正是因为对计算机的过度依赖，越来越多的青少年使用键盘书写，手写汉字的能力受到抑制，过多使用计算机解决学习和生活问题的青少年实际的手写汉字能力要比其他孩子差。

以下最能支持上述结论的一项是（　　）

A. 过度依赖计算机的青少年和较少接触计算机的青少年在智力水平上差别不大。

B. 大多数青少年在使用计算机解决问题的同时也会自己动手解决一些问题。

C. 青少年能利用而非依赖计算机来解决实际问题本身也是对动手能力的训练。

D. 那些较少使用计算机的青少年手写汉字能力较强。

E. 书写汉字有利于弘扬中华民族精神。

11 有专家指出，我国城市规划缺少必要的气象论证，城市的高楼建得高耸而密集，阻碍了城市的通风循环。有关资料显示，近几年国内许多城市的平均风速已下降10%。风速下降，意味着大气扩散能力减弱，导致大气污染物滞留的时间延长，易形成雾霾天气和热岛效应。为此，有专家提出建立“城市风道”的设想，即在城市里建造几条畅通的通风走廊，让风在城市中更加自由地进出，促进城市空气的更新循环。

以下哪项如果为真，最能支持上述建立“城市风道”的设想？

A. 有风道但没有风，就会让“城市风道”成为无用的摆设。

B. 有些城市已拥有建立“城市风道”的天然基础。

C. 风从八方来，“城市风道”的设想过于主观和随意。

D. “城市风道”不仅有利于“驱霾”，还有利于散热。

E. “城市风道”形成的“穿街风”，对建筑物的安全影响不大。

12 如今，电子学习机已全面进入儿童的生活。电子学习机将文字与图像、声音结合起来，既生动形象，又富有趣味性，使儿童独立阅读成为可能。但是，一些儿童教育专家却对此发出警告：电子学习机可能不利于儿童成长。他们认为，父母应该抽时间陪孩子一起阅读纸质图书。陪孩子一起阅读纸质图书，并不是简单地让孩子读书识字，而是在交流中促进其心灵的成长。

以下哪项如果为真，最能支持上述专家的观点？

A. 现代生活中年轻父母工作压力较大，很少有时间能与孩子一起共同阅读。

B. 接触电子产品越早，就越容易上瘾，长期使用电子学习机会形成“电子瘾”。

C. 在使用电子学习机时，孩子往往更关注其使用功能而非学习内容。

D. 纸质图书有利于保护儿童视力，有利于父母引导儿童形成良好的阅读习惯。

E. 电子学习机最大的问题是让父母从孩子的阅读行为中走开，减少父母与孩子的日常交流。

13～14 题基于以下题干：

钟医生：“通常，医学研究的重要成果在杂志发表之前需要经过匿名评审，这需要耗费不少时间。如果研究者能放弃这段等待时间而事先公开其成果，我们的公共卫生水平就可以伴随着医学发现更快获得提高。因为，新医学信息的及时公布将允许人们利用这些信息提高他们的健康水平。”

13 以下哪项最可能是钟医生论证所依赖的假设？

A. 即使医学论文还没有在杂志发表，人们还是会使用已公开的相关新信息。

B. 因为工作繁忙，许多医学研究者不愿成为论文评审者。

C. 首次发表于匿名评审杂志的新医学信息一般无法引起公众的注意。

D. 许多医学杂志的论文评审者本身并不是医学研究专家。

E. 部分医学研究者愿意放弃在杂志上发表，而选择事先公开其成果。

14 以下哪项如果为真，最能削弱钟医生的论证？

A. 大部分医学杂志不愿意放弃匿名评审制度。

B. 社会公共卫生水平的提高还取决于其他因素，并不完全依赖于医学新发现。

C. 匿名评审常常能阻止那些含有错误结论的文章发表。

D. 有些媒体常常会提前报道那些匿名评审杂志发表的医学研究成果。

E. 人们常常根据新发表的医学信息来调整他们的生活方式。

15 太阳能不像传统的煤、气能源和原子能那样，它不会产生污染，无需运输，没有辐射的危险，不受制于电力公司，所以，应该鼓励人们使用太阳能。

以下哪项陈述如果为真，能够最有力地削弱上述论证？

A. 很少有人研究过太阳能如何在家庭应用。

B. 满足四口之家需要的太阳能设备的成本等于该家庭一年所需传统能源的成本。

C. 收集并且长期保存太阳能的有效方法还没有找到。

D. 反对使用太阳能的人认为，这样做会造成能源垄断。

E. 目前，国内传统能源特别是煤的储存很大，眼前没有发展新能源的必要。

16 抚仙湖虫是泥盆纪澄江动物群中特有的一种，属于直节肢动物中比较原始的类型，成虫体长 10 厘米，有 31 个体节，外骨骼分为头、胸、腹三部分，它的背、腹分节不一致。泥盆纪直虾是现代昆虫的祖先，抚仙湖虫化石与直虾类化石类似，这间接表明了抚仙湖虫是昆虫的远祖。研究者还发现，抚仙湖虫的消化道充满泥沙，这表明它是食泥动物。

以下除哪项外，均能支持上述论证？

A. 昆虫的远祖也有不食泥的生物。

B. 泥盆纪直虾的外骨骼分为头、胸、腹三部分。

C. 凡是与泥盆纪直虾类似的生物都是昆虫的远祖。

D. 昆虫是由直节肢动物中比较原始的生物进化而来的。

E. 抚仙湖虫消化道中的泥沙不是在化石形成过程中由外界渗透进去的。

17 现在能够纠正词汇、语法和标点符号使用错误的中文电脑软件越来越多，记者们即使不具备良好的汉语基础也不妨碍撰稿。因此，培养新闻工作者的学校不必重视学生汉语能力的提高，而应重视新闻工作者其他素质的培养。

以下哪项如果为真，最能削弱上述论证和建议？

A. 避免词汇、语法和标点的使用错误并不一定能确保文稿的语言质量。

B. 新闻学课程一直强调并要求学生能够熟练应用计算机并熟悉各种软件。

C. 中文软件越是有效，被盗版的可能性越大。

D. 在新闻学院开设新课要经过复杂的论证与报批程序。

E. 目前大部分中文软件经常更新，许多人还在用旧版本。

18～19 题基于以下题干：

一项对独立制作影片的消费调查表明，获得最高评价的动作片的百分比超过了获得最高评价的爱情片的百分比。但是，调查方由此得出电影主题决定了影片的受欢迎程度却很可能是错误的，因为动作片都是由那些至少拍过一部热门影片的导演执导，而爱情片都是由较新的导演制作，其中还有许多以前从未拍过电影的。

18 以上陈述如果为真，支持以下哪项推论？

A. 与动作片相比，更少的爱情片获得最高评价。

B. 此调查中被评价的影片的受欢迎程度与这些影片的导演之前的成功，二者之间没有关联。
C. 如果对观众就大预算的主流影片的印象做调查，获得最高评价的爱情片的百分比将比获得最高评价的动作片的百分比更低。
D. 有经验的导演比新导演更有可能拍出一部热门电影。
E. 在那些曾拍摄出相同数量的热门影片的导演中，他们所拍影片的主题差异不会影响人们对这些电影的喜欢程度。

19 以下陈述如果为真，都将支持作者论证调查错误地解释了调查数据，除了(　　)
A. 一个人制作出了一部热门影片，表明此人在制作影片方面的才能。
B. 消费者对一部新电影的评价受到该电影导演以前制作影片的成功经历的影响。
C. 动作电影一般比爱情片需要更大的预算，因而阻碍了很多导演新人拍摄此类电影。
D. 拍摄过至少一部热门电影的导演所拍影片的受欢迎程度，极少有导演新人所拍的电影能够达到。
E. 那些曾经拍摄过热门电影的导演普遍得到更多的制作预算，并且其随后的电影吸引了最有才华的知名演员。

20 S市环保检测中心的统计分析表明，2009年空气质量为优的天数为150天，比2008年多出22天：二氧化碳、一氧化碳、二氧化氮、可吸入颗粒物四项污染物浓度平均值，与2008年相比分别下降了约21.3%、25.6%、26.2%、15.4%。市环保负责人指出，这得益于近年来该市政府持续采取的控制大气污染的相关措施。
以下除哪项外，均能支持上述S市环保负责人的看法？
A. S市广泛展开环保宣传，加强了市民的生态理念和环保意识。
B. S市启动了内部控制污染方案：凡是不达标的燃煤锅炉，一律停止运行。
C. S市执行了机动车排放国Ⅳ标准，单车排放比国Ⅲ降低了49%。
D. S市市长办公室最近研究了焚烧秸秆的问题，并着手制定相关条例。
E. S市制定了“绿色企业”标准，继续加快污染重、能耗高的企业的退出。

21 从阿克琉斯基猴身上，研究者发现了许多类人猿的特征。比如，它脚后跟的一块骨头短而宽。此外，阿克琉斯基猴的眼眶较小，科学家据此推测它与早期类人猿的祖先一样，是在白天活动的。
以下哪项如果为真，最能支持上述科学家的推测？
A. 短而宽的后脚骨使得这种灵长类动物善于在树丛中跳跃捕食。
B. 动物的视力与眼眶大小不存在严格的比例关系。
C. 最早的类人猿与其他灵长类动物分开的时间，至少在5500万年以前。
D. 以夜间活动为主的动物，一般眼眶较大。
E. 对阿克琉斯基猴的基因测序表明，它和类人猿是近亲。

22 “辣椒缓解消化不良”，吃完火辣大餐却饱受消化不良之苦的人，看到这句话或许会大惊失色，不敢相信。然而，意大利的专家们通过实验得出的结论确实如此。他们给患有消化不良的实验者在饭前服用含有辣椒成分的药片，在5个星期后，有60%的实验者的不适症状得到了缓解。
以下哪项如果为真，最能反驳上述实验结论？
A. 辣椒中含有的辣椒素在一定程度上可以对一种神经传递素的分泌起阻碍作用。
B. 在该实验中，有5%的实验者的不适症状有所加重。
C. 在另一组饭后服用该药片的实验者中也有55%的不适症状得到了缓解。
D. 注意健康饮食之后，消化不良患者一般会在一个月内缓解不适症状。
E. 在实验前，专家并没有告知实验者所服用的药片中含有辣椒成分。

23 一份报告显示，截至3月份的一年内，中国内地买家成为购买美国房产的第二大外国买家群体，交易额达90亿美元，仅次于加拿大。这比上一年73亿美元的交易额高出23%，比前年48亿美元的交易额高出88%。有人据此认为，中国有越来越多的富人正在把财产转移到境外。
以下哪项如果为真，最能反驳上述论证？
A. 有许多中国人购房是给子女将来赴美留学准备的。
B. 尽管成交额上升了23%，但是今年中国买家的成交量未见增长。
C. 中国富人中存在群体炒房的团体，他们曾经在北京、上海等地炒房。
D. 近年来美国的房产市场风险很小，具有一定的保值、增值功能。
E. 一部分准备移居美国的中国人事先购房为移民做准备。

24 某乡间公路附近经常有鸡群聚集，这些鸡群对这条公路上高速行驶的汽车的安全造成了威胁。为了解决这个问题，当地交通部门计划购入一群猎狗来驱赶鸡群。
以下哪项如果为真，最能对上述计划构成质疑？
A. 出没于公路边的成群猎狗会对交通安全构成威胁。
B. 猎狗在驱赶鸡群时可能伤害鸡群。
C. 猎狗需要经过特殊训练才能够驱赶鸡群。
D. 猎狗可能会有疫病，有必要进行定期检疫。
E. 猎狗的使用会增加交通管理的成本。

25 人们经常使用微波炉给食品加热。有人认为，微波炉加热时食物的分子结构发生了改变，产生了人体不能识别的分子。这些奇怪的新分子是人体不能接受的，有些还具有毒性，甚至可能致癌。因此，经常吃微波食品的人或动物，体内会发生严重的生理变化，从而造成严重的健康问题。
以下哪项最能质疑上述观点？
A. 微波加热不会比其他烹调方式导致更多的营养流失。

B. 我国微波炉生产标准与国际标准、欧盟标准一致。
C. 发达国家使用微波炉也很普遍。
D. 微波只是加热食物中的水分子，食品并未发生化学变化。
E. 自 1947 年发明微波炉以来，还没有因吃微波炉食品导致癌变的报告。

26 荷叶为多年水生草本植物莲的叶片，其化学成分主要有荷叶碱、柠檬酸、苹果酸、葡萄糖酸、草酸、琥珀酸及其他抗有丝分裂作用的碱性成分。荷叶含有多种生物碱及黄酮甙类、荷叶甙等成分，能有效降低胆固醇和甘油三脂，对高血脂症和肥胖病人有良效。荷叶的浸剂和煎剂更可扩张血管，清热解暑，有降血压的作用。有专家指出，荷叶是减肥的良药。
以下哪项如果为真，最能支持上述专家的观点？
A. 荷叶促进胃肠蠕动，清除体内宿便。
B. 荷叶茶是一种食品，而非药类，具有无毒、安全的优点。
C. 荷花茶泡水后成了液态食物，在胃里很快被吸收，时间很短，浓度较高，刺激较大。
D. 服用荷花制品后在人体肠壁上形成一层脂肪隔离膜，可以有效阻止脂肪的吸收。
E. 荷叶有清热解暑、升发清阳、除湿袪瘀、利尿通便的作用，还有健脾升阳的效果。

27 自 1945 年以来，局部战争几乎不断，但是却未发生像第二次世界大战那样严重的世界战争。这是因为人们恐惧于世界大战的破坏力导致的。
下列哪项如果正确，最能削弱上述结论？
A. 1945 年以后发生的局部战争的破坏力没有第二次世界大战的破坏力强。
B. 人们对第二次世界大战的破坏力的恐惧感一直没有减弱。
C. 人们对局部战争的破坏力没有恐惧感。
D. 第一次世界大战后，人们对世界大战有同样的恐惧感，但是仍然发生了第二次世界大战。
E. 参与第二次世界大战的国家之间仍然有国际争端。

28 有些人若有一次厌食，会对这次膳食中有特殊味道的食物持续产生强烈厌恶，不管这种食物是否会对身体有利。这种现象可以解释为什么小孩更易于对某些食物产生强烈的厌食。
以下哪项如果为真，最能加强上述解释？
A. 小孩的膳食搭配中含有特殊味道的食物比成年人多。
B. 对未尝过的食物，成年人比小孩更容易产生抗拒心理。
C. 小孩的嗅觉和味觉比成年人敏锐。
D. 和成年人相比，小孩较为缺乏食物与健康的相关知识。
E. 如果讨厌某种食物，小孩厌食的持续时间比成年人更长。

29 一份研究报告显示，某大学干部子女的比例从20世纪80年代的20%以上增至1997年的近40%，超过工人、农民和专业技术人员子女，成为最大的学生来源。有媒体据此认为，某大学学生中干部子女的比例20年来不断攀升，远超其他阶层。

以下哪项如果为真，最能质疑上述媒体的观点？

A. 近20年统计中的干部许多是企业干部，以前只包括政府机关的干部。

B. 相较于国外，中国教育为工农子女提供了更多受教育及社会流动的机会。

C. 新中国成立后，越来越多的工农子女入大学。

D. 统计中部分工人子女可能是以前的农民子女。

E. 事实上进入美国精英大学的社会下层子女也越来越少。

30 在美洲某个国家，希望戒烟的人使用一种尼古丁皮肤贴，它可释放小剂量的尼古丁透过皮肤。从下个月开始，人们可以不用医生处方购买这种皮肤贴。尽管非处方购买的皮肤贴并不比使用处方购买的皮肤贴更有效，而且价格同样昂贵，但是皮肤贴制造商预计非处方购买的身份将令近年来销量一直低迷的皮肤贴销量大增。

以下哪项所述如果在这个国家为真，将最有力地支持制造商的预测？

A. 大多数想戒烟并发现尼古丁皮肤贴有助于戒烟的人都已经戒烟了。

B. 尼古丁皮肤贴通常比其他帮助人们戒烟的手段更昂贵。

C. 几种旨在帮助人们戒烟的非处方手段好几年前就可以广泛获取了。

D. 许多想戒烟的烟民感到没办法前往看医生从而获取处方。

E. 使用尼古丁皮肤贴帮助人们戒烟的成功比例与使用其他手段的成功比例大致相同。

31 佛江市的郊区平均每个家庭拥有2.4部小汽车，因而郊区的居民出行几乎不坐公交车。所以，郊区的市政几乎不可能从享受补贴的服务于郊区的公交系统中受益。

以下哪项如果为真，最能质疑上述结论？

A. 佛江市内的房地产税率比郊区的要高。

B. 去年郊区旨在增加公交线路补贴的市政议案以微小差距被否决了。

C. 郊区许多商店之所以能吸引到足够的雇员正是因为有享受市政补贴的公交系统可用。

D. 公交车在上座率少于35%时乘客每千米产生的污染超过私家车。

E. 如果公交车乘客数量下降，明年郊区市政大多数投票者都不支持继续补贴公交系统。

32 现在越来越多的人拥有了自己的轿车，但他们明显地缺乏汽车保养的基本知识，这些人会按照维修保养手册或4S店售后服务人员的提示做定期保养。可是，某位有经验的司机会告诉你，每行驶5000公里做一次定期检查，只能检查出汽车可能存在问题的一小部分，这样的检查是没有意义的，是浪费时间和金钱。

以下哪项不能削弱该司机的结论？

A. 每行驶5000公里做一次定期检查是保障车主安全所需要的。
B. 每行驶5000公里做一次定期检查能发现引擎的某些主要故障。
C. 在定期检查中所做的常规维护是保证汽车正常行驶所必需的。
D. 赵先生的新车未做定期检查,行驶到5100公里时出了问题。
E. 某公司新购的一批汽车未做定期检查,均安全行驶了7000公里以上。

33 最新研究发现,恐龙腿骨化石都有一定的弯曲度,这意味着恐龙其实并没有人们想象的那么重,以前根据其腿骨为圆柱形的假定计算动物体重时,会使得计算结果比实际体重高出1.42倍。科学家由此认为,过去那种计算方式高估了恐龙腿部所能承受的最大身体重量。

以下哪项如果为真,最能支持上述科学家的观点?
A. 恐龙腿骨所能承受的重量比之前人们所认为的要大。
B. 恐龙身体越重,其腿部骨骼也越粗壮。
C. 圆柱形腿骨能承受的重量比弯曲的腿骨大。
D. 恐龙腿部的肌肉对于支撑其体重作用不大。
E. 与陆地上的恐龙相比,翼龙的腿骨更接近圆柱形。

34 随着互联网的发展,人们的购物方式有了新的选择。很多年轻人喜欢在网络上选择自己满意的商品,通过快递送上门,购物足不出户,非常便捷。刘教授据此认为,那些实体商场的竞争力会受到互联网的冲击,在不远的将来,会有更多的网络商店取代实体商店。

以下哪项如果为真,最能削弱刘教授的观点?
A. 网络购物虽然有某些便利,但容易导致个人信息被不法分子利用。
B. 有些高档品牌的专卖店,只愿意采取街面实体商店的销售方式。
C. 网络商店与快递公司在货物丢失或损坏的赔偿方面经常互相推诿。
D. 购买黄金珠宝等贵重物品,往往需要现场挑选,且不适宜网络支付。
E. 通常情况下,网络商店只有在其实体商店的支持下才能生存。

35 某研究中心通过实验对健康男性和女性听觉的空间定位能力进行了研究。起初,每次只发出一种声音,要求被试者说出声源的准确位置,男性和女性都非常轻松地完成了任务;后来,多种声音同时发出,要求被试者只关注一种声音并对声源进行定位,与男性相比,女性完成这项任务要困难得多,有时她们甚至认为声音是从声源的相反方向传来的。研究人员由此得出:在嘈杂环境中准确找出声音来源的能力,男性要胜过女性。

以下哪项如果为真,最能支持研究者的结论?
A. 在实验使用的嘈杂环境中,有些声音是女性熟悉的声音。
B. 在实验使用的嘈杂环境中,有些声音是男性不熟悉的声音。

C. 在安静的环境中,女性的注意力更易集中。
D. 在嘈杂的环境中,男性的注意力更易集中。
E. 在安静的环境中,人的注意力容易分散;在嘈杂的环境中,人的注意力容易集中。

36～37 题基于以下题干:

市政府计划对全市的地铁进行全面改造,通过较大幅度地提高客运量,缓解沿线包括高速公路上机动车的拥堵,市政府同时又计划增收沿线两条主要高速公路的机动车过路费,用以贴补上述改造的费用。这样做的理由是:机动车主是上述改造的直接受益者,应当承担部分开支。

36 以下哪项相关断定如果为真,最能质疑上述计划?
A. 市政府无权支配全部高速公路机动车过路费收入。
B. 地铁乘客同样是上述改造的直接受益者,但并不承担开支。
C. 机动车有不同的档次,但收取的过路费区别不大。
D. 为躲避多交过路费,机动车会绕开收费站,增加普通公路的流量。
E. 高速公路上机动车拥堵现象不如普通公路严重。

37 以下哪项相关断定为真,最有助于论证上述计划的合理性?
A. 上述计划通过了市民听证会的审议。
B. 在相邻的大、中城市中,该市的交通拥堵状况最为严重。
C. 增收过路费的数额,经过专家的严格论证。
D. 市政府有足够的财力完成上述改造。
E. 改造后的地铁乘客中,相当数量的乘客都有私人机动车。

38 市场上推出了一种新型的电脑键盘。新型键盘具有传统键盘所没有的“三最”特点,即最常用的键设计在最靠近最灵活手指的部位。新型键盘能大大提高键入速度,并减少错误率。因此,用新型键盘替换传统键盘能迅速地提高相关部门的工作效率。
以下哪项如果为真,最能削弱上述论证?
A. 有的键盘使用者最灵活的手指和平常人不同。
B. 传统键盘中最常用的键并非设计在离最灵活手指最远的部位。
C. 越能高效率地使用传统键盘,短期内越不易熟练地使用新型键盘。
D. 新型键盘的价格高于传统键盘的价格。
E. 无论使用何种键盘,键入速度和错误率都因人而异。

39 户籍改革的要点是放宽对外来人口的限制,G 市在对待户籍改革上面临两难。一方面,市政府懂得吸引外来人口对城市化进程的意义;另一方面,又担心人口激增的压力。在决策班子里形成了“开放”和“保守”两派意见。
以下各项如果为真,都只能支持上述某一派的意见,除了(　　)

A. 城市与农村户口分离的户籍制度,还适应了目前社会主义市场经济的需要。
B. G市存在严重的交通堵塞、环境污染等问题,其城市人口的合理容量有限。
C. G市近几年的犯罪案件增加,案犯中来自农村的打工人员比例增高。
D. 近年来,G市的工程建设者多数来自农村,而其子女入学困难成了新的社会问题。
E. 由于计划生育政策和生育观的改变,近年来G市的幼儿园、小学乃至中学的班级数量递减。

40 研究人员安排了一次实验,将100名受试者分为两组:喝一小杯红酒的实验组和不喝酒的对照组。随后,让两组受试者计算某段视频中篮球队员相互传球的次数。结果发现,对照组的受试者都计算准确,而实验组中只有18%的人计算准确。经测试,实验组受试者的血液中酒精浓度只有酒驾法定值的一半。由此专家指出,这项研究结果或许应该让立法者重新界定酒驾法定值。
以下哪项如果为真,最能支持上述专家的观点?
A. 酒驾法定值设置过低,可能会把许多未饮酒者界定为酒驾。
B. 即使血液中酒精浓度只有酒驾法定值的一半,也会影响视力和反应速度。
C. 只要血液中酒精浓度不超过酒驾法定值,就可以驾车上路。
D. 即使酒驾法定值设置较高,也不会将少量饮酒的驾车者排除在酒驾范围之外。
E. 饮酒过量不仅损害身体健康,而且影响驾车安全。

41 近年来,手机、电脑的使用导致工作与生活的界限日益模糊,人们的平均睡眠时间一直在减少,熬夜已成为现代人生活的常态。科学研究表明,熬夜有损身体健康,睡眠不足不仅仅是多打几个哈欠那么简单,有科学家据此建议,人们应该遵守作息规律。
以下哪项如果为真,最能支持上述科学家的建议?
A. 长期睡眠不足会导致高血压、糖尿病、肥胖症、抑郁症等多种疾病,严重时还会造成意外伤害或死亡。
B. 缺乏睡眠会降低体内脂肪调节瘦素激素的水平,同时增加饥饿激素,容易导致暴饮暴食、体重增加。
C. 熬夜会让人的反应变慢、认知退步、思维能力下降,还会引发情绪失控,影响与他人的交流。
D. 所有生命形式都需要休息与睡眠。在人类进化的过程中,睡眠这个让人短暂失去自我意识、变得极其脆弱的过程并未被大自然淘汰。
E. 睡眠是身体的自然美容师,与那些睡眠充足的人相比,睡眠不足的人看上去面容憔悴,缺乏魅力。

强化训练

42~43题基于以下题干:
一般人认为,广告商为了吸引顾客不择手段。但广告商并不都是这样。最近,为了扩大销路，一家名为《港湾》的家庭类杂志改名为《炼狱》，主要刊登暴力与色情内容。结果，原先《港湾》杂志的一些常年合作广告客户拒绝续签合同，转向其他刊物。这说明这些广告商不只考虑经济利益，而且顾及道德责任。

42 以下各项如果为真，都能削弱上述论据，除了（　　）

A.《炼狱》杂志所刊登的暴力与色情内容在同类杂志中较为节制。

B. 刊登暴力与色情内容的杂志通常销量较高，但信誉度较低。

C. 上述拒绝续签合同的广告商主要推销家居商品。

D. 改名后的《炼狱》杂志的广告费比改名前提高了数倍。

E.《炼狱》因登载虚假广告被媒体曝光，一度成为新闻热点。

43 以下哪项如果为真，最能加强题干的论证？

A.《炼狱》的成本与售价都低于《港湾》。

B. 上述拒绝续签合同的广告商在转向其他刊物后效益未受影响。

C. 家庭类杂志的读者一般对暴力与色情内容不感兴趣。

D. 改名后《炼狱》杂志的广告客户并无明显增加。

E. 一些在其他家庭类杂志做广告的客户转向《炼狱》杂志。

44 长期以来，手机产生的电磁辐射是否威胁人体健康一直是极具争议的话题。一项达10年的研究显示，每天使用手机通话30分钟以上的人患神经胶质癌的风险比从未使用者要高出40%。由此某专家建议，在取得进一步证据之前，人们应该采取更加安全的措施，如尽量使用固定电话通话或使用短信进行沟通。

以下哪项如果为真，最能表明该专家的建议不切实际？

A. 大多数手机产生的电磁辐射强度符合国家规定的标准。

B. 现有在人类生活空间中的电磁辐射强度已经超过手机通话产生的电磁辐射强度。

C. 经过较长一段时间后，人们的体质能够逐渐适应强电磁辐射的环境。

D. 在上述实验期间，有些人每天使用手机通话超过40分钟，但他们很健康。

E. 即使以手机短信进行沟通，发送和接收信息瞬间也会产生较强的电磁辐射。

45 由于含糖饮料的卡路里含量高，容易导致肥胖，因此，无糖饮料开始流行。经过一段时期的调查，无糖饮料尽管卡路里含量低，但并不意味它不会导致体重增加，因为无糖饮料可能导致人们对于甜食的高度偏爱，这意味着可能食用更多的含糖类食物。而且，无糖饮料几乎没什么营养，喝得过多就限制了其他健康饮品的摄入，比如茶和果汁等。

以下哪项如果为真，最能支持上述观点？

A. 茶是中国的传统饮料，长期饮用有益健康。

B. 有些瘦子也爱喝无糖饮料。

C. 有些胖子爱吃甜食。

D. 不少胖子向医生报告他们常喝无糖饮料。

E. 喝无糖饮料的人很少进行健身运动。

46 北大西洋海域的鳕鱼数量锐减，但几乎同时海豹的数量却明显增加。有人说是海豹导致了鳕鱼的减少。这种说法难以成立，因为海豹很少以鳕鱼为食。

以下哪项如果为真，最能削弱上述论证？

A. 海水污染对鳕鱼造成的伤害比对海豹造成的伤害严重。

B. 尽管鳕鱼数量锐减，海豹数量增加，但在北大西洋海域，海豹的数量仍少于鳕鱼。

C. 在海豹的数量增加以前，北大西洋海域的鳕鱼数量就减少了。

D. 海豹生活在鳕鱼无法生存的冰冷海域。

E. 鳕鱼只吃毛鳞鱼，而毛鳞鱼也是海豹的主要食物。

47 因为青少年缺乏基本的驾驶技巧，特别是缺乏紧急情况的应对能力，所以，必须给青少年的驾驶执照附加限制。在这点上，应当吸取 H 国的教训。在 H 国，法律规定 16 岁以上就可申请驾驶执照。尽管在该国注册的司机中 19 岁以下的只占 7%，但他们却是 20%的造成死亡的交通事故的肇事者。

以下各项有关 H 国的判定如果为真，都能削弱上述议论，除了（　　）

A. 和其他人相比，青少年开的车较旧，性能也较差。

B. 青少年开车时载客的人数比其他司机要多。

C. 青少年开车的年均公里数(每年平均行使的公里数)要高于其他司机。

D. 和其他司机相比，青少年较不习惯系安全带。

E. 据统计，被查出酒后开车的司机中，青少年所占的比例远高于他们占整个司机总数的比例。

48 在西方经济发展的萧条期，消费需求的萎缩导致许多企业解雇职工甚至倒闭。在萧条期，被解雇的职工很难找到新的工作，这就增加了失业人数。萧条之后的复苏，是指消费需求的增加和社会投资能力的扩张。这种扩张要求增加劳动力。但是，经历了萧条之后的企业主大都丧失了经商的自信，他们尽可能地推迟雇用新的职工。

上述断定如果为真，最能支持以下哪项结论？

A. 经济复苏不一定能迅速减少失业人数。

B. 萧条之后的复苏至少需要两三年。

C. 萧条期的失业大军主要由倒闭企业的职工组成。

D. 萧条通常是由企业主丧失经商自信引起的。

E. 在西方经济发展中出现萧条是解雇职工造成的。

49 国外某教授最近指出，长着一张娃娃脸的人意味着他将享有更长的寿命，因为人们的生活状况很容易反映在脸上。从 1990 年春季开始，该教授领导的研究小组对 826 对

70 岁以上的双胞胎进行了体能和认知测试,并拍了他们的面部照片。在不知道他们确切年龄的情况下,三名研究助手先对不同年龄组的双胞胎进行年龄评估,结果发现,即使是双胞胎,猜出的年龄也相差很大。然后,研究小组用若干年时间对这些双胞胎的晚年生活进行了跟踪调查,直至他们去世。调查表明:在双胞胎中,外表年龄差异越大,看起来老的那个就越可能先去世。

以下哪项如果为真,最能形成对该教授调查结论的反驳?

A. 如果把调查对象扩大到 40 岁以上的双胞胎,结果可能会有所不同。

B. 三名研究助手比较年轻,从事该项研究的时间不长。

C. 外表年龄是每个人生活环境、生活状况和心态的集中体现,与老化关系不大。

D. 生命老化的原因在于细胞分裂导致染色体末端不断损耗。

E. 看起来越老的人,在心理上一般较为成熟,对于生命有更深刻的理解。

50 研究发现,市面上 X 牌香烟的 Y 成分可以抑制 EB 病毒。实验证实,EB 病毒是很强的致鼻咽癌的病原体,可以导致正常的鼻咽部细胞转化为癌细胞。因此,经常吸 X 牌香烟的人将减少鼻咽癌的风险。

以下哪项如果为真,最能削弱上述论证?

A. 不同条件下的实验,可以得出类似的结论。

B. 已经患鼻咽癌的患者吸 X 牌香烟后并未发现病情好转。

C. Y 成分可以抑制 EB 病毒,也可以对人的免疫系统产生负面作用。

D. 经常吸 X 牌香烟会加强 Y 成分对 EB 病毒的抑制作用。

E. Y 成分的作用可以被 X 牌香烟的 Z 成分中和。

51～52 题基于以下题干:

某校的一项抽样调查显示,该校经常泡网吧的学生中家庭条件优越的占 80%,学习成绩下降的也占 80%,因此,家庭条件优越是学生泡网吧的重要原因,泡网吧是学习成绩下降的重要原因。

51 以下哪项如果为真,最能削弱上述论证?

A. 该校位于高档住宅区且 9 成以上的学生家庭条件优越。

B. 经过清理整顿,该校周围网吧符合规范。

C. 有的家庭条件优越的学生并不泡网吧。

D. 家庭条件优越的家长并不赞成学生泡网吧。

E. 被抽样调查的学生占全校学生的 30%。

52 以下哪项如果为真,最能加强上述论证?

A. 该校是市重点学校,学生的成绩高于普通学校。

B. 该校狠抓教学质量,上学期半数以上学生的成绩都有明显提高。

C. 被抽样调查的学生多数能如实填写问卷。

D. 该校经常做这种形式的问卷调查。
E. 该项调查的结果受到了教育局的重视。

53 一个人从饮食中摄入的胆固醇和脂肪越多,他的血清胆固醇指标就越高。存在着一个界限,在这个界限内,二者成正比;超过了这个界限,即使摄入的胆固醇和脂肪急剧增加,血清胆固醇指标也只会缓慢地有所提高。这个界限对于各个人种是一样的,大约是欧洲人均胆固醇和脂肪摄入量的 1/4。

上述判定最能支持以下哪项结论?

A. 中国的人均胆固醇和脂肪摄入量是欧洲的 1/2,但中国人的人均血清胆固醇指标不一定等于欧洲人的 1/2。
B. 上述界限可以通过减少胆固醇和脂肪摄入量得到降低。
C. 3/4 的欧洲人的血清胆固醇含量超出正常指标。
D. 如果把胆固醇和脂肪摄入量控制在上述界限内,就能确保血清胆固醇指标的正常。
E. 血清胆固醇的含量只受饮食的影响,不受其他因素(如运动、吸烟等生活方式)的影响。

54 统计数据表明,近年来,民用航空飞机的安全性有很大提高。例如,某国 2008 年每飞行 100 万次发生恶性事故的次数为 0.2 次,而 1989 年为 1.4 次。从这些年的统计数字看,民用航空恶性事故发生率呈下降趋势,由此看出,乘飞机出行越来越安全。

以下哪项不能加强上述结论?

A. 近年来,飞机事故中“死里逃生”的概率提高了。
B. 各大航空公司越来越注意对机组人员的安全培训。
C. 民用航空的空中交通控制系统更加完善。
D. 避免“机鸟互撞”的技术与措施日臻完善。
E. 虽然飞机坠毁很可怕,但从统计数据上讲,驾车仍然要危险得多。

55 一项对 30 名年龄在 3 岁的独生孩子与 30 名同龄非独生的第一胎孩子的研究发现,这两组孩子的日常行为能力非常相似,这种日常行为能力包括语言能力,对外界的反应能力,以及和同龄人、他们的家长及其他大人相处的能力等。因此,独生孩子与非独生孩子的社会能力发展几乎一致。

以下哪项如果为真,最能削弱上述结论?

A. 进行对比的两组孩子是不同地区的孩子。
B. 独生孩子与母亲接触的时间多于非独生孩子与母亲接触的时间。
C. 家长通常在第一胎孩子接近 3 岁时怀有他们的第二胎孩子。
D. 大部分参与此项目的研究者没有兄弟姐妹。
E. 独生孩子与非独生孩子,他们与母亲接触的时间和与父亲接触的时间是各不相同的。

56 一种常见的现象是，从国外引进的一些畅销科普读物在国内并不畅销，有人对此解释说，这与我们多年来沿袭的文理分科有关。文理分科人为地造成了自然科学与人文社会科学的割裂，导致科普类图书的读者市场还没有真正形成。

以下哪项如果为真，最能加强上述观点？

A. 有些自然科学工作者对科普读物不感兴趣。

B. 科普读物不是没有需求，而是有效供给不足。

C. 由于缺乏理科背景，非自然科学工作者对科学敬而远之。

D. 许多科普电视节目都拥有固定的收视群，相应的科普读物也大受欢迎。

E. 国内大部分科普读物只是介绍科学常识，很少真正关注科学精神的传播。

57 社会成员的幸福感是可以运用现代手段精确量化的。衡量一项社会改革措施是否成功，要看社会成员的幸福感总量是否增加。S市最近推出的福利改革明显增加了公务员的幸福感总量，因此，这项改革措施是成功的。

以下哪项如果为真，最能削弱上述论证？

A. 上述改革措施并没有增加S市所有公务员的幸福感。

B. S市公务员只占全市社会成员很小的比例。

C. 上述改革措施在增加公务员幸福感总量的同时，减少了S市民营企业人员的幸福感总量。

D. 上述改革措施在增加公务员幸福感总量的同时，减少了S市全体社会成员的幸福感总量。

E. 上述改革措施已经引起S市市民的广泛争议。

58 有些部落或种族在历史的发展中灭绝了，但它的文字会留传下来。亚里洛文字就是这样一种文字。考古学家是在内陆发现这种文字的。经研究，亚里洛文字中没有表示“海”的文字，但有表示“冬”“雪”“狼”的文字。因此，专家们推测，使用亚里洛文字的部落或种族在历史上生活在远离海洋的寒冷地带。

以下哪项如果为真，最能削弱上述专家的推测？

A. 蒙古语中有表示“海”的文字，尽管古代蒙古人从来没见过海。

B. 亚里洛文字中有表示“鱼”的文字。

C. 亚里洛文字中有表示“热”的文字。

D. 亚里洛文字中没有表示“山”的文字。

E. 亚里洛文字中没有表示“云”的文字。

59～60题基于以下题干：

一般认为，一个人80岁和他在30岁相比，理解和记忆能力都显著减退。最近的一项调查显示,80 岁的老人和 30 岁的年轻人在玩麻将时所表现出的理解和记忆能力没有明显差别。因此,认为一个人到了 80 岁理解和记忆能力会显著减退的看法是站不住脚的。

59 以下哪项如果为真,最能削弱上述论证?

A. 玩麻将需要的主要不是理解和记忆能力。
B. 玩麻将只需要较低的理解和记忆能力。
C. 80 岁的老人比 30 岁的年轻人有更多时间玩麻将。
D. 玩麻将有利于提高一个人的理解和记忆能力。
E. 一个人到了 80 岁理解和记忆能力会显著减退的看法,是对老年人的偏见。

60 以下哪项如果为真,最能加强上述论证?

A. 目前 30 岁的年轻人的理解和记忆能力高于 50 年前的同龄人。
B. 上述调查的对象都是退休或在职的大学教师。
C. 上述调查由权威部门策划和实施。
D. 记忆能力的减退不必然地导致理解能力的减退。
E. 科学研究证明,人的平均寿命可以达到 120 岁。

61 是过度集权的经济政策而非气候变化,导致 S 国自其政府掌权以来农业歉收。S 国的邻国 T 国,经历了同样的气候条件,然而其农业产量一直在增加,尽管 S 国的农业产量一直在下滑。

以下哪项如果为真,将最严重削弱以上论证?

A. S 国的工业产量也一直下滑。
B. S 国拥有一个港口城市,但 T 国是个内陆国家。
C. S 国与 T 国都一直遭受严重的干旱。
D. S 国一直种植的农作物不同于 T 国种植的农作物。
E. S 国的新政府制定了一项旨在确保产品平均分配的集权经济政策。

62 某家媒体公布了某市 20 所高中的高考升学率,并按升学率的高低进行排序。专家指出,升学率并不能作为评价这些高中的教学水平的标准。

以下哪项不能作为支持专家论断的论据?

A. 学生在进入这些高中前,需要参加本市的高中入学考试,而这些高中的录取分数线有明显的差距。
B. 本市升学率高的中学配备了优秀的教师。
C. 有些高考升学率较高的中学其平均高考成绩却低于升学率较低的中学。
D. 有些升学率较低的中学出现了很多高考成绩优异的毕业生。
E. 有些中学之所以升学率较低,很大程度上是因为很多考生虽然高考成绩很好,但是由于选择专业和大学的倾向性而决定复读。

63 最近十年地球上的自然灾害(如地震、火山爆发、极端天气等)给人类造成的伤亡比过去几十年更严重。所以,地球环境变得更恶劣了,我们应该为地球科学家、气象学家投入更多的科研基金,资助他们研究地球环境变化的原因。

下列哪项最能削弱上述结论?

A. 自然灾害国际援助组织配备了更先进的救援设备。

B. 气象学家和地球科学家近十年研制出了更好的预报系统。

C. 过去十年人类在土地使用的方式上并不会引起气候的变化。

D. 过去几十年也记录了地球上重要的自然灾害,如地震、旱涝、火山爆发、山体滑坡等。

E. 近十年来,人类数量的剧增以及贫穷的加剧使得更多的人居住在更易遭到自然灾害的区域。

64 也许令许多经常不刷牙的人感到意外的是,这种不良习惯已使他们成为易患口腔癌的高危人群。为了帮助这部分人及早发现口腔癌,市卫生部门发行了一个小册子,教人们如何使用一些简单的家用照明工具,如台灯、手电等,进行每周一次的口腔自检查。

以下哪项如果为真,最能对上述小册子的效果提出质疑?

A. 有些口腔疾病的病症靠自检难以发现。

B. 预防口腔癌的方案因人而异。

C. 经常刷牙的人也可能患口腔癌。

D. 口腔自检的可靠性不如在医院所做的专门检查。

E. 经常不刷牙的人不大可能做每周一次的口腔自检。

65 某报评论:H 市的空气质量本来应该已经得到改善。五年来,市政府在环境保护方面花了气力,包括耗资 600 多亿元将一些污染最严重的工厂迁走,但是 H 市仍难摆脱空气污染的困扰,因为解决空气污染问题面临着许多不利条件,其中的一个是机动车辆的增加,另一个是全球石油价格的上升。

以下各项如果为真,都能削弱上述论断,除了(　　)

A. 近年来 H 市加强了对废气排放的限制,加大了对污染治理费征收的力度。

B. 近年来 H 市启用了大量电车和使用燃气的公交车,地铁的运行路线也有明显增加。

C. 由于石油涨价,许多计划购买豪华车的人转为购买低耗油的小型车。

D. 由于石油涨价,在国际市场上一些价位偏低的劣质含硫石油进入 H 市。

E. 由于汽油涨价和公车改革,拥有汽车的人缩减了驾车旅游的计划。

66 魏先生:计算机对于当代人类的重要性,就如同火对于史前人类。因此,普及计算机知识应当从孩子抓起,从小学甚至幼儿园开始就应当介绍计算机知识,一进中学就应当学习计算机语言。

贾女士：你忽视了计算机技术的一个重要特征——这是一门知识更新和技术更新最为迅速的科学。童年时代所了解的计算机知识，中学时代所学的计算机语言，到需要运用的成年时代早已陈旧过时了。

以下哪项作为魏先生对贾女士的反驳最为有力？

A. 快速发展和更新并不仅是计算机技术的特点。

B. 孩子具备接受不断发展的新知识的能力。

C. 在中国，算盘早已被计算机取代，但这并不说明有关算盘的知识已毫无价值。

D. 学习计算机知识和熟悉某种计算机语言，有利于提高理解和运用计算机的能力。

E. 计算机课程并不是中小学教育的主课。

67 我国科研人员经过对动物和临床的多次试验，发现山茱萸具有抗移植免疫排斥反应和治疗自身免疫性疾病的作用，是新的高效低毒免疫抑制剂。某医学杂志首次发表了关于这一成果的论文。多少有些遗憾的是，从杂志收到该论文到它的发表，间隔了6周。如果这一论文能尽早发表的话，这6周内许多这类患者可以避免患病。

以下哪项如果为真，最能削弱上述结论？

A. 上述医学杂志在发表此论文前，未送有关专家审查。

B. 只有口服山茱萸超过两个月，药物才具有免疫抑制作用。

C. 山茱萸具有抗移植免疫排斥反应和治疗自身免疫性疾病的作用仍有待进一步证实。

D. 上述杂志不是国内最权威的医学杂志。

E. 口服山茱萸可能会引起消化系统不适。

68 利兹鱼生活在距今约1.65亿年前的侏罗纪中期，是恐龙时代一种体型巨大的鱼类。利兹鱼在出生后20年内可长到9米长，平均寿命40年左右的利兹鱼，最大的体长甚至可达到16.5米。这个体型与现代最大的鱼类鲸鲨相当，而鲸鲨的平均寿命约为70年，因此，利兹鱼的生长速度很可能超过鲸鲨。

以下哪项如果为真，最能反驳上述论证？

A. 利兹鱼和鲸鲨都以海洋中的浮游生物、小型动物为食，生长速度不可能有大的差异。

B. 利兹鱼和鲸鲨尽管寿命相差很大，但是它们均在20岁左右达到成年，体型基本定型。

C. 鱼类尽管寿命长短不同，但其生长阶段基本上与其幼年、成年、中老年相应。

D. 侏罗纪时期的鱼类和现代鱼类的生长周期没有明显变化。

E. 远古时期的海洋环境和今天的海洋环境存在很大的差异。

69 在一项社会调查中，调查者通过电话向大约一万名随机选择的被调查者问及有关他们的收入和储蓄方面的问题。结果显示：被调查者的年龄越大，越不愿意回答这样的问题。这说明，年龄较轻的人比年龄较大的人更愿意告诉别人有关自己的收入状况。

以下哪项如果为真，最能削弱上述论证？

A. 小张不是被调查者，在其他场合表示，不愿意告诉别人自己的收入状况。

B. 老李是被调查者，愿意告诉别人自己的收入状况。

C. 老陈是被调查者，不愿意告诉别人自己的收入状况，并在其他场合表示，自己年轻时因收入高，很愿意告诉别人自己的收入状况。

D. 小刘是被调查者，愿意告诉别人自己的收入状况，并在其他场合表示，自己的这种意愿不会随着年龄而改变。

E. 被调查者中，年龄大的收入状况一般比年龄小的要好。

70 风险资本家融资的初创公司比通过其他渠道融资的公司失败率要低。所以，与诸如企业家个人素质、战略规划质量或公司管理结构等因素相比，融资渠道对于初创公司的成功更为重要。

以下哪项如果为真，最能削弱上述论证？

A. 风险资本家在决定是否为初创公司提供资金时，把该公司的企业家个人素质、战略规划质量和管理结构等作为主要的考虑因素。

B. 作为取得成功的要素，初创公司的企业家个人素质比它的战略规划更为重要。

C. 初创公司的倒闭率近年逐步下降。

D. 一般来讲，初创公司的管理结构不如发展中的公司完整。

E. 风险资本家对初创公司的财务背景比其他融资渠道更为敏感。

71 建筑历史学家丹尼斯教授对欧洲 19 世纪早期铺有木地板的房子进行了研究，结果发现：较大的房间铺设的木板条比较小房间的木板条窄得多。丹尼斯教授认为，既然大房子的主人一般都比小房子的主人富有，那么，用窄木条铺地板很可能是当时有地位的象征，用以表明房主的富有。

以下哪项如果为真，最能加强丹尼斯教授的观点？

A. 欧洲 19 世纪晚期的大多数房子所铺设的木地板的宽度大致相同。

B. 丹尼斯教授的学术地位得到了国际建筑历史学界的公认。

C. 欧洲 19 世纪早期，木地板条的价格是以长度为标准计算的。

D. 欧洲 19 世纪早期，有些大房子铺设的是比木地板昂贵得多的大理石。

E. 在以欧洲 19 世纪市民生活为背景的小说《雾都十三夜》中，富商查理的别墅中铺设的就是有别于民间的细条胡桃木地板。

第八章　假　设

【知识体系】

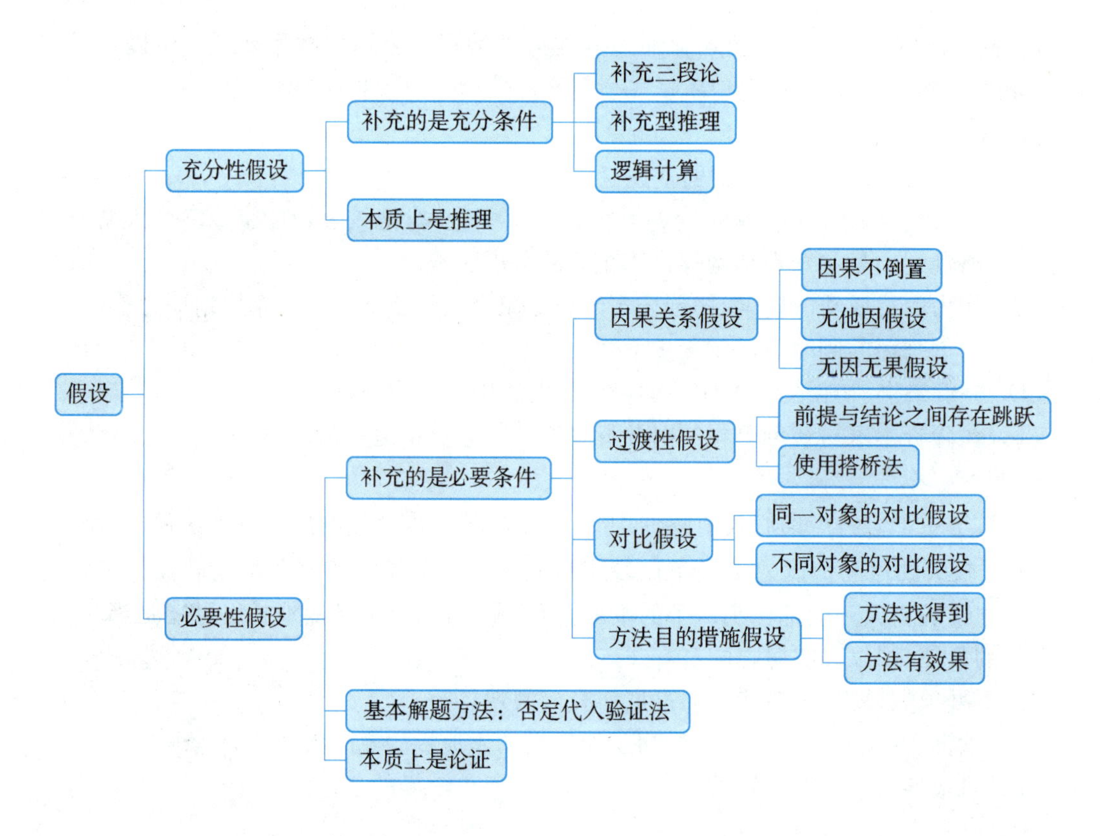

8.1　具体知识点与题型剖析

知识点1：假设概况

假设在逻辑学上也称假说，即根据一定的事实材料和理论知识，对于研究对象的未知性质及其原因或规律的某种推测性的说明，这种说明有助于推导出所要论证的观点。论证能够成立，需要论证假设作为条件。

在逻辑考试试题中，假设有明显的两种思路：充分假设和必要假设。两者既有明显不同，又有内在联系。至于寻找一般论证的假设，大致有四种方向：存在因果关系的假设、因果方向正确的假设、他因假设和过渡假设。

知识点 2：充分假设

充分假设，是指论证已知一些条件和结论，但是从已有条件不能推出结论，需要补充条件，当该条件为真时，论证的结论就**必然被推出**。充分假设是否正确采取的验证方法是肯定验证法：将被选项与题干已知的条件相结合，然后根据相应的逻辑规则进行推导，当推导能够得到题干的已知结论时，该被选项就是正确的答案。

上述肯定验证法的一般形式是：已知论证条件 1、2，又已知论证结论 3，问补充什么前提才可以得到结论 3。正确的选项若是 A，则 A 需要满足：(A+1+2)→3。

寻找充分假设囊括了所有演绎推理补充前提的试题，这些试题所应用的逻辑规则包括补充三段论（前面章节已介绍）、假言推理规则，以及数字、数学计算的逻辑。

题型一：充分假设【★★★】

例题 1 经济学家：有人主张对居民的住房开征房产税，其目的是抑制房价，或为地方政府开拓稳定的税源，或调节贫富差别。如果税收不是一门科学，如果税收没有自身运行的规律，那么根据某些官员的意志而决定开征房产税就是可能的。房产税是财产税，只有我国的税务机关达到征收直接税和存量税的水平，才能开征房产税。

要从以上陈述推出“我国现在不能开征房产税”的结论，必须增加以下哪项陈述作为前提？

A. 税收是一门科学，并且税收有自身运行的规律。

B. 开征房产税将面临评估房地产价值、区分不同性质的房产等难题。

C. 将房产税作为抑制房价的手段或作为地方政府稳定税源都不是开征房产税的充足理由。

D. 我国税务机关目前只能征收间接税和以现金流为前提的税，不能征收直接税和存量税。

E. 是否开征房产税必须通过听证会议决定，不能由某些官员的意志而决定。

例题 2 在过去的五年中，W 市的食品价格平均上涨了 25%。与此同时，居民购买食品的支出占该市家庭月收入的比例却仅仅上涨了约 8%。因此，过去五年间 W 市家庭的平均收入上涨了。

以下哪项最有可能是上述论证的假设？

A. 在过去五年中，W 市的家庭生活水平普遍有所提高。

B. 在过去五年中，W 市除了食品外，其他商品的平均价格上涨了 25%。

C. 在过去五年中，W 市居民购买的食品数量增加了 8%。

D. 在过去五年中，W 市每个家庭年购买的食品数量没有变化。

E. 在过去五年中，W 市每个家庭年购买的食品数量减少了。

例题 3 西方航空公司由北京至西安的全额票价一年多来保持不变，但是目前西方航空公司由北京至西安的机票 90%打折出售，只有 10%全额出售；而在一年前则一半打折出售，一半全额出售。因此，目前西方航空公司由北京至西安的平均票价比一年前要低。

以下哪项最可能是上述论证所假设的？

A. 目前和一年前一样，西方航空公司由北京至西安的机票，打折的和全额的，有基本相同的售出率。

B. 目前和一年前一样，西方航空公司由北京至西安的打折机票售出率，不低于全额机票。

C. 目前西方航空公司由北京至西安的打折机票的票价，和一年前基本相同。

D. 目前西方航空公司由北京至西安航线的服务水平比一年前下降。

E. 西方航空公司所有航线的全额票价一年多来保持不变。

知识点 3：必要假设

论证的必要假设是论证所需要的必要条件，论证已知一些条件和结论，不考虑已有条件是否能推出结论，只考虑从上述条件推导结论这一过程**必须补充什么条件**。对必要假设的验证方法是否定代入验证法，即：将被选项否定，然后考虑这种否定是否使题干论证不能进行，若能推翻题干，则为必要假设。

上述否定验证法的一般形式是：已知论证条件 1、2，又已知论证结论 3，问必须假设什么条件才能得出结论 3。正确的答案若是 A，则 A 需要满足：(1＋2＋A 的否定)→(3 的否定)。

寻找必要假设试题的标志是这类试题的问题往往以“以下哪项是上述论证所必需的假设”“为使上述论证成立，以下哪项必为真”等来表述。

前提
(C) } ⇒结论，C 即为必要条件假设，用必要条件去支持。

前提 C 存在，不一定能推出结论；前提 C 不存在，一定不能推出结论。

课堂讨论：请把门打开。问以下哪个是必要条件？

(1) 有门；　　(2) 门是关着的；

(3) 门应该可以打开；　　(4) 有人。

显然，(1)、(2)、(3)是必要条件，没有它们的存在，不可能打开门。

(4)不是必要条件，你家旺财可以把门撞开。

课堂讨论：P 或 Q 为真的必要假设是什么？

(1) P 为真；　　(2) Q 为真；　　(3) 如果非 P，则 Q 为真。

显然，(1)、(2)不是必要假设，$\overline{P}\rightarrow Q$ 等价于 $P\vee Q$。

假设(3)为假，则 $\overline{P}\wedge\overline{Q}$ 一定为真，$P\vee Q$ 一定为假，所以，(3)是必要假设。

知识点 4：必要性假设技巧

(一) 因果关系假设

如果题干存在因果关系，我们假设的目的就是保障因果关系的存在，考生可以根据以下思路，直接选出答案：

(1) 因果不倒置；　　(2) 没有他因；　　(3) 无因无果。

课堂讨论：假设题干论证的因果是：因为某人意志消沉、忧郁(X)，所以，戴墨镜(Y)。以下哪些可能是保障因果关系存在的必要假设？

A. 戴上墨镜(Y)不会导致某人意志消沉、忧郁(X)	因果不倒置，Y 不会导致 X
B. 人们不会因为其他原因戴上墨镜	没有他因，不会因为 Z 而导致 Y
C. 戴墨镜者如果没有意志消沉、忧郁(X)，就不会戴上墨镜(Y)	无因无果，没有 X，不会导致 Y

因果关系试题中，出现频率最高的是无他因假设题。无他因假设题在选项中经常会出现“没有”“不是”“不会”等词，后跟他因(题干未提及的原因)削弱，或者出现“只有”“只是”等词，后跟自因(题干本身原因)，看到类似关键词优先重点考虑“若无法”。

“若无法”技巧：与无他因加强技巧相同，都是暗示他因削弱(反驳)，但告诉你并无这个原因。看到上述关键词后稍加验证该选项，如果正确，可以不用看其他选项。

题型二：因果关系假设【★★】

例题 4　在汉语和英语中，“塔”的发音是一样的，这是英语借用了汉语；“幽默”的发音也是一样的，这是汉语借用了英语。而在英语和姆巴拉拉语中，“狗”的发音也是一样的，但可以肯定，使用这两种语言的人交往只是将近两个世纪的事，而姆巴拉拉语(包括“狗”的发音)的历史，几乎和英语一样古老。另外，这两种语言属于完全不同的语系，没有任何亲缘关系。这说明，不同的语言中出现意义和发音相同的词，并不一定是由于语言的相互借用，或是由于语言的亲缘关系所致。

以上论述必须假设以下哪项？

A. 汉语和英语中，意义和发音相同的词都是相互借用的结果。

B. 除了英语和姆巴拉拉语以外，还有多种语言对“狗”有相同的发音。

C. 没有第三种语言从英语或姆巴拉拉语中借用“狗”一词。

D. 如果两种不同语系的语言中有的词发音相同，则使用这两种语言的人一定在某个时期彼此接触过。

E. 使用不同语言的人相互接触，一定会导致语言的相互借用。

例题 5　有医学研究显示，行为痴呆症患者大脑组织中往往含有过量的铝。同时，有化学研究表明，一种硅化合物可以吸收铝。陈医生据此认为，可以用这种硅化合物治疗行为痴呆症。

以下哪项是陈医生最可能依赖的假设？

A. 行为痴呆症患者大脑组织的含铝量通常过高，但具体数量不会变化。

B. 该硅化合物在吸收铝的过程中不会产生副作用。

C. 用来吸收铝的硅化合物的具体数量与行为痴呆症患者的年龄有关。

D. 过量的铝是导致行为痴呆症的原因，患者脑组织中的铝不是痴呆症引起的结果。

E. 行为痴呆症患者脑组织中的铝含量与病情的严重程度有关。

例题6　类人猿和其后的史前人类所使用的工具很相似。最近在东部非洲考古所发现的古代工具就属于史前人类和类人猿都使用过的类型。但是，发现这些工具的地方是热带大草原，热带大草原有史前人类居住过，而类人猿只生活在森林中。因此，这些被发现的古代工具是史前人类而不是类人猿使用过的。

为使上述论证有说服力，以下哪项是必须假设的？

A. 即使在相当长的环境生态变化过程中，森林也不会演变成为草原。

B. 史前人类从未在森林中生活过。

C. 史前人类比类人猿更能熟练地使用工具。

D. 史前人类在迁移时并不携带工具。

E. 类人猿只能使用工具，并不能制造工具。

（二）过渡性假设

过渡性假设是对论证本身“由此及彼过渡条件”的把握。过渡条件是指论证的论据是A，结论是B，从A到B存在着概念、命题的变化，这时候说明并肯定上述变化的选项就是论证过渡性假设。例如，中国经济没有受到国际金融危机的影响，所以中国经济增长会继续保持。该论证的前提是有关“金融危机”的，而结论是有关“经济增长”的，过渡性假设是关于这两个概念的关系，如“金融危机将影响到一个国家的经济增长”。

识别：题干论证中存在的**明显跳跃**。

技巧：在题干论证的跳跃之处搭建桥梁，寻找合适的选项。过渡性假设题型的正确答案一般都会同时出现题干前提和结论的核心概念，“……（前提）是……（结论）的重要标志（衡量标准）”的句型是正确选项的典型结构。

题型三：过渡性假设【★★★★】

例题7　长期以来，人们认为地球是已知唯一能支持生命存在的星球，不过这一情况开始出现改观。科学家近期指出，在其他恒星周围，可能还存在着更加宜居的行星。他们尝试用崭新的方法开展地球外的生命搜索，即搜寻放射性元素钍和铀。行星内部含有这些元素越多，其内部的温度就会越高，这在一定程度上有助于行星的板块运动，而板块运动有助于维系行星表面的水体，因此，板块运动可被视为行星存在宜居环境的标志之一。

以下哪项最可能是科学家的假设？

A. 行星如能维系水体，就可能存在生命。

B. 行星板块运动都是由放射性元素钍和铀驱动的。

C. 行星内部的温度越高，越有助于它的板块运动。

D. 没有水的行星也可能存在生命。

E. 虽然尚未证实，但地外生命一定存在。

例题8　最近一项研究发现，海水颜色能够让飓风改变方向，也就是说，如果海水变

色,飓风的移动路径也会变向。这也就意味着科学家可以根据海水的"脸色"判断哪些地方将被飓风袭击,哪些地方会幸免于难。值得关注的是,全球气候变暖可能已经让海水变色。

以下哪项最可能是科学家做出判断所依赖的前提?

A. 海水颜色与飓风移动路径之间存在某种相对确定的联系。

B. 海水温度升高会导致生成的飓风数量增加。

C. 海水温度变化与海水颜色变化之间的联系尚不明朗。

D. 全球气候变暖是最近几年飓风频发的重要原因之一。

E. 海水温度变化会导致海水改变颜色。

例题 9 有位美国学者做了一个实验,给被试儿童看三幅图画,即鸡、牛、青草,然后让儿童将其分为两类。结果大部分中国儿童把牛和青草归为一类,把鸡归为另一类,大部分美国儿童则把牛和鸡归为一类,把青草归为另一类。这位美国学者由此得出:中国儿童习惯于按照事物之间的关系来分类,美国儿童则习惯于把事物按照各自所属的"实体"范畴进行分类。

以下哪项是题干得出结论所必须假设的?

A. 马和青草是按照事物之间的关系被列为一类。

B. 鸭和鸡蛋是按照各自所属的"实体"范畴被归为一类。

C. 美国儿童只要把牛和鸡归为一类,就是习惯于按照各自所属的"实体"范畴进行分类。

D. 美国儿童只要把牛和鸡归为一类,就不是习惯于按照事物之间的关系进行分类。

E. 中国儿童只要把牛和青草归为一类,就不是习惯于按照各自所属的"实体"范畴进行分类。

例题 10 张华是甲班学生,对围棋感兴趣。该班学生或者对国际象棋感兴趣,或者对军棋感兴趣;如果对围棋感兴趣,则对军棋不感兴趣。因此,张华对中国象棋感兴趣。

以下哪项最可能是上述论证的假设?

A. 如果对国际象棋感兴趣,则对中国象棋感兴趣。

B. 甲班对国际象棋感兴趣的学生都对中国象棋感兴趣。

C. 围棋和中国象棋比军棋更具挑战性。

D. 甲班学生感兴趣的棋类只限于围棋、国际象棋、军棋和中国象棋。

E. 甲班所有学生都对中国象棋感兴趣。

(三)对比假设

若题干中存在涉及两者之间关系的比较,须采用求同法、求异法。

(1) 基于同一对象的假设

识别:题干不易辨认,主要是在论证一样东西是否有危害、一个项目是否成功或一个方法是否有效(与方法有效性论证有点像)。此题型的识别重点在于选项,一定会出现"如果没有""如果不"等词。

技巧:“若无法”,即正确选项一定包含“如果没有”“如果不”等词,要重点关注该选项。

(2) 基于不同对象的假设

识别:在题干中非常容易识别,题干中会直接给出结论,比如甲比乙好,然后举例说甲在A方面就是比乙好。

技巧:正确选项一定是说在另一方面,甲至少不比乙差,其他可能出现的文字描述还有“至少一样”“不低于”“不降低”等。

注意:不是在B方面甲也比乙好,是不比乙差,这是有区别的,切勿混淆。

前提比	结论比	假　　设
差	差	求同法:如果要使前提差—结论差,必须保证没有他差,就是需要补同
同	差	求异法:“前提同”一般不会导致“结论差”,论证显然存在漏洞,需要找到一个“他差”来使论证成立
优势	劣势	求异法:“前提优势”一般不会导致“结论劣势”,论证显然存在漏洞,需要找到一个“劣势”来使论证成立

题型四:对比假设【★★】

例题 11 宏达山钢铁公司由五个子公司组成。去年,其子公司火龙公司试行与利润挂钩的工资制度,其他子公司则维持原有的工资制度。结果,火龙公司的劳动生产率比其他子公司的平均劳动生产率高出13%。因此,在宏达山钢铁公司实行与利润挂钩的工资制度有利于提高该公司的劳动生产率。

以下哪项最可能是上述论证所假设的?

A. 火龙公司与其他各子公司分别相比,原来的劳动生产率基本相同。

B. 火龙公司与其他各子公司分别相比,原来的利润率基本相同。

C. 火龙公司的职工数量与其他子公司的平均职工数量基本相同。

D. 火龙公司原来的劳动生产率与其他子公司相比不是最高的。

E. 火龙公司原来的劳动生产率与其他各子公司原来的平均劳动生产率基本相同。

例题 12 丽山中学初三由八个班级组成。去年,(1)班试行开设逻辑思维课程,其他七个班级则维持原有的课程体系。结果(1)班的学生成绩比其他班级的学生成绩平均高出21%。因此,在丽山中学开设逻辑思维课程有利于提高该校学生的学习成绩。

以下哪项最可能是上述论证所假设的?

A. (1)班与其他各班级分别相比,原来的学生成绩基本相同。

B. (1)班与其他各班级分别相比,家庭条件基本相同。

C. (1)班的学生数量与其他班级的平均学生数量基本相同。

D. (1)班原来的学生成绩与其他班级相比不是最高的。

E. (1)班原来的学生成绩与其他各班级原来的平均学生成绩基本相同。

(四) 方法、目的、措施假设

题干论证是“为了达到……目的,而采取……方法(或计划、建议、措施等)”,该类试题

主要遵循以下原则：

(1) 方法找得到；(2)方法有效果；(3)方法无恶果(坏处)。

且优先顺序是：方法找得到＞方法有效果＞方法无恶果。

题型五：方法、目的、措施假设【★★★】

例题 13 欧洲蕨是一种有毒的野草，近年来在北半球蔓延并且毁坏了许多牧场，对付这种野草有一种花钱少而且能够自我维持的方法，就是引进这种植物的天敌，因此，一些科学家建议，将产于南半球的以欧洲蕨为食的蛾子放养到受这种野草影响的北半球地区，以此来控制欧洲蕨的生长。

如果科学家控制欧洲蕨的建议被采纳，以下哪一个是它获得成功的必要条件？

A. 南北半球的欧洲蕨生长的地区必须拥有相同的气候和土壤。

B. 所放养的蛾子以野草为食，但不吃原产于北半球的欧洲蕨。

C. 所放养的蛾子存活数量形成的群体足够减少欧洲蕨，并阻止其生长。

D. 要回到现在遍地都是欧洲蕨的牧场的家畜要对欧洲蕨引起的疾病产生免疫力。

E. 一些传统的控制办法(如火烧、刀割、喷化学药品等)并不比现在的方法少花钱、少用劳动力。

知识点 5：假设法总结

以下三个经验可以作为解假设题的原则。

(1) 观察题干中是否有简单命题或者表示**复合命题的关键词**，一旦发现，思路应尽可能考虑充分假设。

(2) 当确定试题是寻找充分假设时，应当注意最合适的选项，所谓最合适的选项是指，题干已知条件 1、2，结论是 3，可能不止一个选项满足“(1＋2＋选项)→3”这一要求，这时候就需要考虑这些选项之间的差别，选择最合适的选项。

(3) 在没有简单命题和表示复合命题关键词的情况下，论证假设应首先考虑必要假设，因为必要假设比充分假设需要满足更严格的条件，在一般情况下，论证的必要假设也是论证的充分假设，但论证的充分假设未必是论证的必要假设。

题型六：假设的综合应用【★★★】

例题 14 林教授的身体状况恐怕不宜继续担任校长助理的职务。因为近一年来，只要林教授给校长写信，内容只有一个，不是这里不舒服，就是那里有毛病。

为使上述论证成立，以下哪项是必须假设的？

Ⅰ. 胜任校长助理的职务，需要有良好的身体条件；

Ⅱ. 林教授给校长的信的内容基本上都是真实的；

Ⅲ. 近一年来，林教授经常给校长写信。

A. 只有Ⅰ。 B. 只有Ⅱ。 C. 只有Ⅲ。

D. 只有Ⅰ和Ⅱ。 E. Ⅰ、Ⅱ和Ⅲ。

例题 15 张勇认为他父亲生于 1934 年，而张勇的妹妹则认为父亲生于 1935 年。张勇的父亲出生的医院没有 1934 年的产科记录，但有 1935 年的记录。据记载，该医院没有张勇父亲的出生记录。因此，可以得出结论，张勇的父亲出生于 1934 年。

为使上述论证成立，以下哪项是必须假设的？

Ⅰ．上述医院 1935 年的产科记录是完整的；

Ⅱ．张勇和他妹妹关于父亲的出生年份的断定，至少有一个是真实的；

Ⅲ．张勇的父亲已经过世。

A．只有Ⅰ。　　B．只有Ⅱ。　　C．只有Ⅲ。

D．只有Ⅰ和Ⅱ。　　E．Ⅰ、Ⅱ和Ⅲ。

例题 16 国产影片《英雄》显然是前两年最好的古装武打片。这部电影是由著名导演、演员、摄影师、武打设计师参与的一部国际化大制作的电影，票房收入明显领先，说明观看该片的人数远多于进口的美国大片《卧虎藏龙》的人数，尽管《卧虎藏龙》也是精心制作的中国古装武打片。

为使上述论证成立，以下哪项是必须假设的？

Ⅰ．国产影片《英雄》和美国影片《卧虎藏龙》的票价基本相同；

Ⅱ．观众数量是评价电影质量的标准；

Ⅲ．导演、演员、摄影师、武打设计师和服装设计师的阵容是评价电影质量的标准。

A．只有Ⅰ。　　B．只有Ⅱ。　　C．只有Ⅲ。

D．只有Ⅰ和Ⅱ。　　E．Ⅰ、Ⅱ和 Ⅲ。

例题 17 作家在其晚期的作品中没有像其早期那样严格遵守小说结构的成规。由于最近发现的一部他的小说的结构像他早期的作品一样严格地遵守了那些成规，因此，该作品一定创作于他的早期。

上面论述所依据的假设是什么？

A．作家在其创作晚期比早期更不愿意打破某种成规。

B．随着创作的发展，作家日益意识不到其小说结构的成规。

C．在其职业生涯晚期，该作家是其时代唯一有意打破小说结构成规的作家。

D．作家在其创作生涯的晚期没有写过任何模仿其早期作品风格的小说。

E．这个作品经专家推测一定创作于他的晚期。

8.2 课后习题

基础训练

1　婴儿通过碰触物体、四处玩耍和观察成人的行为等方式来学习，但机器人通常只能按照编订的程序进行学习。于是,有些科学家试图研制学习方式更接近于婴儿的机器人。他们认为,既然婴儿是地球上最有效率的学习者,为什么不设计出能像婴儿那样不费力气就能学习的机器人呢?

以下哪项最可能是上述科学家观点的假设?

A. 婴儿的学习能力是天生的,他们的大脑与其他动物的幼崽不同。

B. 通过碰触、玩耍和观察等方式来学习是地球上最有效的学习方式。

C. 即使是最好的机器人,它们的学习能力也无法超过最差的婴儿学习者。

D. 如果机器人能像婴儿那样学习,它们的智能就有可能超过人类。

E. 成年人和现有机器人都不能像婴儿那样毫不费力地学习。

2 面试是招聘的一个不可取代的环节,因为通过面试,可以了解应聘者的个性。那些个性不适合的应聘者将被淘汰。

以下哪项是上述论证最可能假设的?

A. 应聘者的个性很难通过招聘的其他环节展示。

B. 个性是确定录用应聘者的最主要因素。

C. 只有经验丰富的招聘者才能通过面试准确地把握应聘者的个性。

D. 在招聘各环节中,面试比其他环节更重要。

E. 面试的唯一目的是为了了解应聘者的个性。

3 人类经历了上百万年的自然进化,产生了直觉、多层次抽象等独特智能。尽管现代计算机已具备一定的学习能力,但这能力还需要人类指导,完全的自我学习能力还有待进一步发展。因此,计算机要接近人类的智能几乎是不可能的。

以下哪项最可能是上述论证的预设?

A. 计算机可以形成自然进化能力。

B. 计算机很难真正懂得人类语言,更不可能理解人类。

C. 理解人类复杂的社会关系需要自我学习能力。

D. 计算机如果具备完全的自我学习能力,就能形成直觉、多层次抽象等智能。

E. 直觉、多层次抽象这些人类的独特智能无法通过学习获得。

4 美国扁桃仁于20世纪70年代出口到我国,当时被误译为“美国大杏仁”。这种误译导致大多数消费者根本不知道扁桃仁、杏仁是两种完全不同的产品。对此,尽管我国林果专家一再努力澄清,但学界的声音很难传达到相关企业和普通大众,因此,必须制定林果的统一行业标准,这样才能还相关产品以本来面目。

以下哪项最可能是上述论证的假设?

A. 美国扁桃仁和中国大杏仁的外形很相似。

B. 我国相关企业和普通大众并不认可我国林果专家的意见。

C. 进口商品名称的误译会扰乱我国企业正常的对外贸易活动。

D. 长期以来，我国没有关于林果的统一标准。
E. “美国大杏仁”在中国市场上的销量超过中国杏仁。

5 张教授指出，生物燃料是指利用生物资源生产的燃料乙醇或生物柴油，它们可以替代由石油制取的汽油和柴油，是可再生能源开发利用的重要方向。受世界石油资源短缺、环保和全球气候变化的影响，20 世纪 70 年代以来，许多国家日益重视生物燃料的发展，并取得显著成效。所以，应该大力开发和利用生物燃料。
以下哪项最可能是张教授论证的预设？
A. 发展生物燃料可有效降低人类对石油等化石燃料的消耗。
B. 发展生物燃料会减少粮食供应，而当今世界有数以百万计的人食不果腹。
C. 生物柴油和燃料乙醇是现代社会能源供给体系的适当补充。
D. 生物燃料在生产与运输的过程中需要消耗大量的水、电和石油等。
E. 目前我国生物燃料的开发和利用已经取得很大成绩。

6 人们一直在争论猫与狗谁更聪明。最近，有些科学家不仅研究了动物脑容量的大小，还研究其大脑皮层神经细胞的数量，发现猫平常似乎总摆出一副智力占优的神态，但猫的大脑皮层神经细胞的数量只有普通金毛犬的一半。由此，他们得出结论：狗比猫更聪明。
以下哪项最可能是上述科学家们得出结论的假设？
A. 狗善于与人类合作，可以充当导盲犬、陪护犬、搜救犬、警犬等，就对人类的贡献而言，狗能做的似乎比猫多。
B. 狗可能继承了狼结群捕猎的特点，为了互相配合，它们需要做出一些复杂行为。
C. 动物大脑皮层神经细胞的数量与动物的聪明程度呈正相关。
D. 猫的脑神经细胞数量比狗少，是因为猫不像狗那样“爱交际”。
E. 棕熊的脑容量是金毛犬的 3 倍，但其脑神经细胞的数量却少于金毛犬，与猫很接近，而棕熊的脑容量是猫的 10 倍。

7 小红说：如果中山大道只允许通行轿车和不超过 10 吨的货车，大部分货车将绕开中山大道。小兵说：如果这样的话，中山大道的车流量将减少，从而减少中山大道的撞车事故。
以下哪项是小红的断定所假设的？
A. 轿车和 10 吨以下的货车仅能在中山大道行驶。
B. 目前中山大道的交通十分拥挤。
C. 货车司机都喜欢在中山大道行驶。
D. 大小货车在中山大道外的马路行驶十分便利。
E. 目前行驶在中山大道的大部分货车都在 10 吨以上。

8 实业钢铁厂将竞选厂长。如果董来春参加竞选，则极具竞选实力的郝建生和曾思敏不参加竞选。所以，如果董来春参加竞选，他将肯定当选。

为使上述论证成立，以下哪项是必须假设的？

Ⅰ. 当选者一定是竞选实力最强的竞选者；

Ⅱ. 如果董来春参加竞选，那么他将是唯一的候选人；

Ⅲ. 在实业钢铁厂，除了郝建生和曾思敏，没有其他人的竞选实力比董来春强。

A. 只有Ⅰ。　　B. 只有Ⅱ。　　C. 只有Ⅲ。

D. 只有Ⅰ和Ⅲ。　　E. Ⅰ、Ⅱ和Ⅲ。

9 某公司总裁曾说过，当前任总裁批评我时，我不喜欢那感觉，因此，我不会批评我的继任者。

以下哪项最可能是该总裁上述言论的假设？

A. 当遇到该总裁的批评时，他的继任者和他的感觉不完全一致。

B. 只有该总裁的继任者喜欢被批评的感觉，他才会批评继任者。

C. 如果该总裁喜欢被批评，那么前任总裁的批评也不例外。

D. 该总裁不喜欢批评他的继任者，但喜欢批评其他人。

E. 该总裁不喜欢被前任总裁批评，但喜欢被其他人批评。

10 香蕉叶斑病是一种严重影响香蕉树生长的传染病，它的危害范围遍及全球。这种疾病可由一种专门的杀菌剂有效控制，但喷洒这种杀菌剂会对周边人群的健康造成危害。因此，在人口集中的地区对小块香蕉林喷洒这种杀菌剂是不妥当的。幸亏规模香蕉种植园大都远离人口集中的地区，可以安全地使用这种杀菌剂。因此，全世界的香蕉产量，基本上不会受到香蕉叶斑病的影响。

以下哪项可能是上述论证所假设的？

A. 人类最终可以培育出抗叶斑病的香蕉品种。

B. 全世界生产的香蕉大部分产自规模香蕉园。

C. 和在小块香蕉林中相比，香蕉叶斑病在规模香蕉种植园中传播得较慢。

D. 香蕉叶斑病是全球范围内唯一危害香蕉生长的传染病。

E. 香蕉叶斑病不危害植物。

11～12题基于以下题干：

因为照片的影像是通过光线与胶片的接触形成的，所以，每张照片都具有一定的真实性。但是，从不同角度拍摄的照片总是反映了物体某个侧面的真实而不是全部的真实，在这个意义上，照片又是不真实的。因此，在目前的技术条件下，以照片作为证据是不恰当的，特别是在法庭上。

11 以下哪项是上述论证所假设的？

A. 不完全反映全部真实的东西不能成为恰当的证据。

B. 全部的真实性是不可把握的。
C. 目前的法庭审理都把照片作为重要物证。
D. 如果从不同角度拍摄一个物体,就可以把握它的全部真实性。
E. 法庭具有判定任一证据真伪的能力。

12 以下哪项如果为真,最能削弱上述论证?
A. 摄影技术是不断发展的,理论上,全景照片可以从外观上反映物体的全部真实。
B. 任何证据只需要反映事实的某个侧面。
C. 在法庭审理中,有些照片虽然不能成为证据,但有重要的参考价值。
D. 有些照片是通过技术手段合成或伪造的。
E. 就反映的真实性而言,照片的质量有很大的差别。

强化训练

13 超市中销售的苹果常常留有一定的油脂痕迹,表面显得油光滑亮。牛师傅认为,这是残留在苹果上的农药所致,水果在收摘之前都喷洒了农药,因此,消费者在超市购买水果后一定要清洗干净方能食用。
以下哪项最可能是牛师傅看法所依赖的假设?
A. 除了苹果,其他许多水果运至超市时也留有一定的油脂痕迹。
B. 超市里销售的水果并未得到彻底清洗。
C. 只有那些在水果上能留下油脂痕迹的农药才可能被清洗掉。
D. 许多消费者并不在意超市销售的水果是否清洗过。
E. 在水果收摘之前喷洒的农药大多数会在水果上留下油脂痕迹。

14 研究人员最近发现,在人脑深处有一个叫作丘脑枕的区域,就像是个信息总台接线员,负责将外界的刺激信息分类整理,将人的注意力放在对行为与生存最重要的信息上。研究人员指出,这一发现有望为缺乏注意力而导致的紊乱类疾病带来新疗法,如注意力缺陷多动障碍、精神分裂症等。
以下哪项是上述论证所假设的?
A. 有些精神分裂症并不是由于缺乏注意力而导致的。
B. 视觉信息只是通过视觉皮层区的神经网络来传输。
C. 研究人员已经开发出一种新技术,能直接跟踪视觉皮层区和丘脑枕区的神经集丛间的通信。
D. 大脑无法同时详细地处理太多信息,只会选择性地将注意力集中在与行为最相关的事物上。
E. 当我们注意重要的视觉信息时,丘脑枕确保了信息通过不同神经集丛的一致性和行为相关性。

15～16 题基于以下题干：

某家长认为，有想象力才能进行创造性劳动，但想象力和知识是天敌，人在获得知识的过程中，想象力会消失，因为知识符合逻辑，而想象力无章可循。换句话说，知识的本质是科学，想象力的特征是荒诞，人的大脑一山不容二虎。学龄前，想象力独占鳌头，脑子被想象力占据；上学后，大多数人的想象力被知识驱逐出境。他们成为知识的附庸，但丧失了想象力，终身只能重复前人的发现。

15 以下哪项是该家长的论述所依赖的假设？

Ⅰ. 科学是不可能荒诞的，荒诞的就不是科学；

Ⅱ. 想象力和逻辑水火不容；

Ⅲ. 大脑被知识占据后很难恢复想象力。

A. 只有Ⅰ。 B. 只有Ⅱ。 C. 只有Ⅰ、Ⅱ。

D. 只有Ⅱ、Ⅲ。 E. Ⅰ、Ⅱ和Ⅲ。

16 以下哪项与该家长的上述观点矛盾？

A. 如果希望孩子能够进行创造性劳动，就不能送他们上学。

B. 如果获得了足够的知识，就不能进行创造性劳动。

C. 发现知识的人是有一定想象力的。

D. 有些人没有想象力，但能进行创造性劳动。

E. 想象力被知识驱逐出境是一个逐渐的过程。

17 为了提高运作效率，H 公司应当实行灵活工作日制度，也就是充分考虑雇员的个人意愿来决定他们每周的工作与休息日。研究表明，这种灵活工作日制度能使员工保持良好的情绪和饱满的精神。

上述论证依赖以下哪项假设？

Ⅰ. 那些希望实行灵活工作日的员工，大都是 H 公司的业务骨干；

Ⅱ. 员工良好的情绪和饱满的精神，能有效地提高企业的运作效率；

Ⅲ. H 公司不实行周末休息制度。

A. 只有Ⅰ。 B. 只有Ⅱ。 C. 只有Ⅲ。

D. 只有Ⅱ和Ⅲ。 E. Ⅰ、Ⅱ和Ⅲ。

18 研究显示：大多数有创造性的工程师都有在纸上乱涂乱画并记下一些看起来稀奇古怪想法的习惯。他们的大多数最有价值的设计都直接与这种习惯有关。而现在的许多工程师都用电脑工作，在纸上乱涂乱画不再是一种普遍的习惯。一些专家担心，这会影响工程师的创造性思维，建议在用于工程设计的计算机程序中匹配模拟的便条纸，能让使用者在上面涂鸦。

以下哪项最可能是上述建议所假设的？

A. 在纸上乱涂乱画，只可能产生工程设计方面的灵感。

B. 计算机程序中匹配的模拟便条纸，只能用于乱涂乱画，或记录看起来稀奇古怪的想法。
C. 所有用计算机工作的工程师都不会备有纸笔以随时记下有意思的想法。
D. 工程师在纸上乱涂乱画所记下的看起来稀奇古怪的想法，大多数都有应用价值。
E. 乱涂乱画所产生的灵感，并不一定通过在纸上的操作获得。

19 一个足球教练这样教导他的队员："足球比赛从来是以结果论英雄。在足球比赛中，你不是赢家，就是输家；在球迷的眼里，你要么是勇敢者，要么是懦弱者。由于所有的赢家在球迷眼里都是勇敢者，因此，每个输家在球迷眼里都是懦弱者。"

为使上述足球教练的论证成立，以下哪项是必须假设的？
A. 在球迷们看来，球场上勇敢者必胜。
B. 球迷具有区分勇敢和懦弱的准确判断力。
C. 球迷眼中的勇敢者，不一定是真正的勇敢者。
D. 即使在球场上，输赢也不是区别勇敢者和懦弱者的唯一标准。
E. 在足球比赛中，赢家一定是勇敢者。

20 没有一个植物学家的寿命长到足以研究一棵长白山红松的完整生命过程。但是，通过观察处于不同生长阶段的许多棵树，植物学家就能拼凑出一棵树的生长过程。这一原则完全适用于目前天文学对星团发展过程的研究。这些由几十万颗恒星聚集在一起的星团，大都有 100 亿年以上的历史。

以上哪项最可能是上文所做的假设？
A. 在科学研究中，适用于某个领域的研究方法，原则上都适用于其他领域，即使这些领域的对象完全不同。
B. 天文学的发展已具备对恒星聚集体的不同发展阶段进行研究的条件。
C. 在科学研究中，完整地研究某一个体的发展过程是没有价值的，有时也是不可能的。
D. 目前有尚未被天文学家发现的星团。
E. 对星团的发展过程的研究，是目前天文学研究中的紧迫课题。

21 莱布尼茨是 17 世纪伟大的哲学家。他先于牛顿发表了他的微积分研究成果。但是，当时牛顿公布了他的私人笔记，说明他至少在莱布尼茨发表其成果的 10 年前已经运用了微积分的原理。牛顿还说，在莱布尼茨发表其成果的不久前，他在给莱布尼茨的信中谈起过自己关于微积分的思想。但是，事后的研究说明，在牛顿的这封信中，有关微积分的几行字几乎没有涉及这一理论的任何重要之处。因此，可以得出结论，莱布尼茨和牛顿各自独立地发现了微积分。

以下哪项是上述论证必须假设的？
A. 莱布尼茨在数学方面的才能不亚于牛顿。

B. 莱布尼茨是个诚实的人。
C. 没有第三个人不迟于莱布尼茨和牛顿独立地发现了微积分。
D. 莱布尼茨发表微积分研究成果前从没有把其中的关键性内容告诉任何人。
E. 莱布尼茨和牛顿都没有从第三渠道获得关于微积分的关键性细节。

22 通常的高山反应是由高海拔地区空气中缺氧造成的，当缺氧条件改变时，症状可以很快消失。急性脑血管梗阻也具有脑缺氧的病征，如不及时恰当地处理，可能会危及生命。由于急性脑血管梗阻的症状和普通高山反应相似，因此，在高海拔地区，急性脑血管梗阻这种病特别危险。

以下哪项最可能是上述论证所假设的？
A. 普通高山反应和急性脑血管梗阻的医疗处理是不同的。
B. 高山反应不会诱发急性脑血管梗阻。
C. 急性脑血管梗阻如及时恰当地处理不会危及生命。
D. 高海拔地区缺少抢救和医治急性脑血管梗阻的条件。
E. 高海拔地区的缺氧可能会影响医生的工作，降低其诊断的准确性。

第九章　解　　释

【知识体系】

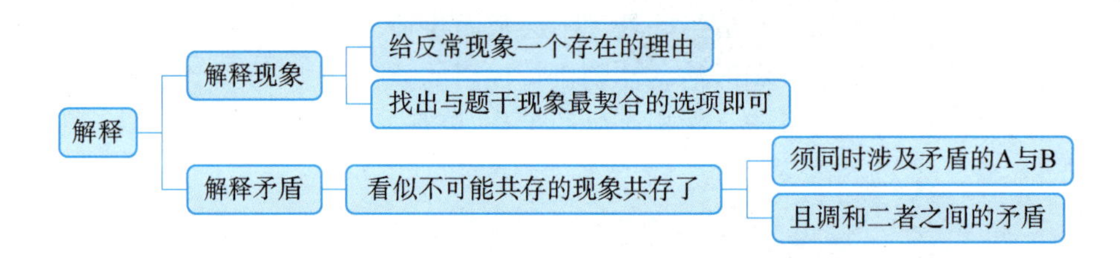

9.1　具体知识点与题型剖析

知识点1：解释概况

解释就是针对某一种现象给出原因，具体包括两种情况：

（1）单纯地寻找某一表面上违反常识现象的原因，本书称之为现象解释；

（2）寻找表面上相互矛盾现象的原因，本书称之为矛盾解释。

解释题在历年考试中数量较多，难度一般，考生需要多加练习。

知识点2：现象解释

现象解释题比较简单，题干主要描述一个现象，这一现象一般有悖于常识。例如，夏天游泳馆游泳人数较多，这不需要进行过多解释；要解释的是为什么“某地冬天游泳馆的游泳人数多于夏天”。

当然，有时候题干的现象可能就是一件事情，选项要求找出解释做这件事情的原因。这种试题主要考核考生对于现象之间是否存在逻辑因果关系的把握，在历年考试中试题数量也不多。

题型一：解释现象【★★★】

例题1　若成为白领的可能性无性别差异，按正常男女出生率102∶100计算，当这批人中的白领谈婚论嫁时，女性与男性数量应当大致相等。但实际上，某市妇联近几年举

办的历次大型白领相亲活动中，报名的男女比例约为 3∶7，有时甚至达到 2∶8。这说明，文化越高的女性越难嫁，文化低的反而好嫁；男性则正好相反。

以下除哪项外，都有助于解释上述分析与实际情况的不一致？

A. 与男性有所不同，女性白领要求高，往往只找比自己更优秀的男性。

B. 与本地女性竞争的外地优秀女性多于与本地男性竞争的外地优秀男性。

C. 大学毕业后出国的精英分子中，男性多于女性。

D. 一般说来，男性参加大型相亲会的积极性不如女性。

E. 男性因长相、身高、家庭条件等被女性淘汰者多于女性因长相、身高、家庭条件等被男性淘汰者。

例题 2 乘客使用手机及便携式电子设备会通过电磁波谱频繁地传输信号，机场的无线电话和导航网络等也会使用电磁波谱，但电信委员会已根据不同用途把电磁波谱分成了几大块。因此，用手机打电话不会对专供飞机通信系统或全球定位系统使用的波段造成影响。尽管如此，各大航空公司仍然规定，禁止机上乘客使用手机等电子设备。

以下哪项如果为真，能解释上述现象？

Ⅰ. 乘客在空中使用手机等电子设备可能对地面导航网络造成影响；

Ⅱ. 乘客在飞机起飞和降落时使用手机等电子设备，可能影响机组人员工作；

Ⅲ. 便携式电脑或者游戏设备可能导致自动驾驶仪出现断路或仪器显示发生故障。

A. 只有Ⅰ。　B. 只有Ⅱ。　C. 只有Ⅰ和Ⅱ。

D. 只有Ⅱ和Ⅲ。　E. Ⅰ、Ⅱ和Ⅲ。

例题 3 2010 年某省物价总水平仅上涨 2.4%，涨势比较温和，涨幅甚至比 2009 年回落了 0.6 个百分点。可是，普通民众觉得物价涨幅较高，一些统计数据也表明，民众的感觉有据可依。2010 年某月的统计报告显示，该月禽蛋类商品的价格涨幅达 12.3%，某些反季节蔬菜涨幅甚至超过 20%。

以下哪项如果为真，最能解释上述看似矛盾的现象？

A. 人们对数据的认识存在偏差，不同来源的统计数据会产生不同的结果。

B. 影响居民消费品价格总水平变动的各种因素互相交织。

C. 虽然部分日常消费品涨幅很小，但居民感觉很明显。

D. 在物价指数体系中占相当权重的工业消费品价格持续走低。

E. 不同的家庭，其收入水平、消费偏好、消费结构都有很大的差异。

例题 4 2014 年，为迎接 APEC 会议的召开，北京、天津、河北等地实施“APEC 治理模式”，采取了有史以来最严格的减排措施。果然，令人心醉的“APEC 蓝”出现了。然而，随着会议的结束，“APEC 蓝”也渐渐消失了。对此，有些人士表示困惑，既然政府能在短期内实施“APEC 治理模式”取得良好效果，为什么不将这一模式长期坚持下去呢？

以下除哪项外，均能解释人们的困惑？

A. 严格的减排措施在落实过程中已产生很多难以解决的实际困难。

B. 如果近期将“APEC 治理模式”常态化,将会严重影响地方经济和社会发展。

C. 如果 APEC 会议期间北京雾霾频发,就会影响我们国家的形象。

D. 短期严格的减排措施只能是权宜之计,大气污染治理仍须从长计议。

E. 任何环境治理都需要付出代价,关键在于付出的代价是否超出收益。

知识点 3: 矛盾解释

矛盾解释题比单纯的现象解释题要难。题干描述的至少是两个现象,并且这两个现象在表面上是矛盾的,要求对这一对矛盾之所以能够共存做出合理解释。**首先,正确选项要与题干的情景有关;其次,选项不能与矛盾双方的事实相悖;最后,选项需要对矛盾双方都能包容。**

例如,题干论述的是: 道路修好后,在车流量没有增多的情况下,交通事故反而上升了,如何解释?

首先,选项要与题干有关,如选项“道路质量是经过国家检验部门验收合格的”是与题干无关的选项;其次,选项不能与题干矛盾,如选项中说“车流量明显上升”是与题干已知矛盾的;最后,选项还必须能够包容双方矛盾,如“许多交通事故往往与天气有关”,该选项不能包容矛盾双方,因为它并没有表明,道路修好后,天气比以前恶化了。合适的解释可以是: 道路修好后,以前开车细致的司机变得粗心了;车流量尽管没有增多,但车速因为道路修好都变得更快了;车流量尽管没有增多,但车辆中大型车的比重上升了,而大型车往往是造成交通事故的主要原因。

矛盾解释题在历年试题中的数量相对较多,且得分比较容易,考生不能忽视。

题型二: 解释矛盾【★★★】

例题 5　有气象专家指出,全球变暖已经成为人类发展最严重的问题之一,南北极地区的冰川由于全球变暖而加速融化,已导致海平面上升;如果这一趋势不变,今后势必淹没很多地区。但近几年来,北半球许多地区的民众在冬季感到相当寒冷,一些地区甚至出现了超强降雪和超低气温,人们觉得对近期气候的确切描述似乎更应该是“全球变冷”。

以下哪项如果为真,最能解释上述现象?

A. 除了南极洲,南半球近几年冬季的平均温度接近常年。

B. 近几年来,全球夏季的平均气温比常年偏高。

C. 近几年来,由于两极附近的海水温度升高导致原来洋流中断或者减弱,而北半球经历严寒冬季的地区正是原来暖流影响的主要区域。

D. 近几年来,由于赤道附近海水温度升高导致原来洋流增强,而北半球经历严寒冬季的地区不是原来寒流影响的主要区域。

E. 北半球主要是大陆性气候,冬季和夏季的温差通常比较大,近年来冬季极地寒流南侵比较频繁。

例题 6　对交通事故的调查发现,严查酒驾的城市和不严查酒驾的城市,交通事故发生率实际上是差不多的。然而多数专家认为，严查酒驾确实能降低交通事故的发生。

以下哪项对消除这种不一致最有帮助？

A. 严查酒驾的城市交通事故发生率曾经都很高。

B. 实行严查酒驾的城市并没有消除酒驾。

C. 提高司机的交通安全意识比严格管理更为重要。

D. 除了严查酒驾外，对其他交通违章也应该制止。

E. 小城市和大城市交通事故的发生率是不一样的。

例题 7 某大学的哲学学院和管理学院今年招聘新教师，招聘结束后受到了女权主义代表的批评，因为他们在 12 名女性应聘者中录用了 6 名，但在 12 名男性应聘者中却录用了 7 名。该大学对此解释说，今年招聘新教师的两个学院中，女性应聘者的录用率都高于男性的录用率。具体情况是：哲学学院在 8 名女性应聘者中录用了 3 名，而在 3 名男性应聘者中录用了 1 名；管理学院在 4 名女性应聘者中录用了 3 名，而在 9 名男性应聘者中录用了 6 名。

以下哪项最有助于解释女权主义代表和该大学之间的分歧？

A. 整体并不是局部的简单相加。

B. 现代社会提倡男女平等，但在实际执行中还是有一定的难度。

C. 各个局部都具有的性质在整体上未必具有。

D. 有些数学规则不能解释社会现象。

E. 人们往往从整体角度考虑问题，不管局部如何，最终的整体结果才是最重要的。

9.2 课后习题

基础训练

1 城市污染是工业化社会的一个突出问题。城市居民因污染而患病的比例一般高于农村。但奇怪的是，城市中心的树木反而比农村的树木长得更茂盛、更高大。

以下各项如果为真，哪项最无助于解释上述现象？

A. 城里人对树木的保护意识比农村人强。

B. 由于热岛效应，城市中心的年平均气温明显比农村高。

C. 城市多高楼，树木因其趋光性而长得更高大。

D. 城市栽种的主要树木品种与农村不同。

E. 农村空气中的氧气含量高于城市。

2 一般商品只有在多次流通过程中才能不断增值，但艺术品作为一种特殊商品却体现出与一般商品不同的特征。在拍卖市场上，有些古玩、字画的成交价有很大的随机性，往往会直接受到拍卖现场气氛、竞价激烈程度、买家心理变化等偶然因素的影响，成交价有时会高于底价几十倍乃至数百倍，使得艺术品在一次“流通”中实现大幅度增值。

以下哪项最无助于解释上述现象？

A. 艺术品的不可再造性决定了其交易价格有可能超过其自身价值。

B. 不少买家喜好收藏，抬高了艺术品的交易价格。

C. 有些买家就是为了炒作艺术品，以期获得高额利润。

D. 虽然大量赝品充斥市场，但是对艺术品的交易价格没有什么影响。

E. 国外资金进入艺术品拍卖市场，对价格攀升起到了拉动作用。

3 用甘蔗提炼乙醇比用玉米需要更多的能量，但奇怪的是，多数酿酒者却偏爱用甘蔗做原料。

以下哪项如果为真，最能解释上述矛盾现象？

A. 任何提炼乙醇的原料的价格都随季节波动，而提炼的费用则相对稳定。

B. 燃烧甘蔗废料可提供向乙醇转化所需要的能量，而用玉米提炼乙醇则完全需要额外提供能源。

C. 玉米质量对乙醇产出品的影响较甘蔗小。

D. 用甘蔗制糖或其他食品的生产时间比提炼乙醇的时间长。

E. 用甘蔗制糖或其他食品的生产时间与提炼乙醇的时间大体相当。

4 巴斯德认为，空气中的微生物浓度与环境状况、气流运动和海拔高度有关。他在山上的不同高度分别打开装着煮沸过的培养液的瓶子，发现海拔越高，培养液被微生物污染的可能性越小。在山顶上，20 个装了培养液的瓶子中只有 1 个长出了微生物。普歇另用干草浸液做材料重复了巴斯德的实验，却得出不同的结果：即使在海拔很高的地方，所有装了培养液的瓶子都很快地长出了微生物。

以下哪项如果为真，最能解释普歇和巴斯德实验所得到的不同结果？

A. 只要有氧气的刺激，微生物就会从培养液中自发地生长出来。

B. 培养液在加热消毒、密封、冷却的过程中会被外界细菌污染。

C. 普歇和巴斯德的实验设计都不够严密。

D. 干草浸液中有一种耐高温的枯草杆菌，培养液一旦冷却，枯草杆菌的孢子就会复活并迅速繁殖。

E. 普歇和巴斯德都认为，虽然他们用的实验材料不同，但是经过煮沸，细菌都能被有效地杀灭。

5 某市警察局的统计数字显示，汽车防盗装置降低了汽车被盗的危险性。但是汽车保险业却不以为然，他们声称，装了汽车防盗装置的汽车反而比那些没有装此类装置的汽车更有可能被偷。

下面哪一条如果正确，最能解释这个明显的矛盾？

A. 被盗汽车的失主总是在案发后向警察局报告失窃事件，却延缓向保险公司发出通知。
B. 大多数被盗汽车都没有安装防盗装置，大多数安装防盗装置的汽车都没被偷。
C. 最常见的汽车防盗装置是发声报警器，这些报警器对每一起试图偷车的事件通常都会发出过多的警报。
D. 那些最有可能给他们的汽车安装防盗系统的人，都是汽车特别容易被盗的人，而且都居住在汽车被盗事件高发地区。
E. 大多数汽车被盗事件都是职业窃贼所为，对他们的手段和能力来说，汽车防盗装置所提供的保护是不够的。

6 随着数字技术的发展，音频、视频的播放形式出现了革命性转变。人们很快接受了一些新形式，如 MP3、CD、DVD 等。但是，对于电子图书的接受并没有达到专家所预期的程度，现在仍有很大一部分读者喜欢捧着纸质出版物。纸质书籍在出版业中依然占据重要地位。因此有人说，书籍可能是数字技术需要攻破的最后一个堡垒。
以下哪项最不能对上述现象提供解释？
A. 人们固执地迷恋着阅读纸质书籍时的舒适体验，喜欢纸张的质感。
B. 在显示器上阅读，无论是笨重的阴极射线管还是轻薄的液晶显示器，都会让人无端地心浮气躁。
C. 现在仍有一些怀旧爱好者喜欢收藏经典图书。
D. 电子书显示设备技术不够完善，图像显示速度较慢。
E. 电子书和纸质书籍的柔软沉静相比，显得面目可憎。

7 随着文化知识越来越重要，人们花在读书上的时间越来越多，文人学子中近视的比例也越来越高。即便在城里的工人、农村的农民中，也能看到不少人戴近视眼镜。然而，在中国古代，很少看到患有近视的文人学子，更别说普通老百姓了。
以下除哪项外，均可以解释上述现象？
A. 古时候，只有家庭条件好或者有地位的人才读得起书，即便读书，用在读书上的时间也很少，那种头悬梁、锥刺股的读书人更是凤毛麟角。
B. 古时候交通工具不发达，出行主要靠步行，骑马、足量的运动对于预防近视有一定的作用。
C. 古时候生活节奏慢，不用担心交通安全。所以，即使患了近视，其危害也非常小。
D. 古代自然科学不发达，那时学生读的书很少，主要是“四书”“五经”，一本《论语》要读好多年。
E. 古人书写用的是毛笔，眼睛和字的距离比较远，写的字也相对大些。

8 从事与皮肤病相关的职业仍是医学院校毕业生的一个安全选择。与太阳紫外线照射相关的皮肤癌病例每年都保持相对稳定的数量，即使与 20 年前盛行晒太阳相比，现在特意将自己暴晒于太阳下的成年人要少得多。

以下每项如果为真都可解释上述统计数字上的差异，除了（ ）

A. 因为大气层顶层臭氧含量减少，现在更多的人都将无意识地暴露在过量的太阳紫外线下。

B. 继续特意在太阳底下暴晒的人比过去太阳浴者吸收更大剂量的有害放射物。

C. 来自太阳以外的紫外线辐射量逐年增加。

D. 尽管现在更少的女性特意在太阳下暴晒，但这样做的男性人数显著增长。

E. 大多数皮肤癌患者病症发作前30年经常暴露于紫外线下。

9 大气和云层既可以折射也可以吸收部分太阳光，约有一半照射地球的太阳能被地球表面的土地和水面吸收，这一热能值十分巨大。由此可以得出：地球将会逐渐升温以致融化。然而，幸亏有一个可以抵消此作用的因素，即：以下哪项作为上述的后续最为恰当？

A. 地球发散到外空的热能值与其吸收的热能值相近。

B. 通过季风与洋流，地球赤道的热向两极方向扩散。

C. 在日食期间，由于月球的阻挡，照射到地球的太阳光线明显减少。

D. 地球核心因为热能积聚而一直呈熔岩状态。

E. 由于二氧化碳排放增加，地球的温室效应引人关注。

10 除了价格上涨伴随产品质量成功地改进这种情况外，价格上涨通常会降低产品的销售量。但是，酒是个例外，一种酒的价格上涨常常导致其销量增加，即使酒本身并没有任何改变。

以下哪项如果为真，最有助于解释上述所说的例外？

A. 零售市场上存在极具竞争力的多个品牌的酒。

B. 许多顾客在决定买哪种酒时是基于书或期刊中关于酒的评论。

C. 顾客在商场里选购酒时常常以酒的价格作为评判酒的质量的主要参考依据。

D. 酒的零售商和制造商使用打折办法一般可以短期增加某种酒的销量。

E. 定期购买酒的顾客一般对其钟爱的酒持有强烈的认同感。

11 成品油生产的利润很大程度上受国际市场原油价格的影响，因为大部分原油是按国际市场价购进的。近年来，随着国际原油市场价格的不断提高，成品油生产商的运营成本大幅度增加，但某国际成品油生产商的利润并没有减少，反而增加了。

以下哪项为真，最有助于解释上述看似矛盾的现象？

A. 原油成本只占成品油生产商运营成本的一半。

B. 该国成品油价格根据市场供需确定。随着国际原油市场价格的上涨，该国政府为成品油生产商提供相应补贴。

C. 在国际原油市场价格不断上涨期间，该国际原油成品油生产商降低了个别高薪员

工的工资。

D. 在国际原油市场价格上涨之后，除进口成本增加以外，成品油生产的其他运营成本也有所提高。

E. 该国成品油生产商的原油有一部分来自国内，这部分受国际市场价格波动影响较小。

12 统计局报告指出，2011 年中产家庭的收入较 2010 年提高了 1.6%。一般说来，家庭收入的提高会使贫穷率下降。但是 2011 年国家的贫穷率较 2010 年却没有下降。

下面哪一项如果正确，最能解释上述矛盾？

A. 中产家庭的模式在 2010—2011 年发生了有利于家庭收入增长的改变。

B. 中产家庭的消费在 2010—2011 年有所增长。

C. 家庭的收入变化不会影响国家的贫困率。

D. 贫困人口的比例下降。

E. 2009—2010 年国家发生了经济萧条，而经济萧条的影响将会持续，并且会在 5 年之内使国家贫困率维持在较高的水平上。

13 美国某大学医学院研究人员在《小儿科杂志》上发表论文指出，在对 2702 个家庭的孩子进行跟踪调查后发现，如果孩子在 5 岁前每天看电视超过 2 小时，他们长大后出现行为问题的风险将会增加 1 倍多。所谓行为问题，是指性格孤僻、言行粗鲁、侵犯他人、难与他人合作等。

以下哪项最能解释以上论述？

A. 电视节目会使孩子产生好奇心，容易导致孩子出现暴力倾向。

B. 电视节目中有不少内容容易使孩子长时间处于紧张、恐惧的状态。

C. 看电视时间过长，会影响儿童与他人的交往，久而久之，孩子便会缺乏与他人打交道的经验。

D. 儿童模仿力强，如果只对电视节目感兴趣，长此以往，会阻碍他们分析能力的发展。

E. 每天长时间地看电视，容易使孩子神经系统产生疲劳，影响身心健康发展。

14 新疆的哈萨克人用经过训练的金雕在草原上长途追击野狼。某研究小组为研究金雕的飞行方向和判断野狼群的活动范围，将无线电传导器放置在一只金雕身上进行追踪。野狼为了觅食，其活动范围通常很广，因此，金雕追击野狼的飞行范围通常也很大。然而，两周以来，无线电传导器不断传回的信号显示，金雕仅在放飞地 3 公里范围内飞行。

以下哪项如果为真，最有助于解释上述金雕的行为？

A. 金雕的放飞地周边层峦叠嶂，险峻异常。

B. 金雕的放飞地 2 公里范围内有一牧羊草场，成为狼群袭击的目标。

C. 由于受训金雕的捕杀，放飞地广阔草原的野狼几乎灭绝了。

D. 无线电传导器信号仅能在有限的范围内传导。

E. 无线电传导器的安放并未削弱金雕的飞行能力。

15 有一种生产毒素的微生物会使海水变成红色，这种现象被称为赤潮。当海獭的主要食物来源蛤蜊被赤潮毒素污染时，海獭就不会在那些区域觅食。对于海獭的这种行为，一种解释认为，海獭在某个地方正式觅食之前会先尝几个蛤蜊，并且能够觉察出其中的任何毒素。

以下哪项为真，将最有力地表明上述解释是不正确的？

A. 在赤潮出现的某些海域，既没有蛤蜊，也没有海獭。

B. 少量的赤潮毒素不会产生什么危害，但是大量的这种毒素会使海獭死亡。

C. 当没有受到赤潮影响的一片海水被人为地染成棕红色时，海獭也不吃那些地方的蛤蜊。

D. 海獭在某个海域出现是一种显著的标志，表明那里可以找到其他海洋生物。

E. 海獭的味觉系统具有比起视觉系统高得多的辨别能力。

16 我国中原地区如果降水量比往年低，则该地区的河流水位会下降，流速会减慢，这有利于河流中的水草生长，河流中的水草总量通常也会随之增加。不过，去年该地区在经历了一次极端干旱之后，尽管该地区某河流的流速十分缓慢，但其中的水草总量并未随之增加，只是处于一个很低的水平。

以下哪项如果为真，最能解释上述看似矛盾的现象？

A. 该河流在经历了去年极端干旱之后干涸了一段时间，导致大量水生生物死亡。

B. 如果河中水草数量达到一定程度，就会对周边其他物种的生存产生危害。

C. 我国中原地区多平原，海拔差异小，其地表河水的流速比较缓慢。

D. 河水流速越慢，其水温变化就越小，这有利于水草的生长和繁殖。

E. 经过极端干旱之后，该河流中以水草为食物的水生动物数量大量减少。

17 去年某旅游胜地游客人数与前年游客人数相比，减少约一半。当地旅游管理部门调查发现，去年与前年的最大不同是入场门票从 120 元升到了 190 元。

以下哪项措施最可能有效地解决上述游客锐减问题？

A. 利用多种媒体加强广告宣传。

B. 旅游地增加更多的游玩项目。

C. 根据实际情况，入场门票实行季节浮动价。

D. 对游客提供更周到的服务。

E. 加强该旅游地与旅游公司的联系。

18 西双版纳植物园种有两种樱草，一种自花授粉，另一种非自花授粉，即须依靠昆虫授

粉。近几年来，授粉昆虫的数量显著减少。另外，一株非自花授粉的樱草所结的种子比自花授粉的要少。显然，非自花授粉樱草的繁殖条件比自花授粉的要差。但是，游人在植物园多见的是非自花授粉樱草，而不是自花授粉樱草。

以下哪项判定最无助于解释上述现象？

A. 和自花授粉樱草相比，非自花授粉樱草的种子发芽率较高。

B. 非自花授粉樱草是本地植物，而自花授粉樱草是几年前从国外引进的。

C. 前几年，上述植物园非自花授粉樱草和自花授粉樱草的数量比大约是 5∶1。

D. 当两种樱草杂生时，土壤中的养分更易被非自花授粉樱草吸收，这又往往导致自花授粉樱草的枯萎。

E. 在上述植物园中，为保护授粉昆虫免受游客伤害，非自花授粉樱草多植于园林深处。

强化训练

19 新华大学在北戴河设有疗养院，每年夏季接待该校的教职工。去年夏季该疗养院的入住率(客房部床位的使用率)为 87%，来此疗养的教职工占全校教职工的比例为 10%，今年夏季来此疗养的教职工占全校教职工的比例下降至 8%，但入住率却上升至 92%。

以下各项如果为真，都有助于解释上述看来矛盾的数据，除了(　　)

A. 今年该校新成立了理学院，教职工总数比去年有较大增长。

B. 今年该疗养院打破了历年的惯例，第一次有限制地对外开放。

C. 今年该疗养院的客房总数不变，但单人间的比例由原来的 5%提高至 10%，双人间的比例由原来的 40%提高至 60%。

D. 该疗养院去年大部分客房今年改为足疗保健室或棋牌娱乐室。

E. 经过去年冬季的改建，该疗养院各项设施的质量明显提高，大大增加了对疗养者的吸引力。

20 以优惠价出售日常家用小商品的零售商通常有上千雇员，其中的大多数只能领取最低工资，随着国家法定的最低工资额的提高，零售商的人力成本也随之大幅度提高。但是，零售商的利润非但没有降低，反而提高了。

以下哪项如果为真，最有助于解释上述看来矛盾的现象？

A. 上述零售商的基本顾客是领取最低工资的人。

B. 人力成本只占零售商经营成本的一半。

C. 在国家提高最低工资额的法令实施后，除了人力成本以外，其他零售商的经营成本也有所提高。

D. 零售商的雇员有一部分来自农村，他们基本上都拿最低工资。

E. 在国家提高最低工资额的法令实施后，零售商降低了某些高薪雇员的工资。

21 离家 300 米的学校不能上，却被安排到 2 公里以外的学校就读，某市一位适龄儿童在上小学时就遇到了所在区教育局这样的安排，而这一安排是区教育局根据儿童户籍所在施教区做出的。根据该市教育局规定的“就近入学原则”，儿童家长将区教育局告上法庭，要求撤销原来的安排，让其孩子就近入学，法院对此做出一审判决，驳回原告请求。

下列哪项最可能是法院的合理依据？

A. “就近入学”不是“最近入学”，不能将入学儿童户籍地和学校的直线距离作为划分施教区的唯一依据。

B. 按照特定的地理要素划分，施教区中的每所小学不一定就处于该施教区的中心位置。

C. 儿童入学究竟上哪一所学校不是让适龄儿童或其家长自主选择，而是要听从政府主管部门的行政安排。

D. “就近入学”仅仅是一个需要遵循的总体原则，儿童具体入学安排还要根据特定的情况加以变通。

E. 该区教育局划分施教区的行政行为符合法律规定，而原告孩子户籍所在施教区的确需要去离家 2 公里外的学校就读。

22 在我国北方严寒冬季的夜晚，车辆前挡风玻璃会因低温而结冰霜。第二天对车辆发动预热后，玻璃上的冰霜会很快融化。何宁对此不解，李军解释道：因为车辆仅有的除霜孔位于前挡风玻璃，而车辆预热后除霜孔完全开启，因此，是开启除霜孔使车辆玻璃冰霜融化。

以下哪项如果为真，最能质疑李军对车辆玻璃冰霜迅速融化的解释？

A. 车辆一侧玻璃窗没有出现冰霜现象。

B. 尽管车尾玻璃窗没有除霜孔，其玻璃上的冰霜融化速度与前挡风玻璃没有差别。

C. 当吹在车辆玻璃上的空气气温增加时，其冰霜的融化速度也会增加。

D. 车辆前挡风玻璃除霜孔排出的暖气流排出后可能很快冷却。

E. 即使启用车内空调暖风功能，除霜孔的功用也不能被取代。

第十章　评价与结构类似

【知识体系】

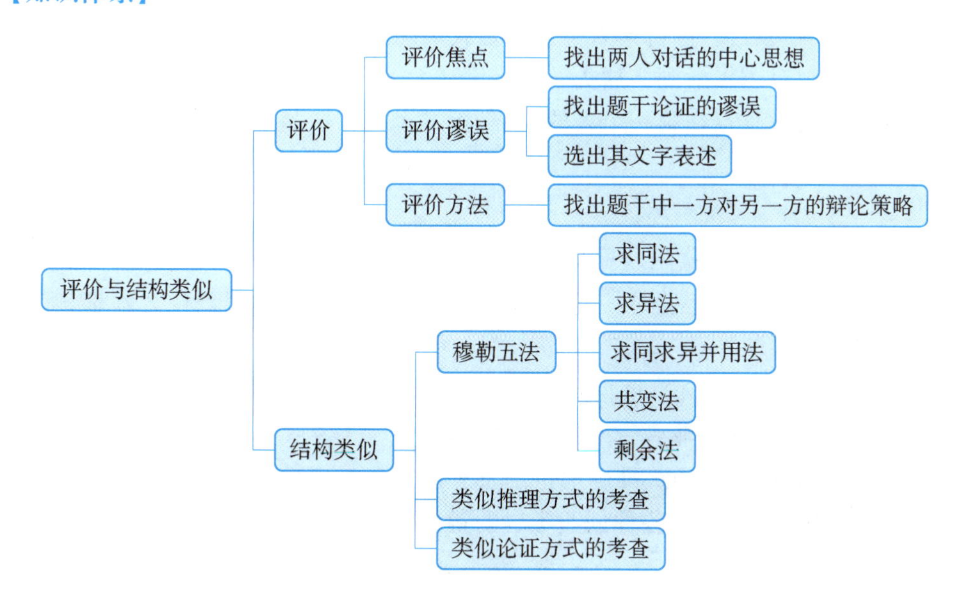

10.1　具体知识点与题型剖析

知识点1：评价型试题特征

评价型试题是对题干的论证方式和方法、论证目的以及论证是否遵守逻辑基本规律的要求、论证中有无出现逻辑错误等进行评价，或者指出哪个选项与论证最为相关。评价型试题的提问方式一般是：

“以下哪项对上述论证的评价最为恰当？”

“题干论证中所包含的逻辑漏洞是什么？”

“以下哪项如果为真，最能对题干论证的有效性进行评价？”

“以下哪项是对上述论证方法的最为恰当的概括？”

"为了对上述断定做出评价，回答以下哪个问题至关重要？"

等等。

知识点 2：评价型试题解题方法与思路

评价型试题主要有以下三种类型。

（一）评价逻辑错误或漏洞

根据题干中的论证或推理，利用所学知识，判断论证或推理是否符合逻辑的基本规律，概念、命题是否使用正确，推理或论证是否符合相关规则等。按要求指出逻辑错误或找出与题干错误相同选项即可。

（二）评价论证方法

解答评价论证方法的题目一般是直接指出题干的推理或论证使用了什么方法，这类题目一般没有迷惑选项，读完题干后，直接比较选项，选择合适答案。

（三）评价两人争论的焦点

题干中给出两人对话，评价两人争论就是找出两人争论的焦点，或指出其中一方反驳时采用的方法是否有逻辑漏洞。这类题型难度较大，考查考生的综合能力，也需要重点掌握。解答这类题目时重点在第一个人的论证，第二个人一般是反驳第一个人的论证方式。

题型一：评价焦点【★★★】

例题 1 王研究员：我国政府提出的"大众创业、万众创新"激励着每一个创业者。对于创业者来说，最重要的是需要一种坚持精神。不管在创业中遇到什么困难，都要坚持下去。

李教授：对于创业者来说，最重要的是敢于尝试新技术。因为有些新技术一些大公司不敢轻易尝试，这就为创业者带来了成功的契机。

根据以上信息，以下哪项最准确地指出了王研究员与李教授的分歧所在？

A. 最重要的是敢于迎接各种创业难题的挑战，还是敢于尝试那些大公司不敢轻易尝试的新技术。

B. 最重要的是坚持创业，有毅力、有恒心地把事业一直做下去，还是坚持创新，做出更多的科学发现和技术发明。

C. 最重要的是坚持把创业这件事做好，成为创业大众的一员，还是努力发明新技术，成为创新万众的一员。

D. 最重要的是需要一种坚持精神，不畏艰难，还是敢于尝试新技术，把握事业成功的契机。

E. 最重要的是坚持创业，敢于成立小公司，还是尝试新技术，敢于挑战大公司。

例题 2 赵明与王洪都是某高校辩论协会成员，在为今年华语辩论赛招募新队员问题上，两人发生了争执。

赵明：我们一定要选喜爱辩论的人，因为一个人只有喜爱辩论，才能投入时间和精力研究并参加辩论赛。

王洪：我们招募的不是辩论爱好者，而是能打硬仗的辩手。只要能在辩论赛中发挥应有的作用，他就是我们理想的人选。

以下哪项最可能是两人争论的焦点？

A. 招募的标准是从现实出发还是从理想出发。

B. 招募的目的是研究辩论规律还是培养实战能力。

C. 招募的目的是为了培养新人还是赢得比赛。

D. 招募的标准是对辩论的爱好还是辩论的能力。

E. 招募的目的是为了集体荣誉还是满足个人爱好。

例题 3 郑女士：衡远市过去十年的 GDP（国内生产总值）增长率比易阳市高，因此，衡远市的经济前景比易阳市好。

胡先生：我不同意你的观点。衡远市的 GDP 增长率虽然比易阳市高，但易阳市的 GDP 数值却更大。

以下哪项最为准确地概括了郑女士和胡先生争议的焦点？

A. 易阳市的 GDP 数值是否确实比衡远市大？

B. 衡远市的 GDP 增长率是否确实比易阳市高？

C. 一个城市的 GDP 数值大，是否经济前景一定好？

D. 一个城市的 GDP 增长率高，是否经济前景一定好？

E. 比较两个城市的经济前景，GDP 数值与 GDP 增长率哪个更重要？

题型二：评价谬误【★★★】

例题 4 许多人不仅不理解别人，而且也不理解自己，尽管他们可能曾经试图理解别人，但这样的努力注定会失败，因为不理解自己的人是不可能理解别人的。可见，那些缺乏自我理解的人是不会理解别人的。

以下哪项最能说明上述论证的缺陷？

A. 使用了“自我理解”概念，但并未给出定义。

B. 没有考虑“有些人不愿意理解自己”的可能性。

C. 没有正确把握理解别人和理解自己之间的关系。

D. 间接指责人们不能换位思考，不能相互理解。

E. 结论仅仅是对其论证前提的简单重复。

例题 5 公达律师事务所以为刑事案件的被告进行有效辩护而著称，成功率达 90% 以上。老余是一位以专门为离婚案件的当事人成功辩护而著称的律师。因此，老余不可能是公达律师事务所的成员。

以下哪项最为确切地指出了上述论证的漏洞？

A. 公达律师事务所具有的特征，其成员不一定具有。

B. 没有确切地指出老余为离婚案件的当事人辩护的成功率。

C. 没有确切地指出老余为刑事案件的当事人辩护的成功率。

D. 没有提供公达律师事务所统计数据的来源。

E. 老余具有的特征，其所在工作单位不一定具有。

例题 6　通常认为左撇子比右撇子更容易出操作事故。这是一种误解。事实上，大多数家务事故大到火灾、烫伤，小到切破手指，都出自右撇子。

以下哪项最为恰当地概括了上述论证中的漏洞？

A. 对两类没有实质性区别的现象做实质性的区分。

B. 在两类不具有可比性的对象之间进行类比。

C. 未考虑家务事故在整个操作事故中所占的比例。

D. 未考虑左撇子在所有人中所占的比例。

E. 忽视了这种可能性：一些家务事故是由多个人造成的。

题型三：评价方法【★★】

例题 7　小陈经常因驾驶汽车超速收到交管局寄来的罚单。他调查发现同事中开小排量汽车超速的可能性低得多。为此，他决定将自己驾驶的大排量汽车卖掉，换购一辆小排量汽车，以此降低超速驾驶的可能性。

小陈的论证推理最容易受到以下哪项的批评？

A. 仅仅依据现象间有联系就推断出有因果关系。

B. 依据一个过于狭隘的范例得出一般结论。

C. 将获得结论的充分条件当作必要条件。

D. 将获得结论的必要条件当作充分条件。

E. 进行了一个不太可信的调查研究。

例题 8　一项对西部山区小塘村的调查发现，小塘村约五分之三的儿童入中学后出现中度以上的近视，而他们的父母及祖辈没有机会到正规学校接受教育，很少出现近视。

以下哪项作为上述的结论最为恰当？

A. 接受文化教育是造成近视的原因。

B. 只有在儿童期接受正规教育才易于成为近视。

C. 阅读和课堂作业带来的视觉压力必然造成儿童近视。

D. 文化教育的发展和近视现象的出现有密切关系。

E. 小塘村约五分之二的儿童是文盲。

知识点 3：穆勒五法——探寻因果关系的五种方法

（一）契合法（求同法）

契合法的内容是：考察几个出现某一被研究现象的不同场合，如果各个不同场合除一个条件相同外，其他条件都不同，那么这个相同条件就是某被研究现象的原因。

这种方法是在差异中寻求共同点，异中求同，所以又叫求同法。

场合　先行情况　被研究现象

①　　ABC　　　a

②　　ADE　　　a

③　　AFG　　　a

…　　…　　　…

所以,A 是 a 的原因。

例如:1960 年,英国某农场十万只火鸡和小鸭吃了发霉的花生,在几个月内得癌症死了。后来,用这种花生喂羊、猫、鸽子等动物,又发生了同样的结果。1963 年,有人又用发了霉的花生喂大白鼠、鱼和雪貂,也都纷纷得癌而死,上述各种动物患癌症的前提条件中,对象、时间、环境都不同,唯一共同的因素就是吃了发霉的花生。

于是,人们推断:吃了发霉的花生可能是这些动物得癌死亡的原因。

后来证明,发霉的花生内含黄曲霉素,黄曲霉素是致癌物质。该推断就是通过契合法得出的。

(二) 差异法(求异法)

差异法的内容是:比较某现象出现的场合和不出现的场合,如果这两个场合除一点不同外,其他情况都相同,那么这个不同点就是这个现象的原因。

因这种方法是在相同之中寻找不同点,同中求异,所以又称为求异法。

求异法可用下列公式表示:

场合　先行情况　被研究现象

①　　ABC　　　a

②　　—BC　　　—

所以,A 是 a 的原因。

例如:一百多年前,一艘远洋帆船载着五个中国人和几个外国人由中国开往欧洲。途中,除五个中国人外,全病得奄奄一息。经诊断,他们都患有坏血病。同乘一艘船,同样是风餐露宿、受苦挨饿、漂洋过海,为什么中国人和外国人却判若异类呢?原来这五个中国人都有喝茶的嗜好,而外国人却没有。于是得出结论:喝茶是这五位中国人不得坏血病的原因。

这个结论就是用差异法得出的。

(三) 契合差异并用法(求同求异并用法)

契合差异并用法又叫作求同求异并用法。

它的内容是:如果某被考察现象出现的各个场合(正事例组)只有一个共同的因素,而这个被考察现象不出现的各个场合(负事例组)都没有这个共同因素,那么这个共同的因素就是某被考察现象的原因。该法的步骤是两次求同、一次求异。

(四) 共变法

共变法的内容是:在其他条件不变的情况下,如果某一现象发生变化,另一现象也随之发生相应的变化,那么前一现象就是后一现象的原因。

共变法可用公式表示如下:

场合　先行情况　被研究现象

① A1BC a1
② A2BC a2
③ A3BC a3
… … …

所以,A 是 a 的原因。

例如:一定压强下的一定质量气体,温度升高,体积增大;温度降低,体积缩小。气体体积与温度之间的共变关系,说明气体温度的改变是其体积改变的原因。

(五)剩余法

剩余法的内容是:如果某一复合现象已确定是由某种复合原因引起的,把其中已确认有因果联系的部分减去,那么剩余部分也必有因果联系。

剩余法可用公式表示如下:

ABC 是复杂现象 abc 的复杂原因。

已知 A 是 a 的原因,B 是 b 的原因。

所以,C 是 c 的原因。

例如:有一次居里夫人和她的丈夫为了弄清一批沥青铀矿样品中是否含有值得提炼的铀,对其含铀量进行了测定。令他们惊讶的是,有几块样品的放射性甚至比纯铀的还要大。这就意味着,在这些沥青铀矿中一定含有别的放射性元素。同时,这些未知的放射性元素只能是非常少量的,因为用普通的化学分析法不能测出它们来。量小放射性又那样强,说明该元素的放射性要远远高于铀。1898 年 7 月,他们终于分离出放射性比铀强 400 倍的钋。该元素的发现,应用的是剩余法。

题型四:结构类似【★★★★】

例题 9 甲:己所不欲,勿施于人。

乙:我反对,己所欲,则施于人。

以下哪项与上述对话方式最为相似?

A. 甲:人非草木,孰能无情?
   乙:我反对,草木无情,但人有情。
B. 甲:人无远虑,必有近忧。
   乙:我反对,人有远虑,亦有近忧。
C. 甲:不入虎穴,焉得虎子。
   乙:我反对,如得虎子,必入虎穴。
D. 甲:人不犯我,我不犯人。
   乙:我反对,人若犯我,我就犯人。
E. 甲:不在其位,不谋其政。
   乙:我反对,在其位,则行其政。

例题 10 研究人员将角膜感觉神经断裂的兔子分为两组:实验组和对照组。他们给实验组兔子注射了一种从土壤霉菌中提取的化合物。三周后检查发现，实验组兔子的角膜感觉神经已经复合，而对照组兔子未注射这种化合物，其角膜感觉神经都没有复合。研究人员由此得出结论：该化合物可以使兔子断裂的角膜感觉神经复合。

以下哪项与上述研究人员得出结论的方式最为类似？

A. 一个整数或者是偶数，或者是奇数。0 不是奇数，所以，0 是偶数。

B. 绿色植物在光照充足的环境下能茁壮成长，而在光照不足的环境下只能缓慢生长，所以，光照有助于绿色植物生长。

C. 年逾花甲的老王戴上老花镜可以读书看报，不戴则视力模糊，所以，年龄大的人都要戴老花镜。

D. 科学家在北极冰川地区的黄雪中发现了细菌，而该地区的寒冷气候与木星的冰冷环境有着惊人的相似，所以，木星可能存在生命。

E. 昆虫都有三对足，蜘蛛并非三对足，所以，蜘蛛不是昆虫。

例题 11 一艘远洋帆船载着五位中国人和几位外国人由中国开往欧洲。途中，除五位中国人外，全患上败血症。同乘一艘船，同样是风餐露宿、漂洋过海，为什么中国人和外国人如此不同呢？原来这五位中国人都有喝茶的习惯，而外国人却没有，于是得出结论：喝茶是这五位中国人未得败血症的原因。

以下哪项和题干中得出结论的方法最为相似？

A. 警察锁定了犯罪嫌疑人，但是从目前掌握的事实看，都不足以证明他犯罪。专案组由此得出结论，必有一种未知的因素潜藏在犯罪嫌疑人的身后。

B. 在两块土壤情况基本相同的麦地上，对其中一块施氮肥和钾肥，另一块只施钾肥。施氮肥和钾肥的那块麦地的产量高于另一块，可见，施氮肥是麦地产量较高的原因。

C. 孙悟空："如果打白骨精，师父会念紧箍咒；如果不打，师父就会被妖精吃掉。"孙悟空无奈地得出结论："我还是回花果山算了。"

D. 天文学家观测到天王星的运行轨道有特征 a、b、c，已知特征 a、b 分别是由两颗行星甲、乙的吸引造成的，于是猜想还有一颗未知行星造成天王星的轨道特征 c。

E. 一定压强下的一定质量气体，温度升高，体积增大；温度降低，体积缩小。体积与温度之间存在一定的相关性，说明气体温度的改变是其体积的改变的原因。

例题 12 李栋善于辩论，也喜欢诡辩。有一次他论证道："郑强知道数字 87654321，陈梅家的电话号码正好是 87654321，所以，郑强知道陈梅家的电话号码。"

以下哪项与李栋论证中所犯的错误最为类似？

A. 中国人是勤劳勇敢的，李岚是中国人，所以，李岚是勤劳勇敢的。

B. 金砖是由原子组成的，原子不是肉眼可见的，所以，金砖不是肉眼可见的。

C. 黄兵相信晨星在早晨出现，而晨星其实就是暮星，所以，黄兵相信暮星在早晨出现。

D. 张冉知道如果 1∶0 的比分保持到终场，他们的队伍就出线，现在张冉听到了比赛结束的哨声，所以，张冉知道他们的队伍出线了。

E. 所有蚂蚁是动物，所以，所有大蚂蚁是大动物。

10.2 课后习题

基础训练

1 研究者调查了一组大学毕业后从事有规律的工作正好满 8 年的白领，发现他们的体重比刚毕业时平均增加了 8 千克。研究者由此得出结论，有规律的工作会增加人们的体重。

关于上述结论的正确性，需要询问的关键问题是以下哪项？

A. 和该组调查对象其他情况相仿且经常进行体育锻炼的人，在同样的 8 年中体重有怎样的变化？

B. 该组调查对象的体重在 8 年后是否会继续增加？

C. 为什么调查关注的时间段是对象在毕业工作后 8 年，而不是 7 年或者 9 年？

D. 该组调查对象中男性和女性的体重增加是否有较大差异？

E. 和该组调查对象其他情况相仿但没有从事有规律工作的人，在同样的 8 年中体重有怎样的变化？

2 陈先生：未经许可侵入别人的电脑，就好像开偷来的汽车撞伤了人，这些都是犯罪行为。但后者性质更严重，因为它既侵占了有形财产，又造成了人身伤害，而前者只是在虚拟世界中捣乱。

林女士：我不同意，例如，非法侵入医院的电脑，有可能扰乱医疗数据，甚至危及病人的生命。因此，非法侵入电脑同样会造成人身伤害。

以下哪项最为准确地概括了两人争论的焦点？

A. 非法侵入别人的电脑和开偷来的汽车是否同样会危及人的生命？

B. 非法侵入别人的电脑和开偷来的汽车伤人是否都构成犯罪？

C. 非法侵入别人的电脑和开偷来的汽车伤人是否是同样性质的犯罪？

D. 非法侵入别人的电脑的犯罪性质和开偷来的汽车伤人是否一样严重？

E. 是否只有侵占有形财产才构成犯罪？

3 或者今年业绩超常，或者满 30 年公司工龄，均可获得今年的特殊津贴。黄先生得到了今年的特殊津贴，但他只在公司供职 10 年，说明黄先生今年业绩超常。

以下哪项和题干的论证方式最类似？

A. 娴熟的技术或者足够的时间（超过一个月）是完成一件工艺品的必要条件。小周只花了 25 天就完成了一件工艺品，说明小周掌握娴熟的技术。

B. 一件产品要在市场上销售得好，质量上乘和足够的宣传广告缺一不可。有一款电扇，专家鉴定都说质量上乘，但销售不佳，说明它的宣传广告还不足。

C. 工资不高又不善理财，家庭经济必然拮据。小赵工资不高，但每月经济均显宽裕，说明小赵善于理财。

D. 一个罪犯实施犯罪，必须既有作案动机，又有作案时间。在某案中李先生有作案动机，但无作案时间，说明李先生不是该案的作案者。

E. 如果既经营无方又铺张浪费，那么一个企业将严重亏损。某IT公司虽经营无方，但并没有严重亏损，这说明它至少没有铺张浪费。

4 违法必究，但几乎看不到违反道德的行为受到惩罚，如果这成为一种常规，那么民众就会失去道德约束。道德失控对社会稳定的威胁并不亚于法律失控。因此，为了维护社会的稳定，任何违反道德的行为都不能不受惩治。

以下哪项对上述论证的评价最为恰当？

A. 上述论证是成立的。

B. 上述论证有漏洞，它忽略了：有些违法行为并未受到追究。

C. 上述论证有漏洞，它忽略了：由违法必究，推不出缺德必究。

D. 上述论证有漏洞，它夸大了：违反道德行为的社会危害性。

E. 上述论证有漏洞，它忽略了：由否定"违反道德的行为都不受惩治"，推不出"违反道德的行为都要受惩治"。

5～6题基于以下题干：

免疫研究室的钟教授说："生命科学院从前的研究生那种勤奋精神越来越不多见了，因为我发现目前在我的研究生中，起早摸黑做实验的人越来越少了。"

5 钟教授的论证基于以下哪项假设？

A. 现在生命科学院的研究生需要从事的实验外活动越来越多。

B. 对生命科学院的研究生来说，只有起早摸黑才能确保完成实验任务。

C. 研究生是否起早摸黑做实验是他们勤奋与否的一个重要标准。

D. 钟教授的研究生做实验不勤奋是由于钟教授没有足够的科研经费。

E. 现在的年轻人不热衷于实验室工作。

6 以下哪项最为恰当地指出了钟教授推理中的漏洞？

A. 不当地断定：除了生命科学院以外，其他学院的研究生普遍都不够用功。

B. 没有考虑到研究生的不勤奋有各自不同的原因。

C. 只是提出了问题，但没有提出解决问题的方法。

D. 不当地假设：他的学生状况就是生命科学院所有研究生的一般状况。

E. 没有设身处地考虑他的研究生毕业后找工作的难处。

7 小陈：目前1996D3彗星的部分轨道远离太阳，最近却可以通过太阳望远镜发现其发出闪烁光。过去人们从来没观察到远离太阳的彗星出现这样的闪烁光，所以，这种闪烁必然是不寻常的现象。

小王：通常人们都不会去观察那些远离太阳的彗星，这次发现的 1996D3 彗星闪烁光是有人通过持续而细心的追踪观测获得的。

以下哪项最为准确地概括了小王反驳小陈的观点所使用的方法？

A. 指出小陈使用的关键概念含义模糊。

B. 指出小陈的论据明显缺乏说服力。

C. 指出小陈的论据自相矛盾。

D. 不同意小陈的结论，并且对小陈的论据提出了另一种解释。

E. 同意小陈的结论，但对小陈的论据提出了另一种解释。

8 司机：有经验的司机完全有能力并习惯以每小时 120 公里的速度在高速公路上安全行驶。因此，高速公路上的最高时速不应由 120 公里改为现在的 110 公里，因为这既会不必要地降低高速公路的使用效率，也会使一些有经验的司机违反交规。

交警：每个司机都可以在法律规定的速度内行驶，只要他愿意。因此，把对最高时速的修改说成是某些违规行为的原因是不能成立的。

以下哪项最为准确地概括了上述司机和交警争论的焦点？

A. 上述对高速公路最高时速的修改是否必要。

B. 有经验的司机是否有能力以每小时 120 公里的速度在高速公路上安全行驶。

C. 上述对高速公路最高时速的修改是否一定会使一些有经验的司机违反交规。

D. 上述对高速公路最高时速的修改实施后，有经验的司机是否会在合法的时速内行驶。

E. 上述对高速公路最高时速的修改是否会降低高速公路的使用效率。

9 郑兵的孩子即将升高中。郑兵发现，在当地中学，学生与老师的比例低的学校，学生的高考成绩普遍都比较好。郑兵因此决定，让他的孩子选择学生总人数最少的学校就读。

以下哪项最为恰当地指出郑兵上述决定的漏洞？

A. 忽略了学校教学质量既和学生与老师的比例有关，也和生源质量有关。

B. 仅注重高考成绩，忽略了孩子的全面发展。

C. 不当地假设：学生总人数少就意味着学生与老师的比例低。

D. 在考虑孩子的教育时忽略了孩子本人的愿望。

E. 忽略了学校教学质量主要与老师的素质而不是数量有关。

10 注重对孩子的自然教育，让孩子亲身感受大自然的神奇与美妙，可促进孩子释放天性，激发自身潜能；缺乏这方面教育的孩子容易变得孤独，道德、情感与认知能力的发展都会受到一定的影响。

以下哪项与以上陈述方式最为类似？

A. 脱离环境保护搞经济发展是“涸泽而渔”，离开经济发展抓环境保护是“缘木求鱼”。

B. 只说一种语言的人，首次被诊断出患阿尔茨海默病的平均年龄为 76 岁；说三种语言的人首次被诊断出患阿尔茨海默病的平均年龄为 78 岁。

C. 老百姓过去“盼温饱”，现在“盼环保”；过去“求生存”，现在“求生态”。

D. 注重调查研究，可以让我们掌握第一手资料，闭门造车只能让我们脱离实际。

E. 如果孩子完全依赖电子设备来进行学习和生活，将会对环境越来越漠视。

11 学生：IQ 和 EQ 哪个更重要，您能否给我指点一下？

学长：你去书店问问工作人员，关于 IQ 和 EQ 的书哪类销得快，哪类就更重要。

以下哪项与上述题干中的问答方式最为相似？

A. 员工：我们正在制订一个度假方案，你说是在本市好还是去外地好？

经理：现在年终了，各公司都在安排出去旅游，你去问问其他公司的同行，他们计划去哪里，我们就不去哪里，不凑热闹。

B. 平平：母亲节那天我准备给妈妈送一样礼物，你说是送花好还是巧克力好？

佳佳：你在母亲节前一天去花店看一下，看看买花的人多不多就行了嘛。

C. 顾客：我准备买一件毛衣，你看颜色是鲜艳一点好还是素一点好？

店员：这个需要结合自己的性格与穿衣习惯，各人可以有自己的选择与喜好。

D. 游客：我们前面有两条山路，走哪一条更好？

导游：你仔细看一看，哪一条山路上的车马痕迹深，我们就走哪一条。

E. 学生：我正在准备期末复习，是做材料上的练习题重要还是理解教材内容更重要？

老师：你去问问高年级得分高的同学，他们经常背书做练习。

12 只要每个司法环节都能坚守程序正义，切实履行监督制约职能，结案率就会大幅度提高。去年某国结案率比上一年提高了 70%，所以，该国去年每个司法环节都能坚守程序正义，切实履行监督制约职能。

以下哪项与上述论证方式最为相似？

A. 在校期间品学兼优，就可以获得奖学金。李明没有获得奖学金，所以，他在校期间一定不是品学兼优。

B. 只有在校期间品学兼优，才可以获得奖学金。李明获得了奖学金，所以，他在校期间一定品学兼优。

C. 在校期间品学兼优，就可以获得奖学金。李明在校期间不是品学兼优，所以，他不可能获得奖学金。

D. 李明在校期间品学兼优，但是他没获得奖学金。所以，在校期间品学兼优不一定可以获得奖学金。

E. 在校期间品学兼优，就可以获得奖学金。李明获得了奖学金，所以，他在校期间一定品学兼优。

13 经过反复核查，质检员小李向厂长汇报说："726 车间生产的产品都是合格的，所以，不合格的产品都不是 726 车间生产的。"

以下哪项和小李的推理结构最为相似？

A. 所有入场的考生都经过了体温测试，所以，没有入场的考生都没有经过体温测试。
B. 所有出厂设备都是检测合格的，所以，检测合格的设备都已出厂。
C. 所有已发表的文章都是认真校对过的，所以，认真校对过的文章都已发表。
D. 所有真理都是不怕批评的，所以，怕批评的都不是真理。
E. 所有不及格的学生都没有好好复习，所以，没好好复习的学生都不及格。

14 化学课上，张老师演示了两个同时进行的教学实验：一个实验是 $KClO_3$ 加热后有 O_2 缓慢产生；另一个实验是 $KClO_3$ 加热后迅速撒入少量 MnO_2，这时立即有大量的 O_2 产生。张老师由此指出：MnO_2 是 O_2 快速产生的原因。

以下哪项与张老师得出结论的方法类似？

A. 同一品牌的化妆品价格越高卖得越火。由此可见，消费者喜欢价格高的化妆品。
B. 居里夫人在沥青矿物中提取放射性元素时发现，从一定量的沥青矿物中提取的全部纯铀的放射性强度比同等数量的沥青矿物中放射性低许多。她据此推断：沥青矿物中存在其他放射性更强的元素。
C. 统计分析发现：30 岁至 60 岁之间，年纪越大胆子越小，有理由相信：岁月是勇敢的腐蚀剂。
D. 将闹钟放在玻璃罩中，使它打铃，可以听到铃声；然后把玻璃罩中的空气抽空，再使闹钟打铃，就听不到铃声了。由此可见，空气是声音传播的介质。
E. 人们通过对绿藻、蓝藻、红藻的大量观察，发现结构简单、无根叶是藻类植物的主要特征。

15 居民苏女士在菜市场看到某摊位的鹌鹑蛋色泽新鲜、形态圆润，且价格便宜，于是买了一箱。回家后发现有些鹌鹑蛋打不破，甚至丢在地上也摔不坏，再细闻已经打破的鹌鹑蛋，有一股刺鼻的消毒液味道。她投诉至菜市场管理部门，结果一位工作人员声称鹌鹑蛋目前还没有国家质量标准，无法判定它是否有质量问题，所以，他坚持这箱鹌鹑蛋没有质量问题。

以下哪项与该工作人员得出结论的方式最为相似？

A. 不能证明宇宙是没有边际的，所以，宇宙是有边际的。
B. "驴友论坛"还没有论坛规范，所以，管理人员没有权力删除帖子。
C. 小偷在逃跑途中跳入 2 米深的河中，事主认为没有责任，因此，不予施救。
D. 并非外星人不存在，所以，外星人存在。

E. 慈善晚会上的假唱行为不属于商业管理范围，因此，相关部门无法对此进行处罚。

16 我国著名的地质学家李四光，在对东北的地质结构进行长期、深入的调查研究后发现，松辽平原的地质结构与中亚细亚极其相似。他推断，既然中亚细亚蕴藏大量的石油，那么松辽平原很可能也蕴藏了大量的石油。后来，大庆油田的开发证明了李四光的推断是正确的。

以下哪项与李四光的推理方式最为相似？

A. 他山之石，可以攻玉。

B. 邻居买彩票中了大奖，小张受此启发，也去买了体育彩票，结果没有中奖。

C. 某乡镇领导在考察了荷兰等地的花卉市场后认为要大力发展规模经济，回来后组织全乡镇种大葱，结果导致大葱严重滞销。

D. 每到炎热的夏季，许多商店腾出一大块地方卖羊毛衫、长袖衬衣、冬靴等冬令商品，进行反季节销售，结果都很有市场。小王受此启发，决定在冬季种植西瓜。

E. 乌兹别克斯坦盛产长绒棉。新疆塔里木河流域与乌兹别克斯坦在日照情况、霜期长短、气温高低、降雨量等方面均相似，科研人员受此启发，将长绒棉移植到塔里木河流域，果然获得了成功。

17 甲：只有加强知识产权保护，才能推动科技创新。

乙：我不同意。过分强化知识产权保护，肯定不能推动科技创新。

以下哪项与上述反驳方式最为类似？

A. 妻子：孩子只有刻苦学习，才能取得好成绩。

丈夫：也不尽然。学习光知道刻苦而不能思考，也不一定会取得好成绩。

B. 母亲：只有从小事做起，将来才有可能做成大事。

孩子：老妈你错了。如果我们每天只是做小事，将来肯定做不成大事。

C. 老板：只有给公司带来回报，公司才能给他带来回报。

员工：不对呀。我上月帮公司谈成一笔大业务，可是只得到1%的奖励。

D. 老师：只有读书，才能改变命运。

学生：我觉得不是这样。不读书，命运会有更大的改变。

E. 顾客：这件商品只有价格再便宜一些，才会有人来买。

商人：不可能。这件商品如果价格再便宜一些，我就要去喝西北风了。

18 赵默是一位优秀的企业家，因为如果一个人既拥有在国内外知名学府和研究机构工作的经历，又有担任项目负责人的管理经验，那么他就能成为一位优秀的企业家。

以下哪项与上述论证最为相似？

A. 李然是信息技术领域的杰出人才。因为如果一个人不具有前瞻性目光、国际化视野和创新思维，就不能成为信息技术领域的杰出人才。

B. 袁清是一位好作家。因为好作家都具有较强的观察能力、想象能力及表达能力。

C. 青年是企业发展的未来。因此，企业只有激发青年的青春力量，才能促其早日成才。

D. 人力资源是企业的核心资源。因为如果不开展各类文化活动，就不能提升员工的岗位技能，也不能增强团队的凝聚力和战斗力。

E. 风云企业具有凝聚力。因为如果一个企业能引导和帮助员工树立目标，提升能力，就能使企业具有凝聚力。

19 甲：知难行易，知然后行。

乙：不对。知易行难，行然后知。

以下哪项与上述对话方式最为相似？

A. 甲：知人者愚，自知者明。
　乙：不对。知人不易，知己更难。

B. 甲：不破不立，先破后立。
　乙：不对。不立不破，先立后破。

C. 甲：想想容易做起来难，做比想更重要。
　乙：不对。想到就能做到，想比做更重要。

D. 甲：批评他人易，批评自己难；先批评他人后批评自己。
　乙：不对。批评自己易，批评他人难；先批评自己后批评他人。

E. 甲：做人难做事易，先做人再做事。
　乙：不对。做人易做事难，先做事再做人。

20 厂长：采用新的工艺流程可以大大减少炼铜车间所产生的二氧化硫。这一新流程主要是用封闭式熔炉替代原来的开放式熔炉。但是，不光购置和安装新的设备是笔大的开支，而且运作新流程的成本也高于目前的流程。因此，从总体上说，采用新工艺流程将大大增加生产成本而使本厂无利可图。

总工程师：我有不同意见。事实上，最新的封闭式熔炉的熔炼能力是现有的开放式熔炉无法相比的。

在以下哪个问题上，总工程师和厂长最可能有不同意见？

A. 采用新的工艺流程是否确实可以大大减少炼铜车间所产生的二氧化硫。

B. 运作新流程的成本是否一定高于目前的流程。

C. 采用新工艺流程是否一定使本厂无利可图。

D. 最新的封闭式熔炉的熔炼能力是否确实明显优于现有的开放式熔炉。

E. 使用最新的封闭式熔炉是否明显增加了生产成本。

强化训练

21 统计显示，在汽车事故中，装有安全气囊的汽车的比例高于未装安全气囊的汽车。因此，在汽车中装有安全气囊并不能使车主更安全。

以下哪项最为恰当地指出了上述论证的漏洞?
A. 不加说明就予假设:任何装有安全气囊的汽车都可能遭遇汽车事故。
B. 忽视了这种可能性:未装安全气囊的车主更注意谨慎驾驶。
C. 不当的假设:在任何汽车事故中,安全气囊都会自动打开。
D. 不当地把发生汽车事故的可能程度等同于车主在事故中受伤害的严重程度。
E. 忽视了这种可能性:装有安全气囊的汽车所占的比例越来越大。

22 去年经纬汽车专卖店调高了营销人员的营销业绩奖励比例,专卖店李经理打算新的一年继续执行该奖励制度,因为去年该店的汽车销售数量较前年增长了16%。陈副经理对此持怀疑态度,她指出,他们的竞争对手都没有调整营销人员的奖励比例,但在过去一年也出现了类似的增长。
以下哪项最为恰当地概括了陈副经理的质疑方法?
A. 运用一个反例,否定了李经理的一般性结论。
B. 运用一个反例,说明李经理的论据不符合事实。
C. 运用一个反例,说明李经理的论据虽然成立,但不足以推出结论。
D. 指出李经理的论证对一个关键概念的理解和运用有误。
E. 指出李经理的论证包含自相矛盾的假设。

23~24 题基于以下题干:
张先生:应该向吸烟者征税,用以缓解医疗保健事业的投入不足。因为正是吸烟,导致了许多严重的疾病。要吸烟者承担一部分费用,来对付因他们不良习惯而造成的健康问题,是完全合理的。
李女士:照您这么说,如果您经常吃奶油蛋糕或者肥猪肉,也应该纳税。因为如同吸烟一样,经常食用高脂肪、高胆固醇的食物同样会导致许多严重的疾病。但是,没有人会认为这样做是合理的,并且危害人们健康的不良习惯数不胜数,都对此征税,事实上无法操作。

23 以下哪项最为恰当地概括了张先生和李女士争论的焦点?
A. 张先生关于缓解医疗保健事业投入不足的建议是否合理。
B. 有不良习惯的人是否应当对由此种习惯造成的社会后果负责。
C. 食用高脂肪、高胆固醇的食物对健康造成的危害是否同吸烟一样。
D. 由增加个人负担来缓解社会公共事业的投入不足是否合理。
E. 通过征税的方式来纠正不良习惯是否合理。

24 以下哪项最为恰当地概括了李女士的反驳所运用的方法?
A. 举出一个反例说明对方的建议虽然合理但在执行中无法操作。
B. 指出对方对一个关键性概念的界定和运用有误。
C. 提出了一个和对方不同的解决问题的方法。

D. 从对方的论据得出了一个明显荒谬的结论。
E. 对对方在论证中所运用的信息的准确性提出质疑。

25 一些人类学家认为：如果不具备应付各种自然环境的能力，人类在史前年代不可能幸存下来。然而，相当多的证据表明，阿法种南猿，一种与早期人类有关的史前物种，在各种自然环境中顽强生存的能力并不亚于史前人类，但最终灭绝了。因此，人类学家的上述观点是错误的。

上述推理的漏洞也类似地出现在以下哪项中？

A. 大张认识到赌博是有害的，但就是改不掉。因此，“不认识错误就不能改正错误”这一断定是不成立的。
B. 已经找到了证明造成艾克矿难是操作失误的证据。因此，关于艾克矿难起因于设备老化、年久失修的猜测是不成立的。
C. 大李图便宜，买了双旅游鞋，穿不了几天就坏了。因此，怀疑“便宜无好货”是没道理的。
D. 既然不怀疑小赵可能考上大学，那就没有理由担心小赵可能考不上大学。
E. 既然怀疑小赵一定能考上大学，那就没有理由怀疑小赵一定考不上大学。

26 海拔越高，空气越稀薄。由于西宁的海拔高于西安，因此，西宁的空气比西安稀薄。

以下哪项中的推理与题干的最为类似？

A. 一个人的年龄越大，他就变得越成熟。老张的年龄比他的儿子大，因此，老张比他的儿子成熟。
B. 一棵树的年头越长，它的年轮越多。老张院子中槐树的年头比老李家的槐树年头长，因此，老张家的槐树比老李家的年轮多。
C. 今年马拉松冠军的成绩比前年好。张华是今年的马拉松冠军，因此，他今年的马拉松成绩比他前年的好。
D. 在激烈竞争的市场上，产品质量越高并且广告投入越多，产品需求就越大。甲公司投入的广告费比乙公司的多，因此，对甲公司产品的需求量比对乙公司的需求量大。
E. 一种语言的词汇量越大，越难学。英语比意大利语难学，因此，英语的词汇量比意大利语大。

27 许多孕妇都出现了维生素缺乏的症状，但这通常不是由于孕妇的饮食缺乏维生素，而是由于腹内婴儿的生长使她们比其他人对维生素有更高的需求。

以下哪项对于评价上述结论最为重要？

A. 对一些不缺乏维生素的孕妇的日常饮食进行检测，确定其中维生素的含量。
B. 对日常饮食中维生素足量的孕妇和其他妇女进行检测，并分别确定她们是否缺乏维生素。

C. 对日常饮食中维生素不足量的孕妇和其他妇女进行检测，并分别确定她们是否缺乏维生素。
D. 对一些缺乏维生素的孕妇的日常饮食进行检测，确定其中维生素的含量。
E. 对孕妇的科学食谱进行研究，以确定有利于孕妇摄入足量维生素的最佳食谱。

28 雌性斑马和它们的幼小子女离散后，可以在相貌体形相近的成群斑马中很快又聚集到一起。研究表明，斑马身上的黑白条纹是它们互相辨认的标志，而幼小斑马不能将自己母亲的条纹与其他成年斑马区分开来。显而易见，每匹母斑马都可以辨别出自己后代的条纹。
上述论证采用了以下哪种论证方法？
A. 通过对发生机制的适当描述，支持关于某个可能发生现象的假说。
B. 在对某种现象的两种可供选择的解释中，通过排除其中的一种来确定另一种。
C. 论证一个普遍规律，并用来说明一种特殊情况。
D. 根据两组对象有某些类似的特性，得出它们具有一个相同特性。
E. 通过反例推翻一个一般性结论。

29 南口镇仅有一中和二中两所中学，一中学生的学习成绩一般比二中的学生好。由于来自南口镇的李明在大学一年级的学习成绩是全班最好的，因此，他一定是南口镇一中毕业的。
以下哪项与题干的论证方式最为类似？
A. 如果父母对孩子的教育得当，则孩子在学校的表现一般都比较好。由于王征在学校的表现不好，因此，他的家长一定教育失当。
B. 如果小孩每天背诵诗歌 1 小时，则会出口成章。郭娜每天背诵诗歌不足 1 小时，因此，她不可能出口成章。
C. 如果人们懂得赚钱的方法，则一般都能积累更多的财富。因此，彭总的财富是来源于他的足智多谋。
D. 儿童的心理教育比成年人更重要。张青是某公寓心理素质最好的人，因此，他一定在儿童时获得良好的心理教育。
E. 北方人的个子通常比南方人高。马林在班上最高，因此，他一定是北方人。

30 科学离不开测量，测量离不开长度单位。千米、米、分米、厘米等基本长度单位的确立完全是一种人为约定，因此，科学的结论完全是一种人的主观约定，谈不上客观的标准。
以下哪项与题干的论证最为类似？
A. 建立良好的社会保障体系离不开强大的综合国力，强大的综合国力离不开一流的国民教育。因此，要建立良好的社会保障体系，必须有一流的国民教育。
B. 做规模生意离不开做广告，做广告就要有大额的资金投入。不是所有人都能有大额的资金投入，因此，不是所有人都能做规模生意。

C. 游人允许坐公园的长椅，要坐公园长椅就要靠近它们。靠近长椅的一条路径要踩踏草地，因此，允许游人踩踏草地。

D. 要具备扎实的舞蹈基本功，必须经过长年不懈的艰苦训练。在春节晚会上演出的舞蹈演员必须具备扎实的基本功。长年不懈的艰苦训练是乏味的，因此，在春节晚会上演出是乏味的。

E. 家庭离不开爱情，爱情离不开信任。信任是建立在真诚基础上的，因此，对真诚的背离是家庭危机的开始。

31 某出版社近年来出版物的差错率较前几年有明显的增加，引起了读者的不满和有关部门的批评，这主要是由于该出版社大量引进非专业编辑所致。当然，近年来出版物的大量增加也是一个重要原因。

上述议论中的漏洞，也类似地出现在以下哪项中？

Ⅰ. 美国航空公司近两年来的投诉率有明显下降，这主要是由于该航空公司在裁员整顿的基础上，有效地提高了服务质量。当然，“9·11”事件后航班乘客数量锐减也是一个重要原因。

Ⅱ. 统计数字表明：近年来我国心血管病的死亡率，即由心血管病导致的死亡在整个死亡人数中的比例，较前有明显增加，这主要是由于随着经济的发展，我国民众的饮食结构和生活方式发生了容易诱发心血管病的不良变化。当然，由于心血管病主要是老年病，因此，我国人口中老龄人比例增大也是一个重要原因。

Ⅲ. S市今年的高考录取率比去年增加了15%，这主要是由于各中学狠抓了教育质量。当然，另一个重要原因是，该市今年参加高考的人数比去年增加了20%。

A. 只有Ⅰ。　　B. 只有Ⅱ。

C. 只有Ⅲ。　　D. 只有Ⅰ和Ⅲ。

E. Ⅰ、Ⅱ和Ⅲ。

32 使用枪支的犯罪比其他类型的犯罪更容易导致命案。但是，大多数使用枪支的犯罪并没有导致命案。因此，没有必要在刑法中把非法使用枪支作为一种严重刑事犯罪，同其他刑事犯罪区分开来。

上述论证中的逻辑漏洞，与以下哪项中出现的最为类似？

A. 肥胖者比体重正常的人更容易患心脏病。但是，肥胖者在我国人口中只占很小的比例。因此，我国的医疗卫生界没有必要强调导致心脏病的风险。

B. 不检点的性行为比检点的性行为更容易感染艾滋病。但是，在有不检点性行为的人群中，感染艾滋病的只占很小的比例。因此，没有必要在预防艾滋病的宣传中强调不检点性行为的危害。

C. 流行的看法是，吸烟比不吸烟更容易导致肺癌。但是，在有的国家，肺癌患者中有吸烟史的人所占的比例并不高于总人口中有吸烟史的比例。因此，上述流行看法

很可能是一种偏见。

D. 高收入者比低收入者更有能力享受生活。但是不乏高收入者宣称自己不幸福。因此,幸福生活的追求者不必关注收入的高低。

E. 高分考生比低分考生更有资格进入重点大学。但是,不少重点大学学生的实际水平不如某些非重点大学的学生。因此,目前的高考制度不是一种选拔人才的理想制度。

冲刺模拟篇

CHONG CI MO NI PIAN

模拟试卷一

三、逻辑推理：第26～55小题，每小题2分，共60分。下列每题给出的A、B、C、D、E五个选项中，只有一项符合试题要求，请在答题卡上将该选项的字母涂黑。

26 关于男婴出生率，甲和乙展开了辩论。

甲：人口统计发现一条规律：在新生婴儿中，男婴的出生率总是摆动于22/43这个数值，而不是1/2。

乙：不对，许多资料都表明，多数国家和地区，例如俄罗斯、日本、美国、德国，都是女人比男人多。可见，认为男婴出生率总在22/43上下波动是不成立的。

以下哪项能说明甲或乙的逻辑错误？

A. 甲所说的统计规律不存在。

B. 甲的话自相矛盾。

C. 乙混淆了概念。

D. 乙违反了矛盾律。

E. 乙的资料不可信。

27 古典音乐是指西洋古典音乐，即那些从西方中世纪开始至今的、在欧洲主流文化背景下创作的音乐，因其复杂多样的创作技术和所能承载的厚重内涵而有别于通俗音乐和民间音乐。为掌握各院校学生对古典音乐的了解情况，音乐协会对北海、南山两所大学的各100名学生进行了相关测试。经阅卷后发现，北海大学的平均成绩为81分，而南山大学的平均成绩仅为56分。由此可见，相比北海大学，南山大学的学生对古典音乐的了解很少。

以下哪项最能削弱以上结论？

A. 北海大学共有学生16000人，是一所综合性大学，而南山大学是一所仅有8000人的工科院校。

B. 北海大学参加测试的学生主要来自校内的音乐和曲艺社团，而南山大学通过随机抽取学号决定了参加测试人员。

C. 本次测试的试题并未涵盖古典音乐的全部内容。

D. 有人事后举报，部分北海大学的学生在测试中作弊了。

E. 选取的学生数量太少，不足以反映所在学校的平均水平。

28～29 题基于以下共同题干：

由于雪橇和捆绑技术的提高，在滑雪场坡道上受伤的事故率已明显下降——从 1950 年的 0.9%下降到 1980 年的 0.3%。而其他与滑雪相关的事故率，即发生在滑雪场而不在坡道的事故率，却从 1950 年的 10%上升到 1980 年的 25%。这些事故率，如绊倒等，随着一个滑雪者饮酒量的上升而上升。

28 以下哪项与上文所提供的信息相抵触？

A. 1980 年发生在坡道上的事故总量多于 1950 年的。

B. 1950 年滑雪者在坡道受伤的可能性小于 1980 年的。

C. 从 1950 年到 1980 年，有关滑雪事故的报告越来越准确。

D. 从 1950 年到 1980 年，滑雪者的总人数在下降。

E. 在 1980 年，某些与滑雪相关的伤害事故发生在没有滑雪的人身上。

29 如果以上论述为真，则以下哪项不可能为假？

A. 随着滑雪场坡道上事故的减少，其他与滑雪相关的事故数量有所上升。

B. 从 1950 年到 1980 年，平均每位滑雪者的饮酒量增加了。

C. 雪橇和捆绑技术的提高影响到与滑雪相关的各种事故的发生率。

D. 如果雪橇和捆绑技术继续提高，与滑雪相关的事故将继续减少。

E. 1980 年发生在坡道上的事故占全部与滑雪相关的事故的比例小于 1950 年的比例。

30 甲、乙、丙三人，甲从不说假话，乙从不说真话，丙既说真话也说假话。测试者问第一个人："你是谁？"回答是："我是丙。"测试者问第二个人："第一个人是谁？"回答是："他是乙。"测试者问第三个人："第一个人是谁？"回答是："他是甲。"

如果上述断定都是真的，则以下哪项一定也是真的？

A. 第一个人是甲，第二个人是乙，第三个人是丙。

B. 第一个人是甲，第二个人是丙，第三个人是乙。

C. 第一个人是乙，第二个人是甲，第三个人是丙。

D. 第一个人是丙，第二个人是甲，第三个人是乙。

E. 第一个人是丙，第二个人是乙，第三个人是甲。

31 20 世纪初的自然科学家中不乏逻辑主义者和经验主义者，这类自然科学家无一不受到英国科学家罗素的影响，而受罗素影响的人都不主张虚无主义。

如果上述断定为真，则以下哪项不能确定真假？

Ⅰ. 20 世纪初的自然科学家都不主张虚无主义；

Ⅱ. 20 世纪初不主张虚无主义的自然科学家都受罗素的影响；

Ⅲ. 20世纪受罗素的影响的科学家或者是逻辑主义者，或者是经验主义者。
A. 只有Ⅰ。
B. 只有Ⅱ。
C. 只有Ⅲ。
D. 只有Ⅰ和Ⅱ。
E. Ⅰ、Ⅱ和Ⅲ。

32 对于一个企业来说，既想让产品上一个档次，又不想加大科研方面的投入，这是不可能的。
以下哪项所表达的意思与上文最为相近？
A. 对于一个企业来说，要想产品上一个档次，只有加大科研方面的投入。
B. 对于一个企业来说，加大了科研方面的投入，其产品就能上一个档次，这是必然的。
C. 对于一个企业来说，加大科研方面的投入是极其重要的。
D. 对于一个企业来说，产品上一个档次是最为重要的。
E. 对于一个企业来说，如果想让产品上一个档次，就要加大科研方面的投入，这是必然的。

33 正常情况下，在医院出生的男婴和女婴的数量大体相同。在某大城市的一家大医院，每周都有许多婴儿出生；在某乡镇的一所小医院，每周只有少量婴儿出生。如果一个医院一周出生的婴儿中有45%～55%是女婴，则属于正常周；如果一周出生的婴儿中超过55%是女婴或者超过55%是男婴，则属于非正常周。
如果以上陈述为真，则以下哪一个选项最有可能为真？
A. 非正常周出现的次数在乡镇小医院比在城市大医院更多。
B. 非正常周出现的次数在城市大医院比在乡镇小医院更多。
C. 在城市大医院和乡镇小医院，非正常周出现的次数完全相同。
D. 在城市大医院和乡镇小医院，非正常周出现的次数大体相同。
E. 在城市大医院和乡镇小医院，非正常周出现的次数变化不大。

34 要想精神健康，人们必须有自尊。人们只有不断赢得他们所尊重的人的尊重，才能够保持他们的自尊，而他们要赢得这种尊重，就必须善待他们所尊重的人。
以下哪个结论可从以上陈述中推出？
A. 精神健康的人会得到别人的善待。
B. 精神健康的人会善待他们所尊重的人。
C. 精神健康的人为得到他人的善待就必须有自尊。
D. 只有善待他人，才能期望得到他人的善待。
E. 自尊的人很少善待他们所尊重的人。

35 自2005年以来,美国的麻疹等传统儿童疾病的发病率已经有了显著的下降。这一下降的同时伴随着儿童中彼特逊病(一种罕见的病毒性肝病)的发病率上升。但是,很少有成年人被这种疾病侵袭。

以下哪项如果正确,最能解释儿童中彼特逊病的发病率上升?

A. 遗传因素部分决定了一个人易受导致彼特逊病的病毒感染的程度。

B. 传统儿童疾病的减少和与之相随的彼特逊病的增加没有在其他任何国家发现。

C. 得过麻疹的儿童将获得对导致彼特逊病的病毒的免疫力。

D. 儿童时期没有得麻疹的人到成年时可能得麻疹,在这种情况下疾病的后果一般会更加严重。

E. 目前儿童数量比以前多了很多。

36 年轮,指树木在一年内生长所产生的一个层,它出现在横断面上好像一个(或几个)轮。从年轮中可以看出很多东西,例如,春夏季气温、水分等环境条件较好,植物生长快,形成的木质部较稀疏,颜色较浅,而秋冬季环境条件较恶劣,木质部较密,颜色较深;树干朝南一面受阳光照射较多,径向生长速度快,因此茎干南面的年轮较宽,背阴朝北的一面,年轮则明显狭窄。科学家发现,过长的霜冻会在生长在温带的落叶树上产生霜冻年轮。在南极洲发现的落叶树的化石中没有一个有霜冻年轮。因此,在南极洲,当这些已形成化石的树木生长的时候,不大可能发生过这种霜冻现象。

以上论述依据下面哪项假设?

A. 南极洲的一些非落叶性树木化石上有霜冻年轮。

B. 落叶树比其他树种更容易产生霜冻年轮。

C. 这种有霜冻年轮的树木化石经常被发现。

D. 现在的落叶树比古代南极洲的落叶树对温度的变化更敏感。

E. 形成化石的过程不会改变落叶树的年轮形态。

37 在检测一种很严重的疾病时,一个错误的阳性结果指出人们患了这种病而实际上他们没有;一个错误的阴性结果指出人们没有患这种病而实际上他们患有。因此,为了更为准确地检测这种疾病,医生应采用产生错误的阳性结果比例最低的实验室测试手段。

以下哪一项如果是正确的,为以上建议提供了最有力的支持?

A. 这种病的病人接受的治疗没有损害性的副作用。

B. 产生错误的阳性结果比例最低的实验室测试手段与用来检测这种病的其他实验室手段一样会产生轻微的副作用。

C. 在治疗这种病人时,尽可能早地开始治疗非常重要,因为即使一周的耽误也会导致病人失去生命。

D. 无法得出确定的测试结果的比例对所有用来检测这种病的实验室测试手段都是一样的。

E. 所有的检测这种病的实验室测试手段都有相同的出现错误的阴性结果的比例。

38 自1990年到2005年，中国的男性超重比例从4%上升到15%，女性超重比例从11%上升到20%。同一时期，墨西哥的男性超重比例从35%上升到68%，女性超重比例从43%上升到70%。由此可见，无论在中国还是在墨西哥，女性超重的增长速度都高于男性超重的增长速度。

以下哪项陈述最准确地描述了上述论证的缺陷？

A. 某一类个体所具有的特征通常不是由这些个体所组成的群体的特征。

B. 中国与墨西哥两国在超重人口的起点上不具有可比性。

C. 论证中提供的论据与所得出的结论是不一致的。

D. 在使用统计数据时，忽视了基数、百分比和绝对值之间的相对变化。

E. 忽视了中国与墨西哥的人口基数的差异。

39 马伯庸就是马力。看过《古董局中局》的人都知道《古董局中局》的作者是马伯庸，但他们中间大多数人不知道《古董局中局》的作者就是马力。

以下哪项陈述能最有效地解决上文中的不一致之处？

A. 爱好网络文学的人大多数都知道马伯庸就是马力。

B. 就是在全中国，知道马伯庸就是马力的人也并不多。

C. 看过《古董局中局》的人大多数并不知道《风起陇西》也是马伯庸的作品。

D. 马伯庸是马力最常用的笔名。

E. 在看过《古董局中局》的人中，只有极少数知道马伯庸就是马力。

40 2012年9月，欧盟对中国光伏电池发起反倾销调查。一旦欧盟决定对中国光伏产品设限，中国将失去占总销量60%以上的欧洲市场。如果中国光伏产品失去欧洲市场，中国光伏企业将大量减产并影响数十万员工的就业。不过，一位中国官员表示"欧盟若对中国光伏产品设限，将搬起石头砸自己的脚"。

如果以下陈述为真，则哪一项将给中国官员的断言以最强的支持？

A. 中国光伏产业从欧洲大量购买原材料和设备，带动了欧盟大批光伏上下游企业的发展。

B. 欧盟若将优质低价的中国光伏产品挡在门外，欧洲太阳能产品将会涨价。

C. 太阳能产业关乎欧盟的能源安全，俄罗斯与乌克兰的天然气争端曾经殃及欧盟各国。

D. 目前欧洲债务问题继续恶化，德国希望争取中国为解决欧债危机提供更多的帮助。

E. 没有了低价的中国产品的竞争，欧盟的光伏产业会更容易得到客户。

41 关于财务混乱的错误谣言损害了一家银行的声誉。如果管理人员不试图反驳这些谣言，它们就会传播开来并最终摧毁顾客的信心。但如果管理人员努力驳斥这种谣言，这种驳斥使怀疑增加的程度比使它减少的程度更大。

如果以上的陈述都是正确的，则根据这些陈述，下列哪一项一定是正确的？

A. 银行的声誉不会受到猛烈的广告宣传活动的影响。

B. 管理人员无法阻止已经出现的威胁银行声誉的谣言。

C. 面对错误的谣言，银行经理的最佳对策是直接说出财务的真实情况。

D. 关于财务混乱的正确的传言，对银行储户对该银行的信心的影响没有错误的流言大。

E. 有利的口碑可以提高银行在财务能力方面的声誉。

42 任何一个高中生辍学都会失业，除非他或她找到一份低薪水的工作或者他或她有良好商业关系的亲戚。

不能有效地从上面陈述中得出下面哪个结论？

A. 任何高中辍学的人或者失业，或者拥有一份低薪水的工作或拥有良好商业关系的亲戚。

B. 任何既没有低薪水的工作也没有良好商业关系的亲戚的高中辍学者将会失业。

C. 任何既没有低薪水的工作也没有良好商业关系的亲戚的就业的人不是高中辍学者。

D. 任何拥有薪水不低的工作的高中辍学者必定有良好商业关系的亲戚。

E. 任何一名高中辍学者不会失业，同时没有良好商业关系的亲戚，但找到了一份薪水不低的工作。

43 在英语四级考试中，陈文的分数比朱利的低，但是比李强的高；宋颖的分数比朱利的和李强的低；王平的分数比宋颖的高，但是比朱利的低。

如果以上陈述为真，则根据下列哪项能够推出张明的分数比陈文的分数低？

A. 陈文的分数和王平的分数一样高。

B. 王平的分数和张明的分数一样高。

C. 张明的分数比宋颖的高，但比王平的低。

D. 张明的分数比朱利的低。

E. 王平的分数比张明的高，但比李强的低。

44 狗比人类能听到频率更高的声音，猫比正常人在微弱光线中视力更好，鸭嘴兽能感受到人类通常感觉不到的微弱电信号。

上述陈述均不能支持下述判断，除了（　　）

A. 大多数动物的感觉能力强于人类所显示的感觉能力。

B. 任何能在弱光中看见东西的人都不如猫在弱光中的视力。

C. 研究者不应为发现鸭嘴兽的所有感觉能力均比人类所显示的能力强而感到吃惊。

D. 在进化中,人类的眼睛和耳朵发生改变,使人的感觉力不那么敏锐了。
E. 有些动物有着区别于人的感觉能力。

45 目前,M市的交通拥堵已经到了不得不立刻解决的程度。为了缓解交通拥堵,某官员建议,市政府可以采取上调成品油价格10%的方式控制车辆上路数量。
以下哪项如果为真,是上述官员的建议所必须假设的?
Ⅰ. 上调成品油价格不会招致市民的反对;
Ⅱ. 上调成品油价格10%将对相当数量车辆使用者带来压力;
Ⅲ. "10%"这一比例经过了绝大多数专家的认可。
A. 只有Ⅰ。
B. 只有Ⅱ。
C. 只有Ⅰ和Ⅱ。
D. 只有Ⅱ和Ⅲ。
E. Ⅰ、Ⅱ和Ⅲ。

46 俗语说:兵不在多而在于精。
以下哪项与该俗语结构最为相似?
A. 将在于勇也在于谋。
B. 题不在于多而在于好。
C. 甲出国而乙不出国。
D. 将在于谋而不在于勇。
E. 甲出国乙也出国。

47 一项研究把一组有慢性抑郁症的人与另一组在其他方面都一样但没有抑郁症的人进行了比较,发现有抑郁症的人明显具有更多的免疫系统失调症。研究人员的这一结果强有力地支持了这样一个假设:人的精神状况会影响身体对传染病的抵抗能力。
如果以下哪项为真,向研究人员对其发现的解释提出了最严重的质疑?
A. 这些研究人员的观点只不过是对民间故事和文学作品中类似主题的重复。
B. 有慢性抑郁症的人在防止接触性传染病方面一点也不比其他人粗心。
C. 免疫系统失调导致许多有这种问题的人患上了慢性抑郁症。
D. 以前没有抑郁症的人可能会突然患抑郁症。
E. 非常频繁地患传染病可能是由于过多的接触而不是由于免疫系统失调。

48 番茄红素、谷胱甘肽、谷氨酰胺都是有效的抗氧化剂,这些抗氧化剂可以中和人体内新陈代谢所产生的自由基。体内自由基过量会加速细胞的损伤从而加速人的衰老。因而,为了延缓衰老,人们必须在每天的饮食中添加这些抗氧化剂。
以下哪项如果为真,最能削弱上述论证?

A. 体内自由基不是造成人衰老的唯一原因。
B. 每天参加运动可有效中和甚至清除体内的自由基。
C. 抗氧化剂的价格普通偏高，大部分消费者难以承受。
D. 缺乏锻炼的超重者在体内极易出现自由基过量。
E. 吸烟是导致体内细胞损伤的主要原因之一。

49 宇宙中穿过地球运行轨道的大行星有1000多颗。虽然一颗行星与地球碰撞的概率极小，但人类仍必须尽其所能来减少这种概率。因为如果这种碰撞一旦发生，对地球将是灾难性的。避免这种灾难的最好方法是使行星的运行轨道发生一定的偏斜。而要使行星的运行轨道发生偏斜，唯一的方法是使用储存在空间站的核武器对行星进行袭击。
从上述断定能推出以下哪项结论？
Ⅰ. 人类应当在空间站中储存核武器；
Ⅱ. 在防止空间灾难方面，核技术是唯一有效的技术；
Ⅲ. 在地球的发展史上，已出现过多次地球与行星的碰撞。
A. 只有Ⅰ。
B. 只有Ⅱ。
C. 只有Ⅲ。
D. 只有Ⅰ和Ⅱ。
E. Ⅰ、Ⅱ和Ⅲ。

50 诸如“善良”“棒极了”一类的词语，能引起人们积极的反应，而“邪恶”“恶心”之类的词语，则能引起人们消极的反应。最近的心理学实验表明：许多无意义的词语也能引起人们积极或消极的反应。这说明，人们对词语的反应不仅受词语意思的影响，而且受词语发音的影响。
以下哪项最好地描述了“许多无意义的词语能引起人们积极或消极的反应”这一论断在上述论证中的作用？
A. 它是之前事例得到的推论。
B. 它是一个前提，用来支持“有些词语可以引起人们积极或消极的反应”。
C. 它是一个前提，用来支持“所有的词语都能引起人们积极或消极的反应”。
D. 它是一个前提，用来支持全文的结论。
E. 它是一个结论，支持该结论的唯一证据就是声称人们对词语的反应只受词语的意思和发音的影响。

51 韩信是秦朝末年汉王刘邦手下的一员大将。有一次韩信带领1500名将士打仗，战斗中有四五百人死伤。战后韩信把队伍整理一下，命令士兵3人一排，结果多出2人；命令士兵5人一排，结果多出3人；最后又命令士兵7人一排，结果又是多出2人。

他当场宣布我军现有士兵人数。你知道共有士兵多少人？

问：下列说法哪项正确？

A. 若士兵 4 人一排，多出 1 人。

B. 若士兵 6 人一排，多出 2 人。

C. 若士兵 8 人一排，多出 3 人。

D. 若士兵 9 人一排，多出 4 人。

E. 若士兵 10 人一排，多出 5 人。

52 在林园小区，饲养宠物是被禁止的。林园小区的一些宠物爱好者试图改变这一规定，却失败了。因为林园小区规则变更程序规定：只有获得 10％的住户签字的协议，才能提交全体住户投票表决。结果，这些宠物爱好者的提议被大多数住户投票否决了。

从上述断定最可能得出以下哪项结论？

A. 在宠物爱好者的提议上签字的住户不少于 10％。

B. 投否决票的住户不多于 90％。

C. 在宠物爱好者的提议上签字的住户不到 10％。

D. 在宠物爱好者的提议上签字的不都是宠物爱好者。

E. 有的住户在提议上签了字，但却又投了否决票。

53～55 题基于以下共同题干：

某国家领导人要在连续 6 天（分别编号为第一天、第二天……第六天）内视察 6 座工厂 F、G、H、J、Q 和 R，每天只视察一座工厂，每座工厂只被视察一次。视察时间的安排必须符合下列条件：

(1) 视察 F 在第一天或第六天；

(2) 视察 J 的日子比视察 Q 的日子早；

(3) 视察 Q 恰在视察 R 的前一天；

(4) 如果视察 G 在第三天，则视察 Q 在第五天。

53 下面哪一选项是符合要求的按顺序排列的从第一天至第六天视察的工厂的名单？

A. F、Q、R、H、J、G。

B. G、H、J、Q、R、F。

C. G、J、Q、H、R、F。

D. G、J、Q、R、F、H。

E. F、Q、G、R、J、H。

54 下面哪一选项必定是假的？

A. 视察 G 安排在第四天。

B. 视察 H 安排在第六天。

C. 视察 J 安排在第四天。

D. 视察 R 安排在第二天。
E. 视察 Q 安排在第三天。

55 如果视察 R 恰在视察 F 的前一天，则下面哪一选项必定是真的？
A. 视察 G 或者视察 H 安排在第一天。
B. 视察 H 或者视察 J 安排在第三天。
C. 视察 G 或者视察 J 安排在第二天。
D. 视察 H 或者视察 J 安排在第四天。
E. 视察 G 或者视察 R 安排在第三天。

模拟试卷二

三、逻辑推理：第26～55小题，每小题2分，共60分。下列每题给出的A、B、C、D、E五个选项中，只有一项符合试题要求，请在答题卡上将该选项的字母涂黑。

26 国内以三国历史为背景的游戏《三国杀》《三国斩》《三国斗》《三国梦》等，都借鉴了美国西部牛仔游戏《bang!》。中国网络游戏的某龙头企业状告一家小公司，认定后者的《三国斩》抄袭了自己的《三国杀》。如果某龙头企业败诉，则《三国斩》必定知名度大增，这等于培养了自己的竞争对手；如果某龙头企业胜诉，则为《bang!》日后告赢《三国杀》的抄袭提供了一个非常好的案例。

如果以上陈述为真，则以下哪项陈述一定为真？

A. 著名的大公司与默默无闻的小公司打官司，可以提高小公司的知名度。

B. 如果某龙头企业败诉，那么它会继续打击以三国历史为背景的其他游戏。

C. 某龙头企业在培养自己的竞争对手，或者在为《bang!》将来状告自己抄袭提供好的案例。

D. 国内以三国历史为背景的游戏都将面临美国西部牛仔游戏《bang!》的授权诉讼。

E. 某龙头企业如果被《bang!》状告，它也会状告自己的竞争对手。

27 如果房价调控措施执行不严格，那么，房价会继续上涨。现在房价继续在上涨，因此，房价调控措施一定没有严格执行。

以下哪项论证与题干所犯的错误最为类似？

A. 氦或氢是化学周期表上最轻的元素。氦不是周期表上最轻的元素。因此，氢肯定是周期表上最轻的元素。

B. 如果盗版光盘的泛滥是由于正版光盘的价格过高的话，那么，降低正版光盘的价格就可以阻止盗版光盘的泛滥。但是，几次正版光盘价格的较大幅度降价，并没有有效阻止盗版光盘的泛滥。因此，盗版光盘的泛滥并不是由于正版光盘的价格过高。

C. 只要夸克是比原子更小的宇宙间最小的基本粒子，那么，就需要粘子把夸克连接在一起。事实上需要粘子把夸克连接在一起。因此，夸克是比原子更小的宇宙间最小的基本粒子。

D. 只有在校期间品学兼优，才可以获得奖学金。李明获得了奖学金，所以在校期间一定品学兼优。

E. 如果患者患的是肺炎，那么用听诊器就一定能听到肺部啰音。这位患者患的不是肺炎，因此，用听诊器不可能听到肺部啰音。

28 20 世纪后期的学生经常抗议核武器，现在的学生很少抗议核武器，可见现在的学生一定是没有过去那么关心政治了。

上述论证基于以下哪项假设？

A. 现在的学生大多数时间都用在了上网上，所以很少关心政治。

B. 对核武器的抗议能够准确衡量一个群体关心政治的程度。

C. 现在的学生不像 20 世纪后期的学生那么关心政治。

D. 对核武器的抗议能够有效防止核武器带来的威胁。

E. 学生虽然很少抗议核武器了，但是他们非常关心常规武器的发展。

29 一个人无法面对挫折，除非他具有坚定的信念；同时，除非一个人能勇敢地面对挫折，否则他就不能在逆境中成功。

以下各项都符合题干的断定，除了(　　)

A. 一个人如果能在逆境中成功，则有坚定的信念。

B. 一个人只有具备坚定的信念，才能在逆境中成功。

C. 一个人只要具备坚定的信念，就一定能成功。

D. 一个人或者具有坚定的信念，或者不能在逆境中成功。

E. 一个人没有坚定的信念，就不能在逆境中成功。

30 在新建筑的监管规则中，对钢材使用有如下要求：

(1) 或者使用成钢，或者使用昆钢；

(2) 如果使用成钢，则不能使用达钢；

(3) 只有使用达钢，才使用威钢；

(4) 昆钢和威钢只使用一种。

由此可见，新建筑的钢材使用应满足(　　)

A. 不使用成钢，使用威钢。

B. 不使用昆钢，使用达钢。

C. 不使用昆钢，使用威钢。

D. 不使用达钢，使用成钢。

E. 不使用威钢，使用昆钢。

31 某公园有个古怪而迷信的摊主小成，每周的周四和周日他坚决不出摊，而且他只出售 4 种儿童玩具：电动玩具、充气玩偶、乳胶气球和卡通服装。在出摊的日子里，他上午只卖 1 种商品，下午也只卖 1 种商品，而且还知道如下条件：

（1）星期六这天小成只卖乳胶气球或卡通服装；

（2）小成只在 1 个上午和 3 个下午卖乳胶气球；

（3）小成在而且只在 2 个连续的下午卖电动玩具。

若上述情况为真，请问哪一天小成一定会卖电动玩具？

A. 星期一。

B. 星期二。

C. 星期三。

D. 星期五。

E. 无法判断。

32 某公司鼓励员工报考 MBA，并为考上的员工报销部分学费。2014 年共有 5 名部门经理考上 MBA，同时也有 16 名普通员工考上 MBA。这说明普通员工比部门经理更容易考上 MBA。

以下哪项判定如果为真，最能削弱上述结论？

A. 考上 MBA 的部门经理平均年龄，略低于考上的普通员工平均年龄。

B. 部门经理的智商，一般高于普通员工。

C. 个别没考上的部门经理并没有努力学习。

D. 该公司报考 MBA 的员工中只有一小部分是部门经理。

E. 该公司报考 MBA 的员工人数比去年有所增加。

33～34 题基于以下题干：

一个博物馆将展出七座雕像 P、Q、R、S、T、U 和 W。展出分两个展室：展室 A 和展室 B。其中有四座雕像在展室 A 展出，另外三座雕像在展室 B 展出。每一座雕像在哪一个展室展出由下列条件决定：

（1）U 和 W 不能在同一个展室展出。

（2）S 和 T 都不能与 R 在同一个展室展出。

33 如果 P 在展室 A 展出，W 在展室 B 展出，则展室 A 可以展出下列任意两座雕像，除了（　　）

A. Q 和 R。

B. Q 和 T。

C. Q 和 U。

D. R 和 U。

E. S 和 T。

34 如果 T 在展室 B 展出，那么下列哪两座雕像不能在同一展室展出？

A. P 和 S。

B. Q和R。
C. Q和W。
D. R和U。
E. T和W。

35 四个人坐在候车室的长椅上，一位老人过来问时间，四人同时看了自己的表后，做出以下回答：
甲：现在是12点54分。
乙：不，是12点57分。
丙：我的表是1点零3分。
丁：我的表是1点零2分。
事实上他们的表分别有2、3、4和5分钟的误差（这顺序并非对应他们回答的顺序）。问：你能算出现在准确的时间吗？
A. 12点57分。　B. 12点58分。　C. 13点00分。
D. 12点59分。　E. 13点01分。

36～37题基于以下题干：
志新夏令营组织7名学生进行爬山活动，途中须乘坐缆车到达半山腰。在这7名学生中，甲、乙是高中生，丙、丁是初中生，戊、己、庚是小学生。缆车有单人缆车、双人缆车、三人缆车三种，该夏令营乘坐的缆车不包括其他乘客，且每个缆车必须满员。
已知：高中生都不分到三人缆车；小学生都不分到单人缆车；甲和丙分到同一个缆车。

36 如果丁乘坐单人缆车，则以下哪项不违反条件？
A. 恰有1个双人缆车乘坐小学生。
B. 乙乘坐单人缆车。
C. 戊和丙以及另外一个学生一起乘坐三人缆车。
D. 恰有3个单人缆车。
E. 恰有2个双人缆车。

37 如果丁乘坐三人缆车，则以下哪项一定为真？
A. 乙乘坐单人缆车。
B. 2个小学生乘坐一个双人缆车。
C. 没有人乘坐单人缆车。
D. 戊和己乘坐三人缆车。
E. 乙和戊乘坐双人缆车。

38 在村庄东西两块玉米地中，东面的地施过磷酸钙单质肥料，西面的地则没有，结果东面的地亩产玉米 300 公斤，西面的地亩产仅 150 公斤，因此，东面的地比西面的地产量高的原因是由于施了过磷酸钙单质肥料。

以下哪项如果为真，最能削弱上述论证？

A. 给东面地施用过的过磷酸钙是过期的肥料。

B. 北面的地施用过硫酸钙单质化肥，亩产玉米 220 公斤。

C. 每块地都种植了不同种类的四种玉米。

D. 两块地的田间管理无明显不同。

E. 东面和西面两块地的土质不同。

39 玉米中含有一种维生素烟酸，但它在玉米中的构成形式是人体不可吸收的。糙皮病是一种因缺乏烟酸导致的疾病。18 世纪时，当玉米从美洲被引入到欧洲南部后，它迅速成为主食，许多主要吃玉米的欧洲人得了糙皮病。然而，当时在美洲，即使是在主要吃玉米的人当中，糙皮病仍然还是未知的。

下列哪项如果为真，最有助于解释如上述中糙皮病的不同发病率？

A. 玉米被介绍到欧洲南部后成为地主当中流行的食物，因为其相对于其他谷物产量最高。

B. 在美洲种植的玉米比在欧洲种植的玉米含有较多的烟酸。

C. 在美洲，烹调玉米的传统方式将玉米中的烟酸转换成人体可用的形式。

D. 在欧洲南部的许多吃玉米的人也吃烟酸丰富的食物。

E. 发现糙皮病与烟酸有关之前，它被广泛认为是可以从人到人的传播感染的。

40 心理学家进行了一系列实验，以测试在电影中的暴力镜头对中小学生的影响。在第一个实验中，初中的孩子观看了男性少年采取的暴力行为对他人殴打场景的电影。观看电影后，42%的孩子被观察到出现类似于电影中的打人行为。在第二个实验中，不同组的儿童观看了类似女性少年暴力行为的电影。观看电影后，该组只有 14%的孩子出现电影中类似的暴力行为。因此，心理学家得出结论，相对电影中的女性的暴力行为，儿童更容易效仿电影中的男性的暴力行为。

以下哪项如果为真，将最严重地削弱心理学家的结论？

A. 在这两个实验中，拍摄暴力镜头的受害者都包括男性和女性。

B. 在第二个实验中，28%的孩子在观看暴力电影场景时表现出心烦意乱。

C. 第一组包括 19 名男同学和 20 名女同学，第二组包括 20 名男同学和 21 名女同学。

D. 在第一组中，在影片的放映过程中 58%的孩子显出无聊情绪，12%的孩子睡着了。

E. 实验前在第一组中有违纪问题的儿童比在第二组的比例更大。

41 全球经济发展不景气，好运来公司的经济也开始走下坡路，公司资不抵债，公司领导决定裁员来节省开支，现在，阿大、阿二、阿三、阿四这四名员工有可能被裁减，有三位员工对此做了预测。

员工一：如果阿大被裁，则阿二也会被裁；

员工二：如果阿三被裁，则阿四不会被裁；

员工三：或者阿三被裁，或者阿二不被裁。

如果三位员工的预测都为真，则以下哪项一定为假？

A. 阿大和阿三都会被裁。

B. 阿四被裁，阿二不被裁。

C. 阿大和阿四都被裁。

D. 阿大被裁，阿四不被裁。

E. 阿四被裁，阿大不被裁。

42 屠呦呦一定是中科院院士，她可是诺贝尔科学奖的获得者。

以上结论是以以下哪个前提作为依据的？

A. 如果晋升为中科院院士，就会在诺贝尔科学奖的评选中获得绝对的优势。

B. 除非成为中科院院士，否则无法获得诺贝尔科学奖。

C. 所有中科院院士都以获得诺贝尔科学奖为人生终极目标。

D. 中科院有最新规定：诺贝尔科学奖获得者将被终身聘用。

E. 不获得诺贝尔科学奖，不可能成为中科院院士。

43～44 题基于以下题干：

江北市有东城区、南兴区、西城区、北海区四个辖区，市政府决定引入甲、乙、丙、丁四个投资项目，每个辖区只引入一个投资项目。

已知：

(1) 如果在北海区或者西城区引入项目乙，那么在南兴区既不能引入项目丁，也不能引入项目丙；

(2) 南兴区或北海区要引入项目甲或者项目乙。

43 根据上述要求，如果南兴区引入项目丁，则以下哪项一定为真？

A. 东城区引入项目甲。

B. 西城区引入项目丙。

C. 西城区引入项目甲。

D. 东城区引入项目丙。

E. 北海区引入项目丙。

44 根据上述要求，如果项目甲必须在东城区或西城区落户，则以下哪项一定为真？

A. 西城区引入项目甲。

B. 东城区引入项目甲。

C．北海区引入项目乙。
D．西城区引入项目丙。
E．南兴区引入项目乙。

45 虚名和实利不可兼得。
以下哪项和上述断定的含义最为接近？
A．宁取实利，不图虚名。
B．如果图虚名，则不可得实利。
C．如果不图虚名，则可得实利。
D．实利如同虚名，可望而难及。
E．智者谋实利，愚者图虚名。

46 一个叫巴特尔的美国人说，如果你现在知道所有的幕后信息，并且拥有一亿美元，那么，不出两年，你肯定破产或者坐牢。
依据巴特尔的上述断定，可得出以下哪项结论？
A．如果你现在拥有一亿美元，但有些幕后信息你并不知道，那么，两年后你不会破产，或者不会坐牢。
B．如果你不可能知道所有的幕后信息，并且也不可能拥有一亿美元，那么，在两年之内，你不可能破产，也不可能坐牢。
C．如果你现在不知道所有的幕后信息，并且也未拥有一亿美元，那么，在两年之内，你仍然可能破产，也可能坐牢。
D．两年之内，如果你既未破产，也未坐牢，那么，此前你从未知道过所有幕后信息，也从未拥有过一亿美元。
E．两年之内，如果你既未破产，也未坐牢，并且近年来你拥有的美元一直过亿，那么，你至少有某个时段不了解所有的幕后信息。

47 锂电池是一种以锂金属或锂合金为负极材料，使用非水电解质溶液的一次电池。为了开发出性能更优异的品种，人们对各种材料进行了研究，从而制造出前所未有的产品。锂电池生产领域曾经是日本强项，但现在中国、韩国企业的崛起令世界瞩目。随着技术的不断进步以及研究人员的不懈努力，锂电池正在越来越大规模地进入实用阶段。研究人员认为锂电池将会替代传统电池。
以下哪项如果为真，最不能支持上述研究人员的观点？
A．锂电池高低温适应性强，可以在－20℃～60℃的环境下使用，比传统电池使用温度范围大。
B．锂电池能循环使用数百万次，相比之下传统电池只能使用数千次。
C．锂电池可嵌入汽车底盘为汽车提供动力，可更方便地进行无线充电。
D．锂电池充电时所耗电能比传统电池少90％，但供电时间比后者长10倍。

E. 锂电池所用物质化学用品少,对环境的污染比传统电池小。

48 核聚变是这样一个过程——原子核聚合或被“熔化”,并且在这个过程中释放出能量,聚变的副产品之一是氦-4气体,最近使用存放在一密封烧瓶里的“重”水进行了一聚变试验,烧瓶放在一个充满空气的单间里,以消除外来振动,在试验之后,在单间的空气里有可测量到的氦-4气体,试验者以此证据支持他们的结论:核聚变已经完成。

下面哪一项如果正确,将对试验的结论提出强有力的质疑?

A. 氦-4不是试验的单间里发现的唯一气体。

B. 当聚变完成时,通常产生几种包括氚和γ射线等副产品。

C. 发现在单间里的氦-4的量没有超过普通空气里的氦-4气体的量。

D. 氦-4气体很快分解,在几个小时以后形成了普通的氦气。

E. 核聚变反应的特征是释放大量的热。

49 基因能控制生物的性状,转基因技术是将一种生物的基因转入另一种生物中,使被转入基因的生物产生人类所需要的性状。这种技术自产生之日起就备受争议。公众最关心转基因食品的安全性:这类食品是否对人有毒?是否会引起过敏?一位专家断言:转基因食品是安全的,可放心食用。

以下各项陈述都支持这位专家的断言,除了(　　)

A. 转基因农作物抗杂草,所以无须使用含有致癌物质的除草剂。

B. 转基因作物在全球大面积商业化种植13年来,从未发生过安全性事故。

C. 普通水稻的害虫食用转基因水稻后会中毒。

D. 杂交育种产生的作物是安全的,用传统方式对作物品种的杂交选育,实质上也是转基因。

E. 在灵长类动物身上的持续研究证实:转基因农作物对此类动物不会引起过敏反应,而灵长类动物和人类有很多相似之处。

50 中国自周朝开始便实行同姓不婚的礼制。《曲礼》说:“同姓为宗,有合族之义,故系之以姓……虽百世,婚姻不得通,周道然也。”《国语》说:“娶妻避其同姓。”又说:“同姓不婚,恶不殖也。”由此看来,我国古人早就懂得现代遗传学中优生优育的原理,否则就不会意识到近亲结婚的危害性。

如果以下哪项陈述为真,最能削弱作者对“同姓不婚”的解释?

A. 异族通婚的礼制为国与国的政治联姻奠定了礼法性的基础。

B. 我国古人基于同姓婚姻导致乱伦和生育不良的经验而制定同姓不婚的礼制。

C. 秦国和晋国相互通婚称为秦晋之好,秦晋之好是同姓不婚的楷模。

D. 同姓不婚的礼制鼓励异族通婚,异族通婚促进了各族之间的融合。

E. 异族通婚的礼制被各国广泛接受。

51 某杂志登载了这样一句话：雅士琴棋书画，俗人柴米油盐。不沾柴米油盐，何以琴棋书画？张老师对此的解读是：如果是雅士，则擅长琴棋书画。如果是俗人，则离不开柴米油盐。如果离开柴米油盐，则不能擅长琴棋书画。

如果张老师的陈述为真，则以下哪项一定为真？

A．雅士都是俗人。

B．雅士离不开柴米油盐。

C．有些俗人擅长琴棋书画。

D．有些俗人不是雅士。

E．有些俗人是雅士。

52 有三个外表相同的鸡蛋，有生有熟。弟兄三人经过一番观察和分析，老大说："我觉得第一个蛋是生的，第三个蛋是熟的。"老二说："我认为第二个蛋和第三个蛋都是熟的。"老三说："据我分析，第一个蛋是生的，第二个和第三个一生一熟。"结果三人每个人都仅仅猜对了一半。

根据以上信息，以下哪一项为真？

A．三个鸡蛋全是熟的。

B．三个鸡蛋全是生的。

C．仅有第三个鸡蛋是熟的。

D．仅有第二个鸡蛋是生的。

E．无法推出。

53 环保人士批评海滨浴场用网将泳区与鲨鱼隔开的做法。因为，每年这种网无谓地杀死了数以千计的海洋生物。最近环保人士发现将电缆埋在泳区四周的下面，鲨鱼就会自动游开，这样既不伤人又不会伤害海洋动物。所以，安装上这种电缆后，泳区既能维持旅游业，同时又能满足环保人士的要求。

以下哪项最能削弱上文中环保人士的见解？

A．许多从未出现鲨鱼的海滨浴场也计划安装电缆。

B．尽管许多人声称害怕鲨鱼，但有鲨鱼出没地区的旅游业所受影响并不大。

C．很多游泳的人看不到将他们与鲨鱼隔开的障碍，以后就不敢光顾这些海滩了。

D．在环保主义者认可的能成功驱除鲨鱼，同时又不伤害它们的办法中，在下面埋电缆并非唯一的办法。

E．埋在下面的电缆产生的电流吓跑了许多鱼，但并没有吓走吸引游客的海洋哺乳动物。

54～55 题基于以下题干：

一次学术会议，有六个学者要做讲座，这六个学者是：F、G、J、L、M 和 N，每位学者的讲座时间是一小时。有三个学者的讲座时间安排在午餐前，另三个学者的讲座时间安排在午餐后。在安排讲座的时间表时，下列条件必须得到满足：

(1) G 必须被安排在午餐前；

(2) 在 M 和 N 之间必须安排一个讲座人，不论中间是否刚好赶上午餐；

(3) F 必须被安排在第一场或第三场讲座。

54 如果 J 的讲座被安排在第四场，则第三场讲座的学者必定是(　　)

A. F 或 G。

B. G 或 L。

C. L 或 N。

D. M 或 N。

E. M 或 F。

55 如果午餐发生在 M 和 N 的讲座之间，则下列哪一项列出了可以安排在 M 和 N 之间的讲座的所有可能的学者？

A. F、J、L。

B. G、J。

C. L、J。

D. F、G、J。

E. F、G、J、L。

目　录

第一章　绪　　论

例题

1. 解析:本题答案选 D。

本题考查复合命题的推理规则。本题考核相容选言 P 或 Q 的推理(否定一支推出肯定另一支),所以,周波不喜欢化学推出周波喜欢物理。同理,由理科(1)班不喜欢物理的推出喜欢化学,则Ⅰ和Ⅲ正确,其他无法推出,因此,本题答案选 D。

2. 解析:本题答案选 C。

题干论证因果关系是:老年人认知能力下降(Y)是因为每天睡眠时间超过 9 小时或少于 5 小时(X)。

A 选项	无关选项,“尚没有专业的医疗器具”不代表这种现象不存在,诉诸无知,不选
B 选项	无关选项,所有研究对象都是 70 岁以上的老人,不选
C 选项	老年人的认知能力下降(Y)不是因为每天睡眠时间超过 9 小时或少于 5 小时(X),而是因为年龄较大(Z),即他因削弱,选 C
D 选项	无关选项,所有研究对象都是 70 岁以上的老人,不选
E 选项	无关选项,所有研究对象都是 70 岁以上的老人,不选

3. 解析:本题答案选 B。

本题为解释现象题,找证据、结论及关键词,本题需要解释的是“太阳系外的行星”。对于这类题,可以根据论证对象,快速解题。

A 选项	论证对象与题干结论不一致,不选
B 选项	论证对象与题干结论一致,且可以解释该现象,选 B
C 选项	根据题干知,行星仍旧可以“看到”,不能解释题干现象,不选
D 选项	论证对象与题干结论不一致,不选
E 选项	论证对象与题干结论不一致,不选

4. 解析:本题答案选 B。采用代入排除法即可。

A 项不符合:因为小丽想跟小明紧挨着。

C 项不符合:因为小梅不想跟小强或小明紧挨着。

D 项不符合:因为小丽想跟小明紧挨着。

E 项不符合:因为小丽想跟小明紧挨着。

5. 解析:本题答案选 E。

对题干进行形式化后,可知:7 人的最高学历分别是本科和博士,其中,博士毕业的有 3 人;女性 3 人——本科 4 人,男性 4 人;己、庚的学历层次不同——1 人本科、1 人博士。甲、乙、丙的学历层次相同,假设他们都是博士,则与己、庚 1 人本科、1 人博士矛盾,则他们3人都是本科，那么丁、戊是博士。

同理，甲、丁的性别不同——他们不可能都是女性，因此，都是男性；乙、丙是女性，所以，戊是男博士；己、庚无论谁是博士，都是男博士；由于最后录取的是女博士，因此，只可能是丁，选E。

第二章 概 念

例题

1. 解析：本题答案选A。

鲁迅的著作不是一天能读完的，这里的“鲁迅的著作”指的是鲁迅的著作全集，是集合概念；《狂人日记》是鲁迅的著作，这里的“鲁迅的著作”指的是鲁迅的著作之一，是非集合概念，因此犯了“集合概念”与“非集合概念”的偷换。上述推理的逻辑错误为：偷换概念。因此，本题答案选A。

技巧点拨：本题很容易选C。“以偏概全”只能是“小范围推大范围”，而题干则以鲁迅的著作全集为前提，推到个体《狂人日记》，属于“大范围推小范围”，因此，不可以选C。

2. 解析：本题答案选B。

本题题干论证：饮用常规量的咖啡对人的心脏无害→咖啡的饮用者完全可以放心地享用，只要不过量。本题题干的论证隐含了这样一个假设：**心脏健康**就等同于**身体健康**。但是，这一假设并不成立，因为二者并不是同一概念——有可能对心脏健康没有影响，但是对身体其他器官有影响。因此，选项B最为恰当地指出了题干论证的漏洞。

3. 解析：本题答案选D。

题干中小李的推理为：护栏边的绿地既然属于小区的所有人，我是小区的人，所以，护栏边的绿地也属于我。此推理中的“所有人”在句中是一个集合概念，并非指“每一个人”，整体具有的特征其个体未必具有，这是集合概念与非集合概念的混淆，属于集合体性质误用的错误。

A选项	“所有人都要为他的错误行为负责”=“每一个人都要为他的错误行为负责”，不属于集合体性质误用，不选
B选项	“所有参展的兰花在这次博览会上被定购一空”=“每一盆参展的兰花在这次博览会上被定购一空”，不属于集合体性质误用，不选
C选项	“没有人能够一天读完大仲马的所有作品”=“每一个人都不能一天读完大仲马的所有作品”，不属于集合体性质误用，不选
D选项	“所有莫尔碧骑士组成的军队”战无不胜，并不代表组成军队的每个人都是战无不胜的，整体具有的特征其个体未必具有，与题干错误类似，选D

续 表

E选项	“任何一个人都不可能掌握当今世界的所有知识”=“每一个人都不可能掌握当今世界的所有知识”，不属于集合体性质误用，不选

4. 解析：本题答案选D。

题干中出现了两个北极熊。第一个“克鲁特是德国家喻户晓的‘明星’北极熊”中的“北极熊”就是特指的克鲁特，属于非集合概念，而“北极熊是名副其实的北极霸主”中的“北极熊”指的是北极熊这个群体，属于集合概念，这是集合体性质误用的错误。

A选项	“儿童是祖国的花朵”中的“儿童”指的是儿童这个群体，属于集合概念，而“小雅是儿童”中的“儿童”指的是小雅，属于非集合概念，与题干错误类似，不选
B选项	“鲁迅的作品不是一天能读完的”中的“鲁迅的作品”指的是鲁迅的作品全集，属于集合概念，而“《祝福》是鲁迅的作品”中的“鲁迅的作品”指的是《祝福》，属于非集合概念，与题干错误类似，不选
C选项	“中国人是不怕困难的”中的“中国人”指的是中国人这个群体，属于集合概念，而“我是中国人”中的“中国人”指的是题干中的我，属于非集合概念，与题干错误类似，不选
D选项	“康怡花园坐落在清水街”中的“清水街”指的是康怡花园，属于非集合概念，“清水街的建筑属于违章建筑”的意思是“每一栋清水街的建筑都是违章建筑”，属于非集合概念，没有犯与题干类似的错误，选D
E选项	“外语是高等学校招生的必考科目”中的“外语”指的是所有外语的总体，属于集合概念，而“西班牙语是外语”中的“外语”指的是西班牙语，属于非集合概念，与题干错误类似，不选

技巧点拨：“以下除哪项外，均与上述论证中出现的谬误相似”要求选的是“**没有犯与题干相似的错误的选项**”，在审题时，尤其要注意“**除了**”“**除哪项外**”等关键词。

5. 解析：本题答案选A。

本题考查逻辑学概念之间的关系。根据题干信息和概念交叉的定义，逐个对选项进行判断：

A选项	“人物画”与“工笔画”之间可能存在交叉，即采取工笔手法画的人物画，选A
B选项	“《盗梦空间》”是单数概念，单数概念与单数概念之间、单数概念与复数概念之间不可能存在交叉关系，不选
C选项	“洛邑小学30岁的食堂总经理”是单数概念，单数概念与单数概念之间、单数概念与复数概念之间不可能存在交叉关系，不选
D选项	“氯气”是“微波炉清洁剂”中的一种，属于整体与部分之间的关系，属于包含关系，不选
E选项	“高校”与“教授”之间没有交集，属于全异关系，不选

6. 解析：本题答案选C。

本题考查概念之间的关系。根据题干信息和概念种属关系的定义，逐个对选项进行判断：

A选项	“这个组织的成员”与“男性成员”之间存在交叉，这个组织的成员包括男性成员与女性成员，“男性成员”包括这个组织的成员与非这个组织的成员，不是种属关系，不选
B选项	“江苏省”是单数概念，“苏州市”也是单数概念，两个单数概念之间不可能交叉，两者之间是全异关系，不选
C选项	所有的中国人都是亚洲人，满足题干条件，两者之间是种属关系，选C
D选项	“南方菜系”是一个单数概念，与“淮扬菜”之间是全异关系，不选
E选项	“同济大学”与“同济MBA”之间没有交集，属于全异关系，不选

7. 解析：本题答案选A。

关于最多最少人数题，有以下几个原则：找种属，即同类，一定不相加；找全异，即分类，一定相加；找交叉，即共同部分，可加可不加。

地　　域		职　　业	
南方人	沈阳人	作曲家	诗人
3	1	2	3
地域总人数：4人		职业的最少人数：3人（可以兼职）	

地域全异：南方人3＋沈阳人1＝4；职业：作曲家也可以是诗人。所以，最小人数为3＋1＝4；最大人数为(3＋1)＋2＋3＝9。所以，本题答案选A。

8. 解析：本题答案选B。

本题仍旧是最多最少人数题，解题原则和上题一致，只是注意“只做电脑生意”和“只做服装生意”两个关键信息。

地　　域		职　　业	
北方人（包括1个哈尔滨人）	广东人	电脑生意	服装生意
2	1	2	3
地域总人数：3人		职业的最少人数：5人（不可兼职）	

地域全异：3；职业：由于不能兼职，最少人数是3＋2＝5。可以得到：最小人数为3＋2＝5；最大人数为(3＋2)＋3＝8。所以，本题答案选B。

9. 解析：本题答案选B。

本题仍旧是最多最少人数题，解题原则和例题9一致，只是注意“2个人**只爱慕**A，3个人爱慕B，4个人爱慕C”这个关键信息。

地　域		爱 慕 情 况		
山东人（包括1个济南人）	大连人	只爱慕A	爱慕B	爱慕C
2	1	2	3	4
地域总人数：3人		“爱慕”的最少人数：2+4=6人(有的不可都爱)		

地域全异：3；爱慕情况：由于不能“兼爱”，最少人数是4+2=6。可以得到：最小人数为4+2=6；最大人数为(4+2)+3+3=12。所以，本题答案选B。

10. 解析：本题答案选D。

本题考查逻辑计算中的概念之间的交叉关系。

(1)（女性∧青年∧教师）≥5；

(2)（女性∧中年∧教师）≥6；

(3)（女性∧青年∧教师）≥7。

(1)、(3)是包含关系，(2)、(3)是全异关系，全异的元素必须相加，因此，女教师至少13名。

综上所述，本题答案选D。

11. 解析：本题答案选C。

根据题干信息：40%的人认为这是由美国不公正的外交政策造成的，55%的人认为这是由伊斯兰文明与西方文明的冲突造成的，23%的人认为这是出自恐怖分子的邪恶本性，19%的人没有表明意见。本题的矛盾处在于：40%+55%+23%+19%>100%，要想解释这个矛盾，就必须说明这些百分比之间有相互包含之处，即概念之间存在交叉。选项C指出了这一点，因此是正确选项。

12. 解析：本题答案选A。

根据题干信息知，世界级的马拉松选手应该满足：非(元旦∨星期天∨得了较严重的疾病)→每天跑步不少于两小时。

A选项	“连续三天”不可能都是周末，且没有较严重的疾病，如果他是世界级的马拉松选手，应该每天跑步不少于两小时，而不是一个半小时，该选项不可能是世界级的马拉松选手，选A
B选项	题干论证未涉及“练习吊环”，可能为真，不选
C选项	该选项表明受过较严重的疾病，即使是世界级的马拉松选手，也可能每天跑步不到两小时，不选
D选项	“星期三”有可能是元旦，并且该运动员可能受过较严重的疾病，有可能为真，不选
E选项	题干论证未涉及“跳高”，可能为真，不选

13. 解析：本题答案选D。

根据题干信息知，最不可能被挑选上的是：“1993年以来已经献过血”或者“1995年以来在献血体检中不合格”。

A 选项	该选项中的小张属于“1993 年以来已经献过血”，不可能选上，不选
B 选项	该选项中的小王每年献血，属于“1993 年以来已经献过血”，不可能选上，不选
C 选项	该选项中的小刘属于“1995 年以来在献血体检中不合格”，不可能选上，不选
D 选项	该选项中的大陈没有题干涉及的两种情况，有可能选上，选 D
E 选项	该选项中的老孙属于“1993 年以来已经献过血”，不可能选上，不选

14. 解析：本题答案选 E。

根据题干“以下哪项叙述符合题干的断定”知，这是形式逻辑题，本题考查概念辨析与语义理解。

根据题干信息可以得出：一个善的行为必须既有好的动机，又有好的效果；如果是有意伤害他人，或是无意伤害他人，但这种伤害的可能性是可以预见的，在这两种情况下，对他人造成伤害的行为都是恶的行为。

A 选项	P 先生动机不好，但是没有对他人造成伤害，不可能是恶的行为，与题干表述不符，不选
B 选项	J 的行为动机不好，不可能是善的行为，与题干表述不符，不选
C 选项	这个行为造成了不良的后果，由“M 女士无意中”知该行为不是故意的，“意外”表明该行为不在意料之中，与题干表述不符，不选
D 选项	T 先生造成的结果不好，不可能是善的行为，与题干表述不符，不选
E 选项	这个行为造成了不良的后果，S 女士没有照顾小孩，小孩子会乱跑这个结果是可以预料的，她的行为还是恶的，与题干表述符合，选 E

15. 解析：本题答案选 A。

本题犯了概念划分不当的错误。

16. 解析：本题答案选 A。

由题干信息“根据以上陈述，可以得出以下哪个选项”知，这是形式逻辑题，本题考查的是概念的划分计算。

不妨设 G 区的常住外来人口为 x，则 G 区的常住户籍人口为 $240-x$；

两个区常住外来人口 200 万，那么，H 区的常住外来人口为 $200-x$，因此，G 区的户籍人口比 H 区的常住外来人口多 40 万。故本题答案选 A。

17. 解析：本题答案选 A。

题干信息：(1)十个男人七个傻，八个呆，九个坏，还有一个人人爱；(2)“傻” ∨ “呆” ∨ “坏”→不会人人爱。

结合(1)和(2)可知，有一个人人爱，那么一定三种特性都不具备，即不傻 ∧ 不呆 ∧ 不坏。由此可知，剩下的 9 个人，一定都满足坏，剩余的有 8 个满足呆，有 1 个不呆；7 个满足傻，2 个满足不傻；此时同时满足三种特性的一定至多 7 个人。而最特殊的情况，那就是这 7 个满足傻的人里恰好有一个不呆，那至少也应该有 6 个人同时满足三种

特性，因此答案选 A。

18. 解析：本题答案选 D。

题干信息是：不是 A 就是 B，说明 A、B 是矛盾关系；不是 A 也可能不是 B，说明 A、B 是反对关系，显然“国学巫师”与“国学大师”是反对关系。

A 选项	“社会主义的低速度”与“资本主义的高速度”是反对关系，与题干一致，不选
B 选项	“为了发展可以牺牲环境”与“不发展也不能破坏环境”是反对关系，与题干一致，不选
C 选项	“人都自私”与“人都不自私”是反对关系，与题干一致，不选
D 选项	“必然发生”与“可能避免”=“可能不发生”是矛盾关系，与题干不一致，选 D
E 选项	“中国队必然夺冠”与“不可能夺冠”是反对关系，与题干一致，不选

基础训练

1. 解析：本题答案选 C。

本题考查概念的定义。根据题干知，满足自我陶醉人格的人具有以下特征：(1)过高地估计自己的重要性，夸大自己的成就；(2)对批评反应强烈，希望他人注意自己和羡慕自己；(3)经常沉溺于幻想中，把自己看成特殊的人；(4)人际关系不稳定，嫉妒他人，损人利己。

A 选项	符合特征(1)，属于自我陶醉人格，不选
B 选项	符合特征(2)，属于自我陶醉人格，不选
C 选项	该选项说的是“怕被人看不起而充面子”，不属于上述特征中的任何一条，选 C
D 选项	符合特征(1)、(3)，属于自我陶醉人格，不选
E 选项	符合特征(3)，属于自我陶醉人格，不选

2. 解析：本题答案选 E。

题干中的“原始动机”是指以人的本能需要为基础的动机。本题既需要阅读理解，也需要基本的常识，“对异性的追求，属于人的本能”是本题逻辑以外的常识，因此，本题答案选 E。

3. 解析：本题答案选 B。

本题考查概念辨析。根据定义一一对比即可。

A 选项：4 不属于“尚左数”；

C 选项：8 不属于“尚左数”；

D 选项：8 不属于“尚左数”；

E 选项：8 不属于“尚左数”。

注意：“尚左数”是**针对题干列出的**“8、9、7、6、4、5、3、2”这列数字，而不是选项中的数字。

4. 解析：本题答案选 D。
在本题题干中，小莫向孔先生提出了不分昼夜地每天苦练能否缩短学习时间的问题。孔先生却指出，如果小莫不分昼夜地每天苦练，则反而会需要更长的学习时间。显然，孔先生的回答主要提示出微雕艺术家应当具有耐心的素质。

5. 解析：本题答案选 D。
本题考查概念的定义，给概念下定义，要能够体现出被定义概念所反映的对象的特点和本质，并且要根据定义的四条规则对概念进行定义。选项 D 符合定义的要求和规则。
选项 A 犯了“否定定义”的逻辑错误。
选项 B 犯了“否定定义”的逻辑错误。
选项 C 犯了“比喻定义”的逻辑错误。
选项 E 犯了“比喻定义”的逻辑错误。

6. 解析：本题答案选 A。
本题考查概念定义的辨析，学习迁移“是指一种学习对另一种学习的影响”，指的是同一个人不同技艺的相互影响。
选项 A 体现了不同技艺能力的相互影响，符合学习迁移的定义，选 A；
选项 B 属于不同的人的技艺能力的相互影响，不选；
选项 C 属于不同的人的技艺能力的影响，不选；
选项 D 没有体现“玩电脑游戏”与“计算机作业”的相互影响，不选；
选项 E 没有体现两种不同的技艺能力，不选。

7. 解析：本题答案选 E。
题干陈述的逻辑错误是：对试验成功和试验不成功这两个互相矛盾的命题同时否定。一对矛盾命题必有一真，必有一假，所以，不可能两个命题同时为假，这个就是“两不可”的逻辑学谬误。

A 选项	显然不正确，题干的陈述有漏洞，不选
B 选项	“完全反映了民意”和“一点也没有反映民意”属于反对关系，与题干不符，不选
C 选项	“完全成功”和“彻底失败”属于反对关系，与题干不符，不选
D 选项	“被事实证明的科学结论”和“纯属欺诈的伪科学结论”不属于矛盾关系，与题干不符，不选
E 选项	因为“一定能进入前四名”和“可能进不了前四名”互相矛盾，不能同时否定，与题干错误类似，是“两不可”的逻辑学谬误，选 E

8. 解析：本题答案选 C。
根据题干信息，按照地域划分有 3 名美国人＋4 名中国人＝7 人。再根据直升机上有 9 名乘客，可以得出：在 1 名科学家、2 名企业家、2 名律师中，再有 2 个不同的人，即他们之间出现 3 个人次的交叉。

A 选项	未涉及“科学家的具体国籍”,可能为真,也可能为假,不选
B 选项	未涉及“企业家的具体业务范围”,可能为真,也可能为假,不选
C 选项	该选项表明职业和地域出现了 3 个人次的交叉,可以解释题干,选 C
D 选项	未涉及“律师的具体职能”,可能为真,也可能为假,不选
E 选项	该选项表示科学家既不是中国人,也不是美国人,无法解释,不选

9. 解析:本题答案选 D。
本题考查的是偷换概念。题干中的 0.1% 是一个概率,概率的本质是一种可能性,但并不代表每 1000 次必有一次失误,显然,D 为正确答案。A 项是误把假币当真币,而题干中是误把真币当假币,不是相同的概念,在百分比的内涵上偷换了数据概念。

10. 解析:本题答案选 E。
本题考查的是偷换概念,题干中说:在美国出生的正常的婴儿在 3 个月大时平均体重在 12～14 磅。因此,如果一个 3 个月大的小孩体重只有 10 磅,那么他的体重增长就低于美国平均水平。其中,题干误将**平均体重增加**和**平均体重**混为一谈。事实上,它们是两个不同的概念。因此,E 项是正确答案。

11. 解析:本题答案选 A。
根据题干知:“本部销售的计算机在 1 个月内包换、1 年内免费包修、3 年内上门服务免收劳务费,因使用不当造成的故障除外。”

A 选项	属于 1 年内免费包修的服务项目,在软驱不能修时,销售部给免费更换软驱是应该的,选 A
B 选项	该情况是购买后 50 天的事,虽然没拆箱,但已过了包换的期限 30 天,计算机销售部可以担保其免费修理服务,但不一定包换,不选
C 选项	鼠标丢失是保管不当造成的,属于“使用不当造成的故障”,不选
D 选项	感染了计算机病毒,造成存储的文件丢失,属于“使用不当造成的故障”,不选
E 选项	该情况超过了免费包修期,3 年内虽然可以免服务费,零件费还是要照全价付的,因此,该要求不合理,不选

12. 解析:本题答案选 B。
题干所要论证的论题是一个普遍性的命题,应该在棒球比赛中正式禁止下手球的投掷方法。而论据是一个具体事例,即 1920 年,查普曼被由投掷手卡尔投掷的下手球击中。显然,该论证方式是用一个具体事例来说明具有普遍性的结论,属于以偏概全。所以,正确答案是 B。

13. 解析:本题答案选 D。
根据题干信息:
(1) 新知识包含原有知识时,属于上位学习;
(2) 原有知识包含新知识时,属于下位学习;

（3）新知识与原有知识不形成包含关系，仅仅是合理组合，属于同位学习。

A 选项	“平行四边形”到“矩形”的学习，平行四边形的知识包含矩形，属于下位学习，不选
B 选项	“所有内容”到“总复习”，没有明确的包含关系，只是简单的综合整理，属于同位学习，不选
C 选项	“理论知识”到“实践操作”，没有包含关系，属于同位学习，不选
D 选项	“例句”到“语法”，即语法包含了例句的总括性观念，属于上位学习，选 D
E 选项	“《中国近代史纲要》”到“易错题总结”，没有明确的包含关系，属于同位学习，不选

14. 解析：本题答案选 D。

根据题干信息，病毒式营销的特征有两个：

（1）发起人把产品的最初信息发送到用户；

（2）依靠用户自发进行口碑宣传。

A 选项	不符合条件第二条，“鼓励”不代表“自发宣传”，不选
B 选项	不符合条件第二条，不涉及“用户自发宣传”，不选
C 选项	不符合条件第二条，“转发可参与抽奖”不代表用户就会转发，不选
D 选项	符合题干两个条件的描述，属于病毒式营销，选 D
E 选项	员工不属于用户，不符合条件第二条，不选

15. 解析：本题答案选 C。

根据题干信息，社会体育的特征有 3 个：

（1）参与人员为企业、事业单位职工，国家机关工作人员等；

（2）目的是健身、健心、健美、娱乐、医疗等；

（3）内容丰富、形式多样。

A 选项	群众符合社会体育的参与人员，同时能达到健身的目的，符合社会体育活动的定义，不选
B 选项	教职工队与社区队，属于社会体育的参与人员，同时能达到健身的目的，符合社会体育活动的定义，不选
C 选项	“国际比赛”不符合社会体育的定义，选 C
D 选项	社会居民符合社会体育的参与人员，同时能达到健身的目的，符合社会体育活动的定义，不选
E 选项	企业组织的太极拳表演赛能达到健身的目的，符合社会体育活动的定义，不选

16. 解析：本题答案选 A。

根据题干信息，“互联网瘾”的表现形式有：上网成瘾，也有许多弊端，还可能带来严重的危害。

A 选项	涉及的只是“有时”上网时的表现，与上网成瘾无关，选 A
B 选项	表明上网成瘾，属于“互联网瘾”的表现形式，不选
C 选项	表明上网成瘾的弊端，属于“互联网瘾”的表现形式，不选
D 选项	表明上网成瘾的弊端，属于“互联网瘾”的表现形式，不选
E 选项	表明上网成瘾的弊端，属于“互联网瘾”的表现形式，不选

强化训练

17. 解析：本题答案选 A。

本题的题意理解就是要选与题干矛盾的选项，根据题干信息，可以得出：

地　　域			属　　性	
大连人	北方人	福州人	特长生	贫困生
1	2	1	2	3

按照地域区分：北方人 2＋福州人 1＝3。

上述介绍涉及该学生会中的所有委员，即 7 人，所以，最多是 7 人。

而 2＋3＋3＝8(人)，因此，就要求上面有 1 个人的属性属于重合。

A 选项：假设 2 个特长生都是贫困生，那么总人数为 3＋3＝6，与题干矛盾；

B 选项：有些贫困生是北方人，可以满足条件。

同理，C、D、E 选项都可以满足条件，所以，本题答案选 A。

18. 解析：本题答案选 D。

由题干知，条件(1)“捐款总额的 82％来自国内 200 家年纯盈利一亿元以上的大中型企业”＋条件(2)“捐款总额的 25％来自民营企业”得出：二者的捐款总额超过了总数，故二者之间必定存在交集，因此，本题答案选 D。很多同学误选了 E 选项，但是注意“五分之四从事服装业或餐饮业”指的是企业数量，不代表这些企业的捐款数额达到五分之四，因此，不选 E。

技巧点拨：很多同学不明白为什么二者之间一定有交集，以下是具体说明：

假设 D 的断定为假，即事实上所有向“希望之星工程”捐款的民营企业的年纯盈利都在一亿元以下，则由题干的第一个数据：到 1999 年年底为止，“希望之星工程”所收到捐款总额的 82％，来自国内 200 家年纯盈利一亿元以上的大中型企业，可得出结论：到 1999 年年底为止，“希望之星工程”所收到的来自民营企业的捐款占总额的比例不会超过 18％，这和题干的第二个数据矛盾。因此，假设不成立，D 项一定是真的。

19. 解析：本题答案选 C。

关于最多最少人数题，有以下几个原则：找种属，即同类，一定不相加；找全异，即分类，一定相加；找交叉，即共同部分，可加可不加。

地　　域		职　　业	
亚洲人	日本人	足球爱好者	商人
4	2	3	5
地域总人数：4 人		职业的最少人数：5 人(可以兼职)	

由于题干中所说的 2 个日本人都是亚洲人，不可能存在不是亚洲人的日本人，所以，从来源上看，最多最少都是 4 个人。当 3 个足球爱好者、5 个商人和这 4 个亚洲人都是排斥性的关系时，参加晚会的人数为最多，即 12 个人。由于 2 个日本人不经商，即这 2 个日本人和 5 个商人之间具有排斥性的关系，所以至少得有 7 个人。因此，本题答案选 C。

20. 解析：本题答案选 C。

根据题干信息，调查说明“一个儿童的体重与身高的比值超过本地区 80%的儿童的水平，就称其为肥胖儿”，即此儿童是属于 20%的人，那一定会超过全市的平均水平。那么，随着“临江市的肥胖儿的数量一直在稳定增长”，说明“临江市的儿童数量一直在稳定增长”，因此，“临江市的非肥胖儿童数量一直在稳定增长”。

21. 解析：本题答案选 A。

题干“他们中的大多数人年薪超过 20 万美元”表明“一半以上的人年薪超过 20 万美元”，且“这些学校的毕业生大多成为社会精英”表明“一半以上的人毕业后成为社会精英”。所以，“年薪超过 20 万美元”与“一半以上的人毕业后成为社会精英”之间必定有交集，所以，“有些社会精英年薪超过 20 万美元”一定为真。

22. 解析：本题答案选 C。

根据题干的信息可知：我国上网用户总人数约 400 万，其中，使用专线上网的用户人数约为 144 万，使用拨号上网的用户人数约为 324 万。我们发现：144 万＋324 万＝468 万＞400 万，于是可以得到：在使用专线上网的用户中，有人使用拨号上网，根据概念交叉关系，得出既使用专线上网又使用拨号上网的用户数为(144 万＋324 万)－400 万＝68 万。

A 选项	题干未涉及“先进国家上网人数”，不确定真假，不选
B 选项	该选项体现了概念交叉的特点，为真，不选
C 选项	根据题干，在专线上网的用户中，同时使用拨号上网的人数为 68 万，68/144＜1/2，不能称之为多数，因此，该选项为假，选 C
D 选项	根据题干，在专线上网的用户中，同时使用拨号上网的人数为 68 万，68/324＜1/2，为真，不选
E 选项	题干未涉及“上网用户的平均年增长率”，不确定真假，不选

23. 解析：本题答案选 B。

根据题干知：狼与灰狼的关系是包含关系；SARS 病例和疑似 SARS 病例的关系不是

包含关系。这是两种不同的关系。B项恰当地指出了这一点。

24. 解析：本题答案选E。

本题题干断定：性别特征是不可重叠的，一个人不是男就是女，是矛盾关系；行为特征是可以重叠的，阴柔和阳刚是相容关系。

A选项	根据题干"但实际上，'男人和女人'区分人的性别特征，'阴柔和阳刚'区分人的行为特征"，说明"男女"和"阴阳"不能等同，符合题干意思，不选
B选项	符合题干"'男女'和'阴阳'似乎指的是同一种区分标准"，不选
C选项	符合题干"'男女'和'阴阳'似乎指的是同一种区分标准"，不选
D选项	符合题干"按照'阴阳'的行为特征，正常人分为两个重合的部分"，不选
E选项	题干说的是"区分人的行为特征"，也就是"同一个人的行为特征"，但是并不等于"一个人的同一行为"可以既有阴柔又有阳刚的特征，不符合题干，选E

25. 解析：本题答案选B。

关于最多最少人数题，解题原则见第20题解析。

地　　域		职　　业	
山东人	济南人	基层锻炼过	研究生
4	2	3	5
地域总人数：4人		职业的最少人数：5人(可以兼职)	

相容概念求总数的原则：最大值＝各个概念相加；最小值＝数字中的较大值。

最大值＝3(到基层锻炼过的)＋4(山东人)＋5(研究生学历)＝12人。

26. 解析：本题答案选E。

本题考查的实质是整体与局部之间的关系。由题干可知，林教授的反驳实际上基于这样的假设：如果一个团体中的每个成员具有某种特征，那么这个团体就总能体现这种特征。但这一假设并不一定成立，从而林教授的反驳中存在漏洞，这一错误是以偏概全。

27. 解析：本题答案选A。

由题干信息"根据上述信息，以下哪项是合法的语句"知，本题是形式逻辑题，本题考查的是分析推理中的"代入排除法"。根据题干信息：(1)和(2)说明两个无涵义的语词不能直接相连，否则就不能成为有涵义的语句，但(4)说明两个无涵义的语词在中间可以两个相连，从而构成一个合法语句。

A选项	该选项中：aWb(有涵义语词)c，dXe(有涵义语词)，这样构成合法的语句，选A
B选项	该选项中：aWb(有涵义语词)，cd，aZe(有涵义语词)，两个有涵义语词之间有两个无涵义语词(cd)，不符合合法语句，不选

续 表

C 选项	该选项中：fXa(有涵义语词)，zb，Zwb(有涵义语词)，两个有涵义语词之间有两个无涵义语词(zb)，不符合合法语句，不选
D 选项	该选项中：只有一个有涵义语词 aZd，不符合合法语句，不选
E 选项	该选项中不存在有涵义语词，不符合合法语句，不选

第三章　简 单 命 题

例题

1. 解析：本题答案选 E。

本题考查的是简单命题的等价命题。根据题干信息知：不可能所有的错误都能避免。

第一步：补全，不可能所有的错误都(是)能避免(的)。

第二步：不可能所有的错误都（是）能避免(的)。

↓ ↓ ↓

必然有些 错误 不是 能避免(的)。

等价于“有的错误必然不能避免”，因此，本题答案选 E。

2. 解析：本题答案选 C。

本题考查的是简单命题的等价命题。根据题干信息知：不可能所有应聘者都被录用。

第一步：补全，不可能所有应聘者都(是)被录用(的)。

第二步：不可能所有应聘者都（是）被录用(的)。

↓ ↓ ↓

必然有些应聘者 不是 被录用(的)。

等价于“必然有些应聘者不被录用”，因此，本题答案选 C。

3. 解析：本题答案选 B。

第一部分：也有人不必然不失误；第二部分：并非所有的优秀运动员都可能失误。

有些人不 必然 不(是)失误(的)；并非 所有的优秀运动员都可能(是)失误(的)。

↓ ↓ ↓ ↓ ↓

有些人 可能 是失误(的)； 有些 优秀运动员 必然 不是失误的。

因此，等价于“有的优秀运动员可能失误，有的优秀运动员不可能失误”，因此，本题答案选 B。

注意一：当一句话中出现两个否定词“不”时，一般去掉第一个“不”，第二个“不”当成否定词“不是”处理；

注意二：本题的第二部分选项也不标准，但注意“不可能失误”可以翻译成“必然不是失误的”。

4. 解析：本题答案选 D。

根据题干可以得出：世界上 不 可能 有某种 原则 (是) 适用 所有 国度(的)。

↓ ↓ ↓ ↓

世界上 必然 所有 原则 不是 适用 有些 国度(的)。

因此，等价于“任何原则都必然有它不适用的国度”，因此，本题答案选 D。

5. 解析：本题答案选 D。

根据题干“判断以下命题中有多少个不能确定真假”知，这是形式逻辑题，本题考查简单命题的推理关系。根据题干信息，可以得出“有的同学不是足球迷”为真。

<table>
<tr><td>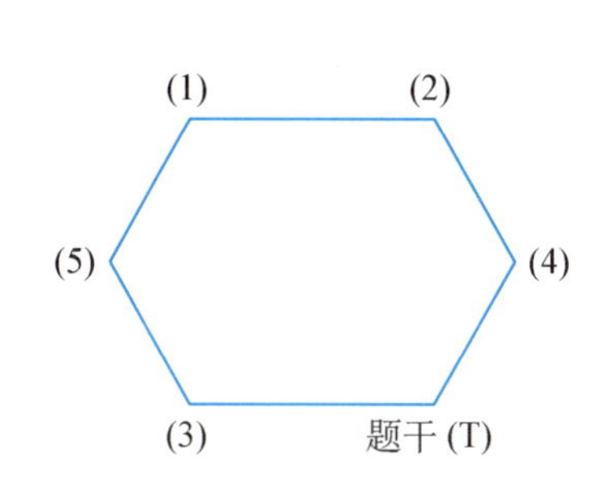
</td><td>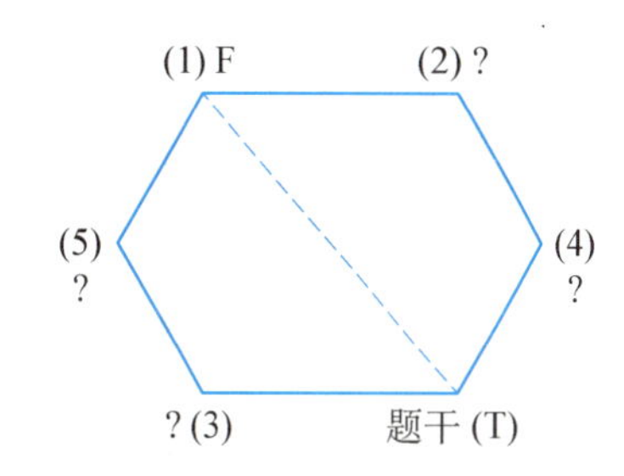
</td></tr>
<tr><td>第一步，确定题干命题的位置与真假(定位画图)</td><td>第二步，根据推理规则“上真推下真，下假推上假，对角是矛盾，其他不知道”，得出(1)为假，(2)、(3)、(4)、(5)不能确定真假，因此，不能确定真假的命题个数为 4，本题答案选 D</td></tr>
</table>

6. 解析：本题答案选 D。

根据题干信息，可以得出“王宜获得了由董事会颁发的特别奖”为真。

<table>
<tr><td>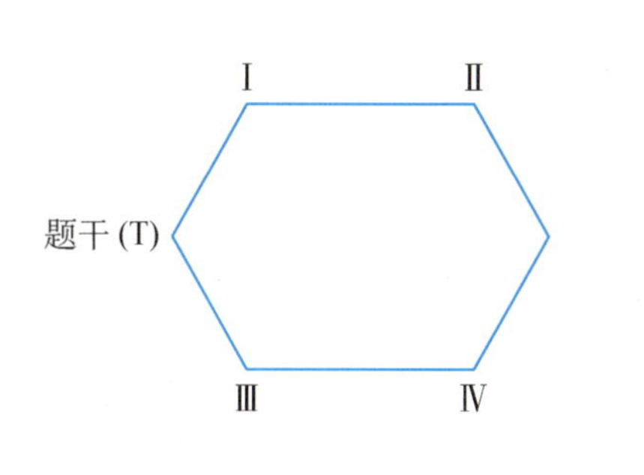
</td><td>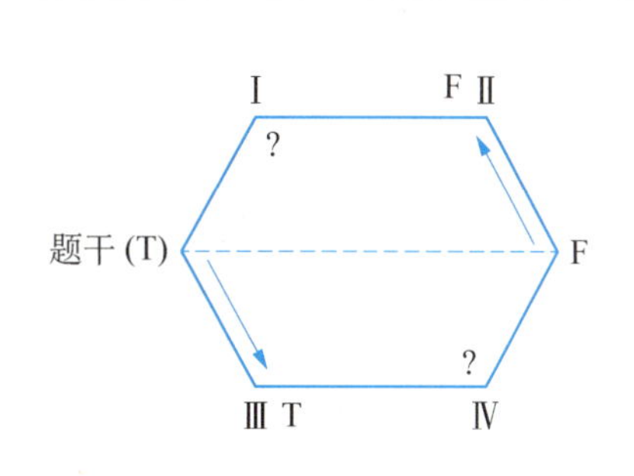
</td></tr>
<tr><td>第一步，确定题干命题的位置与真假(定位画图)</td><td>第二步，根据推理规则“上真推下真，下假推上假，对角是矛盾，其他不知道”，得出Ⅱ为假、Ⅲ为真，因此，不能确定真假的命题为Ⅰ和Ⅳ，本题答案选 D</td></tr>
</table>

7. 解析：本题答案选 E。

根据题干“如果陈老师的陈述为真，则以下哪项不一定为真”知，这是形式逻辑题，本题考查简单命题的推理关系。根据题干信息，可以得出“有些同学对自己的职业定位还不够准确”为真。

<table>
<tr>
<td>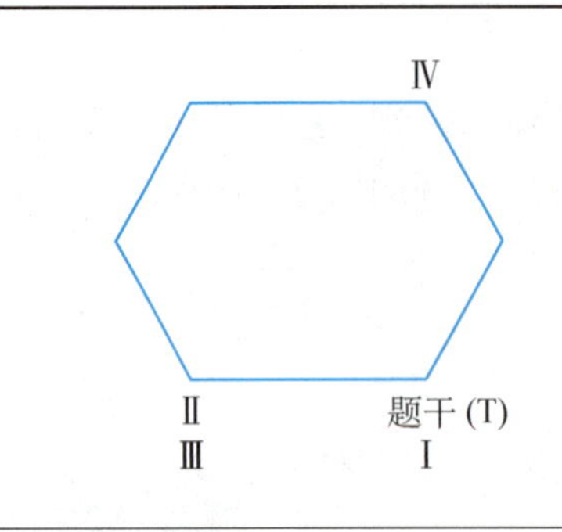
</td>
<td>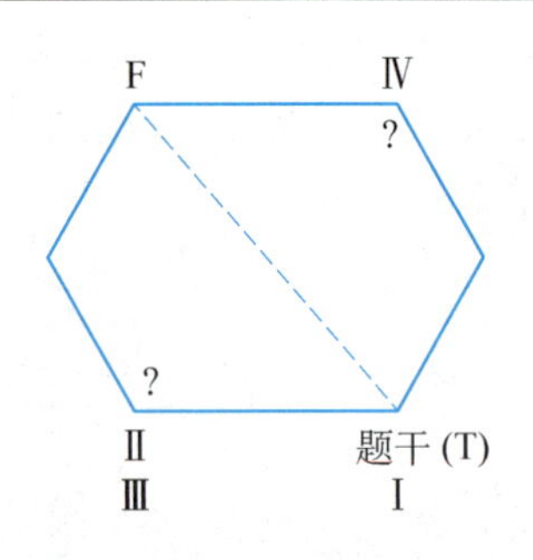
</td>
</tr>
<tr>
<td>第一步，确定题干命题的位置与真假（定位画图）</td>
<td>第二步，根据推理规则“上真推下真，下假推上假，对角是矛盾，其他不知道”，得出不能确定真假的命题为Ⅱ、Ⅲ和Ⅳ，本题答案选 E</td>
</tr>
</table>

8. 解析：本题答案选 E。

本题考查的是简单命题的矛盾命题。简单命题找矛盾的方法是：主谓项一致，逻辑常项全部取反。因此，可以表示为：

（所有）哺乳动物都是胎生的。

↓　　　　　　　↓

有些　哺乳动物　不是胎生的。

由 E 选项可以得知：鸭嘴兽是哺乳动物，但不是胎生的→有些哺乳动物不是胎生的，因此，本题答案选 E。

9. 解析：本题答案选 B。

题干形式化为“每个凡夫俗子一生之中都将面临许多问题＝所有凡夫俗子一生之中都（是）要面临许多问题（的）”。简单命题找矛盾的方法是：主谓项一致，逻辑常项全部取反；因此，可以表示为：

所有凡夫俗子一生之中都（是）要面临许多问题（的）。

↓　　　　　　　　　↓

有些凡夫俗子一生之中　不是要面临许多问题（的）。

该命题的矛盾等价为：有些凡夫俗子一生之中不是将要面临许多问题的。因此，本题答案选 B。

10. 解析：本题答案选 C。

根据题干信息可以得出：并非所有的人都赞同。因此，可以改写为：

并非 所有的人都（是）赞同（的）。

↓　　　↓

有些　人　　不是赞同（的）。

因此，等价于“至少有人不赞同”，本题答案选 C。

注意：本题不可选 B，“有些 S 是 P”与“有些 S 不是 P”之间不可互推。

11. 解析：本题答案选 A。

根据题干信息，可以得出：

(1) ¬甲；　　(2) 丁；　　(3) 乙；　　(4) ¬丁。

很显然，(2)与(4)为矛盾关系，必定一真一假，再根据“这四人中只有一个人说了真话”可以得出：真话必定在(2)与(4)中，(1)与(3)必定为假，(1) ¬甲为假，那么，甲为真，因此，这件好事是甲做的，本题答案选 A。

12. 解析：本题答案选 A。

根据题干信息，可以得出：

(1) 所有我们班的同学都是团员；(2) ¬丁；(3) 有些人不是团员；(4) ¬乙。

很显然，(1)与(3)为矛盾关系，必定一真一假，再根据“这四人中只有一个人说了假话”可以得出：假话必定在(1)与(3)中，(2)与(4)必定为真，所以，¬乙、¬丁为真，乙和丁都不是团员，由此可以得出“(3)有些人不是团员”为真，(1)为假，因此，说假话的是甲，乙不是团员，本题答案选 A。

13. 解析：本题答案选 E。

根据题干信息，可以得出：

(1) 所有选项都需要支付游戏币；

(2) 选择第二个选项后可以得到额外游戏奖励；

(3) 选择第三个选项后游戏不会进行下去；

(4) 有些选项不需要支付游戏币。

显然，(1)与(4)为矛盾关系，必定一真一假，再根据“四个选项中的陈述只有一句为真”可以得出：真话必定在(1)与(4)中，(2)与(3)必定为假，所以，(2)为假，(3)为假，由此可以得出：选择第二个选项后得不到额外游戏奖励、选择第三个选项后游戏会进行下去，因此，本题答案选 E。

14. 解析：本题答案选 A。

根据题干“上述三个判断中只有一个是真的，以下哪项正确表示了该律师事务所会使用计算机的人数”知，这是形式逻辑题，本题考查简单命题的真话假话推理。根据题干信息，可以得出：

(1) 有些人会使用计算机；(2) 有些人不会使用计算机；(3) 所长不会使用计算机。

显然，题干断定不存在矛盾关系，因此使用假设法。

假设(3)为真，可以推出(2)为真，此时，至少有两个命题为真，与题干“上述三个判断中只有一个是真的”相违背，因此，(3)为假，由此可以得出：所长会使用计算机。

再由“所长会使用计算机”可以得出(1)为真，由于“上述三个判断中只有一个是真的”，那么，(2)为假，其矛盾“所有人都会使用计算机”为真，可以得出：12 人都会使用计算机，本题答案选 A。

15. 解析：本题答案选 D。

根据题干“已知张、王、李三人中恰有一人的预测正确，则以下哪项为真”知，这是形式逻辑题，本题考查简单命题的真话假话推理。根据题干信息，可以得出：

(1) ¬丙；　　(2) 乙；　　(3) 甲。

显然，题干断定不存在矛盾关系，因此使用假设法。

假设(3)为真，可以推出(1)为真，此时，至少有两个命题为真，与题干“张、王、李三人中恰有一人的预测正确”相违背，因此，(3)为假，由此可以得出：冠军不是甲。

同理，可以得出冠军不是乙；再假设“冠军是丙”，可以得出(1)、(2)、(3)均为假，与题干“张、王、李三人中恰有一人的预测正确”相违背，因此，冠军不是丙。综上所述，冠军只能是丁，本题答案选 D。

16. 解析：本题答案选 A。

根据题干“可以得出以下哪项”知，这是形式逻辑题，本题考查真话假话。

本题题干进行形式化可知：

(1) 所有人都没有送；

(2) 有些人送了；

(3) 李和汪至少有一人没有送；

(4) 汪没有送。

(1) 与(2)矛盾，必定一真一假；再根据四句话两真两假，(3)与(4)也必定一真一假；假设(4)为真，(3)也必定为真，与题干不符，因此，(4)为假，汪送了，(2)为真，(1)为假；再根据(3)为真，可以得出说真话的是李康和张幸，因此，本题答案选 A。

基础训练

1. 解析：本题答案选 C。

根据题干的信息知：先补全为：并非(所有)不参加辅导班的同学 都 是 不努力的。

↓　↓

有些 不参加辅导班的同学 不是 不努力的。

因此，等价于“有的不参加辅导班的同学是努力的”，本题答案选 C。

2. 解析：本题答案选 D。

不 必然 所有 经济发展 都(是)会导致生态恶化(的)，

↓　↓　↓

可能 有些 经济发展 不是会导致生态恶化(的)，

等价于“有的经济发展可能不导致生态恶化”；

不 可能有(些)生态恶化不(是)阻碍经济发展(的)，

↓　↓　↓

必然 所有生态恶化 是阻碍经济发展(的)，

等价于“任何生态恶化都必然阻碍经济发展”。

综上所述，本题答案选 D。

3. 解析：本题答案选 C。

根据题干知：“人都不可能不犯错误”等同于“人都一定会犯错误”。

“不一定所有人都会犯严重错误”等同于“可能有的人不犯严重错误”，也即“有的人可能不犯严重错误”。综上所述，本题答案选 C。

4. 解析：本题答案选 A。

根据题干的信息，可以得出：

(1) 有些人在该公司入股；

(2) 有些人没在该公司入股；

(3) 经理没在该公司入股。

很显然，题干断定不存在矛盾关系，因此，使用假设法。

假设“(3)经理没在该公司入股”为真，那么可以推出“(2)有些人没在该公司入股”为真，此时至少有两个命题为真，与题干“上述三个判断中只有一个是真的”相违背，因此“(3)经理没在该公司入股”为假，由此可以得出：经理在该公司入股。

再由“经理在该公司入股”可以得出“(1)有些人在该公司入股”为真，由于“上述三个判断中只有一个是真的”，那么“(2)有些人没在该公司入股”为假，其矛盾“所有人都在该公司入股”为真，那么可以得出：10 名员工都入了股，本题答案选 A。

5. 解析：本题答案选 A。

根据题干“如果上述为真，则以下哪项不能判断真假”知，这是形式逻辑题，本题考查简单命题的推理关系。根据题干的信息，可以得出“重点班有的同学迟到”为真。

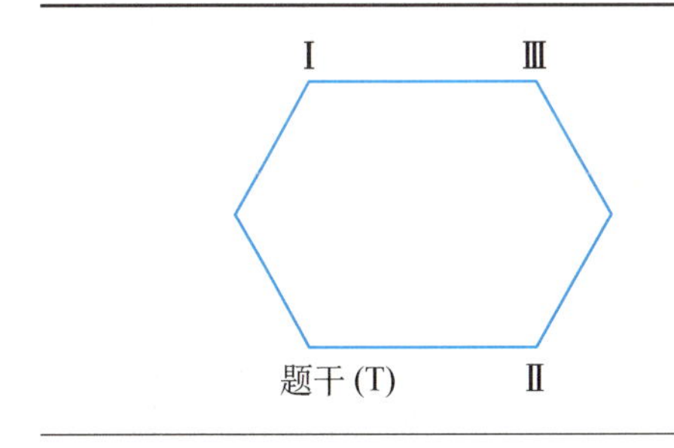	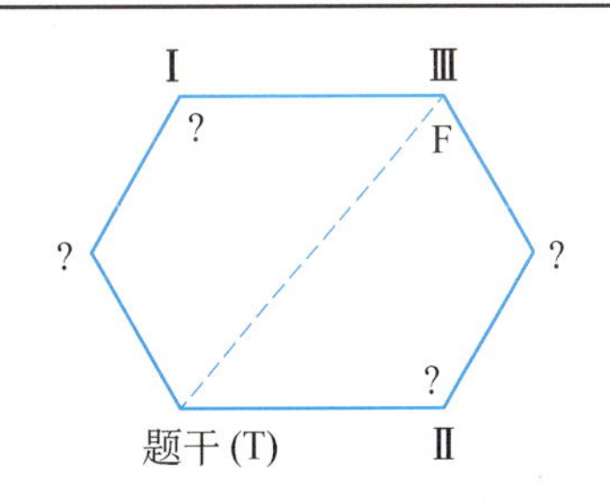
第一步，确定题干命题的位置与真假(定位画图)	第二步，根据 20 字推理规则“上真推下真，下假推上假，对角是矛盾，其他不知道”，得出不能确定真假的命题为Ⅰ和Ⅱ，本题答案选 A

6. 解析：本题答案选 C。

根据题干信息“如果上述断定为真，则以下哪项不可能为真”知，这是形式逻辑题，本题考查直言命题的推理。题干信息可以形式化为：每一名参赛选手都有评委投了优秀票＝所有参赛选手都有评委投的优秀票。

Ⅰ	“所有参赛选手都有评委投的优秀票”不必然地推出“有的评委投了所有参赛选手优秀票”，因此，该选项可能为真
Ⅱ	“所有参赛选手都有评委投的优秀票”，但同时也可能出现某些评委不投优秀票的情况，因此，该选项可能为真
Ⅲ	由题干知“所有参赛选手都有评委投的优秀票”，其矛盾是“有的参赛选手没有得到一张优秀票”，所以，该选项为假

综上所述，三个副选项只有Ⅲ一定为假，所以，本题答案选 C。

7. 解析：本题答案选 A。

根据题干信息，可以得出：

(1) 有些人会及格；　(2) 有些人会不及格；　(3) 班长和学习委员都及格。

显然，题干断定不存在矛盾关系，因此，使用假设法。

假设“(3)班长和学习委员都及格”为真，可以推出“(1)有些人会及格”为真，此时至少有两个命题为真，与题干“三位老师中只有一人的预测正确”相违背，因此“(3)班长和学习委员都及格”为假，由此可以得出：班长和学习委员至少有一个不及格。

再由“班长和学习委员至少有一个不及格”可以得出“(2)有些人会不及格”为真，由于“上述三个判断中只有一个是真的”，那么“(1)有些人会及格”为假，其矛盾“所有人都会不及格”为真，可以得出：班长和学习委员都没及格，所以，本题答案选 A。

8. 解析：本题答案选 D。

根据题干的信息，可以得出：

(1) 所有的杯子中都有水果糖；　(2) 苹果在第二个杯子中；

(3) 巧克力不在第三个杯子中；　(4) 有些杯子中没有水果糖。

显然，(1)与(4)为矛盾关系，必定一真一假，再根据“其中只有一句真话”可以得出：真话必定在(1)与(4)中，那么(2)与(3)必定为假，由第二个杯子上的话“苹果在第二个杯子中”为假，可知苹果不在第二个杯子中；由第三个杯子上的话“本杯中没有巧克力”为假，可知“第三个杯子中有巧克力”为真。综上所述，本题答案选 D。

9. 解析：本题答案选 C。

根据“不必然”=“可能不”进行同性替换，得到“明天可能不下雨”为准确表达，因此选 C。

10. 解析：本题答案选 B。

由题干“根据上述信息，可以得出以下哪项”知，这是形式逻辑题，本题考查的是综合推理。解题思路是：由条件(1)可知，绿茶和红茶都不在 4 号盒子中，由条件(2)可知白茶也不在 4 号盒子中，所以 4 号盒子中装的只能是花茶，正确答案当然就是 B。

11. 解析：本题答案选 B。

如果“所有的三星级饭店都搜查过了”为真，即可推知：“没有三星级饭店被搜查过”为假；“有的三星级饭店被搜查过”为真；“有的三星级饭店没有被搜查过”为假。至于“犯罪嫌疑人躲藏的三星级饭店已被搜查过”无法确定真假，事实上，如果犯罪嫌疑人确实躲藏在某个三星级饭店，则该命题是真的；否则，该命题就是假的。

12. 解析：本题答案选 A。

技巧点拨：本题可借助模态命题对当关系(逻辑方阵)推出：

不可能所有 P 没有 Q=必然有的 P 有 Q；

不必然有的 P 有 Q=可能所有 P 没有 Q。

可以看出 A 选项最符合题干。

13. 解析：本题答案选 C。

根据题意，知三句话：

(1)“有的乡完成”;

(2)“有的乡没完成”;

(3)“李家集乡没完成”。

如果“有的乡完成”为假,则所有乡都完成,而后两句话必有一真,故不可能。从中推出“有的乡完成”必为真,则“有的乡没完成”与“李家集乡没完成”均为假。进一步从“有的乡没完成”为假推出所有乡都完成了计划生育指标。因此,本题答案选 C。

14. 解析:本题答案选 E。

“所有的金属都是固体”的矛盾是“有些金属不是固体”。由 E 选项可知:水银是金属,但不是固体→有些金属不是固体。因此,本题答案选 E。

15. 解析:本题答案选 D。

根据题干的信息可知,“不可能所有的香港人都会讲普通话”等价于“必然有些香港人不会讲普通话”。所以,应该选 D。

16. 解析:本题答案选 E。

由题干,该批吸毒犯中的艾滋病毒感染者,一定或者用静脉注射方式吸毒,或者是同性恋,或者是卖淫嫖娼者。但由此不能得出结论:该批吸毒犯中的艾滋病毒感染者一定用静脉注射方式吸毒;也不能得出结论:该批吸毒犯中的艾滋病毒感染者一定是同性恋;同样不能得出结论:该批吸毒犯中的艾滋病毒感染者一定是卖淫嫖娼者。所以,Ⅰ、Ⅱ和Ⅲ都不一定是真的。

17. 解析:本题答案选 B。

题干是特称肯定命题;Ⅰ是全称肯定命题;Ⅱ是特称否定命题;Ⅲ是全称否定命题。由对当关系,如果特称肯定命题真,可推出全称否定命题假,推不出全称肯定命题和特称否定命题的真假情况。所以,只有Ⅰ和Ⅱ不能确定真假。

18. 解析:本题答案选 B。

本题艾森豪威尔的观点就是第二句话:我决不第二次戒烟。至于说戒烟到底是否成功,题干未涉及,我们也无从确定。

A 选项	该选项为真,如果“以前戒过烟”,那么这次就不可能“第二次戒烟”,不选
B 选项	如果“曾经戒过烟”,那么这次戒烟就是第二次戒烟了,与题干表述“我决不第二次戒烟”相矛盾,一定为假,选 B
C 选项	根据题干“我决不第二次戒烟”,这次如果失败了,就不会再戒烟了,为真,不选
D 选项	题干未涉及是否戒烟成功,不确定真假,不选
E 选项	题干未涉及意志和决断力,不确定真假,不选

19. 解析:本题答案选 E。

根据校长的话可知:取得优异成绩的人有没有女同学是不确定的,因此,结论应该是可能性的,可能有女同学,但也可能没有女同学。因此,本题答案选 E。

20. 解析:本题答案选 C。

由题干信息可知：10 月 8 日的购买者不一定比 10 月 7 日的购买者省钱，因为很可能一个购买价为 10 月 8 日的最高价，另一个购买价为 10 月 7 日的最低价。

强化训练

21. 解析：本题答案选 A。

根据题干信息："一把钥匙能打开天下所有的锁，这样的万能钥匙是不可能存在的"＝"一把能打开天下所有的锁的万能钥匙是不可能存在的"＝"不可能存在一把钥匙能打开天下所有的锁"。再根据简单命题的翻译原则得出：（不）可能存在有些钥匙（是）能打开天下所有的锁（的）。

（不）可能 存在有些 钥匙 （是） 能打开 所有的锁（的）。

↓ ↓ ↓ ↓

必然 所有 钥匙 不是 能打开 有些 锁。

等价于"必然所有钥匙打不开有些锁"＝"任何钥匙都必然有它打不开的锁"，因此，本题答案选 A。

22. 解析：本题答案选 D。

题干论述的是：由于好奇者三次不同方式的观察都没有发现破绽，因此，好奇者得出结论：魔术的奥秘不在手法技巧，也不在扑克或志愿者有诈。

A、B、C 项为明显的无关选项，排除。

D 项指出：魔术师可能在他几次观察中采用了不同的方法（包括手法、扑克和志愿者），从而使他不能看出破绽，而不能排除魔术师采用三种方法之一，直接驳斥了题干的结论，正确。

所以，正确选项是 D。

23. 解析：本题答案选 B。

根据题干信息：有些**性情暴躁的野狼**可能不（是）**喜欢猎杀耐性极好的黄牛**（的）。

A 选项	所有性情暴躁的野狼不必然地都喜欢猎杀耐性极好的黄牛＝有的性情暴躁的野狼可能不喜欢猎杀耐性极好的黄牛，与题干断定一致
B 选项	题干是"有的可能不"，选项是"所有必然是"，与题干断定不一致，选 B
C 选项	所有性情暴躁的野狼可能不都喜欢猎杀耐性极好的黄牛＝有的性情暴躁的野狼可能不喜欢猎杀耐性极好的黄牛，与题干断定一致
D 选项	一些性情暴躁的野狼不必然地喜欢猎杀耐性极好的黄牛＝有的性情暴躁的野狼可能不喜欢猎杀耐性极好的黄牛，与题干断定一致
E 选项	选项＝不必然所有性情暴躁的野狼都喜欢猎杀耐性极好的黄牛＝有的性情暴躁的野狼可能不喜欢猎杀耐性极好的黄牛，与题干断定一致

24. 解析：本题答案选 C。

根据题干"如果上述断定为真，则以下哪项不可能为真"知，这是形式逻辑题，本题考查命题的矛盾。本题题干断定，有球迷喜欢所有参赛球队。其矛盾命题可以表示成：

有些 球迷是 喜欢 所有 参赛球队(的)。
↓ ↓ ↓
所有 球迷不是 喜欢有些参赛球队(的)。
由上述断定可以推出,不存在这样的参赛球队,所有球迷都不喜欢该球队。因此,如果题干的断定为真,则选项C不可能为真。

25. 解析:本题答案选C。
根据题干信息,可以得出“这次考试不太难”为真,“所有我们班同学们的成绩都在70分以上”为假,那么其矛盾“有些我们班同学们的成绩在70分以下”为真。

A选项	根据题干可以得出“有些我们班同学们的成绩在70分以下”,但不确定是否“有些我们班同学们的成绩在70分以上”,不能确定真假,不选
B选项	根据题干可以得出“有些我们班同学们的成绩在70分以下”,但不必然地推出“有些同学的成绩在70分以上”,不能确定真假,不选
C选项	根据题干可以得出“有些我们班同学们的成绩在70分以下”,为真,选C
D选项	题干未涉及“同学的考试成绩理想与否”,属于无关选项,不选
E选项	根据题干可以得出“有些我们班同学们的成绩在70分以下”,因此,不可能“全班同学的考试成绩都在80分以上”,该选项为假,不选

技巧点拨:“有些S是P”不必然地推出“有些S不是P”。

26. 解析:本题答案选E。
根据题干信息:
(1) 该班有的同学没有通过初试;
(2) 该班有同学通过了初试;
(3) 所有同学都通过了初试;
(4) 该班的陈佳以优异的成绩通过了初试。
真假话题,首先找句子之间的关系。显然(1)和(3)是矛盾关系,因此,必定一真一假,(2)和(4)也是一真一假的关系。
对于(2)和(4)来说,如果(4)为真,则(2)一定为真,因此,(4)一定为假,即陈佳没有以优异的成绩通过初试(**注意:陈佳可能以不优异的成绩通过初试,也可能没有通过初试**);(2)一定为真,即该班有同学通过了初试,因此,E一定为假。

27. 解析:本题答案选A。
根据题干“假如以上属实,则以下哪些判断必然为真”知,这是形式逻辑题,本题考查简单命题的推理关系。根据题干信息“你可以随时愚弄某些人”,可以得出“你经常具有愚弄某些人的能力”,其中,“某些人”是一个确定的集合,比如张明、李芳、王鹏。

Ⅰ选项	“被愚弄的人”是张三或李四,则不能确定,不必然为真,不选
Ⅱ选项	“愚弄某些人”并不代表“想愚弄人”,不必然为真,不选

续 表

Ⅲ选项	“你随时都可能愚弄人”为真，并没有关心被愚弄的人是谁，只要有一个人就行，是上述确定集合的人当然可以。因此，由题干(具有能力)可以推出Ⅲ(行为发生)，必然为真
Ⅳ选项	题干表示可以“随时”愚弄某些人，而不是“只能在某些时候”愚弄某些人，为假，不选
Ⅴ选项	“可以愚弄某些人”并不代表“随时随地愚弄人”，不必然为真，不选

综上所述，只有Ⅲ必然为真，因此，本题答案选A。

28. 解析：本题答案选D。

根据题干知：“北方人不都爱吃面食”等同于“有的北方人不爱吃面食”。

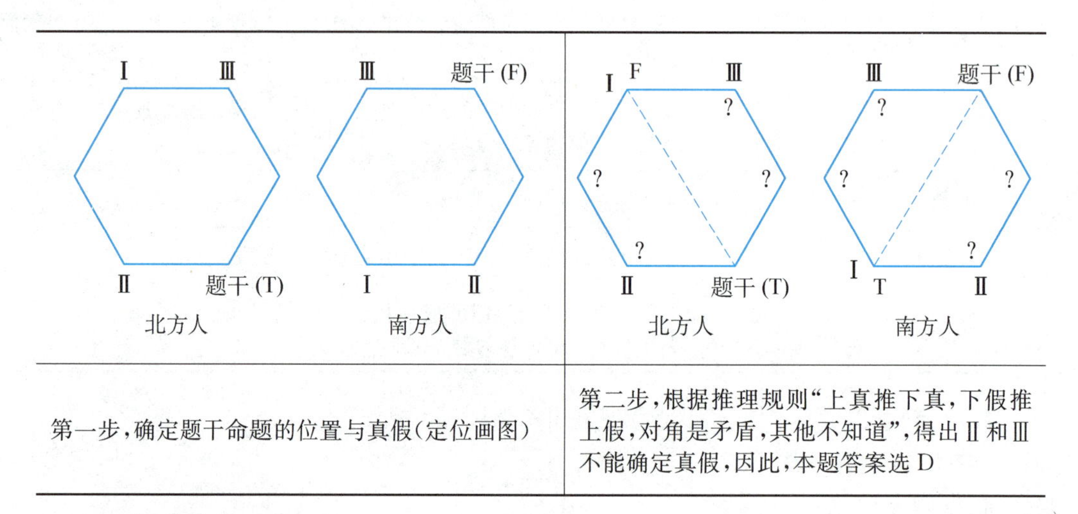

第一步，确定题干命题的位置与真假(定位画图)	第二步，根据推理规则“上真推下真，下假推上假，对角是矛盾，其他不知道”，得出Ⅱ和Ⅲ不能确定真假，因此，本题答案选D

29. 解析：本题答案选B。

题干信息可以形式化为：

(1) 有些独生子女有以自我为中心的倾向；

(2) 有些非独生子女有以自我为中心的倾向；

(3) 所有有以自我为中心的倾向的人都缺乏父母的正确引导。

A选项	“有些独生子女缺乏父母的正确引导”显然推不出“每个缺乏父母正确引导的家庭都有独生子女”，不选
B选项	“有些非独生子女缺乏父母的正确引导”等价于“有些缺乏父母的正确引导的是非独生子女”，“非独生子女”显然家里不止一个孩子，可以由题干推出，选B
C选项	“独生子女有以自我为中心的倾向”与“非独生子女有以自我为中心的倾向”的具体比例无法确定，不选
D选项	“有些”是一个特称，无法推出具体数据，不选
E选项	“独生子女有以自我为中心的倾向”与“非独生子女有以自我为中心的倾向”的具体比例无法确定，不选

30. 解析：本题答案选C。

由题意可知：C选项富有的骑士不能说，无赖也不能说。因为无赖得说假话，即说自己是富有的骑士。选项 A 富有的骑士和无赖都可以说。选项 B、D、E 无赖都可以说。

31. 解析：本题答案选 A。

对 A 选项的提问，富有的骑士和无赖都得说“是”，只有贫穷的骑士能够说“不是”。选项 B、D 的提问，大家都回答“不是”。选项 C 的提问，无赖也说自己“是”。选项 E 的提问，大家都说“不是”。因此，本题答案选 A。

32. 解析：本题答案选 C。

根据题干知，“则以下各项都可能为真，除了”＝不可能为真＝一定为假。

“我想说的都是真话”＝所有我想说的都是真话；

“真话我未必都说”＝真话我可能不都说——注意：未必＝可能不。

A 选项	“所有我想说的都是真话”，但是也可能会违心地说一些假话，可能为真，不选
B 选项	“我不是想啥说啥”没有涉及真话假话，可能为真，不选
C 选项	“有时说某些善意的假话并不违背我的意愿”实际上告诉我们“我想说的都是真话，并不违背我意愿的都是真话”，那么说任何假话，包括善意的假话都不是我想说的，所以不可能为真，选 C
D 选项	“我说的都是我想说的话”没有涉及真话假话，可能为真，不选
E 选项	“我说的都是真话”显然与“所有我想说的都是真话”不矛盾，可能为真，不选

技巧点拨：“主观”与“客观”之间不可互推，即“我**想说**的是真话”不等于“我说的是真话”。

33. 解析：本题答案选 C。

根据题干信息，可以得出：

(1) ¬周；　　(2) 王；　　(3) 吴；　　(4) ¬王。

显然，(2)与(4)为矛盾关系，必定一真一假，再根据“四个人中只有两句真话”可以得出(1)与(3)必定为一真一假，那么可以有两种情况：(1)为真、(3)为假，或者(1)为假、(3)为真。假设“(1)为假、(3)为真”，可以得出是周、吴捐款；假设“(1)为真、(3)为假”，得出周和吴皆未捐款，那么只能是王、郑捐款。综上所述，符合题意的只有 C。

技巧点拨：对于“二真二假”题，很可能是“矛盾法＋假设法”的联合使用。

34. 解析：本题答案选 C。

本题属于语义分析型。根据题干信息：(1)任何方法都是有缺陷的；(2)目前实行的托福考试恐怕是所有带缺陷的方法中最好的方法了。

A 选项	题干论证未涉及“实际水平与他们的考分是基本相符的”，可能为真，不选
B 选项	题干论证未涉及“低考分高能力的考生”，可能为真，不选
C 选项	该选项强调托福考试的缺陷并非方法设计上的问题，而是实际操作中的失误，与题干表述“任何方法都是有缺陷的”不一致，选 C

续 表

D选项	题干论证未涉及“高分低能的考生”，可能为真，不选
E选项	该选项与题干“目前实行的托福考试恐怕是所有带缺陷的方法中最好的方法了”表达一致，符合题干表达，不选

35. 解析：本题答案选A。

根据题干“以下哪项最符合题干的断定”知，这是形式逻辑题，本题考查简单命题的等价。根据题干信息可以得出：(1) 不可能有足球爱好者不喜欢看球赛。

=不 可能 有些 足球爱好者 不(是)喜欢看球赛(的)。

↓ ↓ ↓

必然 所有 足球爱好者 是 喜欢看球赛(的)。排除B、C、D、E。

(2) 不一定所有足球爱好者都踢球=不 必然 所有 的足球爱好者都是踢球(的)。

↓ ↓ ↓

可能 有些 足球爱好者不是踢球(的)。

因此，本题答案选A。

36. 解析：本题答案选D。

根据题干“根据以上信息，最可能得出以下哪项”知，这是形式逻辑题，本题考查简单命题推理。根据题干条件可知：

(1) “孙先生的有些朋友在不知情的情况下，声称了……”，即“有的S不是P”；

(2) 题干开头说“孙先生的所有朋友都声称……”，即“所有的S都是P”。

显然，(1)与(2)是矛盾关系，必有一假，因此，可以推出孙先生的有些朋友没有说真话，即本题答案选D。

37. 解析：本题答案选C。

根据题干“按这个统计，以下哪项一定为真”知，这是形式逻辑题，本题考查简单命题推理。根据题干条件可知：

(1) 老人有的参加了所有养生型的活动，说明所有的养生活动有老人参与；

(2) 有的参加了所有休闲型的活动，说明所有休闲活动有老人参与。

养生和休闲活动正好组成了社区所有活动，所以，社区组织的所有活动必定有老人参与，因此，本题答案选C。

38. 解析：本题答案选A。

根据题干信息：(1)第一个说，我孩子的回答是“我是男孩”；(2)第二个说，孩子撒谎，孩子是女孩；(3)男性从不说谎，而女性说的话一真一假。

假设父母俩第一个说话的是父亲，则第二个说话的是母亲。由于这家人中男性从不说谎，因此由父亲说的话可推知，孩子的回答确实是“我是男孩”。如果孩子是男孩，则母亲连续说了两句假话；如果孩子是女孩，则母亲连续说了两句真话。这与题干的断定矛盾。因此，假设不成立，即父母俩第一个说话的不是父亲，而是母亲，即Ⅰ项为真，Ⅱ项为假。因为父母俩第二个说话的是父亲，又男性都说真话，所以，孩子是女孩，即Ⅲ项为假。综上所述，本题答案选A。

39. 解析：本题答案选 D。

由题干信息“以下哪项结论能从上述断定推出”知，这是形式逻辑题，本题考查的是复合命题推理规则。题干断定：(1)人应对自己的正常行为负责＝如果这个行为是正常行为，那么一定要负责，即正常行为→负责；(2)人不应该对自己不可控制的行为负责＝如果这个行为不可控制，那么不负责任，即不可控→不负责。

Ⅰ	由(1)表明，正常行为里面包括“触犯法律而承受制裁的行为”，可以得出“有些正常行为会导致触犯法律”，因此，该选项为真
Ⅱ	本选项比较隐晦，根据(2)不可控→不负责＝负责→可控，再根据(1)正常行为→负责，联立得：正常行为→负责→可控，因此，Ⅱ选项可以从题干推出
Ⅲ	“有些正常行为会导致触犯法律”并不代表“不可控制的行为不可能触犯法律”，Ⅲ项不一定能推出

综上所述，三个副选项只有Ⅰ和Ⅱ为真，所以，本题答案选 D。

第四章　三　段　论

例题

1. 解析：本题答案选 D。

本题的题型为三段论补充前提。关于三段论补充前提，需要充分利用三段论规则进行推理，本类题型主要采取排除法。解题步骤如下：

第一步：三个不同的概念两两重复，因此，没有出现的两个概念就一定出现在需要补充的前提句中；

第二步：根据“双特无结”和“双否无结”的规则来排除选项；

第三步：使用“周延规则”：“中项至少周延一次”和“词项如果在前提中不周延，那么在结论中也不得周延”，来排除选项。

三段论补充前提的方法一般采用排除法：

(1) 三个概念，且两两重复，所以，选项中必须有“外科医生”和“有着精湛的医术”两个概念	排除 C、E
(2) 双特无结	排除 A、B

注意：“并非所有的外科医生都医术精湛”＝“有的外科医生没有精湛的医术”。因此，本题答案选 D。

2. 解析：本题答案选 A。

根据题干“以下哪项可以使上述论证成立”知，这是形式逻辑题，本题考查三段论补充前提。

题干为"有些通信网络维护涉及个人信息安全"，推出有的通信网络的维护不可以外包。

首先，根据"双特无结"，排除 B、C、E；然后，根据中项"涉及个人信息安全"至少周延一次，排除 D。所以，本题答案选 A。

3. 解析：本题答案选 C。

三段论补充前提的解题方法一般采用排除法。

(1) 三个概念，且两两重复，所以，选项中必须有"理发师"和"穿白衣服"两个概念	排除 B、D
(2) 双特无结	排除 A
(3) 中项"理发师"至少周延一次	排除 E

因此，本题答案选 C。

4. 解析：本题答案选 A。

本题需要"最能反驳上述论证"，补充一个条件后，如果得到的是与题干结论的矛盾，无疑对题干是很强的反驳。题干结论"低碳经济都是高技术经济"的矛盾是"有些低碳经济不是高技术经济"，相当于前提 A+(需要补充的前提)→题干结论的矛盾。可以按照上面的规则解答：

(1) 三个概念，且两两重复，所以，选项中必须有"绿色经济"和"高技术经济"两个概念	排除 C、D、E
(2) 双特无结	排除 B

因此，本题答案选 A。

5. 解析：本题答案选 B。

根据题干"以下哪项如果为真，最能反驳上述结论"知，这是形式逻辑题，本题考查三段论补充前提。

三段论里有三个概念，每个概念重复两次，因此，补充的这句话含有**常绿植物**和**寒带地区**，排除 A、E；根据"两句肯定前提只能得出肯定的结论"这个规则知，如果补充的是肯定句，那么得出的结论一定是肯定句，而题干中的结论是否定，对其进行了反驳，所以，本题答案选 B。

6. 解析：本题答案选 D。

根据题干信息"以下哪项不能从上述前提中得出"知，这是形式逻辑题，本题考查欧拉图。

由题干信息可以得出右侧欧拉图，由此可以得出：

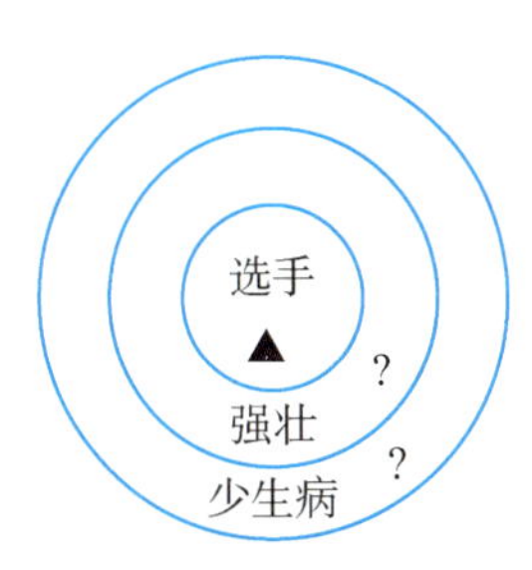

▲ 表示：身体不适的选手

A 选项	由题干知，“极少生病的运动员”中存在“身体不适的选手”，可以推出，不选
B 选项	由“有些身体不适的选手是极少生病的”可以推出“有些极少生病的选手感到身体不适”，可以推出，不选——该选项的原理就是“有些 S 是 P”等价于“有些 P 是 S”
C 选项	由题干知，“所有参加此次运动会的选手都是极少生病的”，可以推出，不选
D 选项	由题干知，“所有参加此次运动会的选手都是极少生病的”不必然地推出“极少生病的选手都参加了此次运动会”，选 D——该选项的原理就是“所有的 S 都是 P”不必然地推出“所有的 P 都是 S”
E 选项	由题干知，“身体强壮的运动员”中存在“身体不适的选手”，可以推出，不选

7. 解析：本题答案选 C。

根据题干信息，可以画出如下图形：

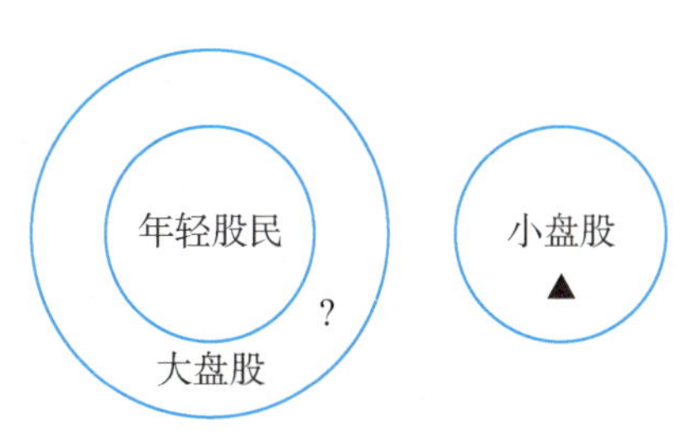

▲ 表示：经验丰富的股民

Ⅰ	年轻股民的圈内没有三角，即年轻股民中未必存在经验丰富的股民，不一定为真，不选
Ⅱ	“经验丰富的股民”与“大盘蓝筹股”之间没有交集，所以，Ⅱ一定为真
Ⅲ	“年轻的股民”与“小盘绩优股”之间没有交集，所以，Ⅲ一定为真

综上所述，只有Ⅱ和Ⅲ为真，因此，本题答案选 C。

8. 解析：本题答案选 A。

根据题干信息，可以得出如下欧拉图：

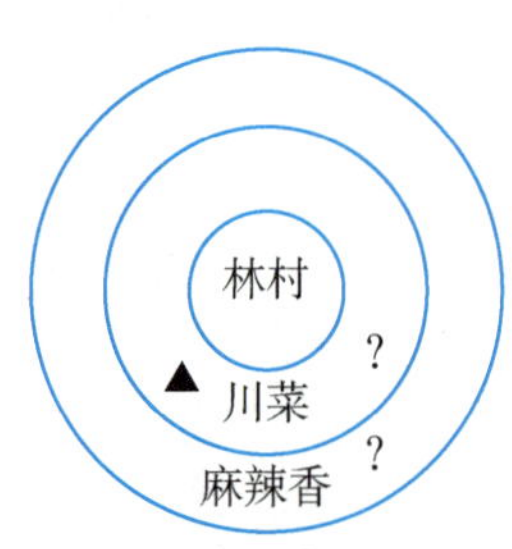

▲ 表示：一边吃川菜，一边喝盖碗茶

A 选项	由题干知，“林村人”这个概念在“麻辣香的食物”这个概念之内，可以从题干推出，选A——注意“川菜的特点为麻辣香”=“所有的川菜都麻辣香”
B 选项	由题干知，“大部分吃川菜的人都喜好一边吃川菜，一边喝四川特有的盖碗茶”，但是“林村人”在“吃川菜的人”中所占的比例未知，无法推出，不选
C 选项	“林村人”在“吃川菜的人”中所占的比例未知，无法推出，不选
D 选项	由题干知，“大部分吃川菜的人都喜好一边吃川菜，一边喝四川特有的盖碗茶”，张涛只是喜欢吃川菜的人之一，无法推出，不选
E 选项	张涛只是喜欢吃川菜的人之一，且“喜欢吃川菜”与“四川人”没有必然联系，无法推出，不选

9. 解析：本题答案选 A。

根据题干信息，可以得出如下欧拉图：

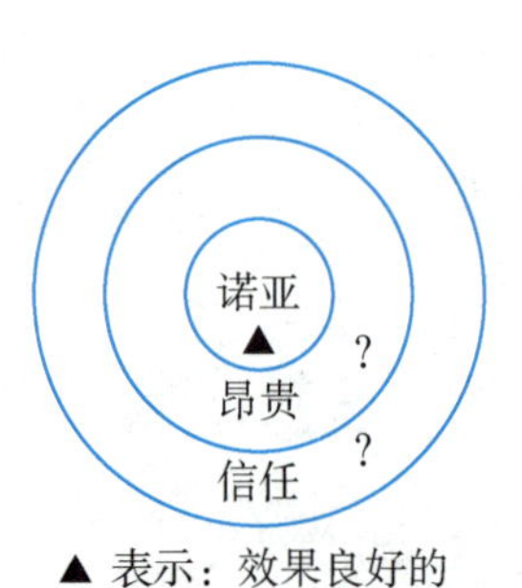

▲ 表示：效果良好的

A 选项	由题干知，“受到女士们信任的护肤化妆品中，有些实际效果优良”，但不必然地推出“有些实际效果并不优良”，选 A
B 选项	由题干知，信任的圈内存在“效果优良的护肤品”，可以得出，不选
C 选项	由题干知，诺亚在信任的圈内，可以得出，不选
D 选项	由题干知，昂贵的圈内存在“效果优良的护肤品”，可以得出，不选
E 选项	由题干知，“信任”圈外的护肤品都是不昂贵的，可以得出，不选

10. 解析：本题答案选 C。

根据题干信息“如果上述断定都是真的，则除了以下哪项，其余的断定也必定是真的”知，这是形式逻辑题，本题考查欧拉图。根据题干信息，可以画出如下图形：

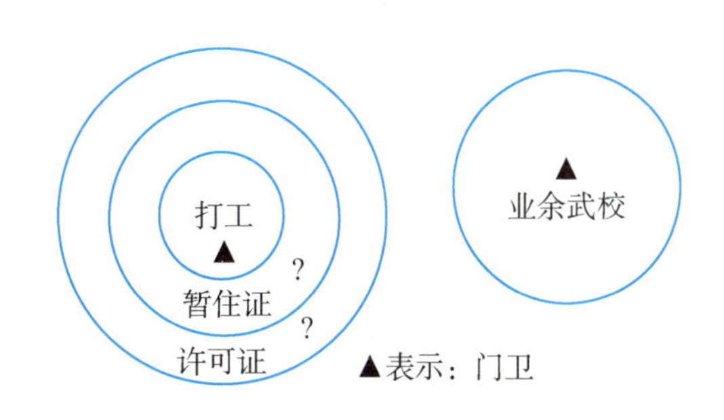

A 选项	由题干知，“所有安徽来京打工人员都获得了就业许可证”，一定为真，不选
B 选项	由题干知，“所有业余武术学校的学员都办理了暂住证”，一定为真，不选
C 选项	由题干知，“安徽来京打工人员”与“业余武术学校的学员”之间没有交集，选 C
D 选项	由题干知，“就业许可证”的圈外有门卫，因此，可以得出“有些门卫没有就业许可证”，不选
E 选项	由题干知，“就业许可证”的圈内有门卫，因此，可以得出“有些门卫有就业许可证”，不选

11. 解析：本题答案选 D。

根据题干信息“以下哪个人的身份，不可能符合上述题干所做的断定”知，本题是形式逻辑题，本题考查欧拉图。根据题干信息与上述欧拉图，可以得出：

A 选项	由题干知，“所有获得了就业许可证的学员都不是业余武术学校的学员”，该选项一定为真，不选
B 选项	由题干知，“所有办理了暂住证的人员都获得了就业许可证”，但获得了就业许可证的人也可能没有办理暂住证，该选项可能为真，不选
C 选项	由题干知，“所有安徽来京打工人员都办理了暂住证”，但办理了暂住证的人也可能不是安徽来京打工人员，该选项可能为真，不选
D 选项	由题干知，“所有办理了暂住证的学员都不是业余武术学校的学员”，所以，该选项一定为假，选 D
E 选项	其他职业仍旧有可能存在门卫，该选项可能为真，不选

12. 解析：本题答案选 C。

根据题干“下面哪项与上述推理结构最相似”知，这是形式逻辑题，本题考查三段论比较结构。题干为肯定句，中项是“导电的”，属于双后。

A 选项	否定句，与题干结构不类似，不选
B 选项	肯定句，中项是“鸟”，属于一前一后，与题干结构不类似，不选
C 选项	肯定句，中项是“学习企业管理”，属于双后，与题干结构类似，选 C
D 选项	“只有……才……”属于复合命题的逻辑连接词，而三段论是针对“简单命题”而言的，与题干结构不类似，不选
E 选项	肯定句，中项是“黄山”，属于一前一后，与题干结构不类似，不选

13. 解析：本题答案选 E。

根据题干“以下哪个推理在结构上所犯的逻辑错误与题干推理相类似”知，这是形式逻辑题，本题考查三段论比较结构。题干为肯定句，中项是“有审美价值”，属于双后。

A 选项	否定句，与题干结构不类似，不选
B 选项	肯定句，中项是“牙科医生”，属于一前一后，与题干结构不类似，不选
C 选项	肯定句，中项是“南方人”，属于双前，与题干结构不类似，不选
D 选项	否定句，与题干结构不类似，不选
E 选项	肯定句，中项是“汽车”，属于双后，与题干结构类似，选 E

14. 解析：本题答案选 D。

由题干信息“以下哪项最能说明上述推理不成立”知，这是非形式逻辑题，本题考查的是比较句子结构类似。题干的推理形式是：所有 S 都不是 P；所有 P 都是 R；所以，所有 R 都不是 S。

A 选项	所有 S 都是 P；R 不是 S；所以，R 不是 P。与题干结构不类似，不选
B 选项	所有 S 都是 P；R 是 P；所以，R 是 S。与题干结构不类似，不选
C 选项	所有非 S 都是非 P；R 是 S；所以，R 是 P。与题干结构不类似，不选
D 选项	所有 S 都不是 P；所有 P 都是 R；所以，所有 R 都不是 S。与题干结构类似，选 D
E 选项	所有 S 都是 P；P 是 R；所以，R 是 S。与题干结构不类似，不选

15. 解析：本题答案选 A。

根据题干“以下哪项推理与上述推理在结构上最为相似”知，这是形式逻辑题，本题考查三段论比较结构。本题注意前提与结论句的顺序问题，出现了结论句前置的情况。题干为否定句，中项是“名词”，属于一前一后，结论中的主项是“动词”，在前提中作为否定句的主项。

A 选项	否定句，中项是“薯类”，属于一前一后，结论中的主项是“细粮”，在前提中作为否定句的主项，与题干结构类似，选 A
B 选项	肯定句，与题干结构不类似，不选
C 选项	肯定句，与题干结构不类似，不选
D 选项	否定句，中项是“虚词”，属于一前一后，结论中的主项是“介词”，在前提中作为肯定句的主项，与题干结构不类似，不选
E 选项	否定句，中项是“独立充当句法成分”，属于双后，与题干结构不类似，不选

基础训练

1. 解析：本题答案选 A。

三段论补充前提的方法一般采用排除法：

(1) 三个概念，且两两重复，所以，选项中必须有“高校教师”和“具有很高的水平”两个概念	排除 D、E
(2) 双特无结	排除 B、C

注意：“并非所有的高校教师都有很高的水平”=“有的高校教师没有很高的水平”。
因此，本题答案选 A。

2. 解析：本题答案选 B。
根据题干信息“以下哪项可以从以上陈述中得出”知，这是形式逻辑题，本题考查欧拉图。由题干信息可以得出如下欧拉图：

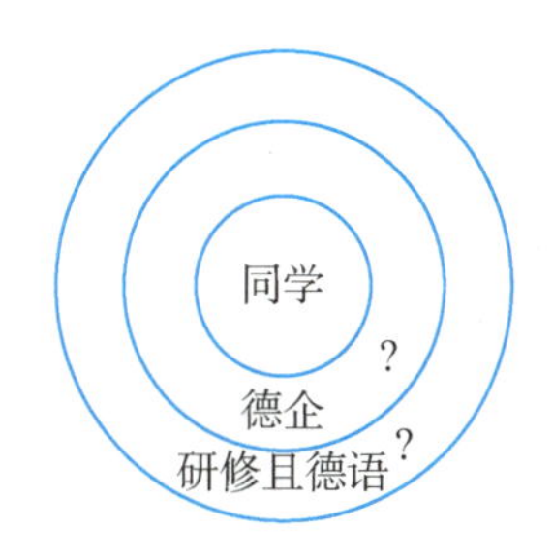

由上图知：翠竹的大学同学都在某德资企业工作，溪兰是翠竹的大学同学，该德资企业的员工都会说德语。推知：溪兰是该德企员工，也会说德语，因此，本题答案选 B。

3. 解析：本题答案选 E。
根据题干信息“为使上述论证成立，以下哪些断定是必须假设的”知，这是形式逻辑题，本题是充分条件假设中的三段论补充前提。三段论补充前提的方法一般采用排除法。
根据题干信息知：“所有参加**围棋社团**的都参加了**象棋社团**，因此有些参加**声乐社团**的没有参加**围棋社团**。”

(1) 三个概念，且两两重复，所以选项中必须有“象棋社团”“声乐社团”	各个选项均满足
(2) 所有+(　　)→有些，根据双特无结，所以，补充的只能是特称句	排除 A、B、C
(3) 根据双否无结，所以，第一句前提是肯定句，而结论是否定句，因此，补充的只能是否定句	排除 D

因此，本题答案选 E。

4. 解析：本题答案选 D。
由题干“根据以上陈述，可以得出以下哪项”知，这是形式逻辑题，本题考查三段论推理。
题干形式化为：蝴蝶是昆虫，蝴蝶翅膀色彩鲜艳，可以推出：有的昆虫翅膀色彩鲜艳，选 D。

5. 解析：本题答案选 D。

题干可整理为三段论："所有的物质实体都可以再分，而任何可以再分的东西都是不完美的。所以，所有的物质实体都是不完美的。"原三段论的结论可表述为"所有的物质实体都不是完美的"，若加上"灵魂是完美的"，就可得出"灵魂并非物质实体"。所以，选项 D 是使题干结论成立的假设。

6. 解析：本题答案选 E。

根据题干信息"以下哪项推理明显说明上述论证不成立"知，这是非形式逻辑题，本题考查结构类似。这是一道类似于三段论的比较结构，对于三段论比较结构，首先要关注的是句子结构，而非具体内容。题干的句子结构为：所有的 A 都是 B，C 是 B，所以，C 是 A。

A 选项	题干整理为"所有聪明人都是近视眼，他不是近视眼，因此，他不是聪明人"，这是否定句，而题干是肯定句，不选
B 选项	该选项是否定句，而题干是肯定句，不选
C 选项	题干整理为"心宽体就胖，小陈整天乐呵呵的，所以他一定会长得很胖"。注意，"……就……"表示的是复合命题，而题干都是简单命题，不选
D 选项	题干整理为"诸葛亮是人们公认的天才，诸葛亮是个近视眼，因此，所有的天才都高度近视"，该选项的句子结构为：A 是 B，A 是 C，因此，所有的 B 都是 C。题干的前提是全称，而选项的前提是单称，与题干不符，不选
E 选项	该选项的句子结构为：所有的 A 都是 B，C 是 B，所以，C 是 A，与题干结构类似，选 E

7. 解析：本题答案选 C。

根据题干信息"以下哪项如果为真，最能保证上述论证的成立"知，这是形式逻辑题，本题是充分条件假设中的三段论补充前提。本题需要充分利用三段论规则进行推理，题干信息整理得：有些东京大学的毕业生精通 C 语言，因此，有些工科背景的大学毕业生精通 C 语言。

(1) 三个概念，且两两重复，所以，选项中有"东京大学的毕业生"和"工科背景的大学毕业生"	排除 B、D
(2) 双特无结/双否无结，所以，要补充的必定是肯定句，且不能是特称句	排除 A
(3) 中项至少周延一次，所以，"东京大学的毕业生"至少周延一次	排除 E

综上所述，本题答案选 C。

8. 解析：本题答案选 C。

根据题干信息"如果上述断定是真的，则以下哪项关于该班级的断定必定是真的"知，这是形式逻辑题，本题考查欧拉图。根据题干信息，可以画出如下图形：

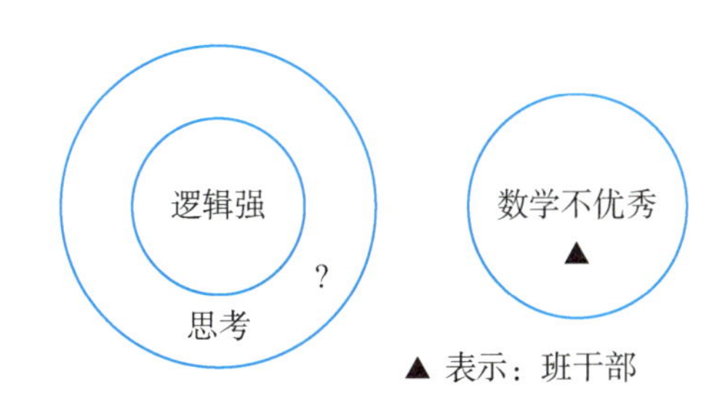

A 选项	由题干知“有些班干部逻辑思维能力不强”，所以，该选项错误，不选
B 选项	由题干知“有些班干部不是善于思考的”，不必然地推出“有些班干部是善于思考的”，不选
C 选项	由上图知，该选项正确，选 C
D 选项	由题干知“有些班干部逻辑思维能力不强”，不必然地推出“有些逻辑思维能力强的学生不是班干部”，不选
E 选项	题干未涉及“成绩不优秀的学生”，属于无关选项，不选

9. 解析：本题答案选 A。

根据题干信息“以下哪项最可能是上述论证所必须假设的”知，这是形式逻辑题，本题是充分条件假设中的三段论补充前提。本题需要充分利用三段论规则进行推理，题干信息整理得：有些青春中学的数学老师取得了硕士学位，因此，有些青春中学的男老师取得了硕士学位。最后得出：

(1) 三个概念，且两两重复，所以，选项中必须有“青春中学的数学老师”和“青春中学的男老师”	排除 D、E
(2) 双特无结/双否无结，所以，要补充的必定是肯定句，且不能是特称句	排除 B、C

综上所述，本题答案选 A。

10. 解析：本题答案选 B。

根据题干信息“以下哪项如果为真，最能反驳上述论证”知，这是形式逻辑题，本题是充分条件假设中的三段论补充前提。本题需要充分利用三段论规则进行推理，题干信息整理得：铜是导电的，所以，铜是金属。要反驳这个结论，最好的办法就是补充一个前提，最后得出“结论的矛盾”。本题相当于补充一个前提，能使“铜是导电的，所以，铜不是金属”成立，最后得出：

(1) 三个概念，且两两重复，所以，选项中有“金属”和“导电的”	各个选项均能满足
(2) 双特无结/双否无结，所以，要补充的必定是否定句，且不能是特称句	排除 A、C、D、E

综上所述，本题答案选 B。

强化训练

11. 解析：本题答案选 A。

由题干信息可以得出如下欧拉图，根据题干“李默并非来自中学，张嘉并非来自高校”可以推知：

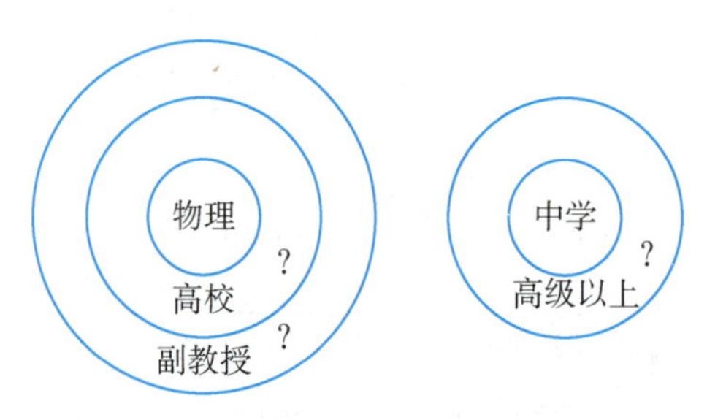

A 选项	“张嘉如果做了学术报告”+“张嘉并非来自高校”可以得出：他不是物理学会的，可以推出，选 A
B 选项	由上图知“不来自高校”也可能“具有副教授以上职称”，无法推出，不选
C 选项	“化学学会做学术报告的”并非都来自中学，无法推出，不选
D 选项	题干中“物理学会**做学术报告的**都来自高校”，“张嘉并非来自高校”只能推出他不是来自“物理学会做学术报告的”，而不是他“不是物理学会的”，偷换了概念，无法推出，不选
E 选项	“化学学会做学术报告的”并非都来自中学，无法推出，不选

12. 解析：本题答案选 E。

根据题干“以下哪项如果为真，最能削弱上述论证+逻辑连接词”知，这是形式逻辑题，本题考查三段论补充前提。对于形式逻辑而言，最强的削弱就是“找矛盾”，如果能得出题干的矛盾，无疑是最强削弱，那么得出结论“河西村的这片新建房屋有些是受法律保护的=有些河西村的新建房屋是受法律保护的”，所以，题干形式化为：所有的小产权房均不受法律保护+(　　)→有些河西村的新建房屋是受法律保护的；接下来使用三段论补充前提的一般方法——排除法。

(1) 三个概念，且两两重复，所以，选项中必须有“小产权房”和“河西村的这片新建房屋”两个概念	排除 A、C、D
(2) 双否无结	排除 B

因此，本题答案选 E。

技巧点拨：本题较难，由于“双否无结”中否定概念**具有相对性**，本题就是假设“不受法律保护”为肯定，与之对应的“受法律保护”即为否定概念，因此，需要补充一个否定句。

13. 解析：本题答案选 A。

由题干信息“根据该房地产信息员的调查，以下哪项不可能存在”知，这是形式逻辑题，本题考查欧拉图。由题干信息可以得出如下欧拉图：

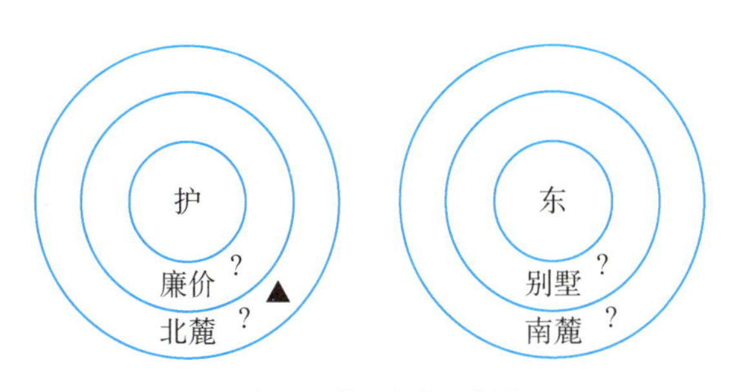

▲ 表示：单室套的两限房

A 选项	由上图知“东向的房屋”和“护城河两岸的房屋”之间全异，因此，不可能从题干推出，选 A
B 选项	在“凤凰山北麓的房屋”中存在“两限房”，因此，可能存在，不选
C 选项	“廉租房”与“单室套的房屋”之间可能有交集，可能没有交集，不选
D 选项	“护城河两岸的房屋”与“单室套的房屋”之间可能有交集，可能没有交集，不选
E 选项	“廉租房”与“南向的房屋”之间可能有交集，可能没有交集，不选

14. 解析：本题答案选 B。

由题干信息“如果上述断定都是真的，则以下哪项也一定是真的”知，这是形式逻辑题，本题考查欧拉图。由题干信息可以得出如下欧拉图：

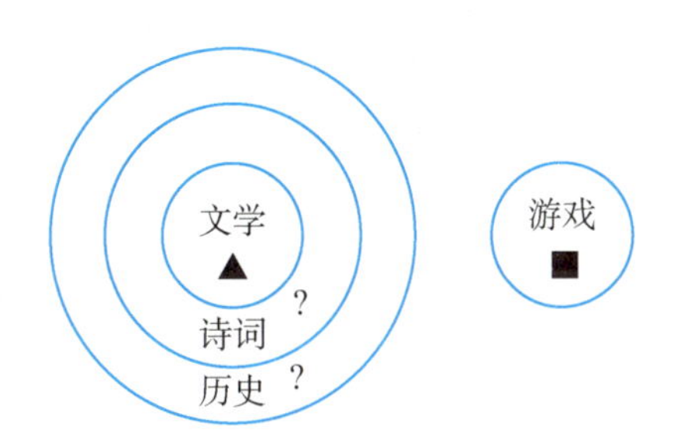

▲ 表示：数学爱好者　■ 表示：未成年人

A 选项	由题干知，“有些了解历史的是数学爱好者”，但是推不出“有些数学爱好者不了解中国历史”，不选
B 选项	由题干知，“不是文学爱好者”范围内存在“未成年人”这个概念，因此，得出“有些未成年人不是文学爱好者”，选 B
C 选项	由题干知，“有些数学爱好者不痴迷于游戏机”，不必然地推出“有些数学爱好者是痴迷于游戏机者”，不选
D 选项	由题干知，“所有痴迷于游戏机者不爱好文学”，因此该选项为假，不选
E 选项	由题干知，“有些文学爱好者是数学爱好者”，不必然地推出“有些文学爱好者不爱好数学”，不选

15. 解析：本题答案选C。

根据题干信息“以下哪项是对李娜的推理的最恰当评价”知，这是非形式逻辑题，本题考查评价。将题干形式化为“所有科学家都不喜欢朦胧诗，有些科学家擅长逻辑思维，因此，有些喜欢朦胧诗的人不擅长逻辑思维”。对于三段论的错误考查，很多时候都是在“周延”这个点上命题，三段论的要求是“结论中周延的词项在前提中必须周延”。在本题中，“擅长逻辑思维”是周延的，但是前提中的“擅长逻辑思维”是不周延的。很多同学发现了这个错误却仍旧不知道怎么表述，这也是评价题的难点：不仅要找到错误，还要对题干错误进行合理表述。“结论中周延的词项在前提中必须周延”的目的是防止概念扩大的错误，而选项C正好概括了这一错误，因此，本题答案选C。

16. 解析：本题答案选B。

根据题干信息“以下哪项的推理结构和题干的推理结构最为类似”知，这是非形式逻辑题，本题考查结构类似。将题干形式化为“所有科学家都不喜欢朦胧诗，有些科学家擅长逻辑思维，因此，有些喜欢朦胧诗的人不擅长逻辑思维”。

题干	题干的句子结构是“所有的A都不是B，有些A是C，因此，有些B不是C”
A选项	该选项的句子结构是：“所有的A都不是B，有些A是C，因此，有些C不是B”，与题干结构不符，不选
B选项	该选项的句子结构是：“所有的A都不是B，有些A是C，因此，有些B不是C”，与题干结构一致，选B
C选项	该选项的句子结构是：“所有的A都不如B，有些C在A，因此，有些C不是B”，与题干结构不符，不选
D选项	该选项的句子结构是：“所有的A都不是B，有些C是A，因此，有些C不是B”，与题干结构不符，不选
E选项	该选项的句子结构是：“所有的A都是B，有些A是C，因此，有些C不是B”，与题干结构不符，不选

17. 解析：本题答案选B。

根据题干信息“如果以上陈述为真，则以下陈述都必然为真，除了”知，这是形式逻辑题，本题考查简单命题的推理。题干信息为：

（1）味道鲜美的湟鱼是珍稀动物→有些味道鲜美的湟鱼是珍稀动物；

（2）凡是珍稀动物都是需要保护的动物＝（所有）珍稀动物（都）（是）需要保护的动物。

A选项	有些味道鲜美的湟鱼是珍稀动物＝有些珍稀动物是味道鲜美的湟鱼，“有些S是P”等价于“有些P是S”，正确，不选
B选项	由题干可以得出“有些需要保护的动物是青海湖的湟鱼”，由“有些S是P”推不出“有些S不是P”，不一定为真，选B
C选项	“有些味道鲜美的湟鱼是珍稀动物，需要保护起来”推出“有些味道鲜美的鱼是需要保护的动物”，正确，不选

续　表

D选项	“所有青海湖的湟鱼都需要保护”推出“所有不需要保护的动物都不是青海湖的湟鱼”，原命题与逆否命题一致，正确，不选
E选项	“所有珍稀动物都不能随意捕捞”推出“可以随意捕捞的动物都不是珍稀动物”，原命题与逆否命题一致，正确，不选

18. 解析：本题答案选E。

由题干信息“如果以上陈述为真，则根据这些陈述，以下哪项也一定是真的”知，这是形式逻辑题，本题考查欧拉图。根据题干信息，可以画出如下图形：

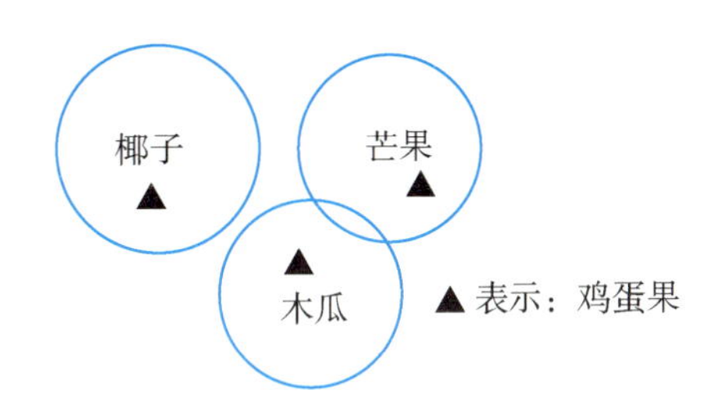

A选项	“椰子与木瓜不能同时买”不意味着“不买椰子，一定买木瓜”，该选项不正确，不选
B选项	“椰子与芒果不能同时买”不意味着“不买芒果，一定买椰子”，该选项不正确，不选
C选项	由上图知，买芒果的可能没买木瓜，也可能买，该选项不正确，不选
D选项	由上图知，买木瓜的可能没买芒果，也可能买，该选项不正确，不选
E选项	由题干知，所有买椰子的一定“既没有买芒果，也没有买木瓜”，而在买椰子的人中，存在买鸡蛋果的人，因此，该选项正确，选E

19. 解析：本题答案选E。

根据题干信息“以下哪项推理明显说明上述论证不成立”知，这是非形式逻辑题，本题考查结构类似。这是一道类似于三段论的比较结构，对于三段论比较结构，建议先使用笔者总结的三部曲，用完以后如果还无法得出答案，再分析句子内容。题干的句子结构为：A是B，A是C，所以，B都是C。

A选项	否定句，而题干是肯定句，与题干结构不符，不选
B选项	所有的A都是B，A是C，所以，C都是B，题干是单称，而该选项是全称，与题干结构不符，不选
C选项	否定句，而题干是肯定句，与题干结构不符，不选
D选项	所有的A都是B，A是C，所以，B都是C，题干是单称，而该选项是全称，与题干结构不符，不选
E选项	A是B，A是C，所以，B都是C，与题干结构类似，选E

20. 解析：本题答案选B。

根据题干信息"如果上面的陈述是正确的,则下面除了哪一项之外也都是正确的"知,这是形式逻辑题,本题考查欧拉图。根据题干信息,可以画出如下图形:

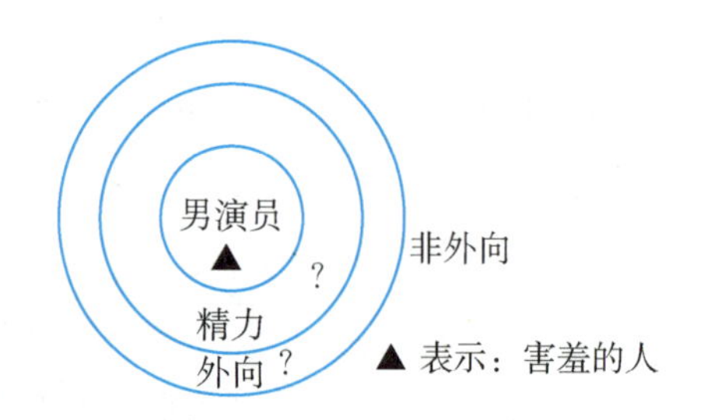

A 选项	由题干知,"外向的人"中存在"害羞的人",不选
B 选项	由题干知,"有些害羞的性格外向的人是男演员",不必然地推出"有些害羞的性格外向的人不是男演员",选 B
C 选项	由题干知,"精力充沛的男演员"中存在"害羞的人",不选
D 选项	由题干知,"性格不外向的都不是男演员",该选项的意思是"有些性格不外向的不是男演员",与题干不冲突,不选
E 选项	由题干知,"性格外向的人"中存在"害羞的人",不选

第五章　复合命题

例题

1. 解析:本题答案选 C。

题干形式化为:作案者要么是甲,要么是乙,二者必有其一(不相容选言);毒药是毒鼠强∨乐果,二者至少其一(相容选言)。

Ⅰ选项	作案者不相容,毒药相容,有三种不同情况,一共有六种情况,比如可能是甲投乐果所为,或者乙投毒鼠强所为,因此,Ⅰ项不一定成立
Ⅱ选项	毒药相容,有三种不同情况,可能是既投毒鼠强,又投乐果所为,因此,Ⅱ项不一定成立
Ⅲ选项	根据选言命题的"否推肯"规则,如果该投毒案的作案者不是甲,则一定是乙;如果所投的毒药不是毒鼠强,则一定是乐果。因此,如果该投毒案的作案者不是甲,并且所投的毒药不是毒鼠强,那么一定是乙投乐果所为,所以,Ⅲ项成立

综上所述,三个副选项只有Ⅲ项成立,因此,本题答案选 C。

2. 解析:本题答案选 D。

要么 A 要么 B,表示只有一个成立,即化学农药和生物农药仅使用一种;如果 A 为真,B 一定为假;如果 A 为假,B 一定为真。因此,A、C、E 项为真。"或者 A 或者 B,两者必居其一"的意思是"要么 A 要么 B",因此,B 为正确选项。化学农药和生物农药仅使用一种，但是不确定优先考虑使用哪一种，因此，本题答案选 D。

3. 解析：本题答案选 E。

关于多个选言命题推理的考点。A 或 B 或 C，否定 A，可以得到 B 或 C。如果肯定 A，则得不到任何结果。根据题干信息，红茶∨花茶∨绿茶，再根据李丽喜欢绿茶，那么，无法确定李丽是否喜欢红茶和花茶（肯定不确定）；再根据王佳不喜欢花茶，那么得出：王佳喜欢红茶∨绿茶（否定必肯定）。

Ⅰ. 王佳如果喜欢红茶，那么她有可能喜欢绿茶，也有可能不喜欢绿茶——肯定不确定；

Ⅱ. 可以推出，属于否定必肯定；

Ⅲ. 可以推出，属于否定必肯定；

Ⅳ. 不一定得出，和＝且，不等于或；

因此，本题答案选 E。

4. 解析：本题答案选 C。

题干信息形式化为：

小李清华∨$\overline{\text{小孙北大}}$
（小孙北大）
}⇒小李清华

根据相容选言的“否推肯”原理，只需增加条件：小孙考上了北大。

小张和小孙都考上了北大，显然可以推出：小孙考上了北大。

所以，本题答案选 C。

5. 解析：本题答案选 A。

根据题干“上述论证方式和以下哪项最为类似”知，这是非形式逻辑题，本题考查比较句子结构。

本题题干的论证形式是：某事物可能是 A、B 或 C；相关事实表明，可以排除 A 和 B，因此，可以确定该事物是 C。

A 选项	某事物可能是 A、B 或 C；相关事实表明，可以排除 A 和 B，因此，可以确定该事物是 C，与题干论证一致，选 A
B 选项	元素个数与题干不符合，不选
C 选项	推理的方式是先肯定一个，再排除另外两个，属于肯定排除否定的推理方式，与题干推理不符合，不选
D 选项	元素个数与题干不符合，不选
E 选项	与题干推理不符合，不选

6. 解析：本题答案选 D。

根据题干：所有获奖者都化验尿样∧¬发现兴奋剂使用者。

如果此陈述为假，则其否定，即¬（所有获奖者都化验尿样∧¬发现兴奋剂使用者）为真。

¬（所有获奖者都化验尿样∧¬发现兴奋剂使用者）

=¬所有获奖者都化验尿样∨发现兴奋剂使用者
=所有获奖者都化验尿样→发现兴奋剂使用者(Ⅲ)
=有的获奖者未化验尿样∨发现兴奋剂使用者(Ⅰ)
综上所述,只有Ⅰ和Ⅲ为真,本题答案选D。

7. 解析:本题答案选E。
题干信息是:并非(“对所有的产品都进行了检查”,并且“没有发现假冒伪劣产品”)=或者并非“对所有的产品都进行了检查”,或者并非“没有发现假冒伪劣产品”=或者有的产品尚未经检查,或者发现了假冒伪劣产品。

Ⅰ选项	题干等价于“或者有的产品尚未经检查,或者发现了假冒伪劣产品”,因此,Ⅰ不一定为真,不选
Ⅱ选项	题干等价于“或者有的产品尚未经检查,或者发现了假冒伪劣产品”,因此,Ⅱ一定为真
Ⅲ选项	对所有产品都进行了检查→发现假冒伪劣产品=或者有的产品尚未经检查,或者发现了假冒伪劣产品,因此,Ⅲ一定为真

综上所述,三个副选项只有Ⅱ和Ⅲ为真,因此,本题答案选E。

8. 解析:本题答案选E。
根据题干信息:董事长不同意:(环岛绿地∨宏达小区)∧非清河桥。本题考查“摩根公式”:
并非(A或者B)=非A并且非B;
并非(A并且B)=非A或者非B;
并非(非A)=A;
A或者B=如果非A,则B。
那么,董事长的观点是:(非环岛绿地∧非宏达小区)∨清河桥,选项E就属于否定其中一个,推出另一个。因此,本题答案选E。

9. 解析:本题答案选E。
本题考查复合命题矛盾。题干形式化为:要么调换,要么加倍赔款,它是调换与加倍赔款的不相容选言,其矛盾是:(既不调换又不加倍赔款)或者(既调换又加倍赔款),选E。

10. 解析:本题答案选B。
充分条件推理规则为:**肯前推出肯后,否后推出否前**;必要条件推理规则为:**肯后推出肯前,否前推出否后**。题干形式化为:
(1) 内网→身份认证;
(2) $\overline{\text{业绩}}$→$\overline{\text{身份认证}}$=身份认证→业绩。
由(1)、(2)知,内网→身份认证→业绩。
张辉有良好的业绩。(肯定后面没什么用)
王纬没有良好的业绩。(可以利用逆否规则:$\overline{\text{业绩}}$→$\overline{\text{身份认证}}$→$\overline{\text{内网}}$)
综上所述,本题答案选B。

11. 解析:本题答案选E。

题干信息形式化为：

(1) 勇于承担责任→(直面媒体∧$\overline{\text{逃避}}$)；

(2) 没有责任→(聘请律师∧捍卫尊严)；

(3) 逃避∧没有聘请律师——(推理的起点)。

根据逆否规则知：$\overline{\text{(聘请律师∧捍卫尊严)}}$→$\overline{\text{没有责任}}$；

$\overline{\text{(直面媒体∧}\overline{\text{逃避}}\text{)}}$→$\overline{\text{勇于承担责任}}$。所以，他有责任∧$\overline{\text{勇于承担责任}}$。

12. 解析：本题答案选 D。

根据题干“可以得出以下哪项”知，这是形式逻辑题，本题考查复合命题推理规则。

(使用了阿司匹林或者对乙酰氨基酚)→不会产生良好的抗体反应。(A 或 B)→C。

根据逆否命题：非 C→(非 A 且非 B)，即如果小张注射疫苗后产生了良好的抗体反应，那么他一定既没有服用阿司匹林，也没有服用对乙酰氨基酚。

13. 解析：本题答案选 E。

“除非 A 否则 B”的逻辑形式：非 A→B，因此，“除非下雨或刮风，否则蟋蟀肯定会在这个平台上歌唱”的逻辑形式为：非(下雨或刮风)→歌唱，即无雨且无风→歌唱。因此，正确选项为 E。

现在知道无雨，因为不知道是否刮风，所以，A、B、C 项均得不出。D 项错误，因为无雨又无风，蟋蟀一定在歌唱，而“抢修工程”题干没有涉及。

14. 解析：本题答案选 B。

根据题干信息：

(非故障∧非劫持)→击落→卫星→公布，现在要得出“飞机被恐怖组织劫持了”这一结论，第一步需要用逆否规则得出：¬公布→¬卫星→¬击落→(故障∨劫持)。然后，使用选言命题“否定必肯定”规则，补充条件“¬故障”，可以得出：飞机被劫持了。因此，本题答案选 B。

15. 解析：本题答案选 A。

本题可形式化为：

(1) $\overline{\text{崇高信仰}}$→$\overline{\text{守住道德底线}}$⇒守住道德底线→崇高信仰；

(2) 崇高信仰→加强学习⇒由推理的传递规则：守住道德底线→崇高信仰→加强学习。

其逆否定理为：$\overline{\text{加强学习}}$→$\overline{\text{崇高信仰}}$→$\overline{\text{守住道德底线}}$。

显然，A 为正确选项。

16. 解析：本题答案选 D。

“当且仅当”是充要条件的表述，根据马云为真，推出股票 A 是股票 B 上涨的充要条件，即二者同时上涨或同时不上涨。再根据王兵为真，可知二者同时不上涨。

17. 解析：本题答案选 A。

题干形式化为：受到青睐→明星产品。

其矛盾是：受到青睐∧$\overline{\text{明星产品}}$。

综上所述，本题答案选 A。

18. 解析：本题答案选 E。

题干形式化为：争取项目→(提成∨笔记本电脑)。

其矛盾是：争取项目∧$\overline{(\text{提成}\vee\text{笔记本电脑})}$=争取项目∧($\overline{\text{提成}}$∧$\overline{\text{笔记本电脑}}$)。

综上所述，本题答案选 E(台式电脑不是笔记本电脑)。

19. 解析：本题答案选 C。

题干形式化为：读懂→(文学∧生物学)，其矛盾是：读懂∧$\overline{(\text{文学}\wedge\text{生物学})}$=读懂∧($\overline{\text{文学}}$∨$\overline{\text{生物学}}$)，则“没有一定文学造诣或没有生物学专业背景，但能读懂这篇文章”不可能真。

所以，C 不可能为真，本题答案选 C。

20. 解析：本题答案选 C。

题干形式化为：获得年终奖→该部门所有员工考评合格。

其矛盾为：获得年终奖∧$\overline{\text{该部门所有员工考评合格}}$(为假)，其余都可能为真。

“以下哪项可能为真”，除了必假的不选，其余都要选。

Ⅰ	“财务部有些员工考评合格了”+“财务部员工都考评合格了”，不属于矛盾的情况，可能为真
Ⅱ	“行政部的赵强考评合格了”+“赵强得到了年终奖金”，不属于矛盾的情况，可能为真
Ⅲ	综合部所有员工都得到了年终奖金，说明综合部所有员工都考评合格，所以，“综合部有些员工没有考评合格”一定为假
Ⅳ	“财务部员工没有得到年终奖金”显然可能为真

综上所述：只有Ⅰ、Ⅱ、Ⅳ可能为真，所以本题答案选 C。

21. 解析：本题答案选 B。

题干形式化为：经历风雨∧$\overline{\text{彩虹}}$。

该题干最适合反驳的结论就是其本身的矛盾：经历风雨→彩虹……(1)。

A 选项	彩虹→经历风雨，与(1)不一致，不选
B 选项	经历风雨→彩虹，与(1)一致，选 B
C 选项	彩虹→经历风雨，与(1)不一致，不选
D 选项	经历风雨∧$\overline{\text{彩虹}}$，由于题干是联言命题，而该选项也是联言命题，两个联言命题是不可能矛盾的，不选
E 选项	$\overline{\text{经历风雨}}$∧彩虹，由于题干是联言命题，而该选项也是联言命题，两个联言命题是不可能矛盾的，不选

22. 解析：本题答案选 C。

题干形式化为：

(1) 举人→生员(第一名叫解元)；

(2) 贡士→举人(第一名叫会元)；

(3) 进士→贡士(第一名叫状元)⇒进士→贡士→举人→生员(推理的传递规则)。

A 选项	后真不知道前面的真假，该选项可能为真，不选
B 选项	前真推后真，该选项为真，不选
C 选项	会元必定是贡士，必定中举，该命题必假，选 C
D 选项	该选项为真，不选
E 选项	该选项可能为真，不选

23. 解析：本题答案选 B。

题干信息形式化为：

(1) 沙特→$\overline{\text{石油}}$；其矛盾为：沙特∧石油(为真)。

(2) 石油▽中国；其矛盾为：(中国∧石油)∨($\overline{\text{中国}}$∧$\overline{\text{石油}}$)(为真)。

(3) $\overline{\text{石油}}$∨$\overline{\text{中国}}$；其矛盾为：中国∧石油(为真)。

综上所述：中国∧石油∧沙特(为真)，选 B。

24. 解析：本题答案选 C。

题干信息形式化为：$\overline{\text{自信}}$→一定输。

A 选项	输▽赢，是一个不相容选言，显然不等价，不选
B 选项	自信→一定赢，这是一个不严格的前假推后假，显然不选
C 选项	可能不输→自信，原命题的逆否命题，显然等价，选 C
D 选项	$\overline{\text{自信}}$→不可能输，显然与原命题不等价，不选
E 选项	更自信→赢，与原命题不等价，显然不选

25. 解析：本题答案选 B。

题干断定的条件关系是：国际贡献→国家实力→一流教育。各选项的结构为：

A. ¬一流教育→¬国际贡献；

B. 一流教育→国际贡献；

C. 国家实力→一流教育；

D. ¬(国际贡献∧¬一流教育)=¬国际贡献∨一流教育=国际贡献→一流教育；

E. ¬国际贡献∨一流教育=国际贡献→一流教育。

显然，只有 B 选项不符合题干。

26. 解析：本题答案选 A。

题干推理为：令"把理论当作教条"为 P，"束缚思想"为 Q。题干断定 P→Q。选项 A 断定¬P→¬Q，等同于 Q→P。也就是题干将"把理论当作教条"作为"束缚思想"的充分条件，而选项 A 误将"把理论当作教条"视作"束缚思想"的必要条件，不符合题干。

27. 解析：本题答案选 C。

根据题干信息，P 或 Q，如果 P，则 R；如果 Q，则 S。根据二难推理的规则，可推出 R 或

S，即出现经济问题或陷入军事危机。也可以把选言化成假言，三个假言进行连锁推理。没出现经济问题→甲党没控制政府→乙党控制政府→该国将陷入军事危机，即如果没出现经济问题，则该国将陷入军事危机，等价于该国将出现经济问题，或者将陷入军事危机。综上所述，本题答案选 C。

28. 解析：本题答案选 C。

根据题干“则以下哪项一定为假”知，这是形式逻辑题，本题考查二难推理。题干形式化为：

学者一：大熊猫→西伯利亚虎；其逆否命题是：$\overline{\text{西伯利亚虎}}$→$\overline{\text{大熊猫}}$。

学者二：北美玳瑁→$\overline{\text{巴西红木}}$。

学者三：北美玳瑁∨$\overline{\text{西伯利亚虎}}$。

很明显，这是两个假言＋一个选言的结构。首先想到二难推理，得出：$\overline{\text{巴西红木}}$∨$\overline{\text{大熊猫}}$，所以，巴西红木∧大熊猫必定为假，选 C。

29. 解析：本题答案选 A。

题干信息是：

(1) 在潮湿的气候中仙人掌很难成活；在寒冷的气候中柑橘很难生长。

(2) 在某省的大部分地区，仙人掌和柑橘至少有一种不难成活生长。

A 选项	“该省的一半地区，既潮湿又寒冷”说明该省的一半地区仙人掌和柑橘都很难生长，与题干信息矛盾，选 A
B 选项	“该省的大部分地区炎热”说明该省的大部分地区柑橘可能不难生长，不选
C 选项	“该省的大部分地区潮湿”说明该省的大部分地区仙人掌很难成活，但是不排除该省的大部分地区柑橘可能不难生长，不选
D 选项	“该省的某些地区既不寒冷也不潮湿”说明该省的大部分地区柑橘和仙人掌可能不难生长，不选
E 选项	“柑橘在该省的所有地区都无法生长”有可能发生，如果该省都是寒冷的气候即可满足条件

30. 解析：本题答案选 B。

首先关注给出的信息中有无矛盾关系：

(2) 彩电部门经理：如果冰箱部门今年赢利，那么彩电部门就不会赢利。

(4) 手机部门经理：今年冰箱部门和彩电部门都会赢利。

这两个命题是矛盾关系(出现“如果……那么……”的，要么找矛盾关系，要么变成“或者”进行考核)，必有一真一假。信息显示只有一真，剩余的就是假的。

(1) 冰箱部门经理：今年手机部门会赢利。

(3) 电脑部门经理：如果手机部门今年没赢利，那么电脑部门也没赢利。

这两句话都是假的，即：手机部门赢利是假的，电脑部门没赢利也是假的。

考生只要找出手机部门和电脑部门的信息就可以，所以，本题答案选 B。

31. 解析：本题答案选 C。

题干进行形式化可知：
(1) 山南▽江北；
(2) $\overline{\text{山北}}$∧$\overline{\text{江南}}$；
(3) 江南；
(4) $\overline{\text{山南}}$。
由(1)、(4)知：假设冠军队是山南队，(1)为真；假设冠军队不是山南队，(4)为真。因此，(1)、(4)两个命题必有一真，所以，(2)、(3)为假，冠军是山北队∨江南队，冠军队不是江南队。根据选言命题的“否推肯”知，冠军队必定是山北队。
综上所述，本题答案选 C。

32. 解析：本题答案选 E。
题干形式化为：
(1) 非乙→非甲，等价于“乙或者非甲”；　(2)非乙并且丙；
(3) 甲或者乙；　(4)乙或者丙。
若干句仅有一真，真假话题。
看命题中是否有矛盾。四句命题之间如果没有矛盾，那么命题之间是否有真假依存关系？我们使用假设法：
假设乙是窃贼，那么(3)、(4)为真，与题干“他们四人中只有一人说了真话”不符，因此推出：乙不是窃贼。
假设丙是窃贼，再根据(1)得出的结论乙不是窃贼，那么(2)、(4)为真，与题干“他们四人中只有一人说了真话”不符，因此推出：丙不是窃贼。
由此推出，乙和丙都不是窃贼，因此，丁的话必定为假。综上所述，本题答案选 E。

33. 解析：本题答案选 C。
根据题干信息，编号 2 出现的次数最多。
(1) 假设 2 是美洲，那么戊的前半句“2 是欧洲”是错的，后半句“5 是美洲”也是错的，不满足一个对一半，与题干不符，故 2 不是美洲。
(2) 由于 2 不是美洲，那么甲的后半句是错的，得出 3 是欧洲；因此，丁说 3 是大洋洲是错的，丁的前半句对，故 4 是非洲。
综上所述，本题答案选 C。

34. 解析：本题答案选 D。
题干形式化为：
(1) (苍兰∨海棠)→$\overline{\text{秋菊}}$；
(2) 牡丹→秋菊；
(3) 玫瑰→海棠。

A 选项	可以共存，不矛盾，不选
B 选项	可以共存，不矛盾，不选
C 选项	可以共存，不矛盾，不选

续　表

D 选项	如果有玫瑰，则必须有海棠；如果有海棠，则不能有秋菊；如果没有秋菊，就不能有牡丹。因此，如果有玫瑰，就不能有牡丹。所以，该选项所列不能组成一件合格的插花，选 D
E 选项	可以共存，不矛盾，不选

基础训练

1. 解析：本题答案选 D。
本题考查命题的等价。令“起雾”为 P，“飞机按时起飞”为 Q。
题干断定，¬P→Q（特别注意“只要……就……”和“只有……才……”的区别）。
副选项Ⅰ断定 Q→¬P，等同于 P→¬Q，不符合题干。
副选项Ⅱ断定¬Q→P，等同于¬P→Q，符合题干。
副选项Ⅲ断定¬Q→P，等同于¬P→Q，符合题干。
综上所述，本题答案选 D。
2. 解析：本题答案选 A。
题干推理为：不起雾→按时起飞，其矛盾为：不起雾∧$\overline{\text{按时起飞}}$。

Ⅰ	不起雾∧$\overline{\text{按时起飞}}$，与题干矛盾，符合题意
Ⅱ	起雾∧按时起飞，不与题干矛盾，不符合题意
Ⅲ	起雾∧航班延误，不与题干矛盾，不符合题意

综上所述，本题答案选 A。
3. 解析：本题答案选 D。
题干为相容选言推理的“否推肯”，P 或 Q 推理规则为：否定一部分，推出另一部分，即：如果非 P，则 Q；如果非 Q，则 P。两个《通知》属于规章或规范性文件，可以推出：如果不属于规章，则属于规范性文件；如果不属于规范性文件，就属于规章。因此，本题答案选 D。
4. 解析：本题答案选 A。
题干形式化为：
（1）看电影▽访秦玲；
（2）张强开车回家→$\overline{\text{看电影}}$；
（3）访秦玲→事先约定；
（4）$\overline{\text{事先约定}}$⇒$\overline{\text{事先约定}}$→$\overline{\text{访秦玲}}$。
根据选言命题的“否推肯”，张强去看电影了，再根据推理（2）的逆否命题：看电影→$\overline{\text{张强开车回家}}$，因此，那天晚上张强没有开车回家。综上所述，本题答案选 A。
5. 解析：本题答案选 E。
题干形式化为：

原本岗位出色被提拔→提拔后碌碌无为；该命题的矛盾命题是：原本岗位出色被提拔∧$\overline{\text{提拔后碌碌无为}}$，选项 E 必假。

6. 解析：本题答案选 D。

第一个推理是“只有推进与高校、科研院所的合作，才能激发自主创新的活力”，形式化为：自主创新活力→推进合作；第二个推理是“一个企业只有搭建服务科技创新发展战略的平台，才能催生重大科技成果”，形式化为：科技成果→搭建平台。

A 选项	搭建平台→自主创新活力，显然，将两个推理错位，不选
B 选项	搭建平台→科技成果，后真推前真，不选
C 选项	不是一个推理，无关选项，不选
D 选项	$\overline{\text{搭建平台}}$→$\overline{\text{科技成果}}$，后假推前假，逆否规则，为正确选项，选 D
E 选项	推进合作→自主创新活力，后真推前真，不选

7. 解析：本题答案选 C。

根据题干信息：“只有实行最严格的制度、最严密的法治，才能为生态文明建设提供可靠保障；如果要实行最严格的制度、最严密的法治，就要建立责任追究制度”，形式化为：

可靠保障→严密的法治
严密的法治→责任追究制度 ⇒可靠保障→严密的法治→责任追究制度。

由推理的传递规则，再根据推理的逆否规则知：

$\overline{\text{责任追究制度}}$→$\overline{\text{严密的法治}}$→$\overline{\text{可靠保障}}$⇒本题答案选 C。

A 选项	追究责任→提供保障，后真推前真，不符合假言推理规则，不选
B 选项	不是一个推理，无关选项，不选
C 选项	$\overline{\text{责任追究制度}}$→$\overline{\text{可靠保障}}$，符合假言的逆否规则，选 C
D 选项	造福于民→制度防护墙，题干未涉及该推理，不选
E 选项	责任追究制度→严密的法治，后真推前真，不符合假言推理规则，不选

8. 解析：本题答案选 B。

题干进行形式化可知：

(1) 李值班→李参加宣传工作会；

(2) 张值班→张参加信访工作；

(3) 王下乡→(李值班∨张值班)；

(4) $\overline{\text{王下乡}}$→(王参加宣传工作会∨王参加信访工作)；

(5) $\overline{\text{王参加宣传工作会}}$∧$\overline{\text{王参加信访工作}}$。

由(4)、(5)知：$\overline{\text{(王参加宣传工作会∨王参加信访工作)}}$→王下乡⇒王书记下乡调研，所以，本题答案选 B。

9. 解析：本题答案选C。

由条件(2)、条件(3)知：每个年级被选拔进入代表队的人数各不相同，要使某年级人数最多，则四个年级人数为：1、2、3、6，此时刚好满足条件(3)，所以，本题答案选C。

10. 解析：本题答案选C。

题干形式化为：

(1) 长跑→($\overline{\text{短跑} \vee \text{跳高}}$)⇒长跑→($\overline{\text{短跑}} \wedge \overline{\text{跳高}}$)；

(2) 跳远→($\overline{\text{长跑} \vee \text{铅球}}$)⇒跳远→($\overline{\text{长跑}} \wedge \overline{\text{铅球}}$)。

该年级选择了长跑，那么不可能选择短跑，也不可能选择跳高。

根据推理(2)知，该年级不可能选择跳远，因此，必须选择铅球，该年级选择了长跑和铅球，选项C不可能成立。综上所述，本题答案选C。

11. 解析：本题答案选A。

根据题干"如果上述判定为真，则以下哪项一定为真"知，这是形式逻辑题，本题考查复合命题的推理。根据题干信息可以得出：

蓝星航线上：货轮>100米，客轮<100米，大多是1990年以前下水的；

金星航线上：货轮、客轮<100米，都是1990年以前下水的；

大通港一号码头只对上述两条航线的轮船开放，该码头设施只适用于长度小于100米的轮船。

由捷运号停靠在大通港一号码头可以推知该船的长度小于100米，由该船为货轮可以进一步推知该船属于金星航线。由于金星航线上的所有货轮都是1990年以后下水的，因此捷运号是1990年以后下水的。

12. 解析：本题答案选A。

根据题干断定：产品的合格质量和经销商的诚信是产品畅销的必要条件。

畅销→(产品质量∧经销商的诚信)。

A选项	$\overline{\text{畅销}}$→($\overline{\text{产品质量}} \vee \overline{\text{经销商的诚信}}$)，前假推后假，与题干不等价，选A
B选项	畅销→(产品质量∧经销商的诚信)，与题干等价，不选
C选项	畅销→(产品质量∧经销商的诚信)，与题干等价，不选
D选项	$\overline{(\text{产品质量} \wedge \text{经销商的诚信})}$→$\overline{\text{畅销}}$，题干的逆否命题，与题干等价，不选
E选项	必要条件即使成立，也未必能推出产品畅销，符合题干，不选

13. 解析：本题答案选A。

根据题干断定：(确保法律面前人人平等)且(允许有人触犯法律而不受制裁)，这是不可能的，假设"确保法律面前人人平等"＝P，"允许有人触犯法律而不受制裁"＝Q。将其形式化为：

$\overline{(\text{法律面前人人平等} \wedge \text{允许触犯法律而不受制裁})} = \overline{(P \wedge Q)}$

$= \overline{\text{法律面前人人平等}} \vee \overline{\text{允许触犯法律而不受制裁}} = \overline{P} \vee \overline{Q}$。

A 选项	非 P 或非 Q,符合题干信息,选 A
B 选项	非 Q,选言命题为真不一定推出选言肢为真,不选
C 选项	非 P 且非 Q,这是一个联言命题,可能为真,也可能为假,相对来说,没有 A 更符合题干,不选
D 选项	不允许有人触犯法律可以不受制裁→法律面前人人平等是可能的=允许有人触犯法律可以不受制裁或者法律面前人人平等是可能的,不符合题干断定,不选
E 选项	题干是“有人”,而该选项是“任何人”,不符合题干断定,不选

14. 解析：本题答案选 D。

由题干信息“以下哪种哺乳动物的发现,最能削弱以上的断言”知,这是形式逻辑题,本题考查的是复合命题中的矛盾命题。根据题干断定：边吃边呼吸对保持哺乳动物高效率的新陈代谢是必要的。

可以形式化为：高效率的新陈代谢→边吃边呼吸;其矛盾命题为：高效率的新陈代谢 ∧ ¬ 边吃边呼吸;正确选项只需找出：存在高效率的新陈代谢但没有第二味觉的哺乳动物。因此,本题答案选 D。

15. 解析：本题答案选 A。

根据题干“可以得出以下哪项结论”知,这是形式逻辑题,本题考查假言命题的推理规则。

题干：老坑玉的特点是“水头好”、质坚、透明度高,在其他条件相同的情况下,透明度高的比透明度低的单位价值高,开采经验告诉我们：没有单位价值最高的。

本题的结构其实是一个假言推理：越 P,越 Q,其中,P 是指透明度高,Q 是指单位价值高。又告诉你结论：没有单位价值最高的老坑玉,否定 Q,必定能推出否定 P,即没有透明度最高的老坑玉。所以,本题答案选 A。

16. 解析：本题答案选 E。

根据题干“如果上述断定为真,则以下哪项不可能为真”知,这是形式逻辑题,本题考查单步推理。

根据题干信息可以得出：

(1) 张珊喜欢喝绿茶和咖啡;

(2) 他的朋友或者不喜欢喝绿茶,或者不喜欢喝咖啡;

(3) 所有他的朋友都喜欢喝红茶。

A 选项	题干未涉及“张珊是否喜欢喝红茶”,可能为真,不选
B 选项	“他的朋友或者不喜欢喝绿茶,或者不喜欢喝咖啡”,无法确定他的朋友是否喜欢喝咖啡,可能为真,不选
C 选项	题干未涉及,可能为真,不选
D 选项	“他的朋友或者不喜欢喝绿茶,或者不喜欢喝咖啡”,可能存在某人既不喜欢喝绿茶,又不喜欢喝咖啡,可能为真,不选
E 选项	与题干“他的朋友中没有人既喜欢喝绿茶,又喜欢喝咖啡”矛盾,不可能为真,选 E

17. 解析：本题答案选 D。

对于形式逻辑题，最强削弱就是矛盾。根据题干信息：(1)高科技含量→资金投入和技术人才；(2)占领市场→高科技含量；(1)＋(2)联立得：占领市场→高科技含量→资金投入和技术人才，其矛盾为：占领市场∧非科技含量、占领市场∧(非资金投入和技术人才)＝(占领市场∧非资金投入)∨(占领市场∧非技术人才)。

A 选项	占领市场∧有高科技含量，与题干信息不矛盾，无法削弱题干，不选
B 选项	非占领市场∧有高科技含量，与题干信息不矛盾，无法削弱题干，不选
C 选项	非占领市场∧没有高科技含量，与题干信息不矛盾，无法削弱题干，不选
D 选项	占领市场∧非资金投入和技术人才，与题干信息矛盾，削弱了题干，选 D
E 选项	非占领市场∧资金投入和技术人才，与题干信息不矛盾，无法削弱题干，不选

18. 解析：本题答案选 C。

根据题干信息：

(1) 电脑密码被破译∧受过专门训练；

(2) 甲→丙＝非丙→非甲；

(3) 乙没有受过破译电脑密码的专门训练；

(4) 至少有一人作案了。

假设丙没有作案，则甲没作案，作案的就是乙；又乙没有受过破译电脑密码的专门训练，不具备单独作案的条件。因此，三人中无人作案，与题干条件矛盾。因此，假设不成立。作案者中一定有丙。

因此，本题答案选 C。

19. 解析：本题答案选 B。

根据题干“如果上述断定为真，则以下哪项一定为真”知，这是形式逻辑题，本题考查复合命题中的推理规则。根据题干：

Ⅰ	不一定为真，如果东山市所有垃圾筒都是红色的，并不违反题干的条件
Ⅱ	一定为真，“东山市威达建材广场每家商店的门边都设有垃圾筒”可推出如果东山市的一家商店门边没有垃圾筒，那么这家商店不在威达建材广场
Ⅲ	不一定为真，“东山市威达建材广场每家商店的门边都设有垃圾筒”，由此不能推出“东山市只有威达建材广场的商店门边才设有垃圾筒”

综上所述，本题答案选 B。

20. 解析：本题答案选 B。

题干信息：京剧表演得好→是北方人。

A 选项	¬北方人→¬京剧表演得好，与题干意思一致，不选
B 选项	北方人→京剧表演得好，后真不能推前真，与题干意思不一致，选 B

续 表

C 选项	京剧表演得好→是北方人，与题干意思一致，不选
D 选项	¬北方人→¬京剧表演得好，与题干意思一致，不选
E 选项	京剧表演得好→是北方人，与题干意思一致，不选

21. 解析：本题答案选 C。

题干信息：¬少数民族贫困生→不能获得特别奖学金。

没有得到贯彻，因此要选其矛盾命题，为：¬少数民族贫困生∧获得特别奖学金。

Ⅰ	少数民族贫困生∧没有获得特别奖学金，与题干不矛盾，不选
Ⅱ	汉族贫困生∧获得了特别奖学金，是题干的矛盾，选Ⅱ
Ⅲ	¬贫困生∧获得了特别奖学金，是题干的矛盾，选Ⅲ

因此，本题答案选 C。

22. 解析：本题答案选 C。

题干信息：(1) 种子→开花；

(2) 俄罗斯龙蒿开花而法国龙蒿不开花。

可推出结论：法国龙蒿没有种子，因此，龙蒿种子长出的植物不是法国龙蒿。

23. 解析：本题答案选 D。

题干形式化为：(1) (1 号状态好∧痊愈)→1 号出场；

(2) 2 号出场→1 号不能出场。

根据 2 号出场→1 号不能出场→(1 号状态不好∨没有痊愈)=1 号痊愈→1 号状态不好。

因此，本题答案选 D。

24. 解析：本题答案选 A。

题干形式化为：(1) ¬积极搜救→¬尽早发现残骸；

(2) 技术支持∧专家参与→报告客观。

A 选项	积极搜救∨¬尽早发现残骸，(1)的等价，一定为真，选 A
B 选项	¬技术支持→¬尽早发现残骸，真假不确定，不选
C 选项	积极搜救→尽早发现残骸，前假推后假，真假不确定，不选
D 选项	技术支持→报告客观，真假不确定，不选
E 选项	积极搜救→专家参与，真假不确定，不选

25. 解析：本题答案选 E。

题干信息：取得突破性进展→提高队员的基本技能∧讲究科学训练。

A 选项	取得突破性进展→提高队员的基本技能∧讲究科学训练，与题干意思相同，不选
B 选项	¬(提高队员的基本技能∧讲究科学训练)→¬取得突破性进展，与题干意思相同，不选

续 表

C 选项	¬提高队员的基本技能∧讲究科学训练→¬取得突破性进展，与题干意思相同，不选
D 选项	取得突破性进展→提高队员的基本技能∧讲究科学训练，与题干意思相同，不选
E 选项	提高队员的基本技能∧讲究科学训练→取得突破性进展，与题干意思不同，选 E

26. 解析：本题答案选 D。

根据题干：由 1 号拿起了红方块而 B 型能识别形状，可知 1 号不是 B 型；由 2 号拿起了蓝球而 A 型能识别颜色，可知 2 号不是 A 型。因此，本题的正确选项为 D。

27. 解析：本题答案选 C。

由题干可知，小林显然把游泳池的这一规定错误地理解为：持有深水合格证，是允许进入深水池的充分条件，而实际上“只有持有深水合格证，才能进入深水池”，持有深水合格证是允许进入深水池的必要条件。

28. 解析：本题答案选 C。

题干可形式化为：(属于这个域)且(登录账户存在)且(密码正确)→允许登录。

现在，小张的登录账户是正确的，但是域控制器拒绝小张的计算机登录，说明登录账户存在和密码正确至少有一个不成立，如果小张的计算机属于这个域，那么他输入的密码是错误的，因此，正确选项为 C。同样，如果小张输入的密码是正确的，那么他的计算机不属于这个域，因此，E 项从题干得不出。密码与是否属于这个域的关系，从题干中推不出，因此，D 项不选。

29. 解析：本题答案选 B。

根据题干信息“下面哪一个陈述可以从上述段落中推出”知，这是形式逻辑题，本题考查复合命题的推理规则。本题题干的有效信息是：只有在转移之后才能有助于病人。形式化为：有助于病人→转移。其逆否命题是：$\overline{\text{转移}}$→$\overline{\text{有助于病人}}$；其余各项与该推理均无关，因此，本题答案选 B。

30. 解析：本题答案选 D。

根据题干信息“Guo 的论证使用了以下哪项作为前提”知，这是非形式逻辑题，本题考查充分条件假设。题干信息形式化为：

(1) Kai 吸毒→不是年轻人的好榜样

=如果一个人吸毒，那么他就不是年轻人的好榜样

=所有吸毒者不是年轻人的好榜样。因此，Ⅱ是题干的前提。

(2) 不是年轻人的好榜样，就不应该被提名；

⇒$\overline{\text{好榜样}}$→$\overline{\text{被提名}}$=被提名→好榜样，因此，Ⅲ也是题干的前提。

所以，本题答案选 D。

31. 解析：本题答案选 C。

根据题干信息“如果爱因斯坦的话为真，则以下哪项也一定为真”知，这是形式逻辑题，本题考查二难推理。本题题干形式化为：(1)理论正确→德国人会说我是德国人，法国人会说我是欧洲人，美国人会说我是世界公民；(2)理论不正确→美国人会说我是欧洲人，法国人会说我是德国人，德国人会说我是犹太人；(3)他的理论或者是正

确的，或者是不正确的。“两个假言＋一个选言命题”，是标准的二难推理的模板，可以得出：或者德国人会说我是德国人，或者法国人会说我是德国人，因此，总有人说爱因斯坦是德国人。本题答案选 C。

32. 解析：本题答案选 C。

根据题干信息“如果李教授的陈述为真，则以下哪项一定为假”知，这是形式逻辑题，本题考查的是复合命题中的矛盾命题。李教授的陈述可以形式化为：基础好并且不断努力→比别人更早成功。与李教授假言命题矛盾的联言命题“前真并且后假”必然为假，即“某人基础好并且不断努力，却比别人不是更早取得成功”，因此，本题答案选 C。

33. 解析：本题答案选 D。

本题是非形式逻辑题，本题考查加强削弱。题干出现了“如果……则……”，表明本题考查形式化加强削弱，形式化加强削弱一般就是考查找矛盾。题干形式化为：

(1) 酒加入污水→污水；

(2) 污水加入酒→污水；

(3) $\overline{\text{加强内部管理}}$→正直的人被淹没；

(4) $\overline{\text{加强内部管理}}$→无德无才的人使高效的部门变成一盘散沙。

A 选项	对于推理(1)，$\overline{\text{酒加入污水}}$→$\overline{\text{污水}}$，该选项不选
B 选项	无关选项
C 选项	无关选项
D 选项	对于推理(3)，$\overline{\text{正直的人被淹没}}$→加强内部管理(逆否命题)，成立
E 选项	对于推理(4)，后真推前真，不符合推理规则

34. 解析：本题答案选 D。

由题干“根据以上信息，可以得出以下哪项”知，这是形式逻辑题，本题考查复合命题中的推理规则。题干可形式化为：

(1) 抗药性→进展缓慢；

(2) $\overline{\text{消除结核病}}$→几百万人死；

(3) 控制→安全疫苗。

A 选项	题干是新增 870 万结核病患者，而非总共 870 万结核病患者，该选项不选
B 选项	对于推理(3)，安全疫苗→控制，后真推前真，该推理不成立，不选
C 选项	对于推理(1)，前假推后假，该推理不合适，不选
D 选项	对于推理(2)，$\overline{\text{几百万人死}}$→消除结核病，为(2)的逆否命题，成立，选 D
E 选项	题干未涉及“应用于临床”，属于无关选项，不选

35. 解析：本题答案选 C。

根据题干“如果甲国队主教练的陈述为真，则以下哪项是不可能的”知，这是形式逻辑题，本题考查的是假言命题的矛盾。

题干“只有我们在下一场比赛中获得胜利并且本组的另外一场比赛打成平局，我们才有可能从这个小组出线”，将其形式化为：我们可能出线→(本队胜利∧他队平局)；

其矛盾是：我们可能出线 $\overline{\to\text{(本队胜利} \wedge \text{他队平局)}}$ = 出线 ∧ ($\overline{\text{本队胜利}}$ ∨ $\overline{\text{他队平局}}$)。

所以，本题答案选 C。

36. 解析：本题答案选 B。

由题干“根据以上信息，以下哪项中的 3 人都可以确定没有中标”知，这是形式逻辑题，本题考查真话假话。本题题干形式化为：

(1) 赵▽钱；

(2) $\overline{\text{孙}}$；

(3) $\overline{\text{周}}$∧$\overline{\text{吴}}$。

假设(1)为真，那么(2)也一定为真，与题干不符，所以，(1)为假；

⇒赵和钱都没有中标。

假设李中标了，那么(2)和(3)都为真，与题干不符，所以，$\overline{\text{李}}$为真；

⇒赵、钱和李都没有中标。本题答案选 B。

强化训练

37. 解析：本题答案选 C。

由题干“根据以上陈述，可以得出以下哪项”知，这是形式逻辑题，本题考查复合命题推理。

题干形式化为：

(1) 尊重他人→美德；(所有 S 是 P 的假言形式化)

(2) 受人尊重→(享受∧幸福)；

(3) 受人尊重→尊重他人。

由(1)、(3)知：受人尊重→尊重他人→美德；

其逆否命题是：$\overline{\text{美德}}$→$\overline{\text{尊重他人}}$→$\overline{\text{受人尊重}}$。

所以，如果一个人没有美德，就不会赢得他人的尊重，选 C。

38. 解析：本题答案选 C。

由题干的条件，除非这周内有法定休假日，否则，肖群一周工作五天。

题干形式化为：$\overline{\text{法定假日}}$→一周工作五天；除了周五在志愿者协会，其余四天肖群都在大平保险公司上班。根据题干，上周肖群有四天在大平保险公司上班，不能推出这四天是周一、周二、周三和周四。要推出这一结论，还必须假设上周的周六和周日肖群没有上班。综上所述，本题答案选 C。

39. 解析：本题答案选 D。

(1) 有人只接受理疗，也有人接受理疗与药物双重治疗；

(2) 两种治疗的预期治疗效果一致；

(3) 接受理疗与药物治疗的腰肌劳损患者取得效果(P)→此种药物治疗是不可缺少的(Q)。

Ⅰ	根据(3)知,“对于一部分腰肌劳损患者来说,要配合理疗取得治疗效果,药物治疗是不可缺少的”必然为真
Ⅱ	根据(1)+(2)知,“有人只接受理疗”也能取得预期效果,所以,Ⅱ必然为真
Ⅲ	文中只提到两种,“有的”+“有的”未必能涵盖全部,可能还有其他不需要理疗的治疗方法,所以,Ⅲ未必为真

综上所述,本题答案选 D。

40. 解析:本题答案选 D。

根据题干“以下哪项如果为真,最能构成对小明观点的反驳”知,这是非形式逻辑题,本题考查加强削弱。再根据题干出现“只要……就”,表明本题考查形式化加强削弱,形式化加强削弱一般就是考查找矛盾。题干形式化为:“如果 P 或 Q,则 R”,即(最高身高或平均身高)→知道差距;可以用“P 或 Q 但非 R”,也可以用“P 但非 R”“Q 但非 R”来反驳题干。D 项就是“Q 但非 R”的反驳方式,说明知道了男女生的平均身高也无法确定全班同学中身高最高者与最低者之间的差距,直接反驳了小明的观点。

41. 解析:本题答案选 D。

由题干“根据以上信息,可以得出以下哪项”知,这是形式逻辑题,本题考查复合命题中的推理规则。根据题干信息,可以得出:

(1) 某领域优秀的专家学者→管理好公司的基本事务;

(2) 品行端正的管理者→得到下属的尊重;

(3) 对所有领域都一知半解的人→得不到下属的尊重;

(4) 解雇→没有管理好公司基本事务者=管理好公司基本事务者→$\overline{\text{解雇}}$。

根据题干(1)和(4)两个假言连锁推理可知:如果管理者是某领域优秀的专家学者,则他一定会管理好公司的基本事务,则不会被浩瀚公司董事会解除职务。因此,本题答案选 D。

42. 解析:本题答案选 E。

根据题干“以下哪项如果为真,最能反驳兰教授的上述观点”知,这是形式逻辑题,本题考查复合命题中的推理规则。由“不善于思考的人不可能成为一名优秀的管理者”转化为(1)“优秀管理者→善于思考”;由“没有一个谦逊的智者学习占星术,占星家均学习占星术”转化为(2)谦逊的智者→不学占星术→不是占星家。“有些占星家却是优秀的管理者”等价于“有些优秀的管理者是占星家”,结合(2)可推出有些优秀的管理者不是谦逊的智者。再结合(1)可以推出有些善于思考的人不是谦逊的智者。这个结论与 E 项中“善于思考的人都是谦逊的智者”是相互矛盾的,因此,本题答案选 E。

43. 解析:本题答案选 C。

根据题干“以下哪项与这位教授的意思最为接近”知,这是形式逻辑题,本题考查复合命题中的等价命题。本题的考点是:“除非 P,否则 Q”等价于“非 P→Q”;题干中“实心的‘大力神’杯不可能是纯金制成的,否则,球员根本不可能将它举过头顶并随意挥舞”,等价于“实心的‘大力神’杯是纯金制成的→不可能将它举过头顶并随意挥舞”。因此,本题答案选 C。

44. 解析:本题答案选 E。

根据题干信息“以下哪项如果为真,最能对上述断定提出质疑”+“除非……否则”知,这是形式逻辑题,本题考查复合命题中的矛盾命题。本题推理关系为:除非(一个城市有和谐稳定的治安环境或者合适的人居环境),否则(人们不会在这个城市生活而且即使来了也会尽快想办法离开),将其形式化为:

$\overline{(\text{治安环境} \vee \text{人居环境})} \rightarrow (\text{不会过来} \wedge \text{来了也会尽快走})$

$=(\overline{\text{治安环境}} \wedge \overline{\text{人居环境}}) \rightarrow (\text{不会过来} \wedge \text{来了也会尽快走})$。

其矛盾是:$(\overline{\text{治安环境}} \wedge \overline{\text{人居环境}}) \wedge \overline{(\text{不会过来} \wedge \text{来了也会尽快走})}$。

因此,本题答案选 E。

45. 解析:本题答案选 A。

题干信息为:大李不可能调动。因为在决定调动大李前,先要征得大李本人的同意;要征得大李的同意,先要调动小王;要调动小王,先要征得小王的同意;要征得小王的同意,先要调动大李。也就是说,在决定调动大李前,先要调动大李。这是不可能的。因此,大李不可能调动。同理,小王不可能调动。

46. 解析:本题答案选 A。

根据题干“以下哪项一定为真”知,这是形式逻辑题,本题考查复合命题中的推理规则与二难推理。题干形式化为:

实验一:$x \vee y$;

实验二:$\bar{z} \vee \bar{y}$,等价于 $z \rightarrow \bar{y}$;

实验三:$\bar{z} \rightarrow \bar{y}$;

⇒实验二、三构成二难推理,知 $\bar{y}$ 为真。

结合实验一知:$x \vee y$,$\bar{y}$ 为真,根据选言命题的“否推肯”知,x 为真,所以,本题答案选 A。

47. 解析:本题答案选 D。

由题干“根据以上陈述,可以得出以下哪项”知,这是形式逻辑题,本题考查复合命题中的推理。根据题干信息:(1)最终审定的项目→(意义重大∨关注度高);(2)意义重大→涉及民生问题;(3)有些最终审定的项目→不涉及民生问题。由此得出:有些关注度高的项目不涉及民生问题,即“有些项目尽管关注度高但并非意义重大”。因此,本题答案选 D。

48. 解析:本题答案选 D。

题干形式化为:

(1) 招聘人员→(副高∧引进人才)∨(北京∧应届博士);

(2) 应届博士→博士后公寓;

(3) 引进人才→牡丹园小区。

A 选项	“居住在博士后公寓”与“副高以上职称”两个概念可能会有交叉，不选
B 选项	“具有北京户籍的应届毕业的博士研究生”显然无法推出“具有博士学位的都是具有北京户籍的”，不选
C 选项	“居住在牡丹园小区”与“博士学位”两个概念可能会有交叉，不选
D 选项	非应届毕业的博士研究生，肯定具有“副高以上职称”，那么一定居住在牡丹园小区，选 D
E 选项	该选项可能为真

49. 解析：本题答案选 D。

题干形式化为：

(1) 思考是人的大脑才具有的机能；

(2) 计算机**接近于**思考，而不同于动物=所有动物都不会思考；

(3) 计算机不具有意志力，而有些动物具有意志力。

Ⅰ	由题干知“有些动物具有意志力”+“所有动物都不会思考”，可以得出“具备意志力不一定要经过思考”，因此，该选项一定为真
Ⅱ	由题干知“所有动物都不会思考”，得出“动物的行为中不包括思考”，因此，该选项一定为真
Ⅲ	“计算机所做的事更接近于思考”但并不等于“就是思考”，因此，即使“计算机不具有意志力”也不必然得出“思考不一定要具备意志力”，因此，该选项可能为真，可能为假

综上所述，三个副选项只有Ⅰ和Ⅱ一定为真，所以，本题答案选 D。

50. 解析：本题答案选 E。

本题题干断定，不存在这样的其他竞选者，该竞选者同时具备李女士的所有优点。该断定可以表述为：任何其他竞选者在某一方面或某些方面都不如李女士。例如，李女士具备 1、2、3、4 优点，有可能甲具备 1、2、3、5 优点，而乙具备 2、3、4、5 优点，但不可能有人同时具备 1、2、3、4 优点。

因此，题干的断定能合乎逻辑地得出选项 E 所示的结论。

51. 解析：本题答案选 A。

题干进行形式化知：

(1) 木星的引力作用要么将它们推至更小的轨道，要么将它们逐出太阳系，表示的是只有一个成立。

(2) 木星的引力作用或者将它们推至更小的轨道，或者将它们逐出太阳系，表示的是至少有一个成立。

因此，如果(1)成立，(2)一定成立。所以，(1)不能成立，只能是(2)成立，即“或者 A 或者 B”成立。“或者 A 或者 B”包含“要么 A 要么 B”与“A 且 B”，“要么 A 要么 B”不成立，故应是 A 且 B 成立，因此，正确答案是选项 A。

52. 解析：本题答案选 D。

题干形式化为：

(1) $\overline{\text{信仰}}$→$\overline{\text{道德}}$=道德→信仰
(2) $\overline{\text{道德}}$→$\overline{\text{法律约束}}$=法律约束→道德
⇒法律约束→道德→信仰。

那么，只有一个人有信仰，法律才对他有约束，所以，法律只对有信仰的人具有约束力，选 D。

53. 解析：本题答案选 E。

根据题干“关于该配方的断定哪项为真”知，这是形式逻辑题，本题考查复合命题中的推理规则。

现在有天麻，根据(3)知人参和天麻不能都有，因此，没有人参。

根据(4)：没甲且有丙→有人参，根据逆否命题，那么没有人参→有甲或没丙。

根据(1)：有甲→有乙。

根据(2)：没丙→有丁。

因此，有甲或没丙→有乙或有丁(二难推理)。

54. 解析：本题答案选 E。

“所有好的评论家都喜欢格林在这次演讲中提到的每一个诗人”相当于“所有这次演讲中提到的诗人都被所有好的评论家喜欢”，这个不是简单的“所有 S 都是 P”，而是“所有 S 都喜欢 P”，将其形式化为：

(1) 提到的诗人→好的评论家都喜欢；

其逆否命题是：$\overline{\text{好的评论家都喜欢}}$→$\overline{\text{提到的诗人}}$。

(2) 格斯特→$\overline{\text{好的评论家都喜欢}}$。

(1)+(2)可以得到：格斯特→$\overline{\text{好的评论家都喜欢}}$→$\overline{\text{提到的诗人}}$。

所以，这次演讲没有提到格斯特，选 E。

55. 解析：本题答案选 E。

根据题干“以上断定能推出以下哪项结论”知，这是形式逻辑题，本题考查复合命题中的推理规则。

条件(1)：¬(50 岁以下∧3000 米以上)→¬横渡长江
=横渡长江→(50 岁以下∧3000 米以上)；

条件(2)：高血压→¬横渡长江；

条件(3)：心脏病→¬横渡长江；

条件(4)：(老黄)¬横渡长江；

条件(5)：(老黄)3000 米以上。

由上述条件，只能否定蕴涵式(……→……)的前件，或者肯定蕴涵式的后件，因此，不能推出确定结论。

56. 解析：本题答案选 C。

本题的推理关系为：只有靠那一点雄心或许(才)能导致波澜壮阔的结果。将其形式化为：

波澜壮阔的结果→雄心；其矛盾是：波澜壮阔的结果∧$\overline{\text{雄心}}$。

因此，本题答案选 C。

57. 解析：本题答案选 E。

根据题干“如果上述断定为真，则以下哪项一定为真”知，这是形式逻辑题，本题考查概念定义的辨析。题干断定，只有当对一个行为的辩护成为对该行为解释的实质部分时，这样的行为才是合理的，形式化为：合理→对一个行为的辩护成为对该行为解释的实质部分。

根据题干关于行为解释与行为辩护的定义，可以得出结论：如果一个行为是合理的，则实施这一行为的正当理由必定也是导致该行为的原因。

A 选项	“一个行为得到辩护，则也得到解释”是可能的，但不必然为真，不选
B 选项	相当于“一个行为的辩护成为对该行为解释的实质部分→合理”，错把充分当必要，与题干不符，不选
C 选项	显然不涉及题干推理，不选
D 选项	显然不涉及题干推理，不选
E 选项	合理→对一个行为的辩护成为对该行为解释的实质部分，符合题干推理，选 E

58. 解析：本题答案选 C。

题干中的条件可转化为：(1)赵元的同事→球迷；(2)赵元在软件园工作的同学→不是球迷。李雅是赵元的同事，根据(1)可以推出李雅是球迷，再根据(2)，否定后件，推出否定前件，即李雅不是在软件园工作的同学。而李雅又是赵元的同学，所以，李雅不在软件园工作。

59. 解析：本题答案选 C。

由题干信息“如果上述判定为真，并且事实上李先生从宏达汽车公司购进的一辆小轿车中装有防碎玻璃，则以下哪项一定为真”知，这是形式逻辑题，本题考查的是复合命题中的推理。

根据题干信息知：(1)宏达汽车→驾驶员安全气囊(所有 S 都是 P 的推理形式)；(2)安装驾驶员安全气囊的小轿车中，有 50%安装了乘客安全气囊；(3)(安全杠∧防碎玻璃)→乘客安全气囊。再根据推理的起点：李先生从宏达汽车公司购进的一辆小轿车中装有防碎玻璃。

Ⅰ：题干未涉及“是否装有安全杠”，不一定为真，不选；

Ⅱ：根据(2)、(3)均不能得出“一定装有乘客安全气囊”，不一定为真，不选；

Ⅲ：根据推理(1)，该选项一定为真。

综上所述，本题答案选 C。

60. 解析：本题答案选 C。

由题干信息“如果上述断定为真，则以下哪项一定为真”知，这是形式逻辑题，本题考查的是充分必要条件。

根据题干信息：许多国家首脑在就任前并未有丰富的外交经验，但这并没有妨碍他们做出成功的外交决策。这说明丰富的外交经验不是国家首脑做出成功的外交决策的必要条件。题干又断定：对于一个缺乏政治敏感、准确的信息分析能力和果断的个人勇气的外交决策者来说，丰富的外交经验没有什么价值。这说明丰富的外交经验不是国家首脑做出成功的外交决策的充分条件。因此，丰富的外交经验对于国家首脑做出成功的外交决策来说，既不是充分条件，也不是必要条件。因此，本题答案选 C。

技巧点拨：充分条件的判别依据是：有之即可，无之未必不行；必要条件的判别依据是：无之一定不行，有之未必行。

61. 解析：本题答案选 A。

由题干信息“如果上述断定为真，则以下哪项关于该公司今年获奖的断定一定为真”知，这是形式逻辑题，本题考查的是假言推理规则。

根据题干信息：年营业额超过 800 万元→可获得优秀奖；获得激励奖→年营业额超过 600 万元；6 个分公司年营业额超过了 1000 万元，其余的则不足 600 万元。

Ⅰ	由题干，超过 600 万元的，一定超过 800 万元，即获得激励奖的职员所在的分公司，年营业额一定超过 800 万元；再由题干，年营业额超过 800 万元的分公司，其职员可获得优秀奖。因此，获得激励奖的职员，一定可获得优秀奖，该选项为真
Ⅱ	题干只断定：如果年营业额超过 800 万元，其职员可获得优秀奖；但没有断定只有年营业额超过 800 万元的，其职员才可获得优秀奖。完全可能一个获优秀奖的职员所在的分公司的年营业额不足 600 万元，因此不能获得激励奖，该选项不一定为真
Ⅲ	分公司数量的半数和职员数量的半数不是同一个概念，该选项不一定为真

62. 解析：本题答案选 D。

由题干信息“以下哪项符合题干的断定”知，这是形式逻辑题，本题考查的是复合命题推理。

根据题干信息知：电气革命→科学基础上的技术创新→两者的结合与发展→面对尖锐的伦理道德、资源环境问题。

Ⅰ	由上述推理知：电气革命是人类面对尖锐的伦理道德问题和资源环境问题的充分条件。因此，产生当今尖锐的伦理道德问题和资源环境问题的一个重要根源是电气革命，即Ⅰ项成立
Ⅱ	该选项推理为：非(电气革命)→非(当今尖锐的伦理道德问题和资源环境问题)，属于前假推后假，无法推出，不选
Ⅲ	该选项推理为：非(科学与技术的结合)→非(电气革命)，属于假言推理的逆否规则，可以推出，即Ⅲ项成立

综上所述，三个副选项只有Ⅰ和Ⅲ可以从题干推出，所以，本题答案选 D。

63. 解析：本题答案选 E。

根据题干“以下哪项能作为结论从上述断定中推出”知，这是形式逻辑题，本题考查单步推理。

在本题的诸选项中，选项 A、B、C、D 的结论均不能从题干的断定中推出。

例如，假设只有三个陪审员，各位陪审员的观点如下表所示(Y 表示陪审员“认为证人提供伪证”，N 表示陪审员“不认为证人提供伪证”)：

	1号陪审员	2号陪审员	3号陪审员
作案时间	N	Y	N
作案地点	N	Y	N
作案动机	Y	N	N

显然，上表所示的情况符合题干的要求，也就是三分之二的陪审员认为证人在被告作案时间、作案地点或作案动机上提供伪证。但是，在上表所示的情况下，三分之一的陪审员认为证人在被告作案时间上提供伪证；三分之一的陪审员认为证人在被告作案地点上提供伪证；三分之一的陪审员认为证人在被告作案动机上提供伪证。此外，在被告作案时间、作案地点或作案动机这三个问题中，没有一个问题被三分之二的陪审员认为证人在这个问题上提供伪证。因此，选项 A、B、C、D 的结论均不能从题干的断定中推出。

64. 解析：本题答案选 C。

根据题干“如果上述断定为真，则以下哪项一定为真”知，这是形式逻辑题，本题考查单步推理规则。题干信息形式化为：

由去年 H 学院学生中《演艺十八钗》的销售量仅次于《红粉梦》，可得《红粉梦》和《演艺十八钗》是 H 学院销售最多的书。“仅次于”是表示第一、第二之间的关系。

如果一个学校的大多数学生都具备足够的文学欣赏水平和道德自律意识(P)→像《红粉梦》和《演艺十八钗》这样的出版物就不可能成为在该校学生中销售最多的书(Q)。

Ⅰ	“销量大”并不必然地代表买的人多，有可能一个人买多本书，不必然地为真
Ⅱ	题干的逆否命题是：$\overline{Q}\to\overline{P}$，$\overline{P}=\overline{(\text{道德自律}\wedge\text{文学水平})}$，根据摩根律知，其等价于$\overline{\text{道德自律}}\vee\overline{\text{文学水平}}$，显然，该命题未必为真
Ⅲ	由Ⅱ知，$\overline{\text{道德自律}}\vee\overline{\text{文学水平}}$，所以，至少有些学生不具备足够的文学欣赏水平，或者不具备足够的道德自律意识，Ⅲ为真，为正确选项

综上所述，本题答案选 C。

65. 解析：本题答案选 E。

由题干“根据以上信息，可以得出以下哪项”知，这是形式逻辑题，本题考查综合推理。题干信息比较庞杂，无法直接得出结论，可以使用代入排除法。

A 选项	“若戊和己出演路人”，根据题干条件(4)，那么“扮演购物者”的人数为 0，再根据题干条件(2)，一定还有人扮演外国游客和商贩，根据(3)，乙和丁都不能演商贩，否则，就有人扮演购物者了。因此，只有甲和丙可以演商贩，乙只能演外国游客，与题干不符，该选项不正确，不选

续 表

B选项	假设乙出演外国游客，且甲也出演外国游客，与题干仍然符合，不选
C选项	该选项无法从题干中推出，不确定其真假，不选
D选项	假设丁演商贩，甲、丙演购物者，乙演外国游客，与题干条件没有矛盾之处，该选项不正确，不选
E选项	如果丁和戊扮演购物者，同A中的分析一样，不能有路人，必须要有外国游客和商贩，假如乙不演外国游客，那么只能演商贩，由(3)知，会出现超过两名购物者，与题干不符，所以，乙只能演外国游客，符合题意要求，选E

66. 解析：本题答案选D。

由题干“根据上述信息，可以得出以下哪项”知，这是形式逻辑题，本题考查综合推理。根据题干信息，可以得出：

(1) $\overline{二胡}$ ∨ $\overline{箫}$；

(2) 二胡 ∨ 古筝 ∨ 笛子；

(3) 箫、古筝、唢呐至少购买两种；

(4) 箫→$\overline{笛子}$＝$\overline{箫}$ ∨ $\overline{笛子}$。

假设购买箫，根据(1)知，不购买二胡，再根据(4)知，不购买笛子，再根据(2)知，一定购买古筝；因此，可以得出：箫→古筝。(5)

假设不购买箫，根据(3)，古筝和唢呐都要购买，因此，可以得出：非箫→古筝。(6)

(5)+(6)知：一定要买古筝，即古筝、二胡至少购买一种。因此，本题答案选D。

67. 解析：本题答案选D。

根据题干“如果甲在第二编队，则下列哪项中的舰艇一定也在第二编队”知，这是形式逻辑题，本题考查复合命题中的推理规则。根据题干信息：

(4)甲在第二编队+(3)甲和丙不在同一编队→(5)丙在第一编队；

(2)戊和丙至多有一艘编列在第一编队+(5)丙在第一编队→戊在第二编队。

因此，本题答案选D。

68. 解析：本题答案选D。

根据题干“如果丁和庚在同一编队，则可以得出以下哪项”知，这是形式逻辑题，本题考查分析推理的假设法。根据题干信息：丁和庚在同一编队；不妨设丁和庚都在第二编队，根据(4)乙编列在第一编队→丁也编列在第一编队＝¬丁编列在第一编队→¬乙编列在第一编队，因此，乙编列在第二编队。再根据(1)知：丁、庚、乙和己在第二编队。此时与条件(2)冲突，因此，丁和庚不可能在第二编队，丁和庚在第一编队。再根据条件(2)+(3)：甲和丙一个在第二编队、一个在第一编队。由于第一编队剩下最后一个名额，其他都在第二编队，因此，戊在第二编队，本题答案选D。

69. 解析：本题答案选B。

由题干“根据以上信息，可以得出以下哪项”知，这是形式逻辑题，本题考查复合命题中的推理规则。根据题干信息：

(1) (东松 ∨ 东菊)→¬南竹；

(2) ¬南竹→¬北兰；

(3) 菊中→菊与兰不相邻；

(4) 兰园与菊园相邻∧中间有廊桥。

由(3)+(4)可以得出：¬菊中(逆否规则)。

因此，本题答案选B。

70. 解析：本题答案选C。

根据题干“如果北门位于兰园，则可以得出以下哪项”知，这是形式逻辑题，本题考查复合命题中的推理规则。根据题干信息：

(1) (东松∨东菊)→¬南竹=南竹→(¬东松∧¬东菊)；

(2) ¬南竹→¬北兰=北兰→南竹；

(3) 菊中→菊与兰不相邻；

(4) 兰园与菊园相邻∧中间有廊桥；

(5) 北门位于兰园。

(5)+(2)+(1)可以得出：北兰→南竹→(¬东松∧¬东菊)；因此，东门不可能是兰、松和菊，故东门位于梅园。

因此，本题答案选C。

71. 解析：本题答案选B。

由题干“根据以上陈述，以下哪项是不可能的”知，这是形式逻辑题，本题考查复合命题中的推理。根据题干信息：(1)值得拥有专利的产品或设计方案→创新；(2)有些创新不值得拥有专利；(3)有些模仿者不应该受到惩罚。

A选项	题干未涉及“创新者是否要被惩罚”，不一定为假，不选
B选项	题干推理(1)的逆否命题是：¬创新→(¬值得拥有专利)，那么模仿就不可能值得拥有专利，因此，该选项一定为假，选B
C选项	该选项属于干扰项，属于核心概念的偷换，题干讲的是“应该受到惩罚”，而该选项讲的是“受到了惩罚”，不一定为假，不选
D选项	题干推理(1)的逆否命题是：¬创新→(¬值得拥有专利)，那么模仿就不可能值得拥有专利，因此，该选项一定为真，不选
E选项	题干未涉及“值得拥有专利的创新产品是否申请专利”，不一定为假，不选

72. 解析：本题答案选D。

由题干信息“根据以上信息，可以得出做这件好事的人是”知，这是形式逻辑题，本题考查的是真话假话推理，最快捷的方式是代入排除法。根据题干信息可以得出：

(1) 乙；

(2) 非乙∧丙；

(3) 非丙；

(4) 非丁∧甲；

(5) 非甲→非丁=丁→甲=非丁∨甲。

不妨设 A 为正确选项，即甲为真，(4)与(5)均为真，与题干“5 位老师中只有一人说的话符合真实情况”矛盾，所以，A 不选；

不妨设 B 为正确选项，即乙为真，(1)与(3)均为真，与题干“5 位老师中只有一人说的话符合真实情况”矛盾，所以，B 不选；

不妨设 C 为正确选项，即丙为真，(2)与(5)均为真，与题干“5 位老师中只有一人说的话符合真实情况”矛盾，所以，C 不选；

不妨设 D 为正确选项，即丁为真，仅有(3)为真，与题干吻合，选 D；

不妨设 E 为正确选项，即戊为真，(3)与(5)均为真，与题干“5 位老师中只有一人说的话符合真实情况”矛盾，所以，E 不选。

综上所述，本题答案选 D。

73. 解析：本题答案选 C。

(1)G 英国→H 美国；(2)L 英国→(M 美国 ∧ U 美国)；(3)W/Z；(4)U/G；(5)Z 英→H 英。

由(5)入手，假设 Z 英成立，则 H 英成立，与(1)结合使用逆否，则推出 G 不去英国，那么 G 去美国。与(4)结合，得出 U 去英国。与(2)结合，使用逆否得出 L 去美国，此时 M 没有具体要求，所以 M 可以去英国，那么去英国的有 Z、H、U、M。所以答案选 C。

74. 解析：本题答案选 D。

可以使用代入排除法，逐项代入排除。题干表达形式为：

(1)G 英国→H 美国；(2)L 英国→(M 美国 ∧ U 美国)；(3)W/Z；(4)U/G；(5)Z 英→H 英。

根据题干 M 英，W 英，再根据(2)逆否可知，L 美国，排除 A、E；再根据条件(3)得出：Z 为美国，排除 C；再根据 B 与条件(4)冲突，只有 D 选项，此时 U 去哪里没有限制，所以 D 项可以为真。

75. 解析：本题答案选 A。

根据题干信息：竞赛中某一门获得一等奖及以上→清华大学，那么可以保送清华大学的同学不少于 3 人；保送北京大学→全年级前十名，那么可以保送北京大学的同学不多于 2 人。

第六章　逻辑计算和综合推理

例题

1. 解析：本题答案选 B。

根据题干知，本题的选项为“列举所有元素”型选项，直接采用代入排除法，即把选项代入验证是否符合。如果给出的答案不能满足其中某一位考生的对应顺序，那么排除该选项。C 和 E 选项不满足第一位考生的要求；D 选项不满足第二位考生的要求；A 选项不满足第六位考生的要求；B 选项代入符合题干至少答对 1 题，所以选 B。

2. 解析：本题答案选 A。
本题属于条件排列题中的代入排除法。根据条件(1)，排除 B、E；根据条件(2)，排除 C；根据条件(3)，排除 D。因此，本题答案选 A。
3. 解析：本题答案选 A。
本题考查的是逻辑计算题，属于条件排列题中的代入排除法。林宏不能买红色，排除 B 项；何柏不能买白色，排除 C、E 项；邱辉不能买灰色，排除 D 项。因此，本题答案选A。
4. 解析：本题答案选 C。
根据题干“假定 4 人的陈述都为真，则关于项目组成员的组合，以下哪项是不可能的”知，这是形式逻辑题，本题考查逻辑计算推理。根据题干信息发现，都是假言推理，无法找到推理的起点，因此，先想到代入排除法。题干信息形式化为：
(1) 颜主持→(曾成员∨荀成员)；
(2) 曾主持→(颜成员∨孟成员)；
(3) 荀主持→颜成员；
(4) 孟主持→(颜成员∨荀成员)。

A 选项	如果孟为主持，则该组合不可能为真；如果曾为主持，则该组合可能为真，因此，该组合可能为真，不选
B 选项	如果荀为主持，则该组合不可能为真；如果孟为主持，则该组合可能为真，因此，该组合可能为真，不选
C 选项	如果曾为主持，则该组合不可能为真；如果荀为主持，则该组合不可能为真，因此，该组合不可能为真，选 C
D 选项	如果颜为主持，则该组合不可能为真；如果孟为主持，则该组合可能为真，因此，该组合可能为真，不选
E 选项	如果颜为主持，则该组合可能为真；如果荀为主持，则该组合可能为真，因此，该组合可能为真，不选

5. 解析：本题答案选 C。
由题干信息“根据上述信息，以下哪项是可能的密码组合”知，这是形式逻辑题，本题考查的是代入排除法。根据题干信息可以得出：
(1) 若 4 个英文字母不连续排列→数字之和大于 15——排除 B 选项；
(2) 若 4 个英文字母连续排列→数字之和等于 15——排除 A、E 选项；
(3) 密码组合中的数字之和或者等于 18，或者小于 15——排除 D 选项。
综上所述，本题答案选 C。
6. 解析：本题答案选 A。
由题干信息“根据上述要求，以下哪项是方阵底行 5 个空格中从左至右依次应填入的汉字”知，这是形式逻辑题，本题考查的是代入排除法。根据题干信息可以得出：第一个格子不能填入“射”与“御”，各个选项均符合特征；第二个格子不能填入“乐”“射”“御”，排除 E；第四个格子不能填入“御”与“乐”，排除 C；第五个格子不能填入“书”“礼”“数”，排除 B；此时，正确选项只剩下 A 与 D，再把目标锁定在第三行，其第四个空格只能填入“数”，所以，排除D。综上所述，本题答案选A。

7. 解析：本题答案选B。

由理科生多于文科生，得：(理科男生＋理科女生)＞(文科男生＋文科女生)(1)。

由女生多于男生，得：(理科女生＋文科女生)＞(理科男生＋文科男生)(2)。

显然，由不等式(1)的左项减去不等式(2)的右项所得的差，大于由不等式(1)的右项减去不等式(2)的左项所得的差，得出：(理科女生－文科男生)＞(文科男生－理科女生)(3)。

由不等式(3)得：理科女生＞文科男生；因此，本题答案选B。

技巧点拨：对于双重属性的大小对比，假如将两个属性分别分为A、B和C、D，A＞B，C＞D，那么，A的C＞B的D，这是一个非常管用的技巧。

8. 解析：本题答案选A。

根据题干信息：在黄黑人种中，黄种人＞黑种人；在其他肤色的人种中，男性比例大于女性，且在世界总人口中，男女比例相当，那么可以得出：在黄黑人种中，女性＞男性，综上所述，黄种女＞黑种男。因此，本题答案选A。

9. 解析：本题答案选A。

由题干“根据以上陈述，可以得出以下哪项”知，这是形式逻辑题，本题考查逻辑计算的二重属性。

题干形式化为：园内的阔叶树种超过了半数；各种珍稀树种也超过了一般树种。

相当于：阔叶树种＞非阔叶树种；珍稀树种＞一般树种。

因此，得出阔叶珍稀树种＞非阔叶一般树种，选A。

10. 解析：本题答案选E。

根据题干信息：60名学者中，亚裔学者31人，则非亚裔学者是29人；非亚裔学者中无博士学位的4人，那么非亚裔学者中有博士学位的25人，再根据博士一共有33人，可以得出：非亚裔学者中有博士学位的人数为：33－25＝8。因此，本题答案选E。

11. 解析：本题答案选A。

由题干信息“根据上述回答，可以判断他养了多少只雌兔？多少只雄兔”知，这是形式逻辑题，本题考查的是逻辑计算推理。设雄兔的数量为x，雌兔的数量为y，则由条件，每一只雄兔的雌性同伴比它的雄性同伴少一只，即：

$$(x-1)-y=1 \tag{1}$$

每一只雌兔的雄性同伴比它的雌性同伴的两倍少两只，即：

$$2(y-1)-x=2 \tag{2}$$

由(1)式和(2)式，不难得：$x=8$，$y=6$。

因此，本题答案选A。

12. 解析：本题答案选B。

根据题干“由此可见，去年在该校参加高考的考生中”知，这是形式逻辑题，本题考查的是概念的划分。“某校参加高考的385名文、理科考生中，女生189人”，那么男生总数为 196 人，其中，理科男生为：196－41＝155(人)，应届男生为：196－28＝168(人)，于是，可以得到如下文氏图：

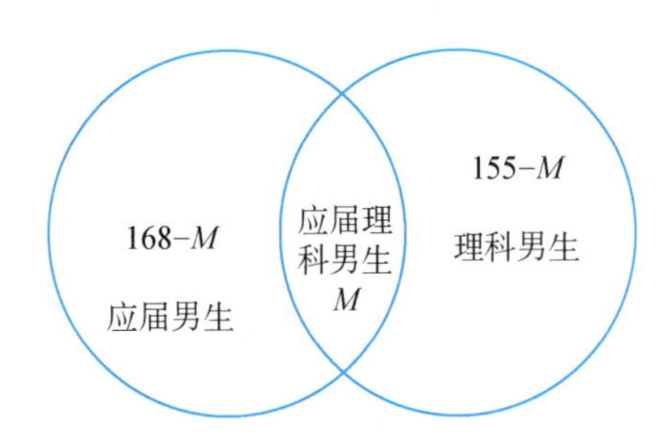

不妨设应届理科男生为 M 人，则应届男生与理科男生之间的交集为“应届理科男生”，其并集可以表示为：(168－M)＋M＋(155－M)＝323－M，其并集总数必然小于“男生总数 196”，因此得出：323－M＜196，即 M＞127，因此，应届理科女生数＝应届理科考生－应届理科男生＜256－127＝129，故应届理科女生少于 129 人，必定少于 130 人。因此，本题答案选 B。

13. 解析：本题答案选 D。

根据题干信息“在丈夫和妻子至少有一个是中国人的夫妻中，中国女性比中国男性多 2 万”，可以得出以下关系：中国男人(X)娶了中国女人(X)——有一个中国女人嫁给中国男人，就必定有一个中国男人娶了中国女人；中国男人(Y)娶了外国女人(Y)；外国男人(Z)娶了中国女人(Z)；中国女性比中国男性多 2 万，其中，中国女性包括(X＋Z)，中国男性包括(X＋Y)，由此可以得出：(X＋Z)－(X＋Y)＝Z－Y＝2 万。

Ⅰ	该选项表示“恰有 2 万中国女性嫁给了外国人”，而题干得出：嫁给外国男人的中国女人比娶了外国女人的中国男人多 2 万，与题干不符，不选
Ⅱ	“在和中国人结婚的外国人中”包括“嫁给**外国男人**的中国女人”和“娶了**外国女人**的中国男人”，Z－Y＝2 万，符合题干表述，正确
Ⅲ	“在和中国人结婚的人中”，其中，中国女性包括(X＋Z)，中国男性包括(X＋Y)，由此可以得出：(X＋Z)－(X＋Y)＝Z－Y＝2 万，因此，男性多于女性，符合题干表述，正确

综上所述，本题答案选 D。

14. 解析：本题答案选 C。

根据题干信息，可以得出如下关系：

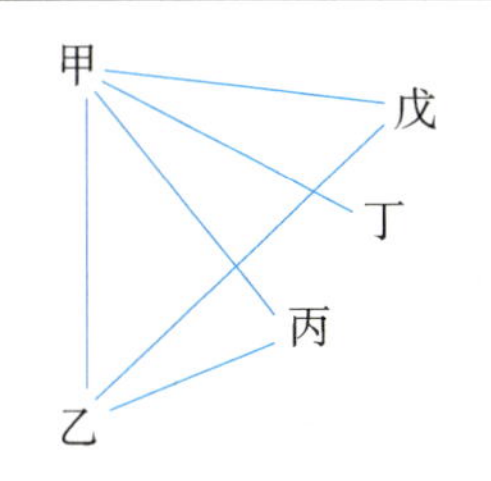	根据题干“甲比赛了 4 场”，那么甲与乙、丙、丁、戊 4 人均进行过比赛；再根据“丁比赛了 1 场”，那么丁只和甲比赛了，和其他人未进行比赛；再根据“乙比赛了 3 场”，乙不和丁比赛，所以和甲、丙、戊各比赛 1 场；再根据“丙比赛了 2 场”，可以得出丙和甲、乙各比赛了 1 场。因此得出：戊比赛了 2 场，和甲、乙各比赛了 1 场。因此，本题答案选 C

15. 解析：本题答案选 D。

根据题干信息：由于是四个队进行循环赛，所以，每个队要比赛 3 场，四个队一共比赛了 12 场。而这 12 场比赛的结果应该是 6 赢 6 输。根据题干可知，B、C 和 D 队已赢够 6 场，A 队 3 场皆输。所以，正确答案是 D。

16. 解析：本题答案选 C。

根据题干信息“若以上统计属实，则最能得出以下哪项结论”知，这是形式逻辑题，本题考查逻辑计算推理。本题具体考查的是对称关系，题干中表明的认识关系总共有：$1\times3+3\times2+4\times1=13$，为单数，所以，至少有一人不认识他的成员，即至少有一种认识关系仅仅是单方面的。因此，本题答案选 C。

技巧点拨：本题考查的是对称关系，考试中经常用到的对称关系主要有以下三种：

(1) A 是 B 的同学/朋友/老乡=B 是 A 的同学/朋友/老乡；

(2) A 相邻于 B=B 相邻于 A、A 离 B 不远=B 离 A 不远；

(3) A 与 B 相等/相矛盾/相对立=B 与 A 相等/相矛盾/相对立。

17. 解析：本题答案选 A。

由本题题干信息知，本题最好的办法是代入排除法。

Ⅰ	假设“每一个人都爱牛郎”为真，根据“织女爱每一个爱牛郎的人”，可以推知“织女爱每一个人”，显然与“没有人爱每一个人”矛盾，所以，Ⅰ选项不可能为真
Ⅱ	题干说“没有人爱每一个人”，但是完全有可能“每一个人都爱一些人”，所以，Ⅱ选项有可能为真，不选
Ⅲ	“牛郎爱织女”并不代表“织女爱牛郎”，Ⅲ选项可能为真，不选

综上所述，本题答案选 A。

18. 解析：本题答案选 C。

Ⅰ项可能为真：总经理信任所有信任董事长的人，但可能不信任董事长本人。

Ⅱ项可能为真：总经理信任所有信任董事长的人，由此不能推出总经理不信任所有不信任董事长的人。因此，总经理可能信任总会计师。

Ⅲ项不可能为真，因为由题干可知，总会计师不信任董事长。

19. 解析：本题答案选 A。

根据题干：张珊>李思，王武>苗晓琴，张珊>苗晓琴。

A 选项	若王武>李思，则张珊与苗晓琴之间无法确定，选 A
B 选项	若李思>苗晓琴，则张珊>李思>苗晓琴，则张珊>苗晓琴，不选
C 选项	若李思>王武，则张珊>李思>王武>苗晓琴，则张珊>苗晓琴，不选
D 选项	若李思=王武，则张珊>李思=王武>苗晓琴，则张珊>苗晓琴，不选
E 选项	若张珊≥王武，则张珊≥王武>苗晓琴，则张珊>苗晓琴，不选

20. 解析：本题答案选 B。

根据题干信息“某电脑公司的个人笔记本电脑的销量持续增长，但其增长率低于该公司所有产品总销量的增长率”可以得出：个人笔记本电脑的销量与所有产品总销量的比值在逐渐下降，而 B 项说明个人笔记本电脑销量占产品总销量的比例是最高的，与题干冲突，选 B。

21. 解析：本题答案选 D。

由于题干只涉及相对概念的比例，而不涉及绝对概念的数量，在逻辑考试中，相对概念与绝对概念之间不可互推，因此，正确选项只能是与“比例”相关的内容。因此，本题答案选 D。

22. 解析：本题答案选 B。

由本题题干可知，该校各年级的各等级学习成绩的构成比例相同。高二年级成绩为优的学生多于高一年级成绩为优的学生，则可以推出高二年级的其他等级学习成绩的学生也多于高一年级有相同等级学习成绩的学生。由此可知，高二年级成绩为差的学生多于高一年级成绩为差的学生，因而，本题答案应选 B。

23. 解析：本题答案选 A。

根据题干，可以得出：

(1) 撤销三个机构，这三个机构的人数正好占全机关的 25%；

(2) 全机关实际减员 15%。

Ⅰ	由于撤销三个机构的员工数大于全机关实际减员人数，因此，有的机构调入新成员，为真
Ⅱ	由于题干只涉及“全机关实际减员人数”，但机关内部机构之间的人员流动不确定，未必为真
Ⅲ	由题干知，有可能“撤销三个机构的员工”全部留任，未必为真

综上所述，只有Ⅰ选项为真，本题答案选 A。

24. 解析：本题答案选 E。

根据题干条件可知：甲、乙两所学校仅比较本科生人均经费和比较所有学生人均经费的结果有差异，说明导致差异的原因是研究生学生在所有学生所占的比例或研究生的投入经费是不同的。如果研究生所占比例低，则所有学生的人均经费比单独计算本科生高；如果研究生投入人均经费高，也会使所有学生的人均经费比单独计算本科生高些。所以，E 项最可能推出。

25. 解析：本题答案选 D。

由题干“根据上述信息，关于该校中文系硕士生，可以得出以下哪项”知，这是形式逻辑题，本题考查逻辑计算推理。根据题干信息，不妨将学生分成 3 份：一年级学生都能把该书中的名句与诗名及其作者对应起来；二年级 2/3 的学生能把该书中的名句与作者对应起来；三年级 2/3 的学生能把该书中的名句与诗名对应起来。因此，本题答案选 D。

技巧点拨：很多同学误选 C，这是因为没看清题目，选项中是“该书中的名句与诗名及其作者对应起来”，而题干中是“能把该书中的名句与诗名对应起来”，题干显然推不出结论。

26. 解析：本题答案选 D。

本题考查逻辑计算中的图表推理法，根据题干信息可以得出：

	行政学	管理学	科学前沿	逻辑	国际政治
第一支部	√	×	×	×	√
第二支部	×	√	×	√	×
第三支部			√		
第四支部			×		
没有选择“行政学”	×		×		
没有选择“管理学”		×	×		

由上述表格可知：第一支部选择了“行政学”和“国际政治”；第二支部选择了“管理学”和“逻辑”；根据只有第三支部选择了“科学前沿”，可知第四支部只能选择其他四门课程。如果不选“行政学”，只能在“逻辑”“管理学”“国际政治”三门中选两门，但是“逻辑”“管理学”不能同时选择，否则，与第二支部的选择相同，那么必须选择“国际政治”，排除 A、C；如果不选“管理学”，只能在“逻辑”“行政学”“国际政治”三门中选两门，但如果不选“逻辑”，则与第一支部相同，与题干条件各支部均不完全相同矛盾，所以，第四支部如果不选“管理学”，则一定要选“逻辑”。因此，本题答案选 D。

27. 解析：本题答案选 A。

根据题干条件可知，本题采用图表法比较容易，是一个 3×3 的矩阵：

	东湖	西岛	南山
李明	2 天		3 天
王刚		2 天	4 天
张波			

李明赴东湖的计划天数与王刚赴西岛的计划天数相同，根据条件知，他们的计划天数只能是 2 天。所以，本题答案选 A。

28. 解析：本题答案选 C。

题干信息形式化为(最终推理结果见下表)：

(1) 由“W 老师最年轻，T 老师比科学老师岁数大，比手工老师岁数小”，可以得出年龄排序是：Q>T>W，而且 W 老师是科学老师，Q 老师是手工老师；

(2) 由“自然老师和 Q 老师都爱打篮球”，可以得出自然老师不是 Q 老师；

(3) 由“三人中年纪中等的老师住得比其他两位老师远”和“自然老师和劳动老师住同一个宿舍”,可以得出自然老师只能是 Q 老师或者是 W 老师,再结合(2)的结论,可以得出自然老师是 W 老师,劳动老师是 Q 老师;

(4) 最后得出 T 老师教音乐和德育。综上所述,本题答案选 C。

	劳动	科学	自然	手工	音乐	德育
Q	√	×	×	√	×	×
T	×	×	×	×	√	√
W	×	√	√	×	×	×

29. 解析:本题答案选 E。

根据甲、乙相对,可以知道丙、丁、戊、己处于中间四个位置上,又由丙、丁既不相邻又不相对,则只能在甲或乙两侧,而戊、己在甲、乙中另一个人的两侧,所以,丙的一侧为甲或乙,另一侧为戊或己,具体排列方式见下图:

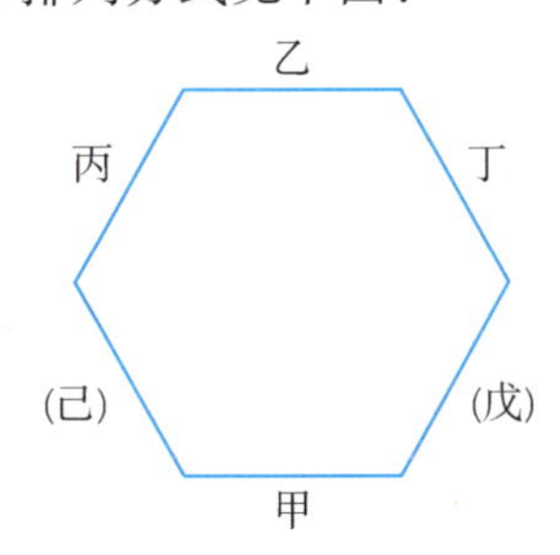

30. 解析:本题答案选 B。

对于方位图的试题,先确定其**正方向**,一般不会让你确定绝对方向,只需要确定相对位置关系即可。根据题干信息,不妨设建国坐在正方向,容易推出四个人座位按逆时针排序为:晨桦(软件工程师)、建国、向明、嘉媛(不是邮递员)。再根据“向明坐在高校教师的右手边”,可推出建国为高校教师,再由“嘉媛不是邮递员”,可推出嘉媛是园艺师,所以,向明是邮递员,他们之间的相对关系如下图:

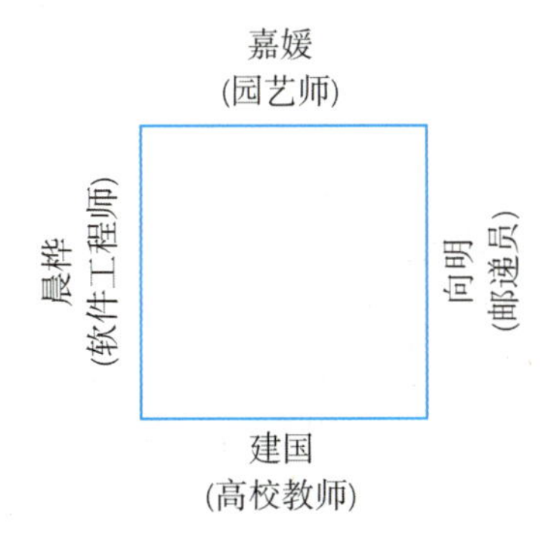

31. 解析:本题答案选 A。

题干的方位图表示可以是：行政服务区在文化区的西南方向，文化区在休闲区的东南方向，休闲区就在最北方（相当于在其南面两个位置，所以，休闲区一定在最北方）。

	北（休闲区）	
西（商业区）	市民公园	东（文化区）
	南（行政区）	

32. 解析：本题考查的是综合推理，涉及“方位图推理”和“一一对应问题”的综合考查。由题干信息知，六个人坐在六个位置，可以假设这个桌子是正六边形。

(1)“男人都没有坐在自己妻子的旁边，但每一个妇女的两旁都坐着一个男人”意味着男女间隔着坐，且妻子对面一定坐着丈夫。

(2) 由“政治家的座位离小红座位比离小娜座位近一些”可以得出政治家和小红相邻，政治家和小娜相对，小娜的丈夫就是政治家。

(3) 由“建筑师的妻子和小红经常一起打麻将”可知建筑家的妻子不是小红，因此，建筑家与小红相邻。

最后就要确定身份和具体姓名之间的关系，这就需要用到“一一对应关系”，具体见下表。

(4)“建筑师是赵亮的姐夫”，因此，建筑师不是赵亮；“企业家是个独生子”+“赵亮坐在他唯一的姐姐的右边”，因此，企业家不是赵亮；综上所述，赵亮只能是政治家。

由此可知，小娜的丈夫是赵亮，赵亮是政治家，选 C。具体方位图如下图所示。

	建筑师	企业家	政治家
刘辉			
李强			
赵亮	×	×	√

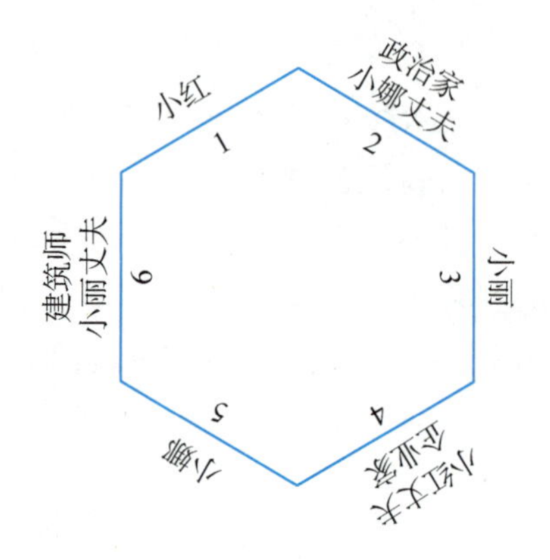

33. 解析：根据上题方位图可知本题选 C。

34. 解析：本题答案选 D。

由题干“根据上述信息，关于张先生的游览顺序，以下哪项不可能为真”知，这是形式逻辑题，本题考查综合推理的排序问题。根据题干信息，将其形式化为：

(1)“妙笔生花”→“猴子观海”——“妙”>“猴”；

(2)“仙人晒靴”→“阳关三叠”——“仙”>“阳”；

(3)“美人梳妆”→“妙笔生花”——“美”>“妙”；

(4)“禅心向天”4，之后才“仙人晒靴”——“仙”>“禅”4。

A选项	根据题干信息，没有规定哪个景点比“猴子观海”更先游览，该选项有可能为真，不选
B选项	根据题干信息(2)，该选项可能为真，不选
C选项	若第一个游“猴子观海”，那么第三个有可能游“美人梳妆”，该选项有可能为真，不选
D选项	若“妙笔生花”第五个游，根据题干，“仙人晒靴”需要第五个或者第六个游，但再根据(3)知，第六个必须游“美人梳妆”，与题干不符，选D
E选项	若“仙人晒靴”第六个游，根据题干，“仙人晒靴”需要第五个或者第六个游，该选项有可能为真，不选

35. 解析：本题答案选E。

本题为综合推理题，难度较大。12＝小纸皮书、4本小的纸皮书互相相邻，那么9、10、11、12都是小纸皮书；第4本书是皮面书、3本皮面书互相相邻，因此，皮面书有2、3、4，3、4、5，4、5、6三种情况；又因为“任何两本布皮书是不相邻的”，在前面的8个空中，3本皮面书占据连续3个空，第1本＝大的纸皮书，也就是说，剩下的4个空中，3本是皮面书，只有一种情况，皮面书＝3、4、5，第7本＝大的纸皮书。所以，本题答案选E。

36. 解析：本题答案选B。

本题为综合推理题，难度较大。若第1本书是小纸皮书、4本小的纸皮书互相相邻，那么小的纸皮书＝1、2、3、4；第11本书是皮面书、3本皮面书互相相邻，第12本书是纸皮书，因此，皮面书＝9、10、11；3本布皮书互相相邻，只能是布皮书＝5、6、7或6、7、8，剩下的一本大的纸皮书＝5或8。所以，本题答案选B。

37. 解析：本题答案选E。

本题为综合推理题，难度较大。第1本书是大纸皮书，第2本书是小纸皮书，那么小纸皮书＝2、3、4、5，12＝大纸皮书，第7本书＝皮面书；又由于3本皮面书互相相邻，则皮面书＝6、7、8或7、8、9，而布皮书只能是9、10、11或6、10、11。所以，本题答案选E。

38. 解析：本题答案选A。

由题干“根据以上信息，以下哪项中的2部电影不可能安排在同一天放映”知，这是形式逻辑题，本题考查的是综合推理。本题是排列型综合推理。根据题干信息，可以简化为下表：

星期一	星期二	星期三	星期四	星期五	星期六	星期日
			科幻片			爱情片
			科幻片			

根据(3)知：还剩3部科幻片和3部武侠片不能安排在同一天，由于规定除周四外其他6天的2部电影不同类，则这6部电影必然在其他6天里每天安排1部。也就是说，周日的另一场电影必然是科幻片或武侠片，显然A是不可能的。因此，本题答案选A。

39. 解析：本题答案选 C。

由题干“根据以上信息，如果同类影片放映日期连续，则周六可以放映的电影是哪项”知，这是形式逻辑题，本题考查的是综合推理。

A 选项	假设周六播放科幻片和警匪片，则警匪片只能放在周五、周六、周日播放，再根据上题结论知警匪片和爱情片不能在同一天放映，与题干不符，不选
B 选项	假设周六播放武侠片和警匪片，则警匪片只能放在周五、周六、周日播放，再根据上题结论知警匪片和爱情片不能在同一天放映，与题干不符，不选
C 选项	假设周六播放科幻片和战争片，可以满足条件，周一到周三放映武侠片和警匪片，周五、周六均放映科幻片和战争片，周日放映科幻片和爱情片，选 C
D 选项	不符合条件(3)，与题干不符，不选
E 选项	不符合条件(4)，与题干不符，不选

40. 解析：本题答案选 D。

本题考查的是部分概率与整体概率的关系。

某高校本科生在因成绩优异被推荐免试攻读硕士研究生的文科专业学生中，女生占70%，并不能说明本科生文科专业的女生比男生优秀，还要看本科生文科专业女生占本科生文科专业学生的比例。如果在该校本科文科专业学生中，女生占70%以上，说明女生没有男生优秀。

41. 解析：本题答案选 C。

题干论证是：儿童在家里受伤的概率最高→儿童受伤，头号凶手是“家”。本题是比例论证，要削弱它，只要说明儿童经常待在家里的比例最高。

A 选项	题干未涉及“儿童受伤的原因”，属于无关选项，不选
B 选项	题干未涉及“儿童的意外死亡”，属于无关选项，不选
C 选项	“儿童在客厅卧室的时间占儿童活动时间的50%以上”，但是只有不到40%的受伤是发生在家里的，说明在家里受伤的概率比外面要低，削弱了题干，选 C
D 选项	题干未涉及“儿童意外受伤的年龄”，属于无关选项，不选
E 选项	题干未涉及“儿童在其他场所也会受伤”，儿童在其他场所会受伤与在家里受伤没有关系，属于无关选项，不选

42. 解析：本题答案选 A。

由题干“根据上述条件，以下必定入选的是”知，这是形式逻辑题，本题考查逻辑计算中的不同时存在问题。

将数学学院记为 A，文学院记为 B，辩论协会记为 C。

研究生：赵婷、唐玲^{A}、殷倩；

本科生：周艳^{B}、李环^{C}、文琴、徐昂^{B}、朱敏^{AC}。

显然，周、徐两人最多入选一人，李、朱两人最多入选一人，须选出三人，四名本科生最多选出两人，因此，文琴一定入选。综上所述，本题答案选 A。

技巧点拨：对于两人不能同时在一起、不能同时干一件事情时，采用上标法。

43. 解析：本题答案选 D。

根据题干“如果唐玲入选，则以下必定入选的是”知，这是形式逻辑题，本题考查综合推理。

如果唐玲入选，那么与之同一学院的朱敏一定不入选；周、李、文、徐四个人要入选三个，而周、徐两人中最多只有一人入选，因此，文琴和李环一定入选。综上所述，本题答案选 D。

44. 解析：本题答案选 A。

根据题干知：由于该公司有三个部门，每一个部门恰由三位总经理助理分管，从而存在 3×3=9 个职位空缺，而该公司只有六位总经理助理，从而存在三个额外的职位空缺。题干所给条件(1)规定，有且只有一位总经理助理同时分管三个部门，从而还剩下一个额外职位空缺，该空缺职位将赋予上述同时分管三个部门的总经理助理以外的五位总经理助理中的一位，也就是说，有的总经理助理恰分管两个部门。因此，本题选项 A 一定为真。

45. 解析：本题答案选 C。

由题干条件推出，同时分管三个部门的只可能是 M 或 P。由本题条件，可推出同时分管三个部门的不是 M，而是 P。因此，P 和其余任一总经理助理同时分管某一部门，自然与 I 分管同一部门。

46. 解析：本题答案选 D。

题干形式化为：

(1) 甲∨乙；

(2) 非丙→非丁=丁→丙；

(3) 非甲。

构造“二难推理”模式，可以得出：

甲是第一名→(1)为真；

甲不是第一名→(3)为真；

甲是第一名∨甲不是第一名。

---

(1)为真∨(3)为真。

那么(1)与(3)至少有一个为真，再根据题干“三句仅一真”，(2)一定为假，则(2)的矛盾为真，即非丙∧丁，丁第一名。因此，本题答案选 D。

47. 解析：本题答案选 D。

题干形式化为：

(1) $\overline{\text{李欣}}$→$\overline{\text{张明}}$=张明→李欣；

(2) $\overline{\text{李欣}}$∧王峰；

(3) 张明∨李欣；

(4) 李欣∨王峰。

假设张明作弊了，那么(3)为真；假设张明没作弊，那么(1)为真(前假即真)；所以，真话一定在(1)和(3)中。又根据“他们四人中只有一人说了真话”，推出(2)和(4)为假⇒李和谢说的一定是假话，选项 D 一定为假。所以，本题答案选 D。

48. 解析：本题答案选 C。

根据题干信息：上述每个回答中，如果提到的人是经办人，则该回答为假；如果提到的人不是经办人，则该回答为真。设赵提到的(钱)是经办人，则赵说的话①为假，则审批领导是钱，钱既是经办人又是审批领导，显然违反题意，假设错误，即赵提到的钱不是经办人，①真。

同理，钱、孙、李提到的人也不是经办人，即李和钱也不是经办人，此外，②、③、④也真。

综上，只能孙是经办人。因此，本题答案选 C。

49. 解析：本题答案选 D。

因为①、④为真，说明钱既不是审批领导也不是复核，也不可能是经办人(孙是)，所以，钱只能是出纳，再根据②得李是审批领导，则赵是复核。因此，本题答案选 D。

例题 50～52 题考查的显然是综合推理，题干信息形式化为：

(1) 每位选手只能参加一个比赛项目；

(2) 孔围棋=(庄中国象棋∧孟中国象棋)——“当且仅当”表示充要条件；

(3) $\overline{\text{韩国际象棋}}\rightarrow$墨中国象棋；

(4) 荀中国象棋$\rightarrow\overline{\text{庄中国象棋}}$；

(5) $\overline{\text{荀中国象棋}}\vee\overline{\text{墨中国象棋}}$。

50. 解析：本题答案选 E。

如果“荀慧参加中国象棋比赛”，结合(5)推出墨灵不参加中国象棋比赛(选言命题的“否推肯”)，再结合(3)，得出$\overline{\text{墨中国象棋}}\rightarrow$韩国际象棋(假言命题的逆否规则)，得出韩敏参加国际象棋比赛。因此，本题答案选 E。

51. 解析：本题答案选 D。

根据庄聪和孔智参加比赛相同，再根据题干“一个比赛只有两人参加”，可以推出庄聪和孟睿参加的比赛不同，再结合(2)可知孔智不能参加围棋比赛；根据孟睿参加中国象棋比赛，可推出庄和孔不能参加中国象棋比赛，所以，庄和孔都参加国际象棋比赛。再根据(3)可推出墨灵参加中国象棋比赛，所以，荀慧和韩敏只能参加围棋比赛。

52. 解析：本题答案选 D。

本题采用排除法，假设韩敏参加中国象棋比赛，根据(3)可推出墨灵参加中国象棋比赛，可排除 A 和 B 项；假设孔参加围棋比赛，可以推出庄和孟都参加中国象棋比赛，可排除 C 项。庄和孟都参加中国象棋比赛进一步推出墨灵不能参加中国象棋比赛，结合(3)推出韩敏参加国际象棋比赛，因此，排除 E 项。

53. 解析：本题答案选 B。

由题干“根据上述信息，前三局比赛结束时谁的总积分最高”知，这是形式逻辑题，本题考查综合推理。本题属于方位图和比分的联合考查，根据题干信息，可以得出：积分最高的选手得分为 6 分，并根据条件(4)李龙已连输三局，再根据条件(1)，得分最高的不可能是张芳与王玉，而“王玉的比赛桌在李龙比赛桌的右边”，因此，李龙比赛

桌不可能是 4 号桌，故得分最高的不可能是杨虹，那么与李龙对弈的只可能是施琳。因此，本题答案选 B。

54. 解析：本题答案选 C。

根据题干“如果下列有位选手前三局均与对手下成和局，那么他(她)是谁”知，这是形式逻辑题，本题考查综合推理。本题属于方位图和比分的联合考查，根据题干信息，须找出的是比分 3∶3 的那对选手，根据条件(4)，可以得出：不可能是李龙和范勇，排除D。再根据条件(3)，不可能是赵虎，且赵虎和其对手的比分一定是 4∶2，且他们既不在 1 号桌，也不在 4 号桌，而杨虹在 4 号桌比赛，她的对手只能是范勇，比分是 5∶1，排除 B。赵虎的对手只能是王玉，排除 E。再根据施琳的对手是李龙，排除 A。因此，本题答案选C。

55. 解析：本题答案选 D。

根据题干“如果只有一家公司招聘物理专业，那么可以得出以下哪项”知，这是形式逻辑题，本题考查的是综合推理。

假设怡和公司招聘物理专业，那么风云公司也招聘物理专业，与题干矛盾，所以，怡和公司没有招聘物理专业(结论一)；

同理，怡和公司也没有招聘文秘专业，根据(5)的逆否命题知，宏宇公司招聘了文秘专业(结论二)；

根据(3)知，宏宇公司没有招聘物理专业(结论三)。

根据题干“只有一家公司招聘物理专业”，那么该公司只能是风云公司，选 D。

56. 解析：本题答案选 D。

根据题干“如果三家公司都招聘了 3 个专业若干名毕业生，那么可以得出以下哪项”知，这是形式逻辑题，本题考查的是综合推理。

根据(2)知，假设怡和公司招聘文秘专业，那么风云公司也招聘文秘专业，与题干条件(3)矛盾，所以，怡和公司没有招聘文秘专业；

根据(5)的逆否命题知，宏宇公司招聘了文秘专业，那么风云公司也不招聘文秘专业；根据(4)的逆否命题知，怡和公司不招聘管理专业。

再假设怡和公司不招聘数学专业，根据(1)的逆否命题知，怡和公司也不招聘化学专业，此时，怡和公司不招聘化学专业、数学专业、文秘专业、管理专业，与题干“三家公司都招聘了 3 个专业若干名毕业生”矛盾，所以，怡和公司招聘数学专业；同理，风云公司也招聘数学专业，本题答案选 D。

57. 解析：本题答案选 B。

根据题干信息知：

(1)(东银杏或南银杏)→(非北龙柏且非北乌柏)；

(2)(东水杉或东银杏)或者(北银杏或北水杉)。

如果北区种植龙柏，那么北区既不能种银杏，也不能种水杉。根据条件(2)知，东水杉或者东银杏(选言命题的否定推肯定)。再根据(1)的逆否命题(北龙柏或北乌柏)→(非东银杏且非南银杏)，得出东区和南区不种银杏。所以，东区种水杉，南区不种银杏，而是种植乌柏。因此，本题答案选 B。

58. 解析：本题答案选 D。

如果“水杉必须种植于西区或南区”，那么水杉不能种植于东区或北区，再根据(2)可以推出：北区或者东区种银杏。假设东区种植银杏，由(1)推知：北区不是龙柏也不是乌柏，所以，北区只能是水杉，这与题干“水杉必须种植于西区或南区”不符，因此，东区不能种植银杏，而只能是北区种植银杏。因此，本题答案选 D。

59. 解析：本题答案选 C。

由题干“根据上述信息，可以得出以下哪项”知，这是形式逻辑题，本题考查的是综合推理。

本题题干进行形式化可知：

(1) 金水蜜桃 → $\overline{\text{水金针菇}}$；

(2)(木金针菇 ∨ 木土豆) → 木木耳；

(3) 火水蜜桃 → (火木耳 ∧ 火土豆)；

(4) 木火腿 → $\overline{\text{火金针菇}}$。

由条件(2)可知，木心不能选木耳，根据逆否命题，木心不能选金针菇、土豆，木心只能选火腿、水蜜桃；排除 A。

由条件(4)可知，火珊不选金针菇。

再由条件(3)可知，火珊不选水蜜桃(否则她就要选 3 种食材，与题干不符)；排除 D。

再根据“并且每人所选食材名称的第一个字与自己的姓氏均不相同”，火珊不能选火腿，综合可推出：火珊只能选木耳、土豆。

由题干可知，金粲不能选金针菇，由前述又可知，木心、火珊都没选金针菇，所以，只能是水仙、土润选金针菇。

因为水仙选金针菇，所以由条件(1)的逆否命题可知，金粲不选水蜜桃，由前述可知，火珊也不选水蜜桃，再由题干可知，水仙不能选水蜜桃，所以只能是木心、土润选水蜜桃；由此可得结论：土润选金针菇、水蜜桃，所以 C 正确。

60. 解析：本题答案选 B。

根据题干“如果水仙选用土豆，则可以得出以下哪项”知，这是形式逻辑题，本题考查的是综合推理。

如果水仙选用土豆，59 题已推出水仙选了金针菇，则可知水仙选的两种就是金针菇和土豆；由 59 题还可知火珊选了木耳、土豆，木心、土润选了水蜜桃。综合这些可知：金粲已不能选土豆、水蜜桃，同时金粲也不能选金针菇，她只能选木耳、火腿，显然 B 是正确答案。

61. 解析：本题答案选 D。

由题干信息“根据上述信息，可以得出以下哪项”知，这是形式逻辑题，本题考查的是分析推理中的“假设法”。

根据题干信息，不妨假设丁和丙中至少有一个未合并到丑公司，那么根据(2)可以得出：戊和甲均合并到丑公司。

由此，可以得出“甲、己、庚中至少有一个未合并到卯公司”，根据(3)可以得出：戊合并到寅公司。

此时，戊被合并到两个公司，与题干不符，因此“丁和丙中至少有一个未合并到丑公司"为假,即丁、丙均合并到丑公司。本题答案选 D。

62. 解析:本题答案选 A。

由题干"根据以上信息,所学专业相同的新员工是"知,这是分析推理题,本题考查的是假设法。

根据题干信息,可以使用整体法:(1)甲、丙、壬、癸中至多有 3 人是数学专业(P1)→丁、庚、辛 3 人都是化学专业(Q1);(2)若乙、戊、己中至多有 2 人是哲学专业(P2)→甲、丙、庚、辛 4 人专业各不相同(Q2)。假设乙、戊、己中至多有 2 人是哲学专业(P2)为真,此时甲、丙、庚、辛 4 人专业各不相同,那么丁、庚、辛 3 人不可能都是化学专业,则 Q1 为假,根据逆否规则,可以得出 P1 为假,此时甲、丙、壬、癸 4 人学的均是数学专业,与题干不符,因此假设不正确,P2 为假,于是乙、戊、己学的均是哲学专业。因此,本题答案选 A。

63. 解析:本题答案选 E。

已知"张华第三周没有复习写作",与(3)结合推知,张华第三周复习了英语,排除 A;与(4)结合推知,张华第三周没有复习数学,排除 B;再与(2)结合可以推知,张华第三周复习了逻辑;再与(1)结合推知,张华在第四周和第二周都没有复习逻辑,这样第二周和第四周他复习了数学,与(4)结合,可知他第二周和第四周复习了写作,故答案选 E。

64. 解析:本题答案选 E。

已知"张华第二周复习逻辑",与(1)结合可以推知,张华第一周和第三周都没有复习逻辑;这样由(2)可知,他在第一周和第三周都复习了数学;再由(3)可知,他在第一周和第三周都复习了英语;再由(4)可知,他在第一周和第三周都复习了写作,故正确答案选 E。

65. 解析:本题答案选 E。

假设甲、乙、丙在德方面均被评为"优秀",那么可以得出(Q1)为真,得出:甲和乙在廉方面被评为"优秀"——P3 为真——Q3 为真——甲和丁在绩方面均被评为"优秀";再根据 P2 为真——Q2 为真,得出乙和丙在绩方面均被评为"优秀";此时,甲、乙、丙、丁 4 人在绩方面均被评为"优秀",与题干不符,假设不正确,甲、乙、丙有 1 人在德方面未被评为"优秀",那么,丁在德方面被评为"优秀",选 E。

66. 解析:本题答案选 C。

根据题干信息:

	德	能	勤	绩	廉
甲		√	√	×	×
乙	×	√	√	√	√
丙	√	√	×	√	√
丁	√	×	√	√	√

排除 B。

再根据 Q3 为假，那么甲在廉不优秀，排除 D、E。

再根据 Q1 为假，得出甲、乙中有一个德不优秀；那么丙在德上优秀；再根据题干：没有人 5 个单项均被评为“优秀”，最后推出乙在德上不优秀，选 C。

基础训练

1. 解析：本题答案选 D。

由题干信息“70%的考生数学及格了，75%的考生英语及格了，80%的考生写作及格了，85%的考生逻辑及格了”知：数学不及格的考生有 30%；英语不及格的考生有 25%；写作不及格的考生有 20%；逻辑不及格的考生有 15%。假设每位考生只有一门课不及格，此时不及格的学生人数最多，为 30%+25%+20%+15%=90%，也就是最多有 90%的考生有科目不及格，因此，至少有 10%的考生四门课程都及格了。所以，本题答案选 D。

2. 解析：本题答案选 D。

题干信息可以列表为：

	李浩	王鸣	张翔
湖南			×
重庆	×	×	√
辽宁			×

(1) 李浩和重庆人不同岁，说明李浩不是重庆人。

(2) 张翔的年龄比辽宁人小，重庆人比王鸣的年龄大，说明张翔不是辽宁人，王鸣不是重庆人；因此，只能张翔是重庆人。所以，本题答案只能选 D。

3. 解析：本题答案选 B。

由题干信息知：张翔的年龄比辽宁人小，重庆人比王鸣的年龄大，可以得出：李浩>张翔>王鸣。所以，本题答案选 B。

4. 解析：本题答案选 A。

根据题干信息：坐在 24 岁右边的两人中至少有一个人是 20 岁——24 岁的坐在最左边。坐在 20 岁左边的两人中也恰好有一人是 20 岁——可知有两个 20 岁的，分别坐在中间和右边；坐在会计左边的两人中至少有一人是销售员——可知会计坐在最右边，即最右边的是 20 岁的会计。

坐在销售员右边的两人中也恰好有一人是销售员——最左边的是 24 岁的销售员，中间为 20 岁的销售员。

24 岁的销售员	20 岁的销售员	20 岁的会计

本题答案选 A。

5. 解析：本题答案选 B。

“每个人只会说原籍的一种方言”说明方言与户籍是一一对应的。
题干信息是：
(1) 王佳比福建人的学历低——王佳不是福建人，也不会闽南方言；
(2) 李英会说徽州话并且和来自江苏的同事是同学——李英是安徽人；
(3) 陈蕊不懂闽南方言——陈蕊不是福建人，也不会闽南方言。
综上所述：张明是福建人，也会闽南方言。所以，本题答案选 B。
此类题的快速做法是图表法(找到关键点)。

	福建——闽南方言	山东——中原官话	安徽——徽州话	江苏
王佳	×		×	
李英	×	×	√	×
陈蕊	×		×	
张明	√		×	

6. 解析：本题答案选 B。
题干形式化为：(1)历史系毕业生比应聘办公室的年龄大；(2)哲学系毕业生和应聘人力资源部的着装颜色相近；(3)应聘人力资源部的比中文系毕业生年龄小。

	历史系	中文系	哲学系
行政部门			
人力资源部	√	×	×
办公室	×		

应聘人力资源部的只能是历史系的，再根据(1)、(3)知，历史系毕业生的年龄＜中文系毕业生的年龄；
历史系毕业生比应聘办公室的年龄大，所以，历史系毕业生的年龄＞哲学系毕业生的年龄。
综上所述：中文系毕业生的年龄＞历史系毕业生的年龄＞哲学系毕业生的年龄，本题答案选 B。
7. 解析：本题答案选 D。
根据题干“假定三人换乘及步行的总时间相同，则以下哪项最可能与上述信息不一致”知，这是形式逻辑题，本题考查复合命题中的推理规则。对于推理题，首先寻找“推理的起点”或者“确定性信息”。根据题干信息，可以得出以下推理(仅关注一号线不拥挤的相关信息即可)：
(1) 一号线不拥挤→(小张坐 3 站后转二号线，再坐 4 站到北口站)；
(2) 小王才坐 2 站后转三号线，再坐 3 站到北口站→一号线拥挤；
(3) 一号线不拥挤→小李就坐 4 站后转四号线，坐 3 站后再转三号线，坐 1 站到达北口站；

(4) 地铁一号线不拥挤。

所以,应该把注意力集中在小李和小张上。由题意得出:

小李到达单位的时间:4+3+1=8站+(换乘及步行的总时间);

小张到达单位的时间:4+3=7站+(换乘及步行的总时间)。

由此得出:小张比小李先到达单位。因此,本题答案选D。

8. 解析:本题答案选B。

由题干"根据以上信息,可以得出以下哪项"知,这是形式逻辑题,本题考查逻辑计算推理。本题考查整体与局部之间的关系,可以采用拉高拉低平均解法。根据题干信息知:中国卷烟消费量在2015年同比下降了2.4%,全球卷烟总消费量同比下降了2.1%。中国拉高了平均值,一定是其余部分拉低了平均值,即其他国家卷烟消费量同比下降比率低于2.1%。因此,本题答案选B。

9. 解析:本题答案选E。

根据题干"以下哪项可以从联合国开发计划署的统计中得出"知,这是形式逻辑题,本题考查逻辑计算推论。根据题干信息,可以得出以下三个结论:

(1) 2007年,挪威是世界上居民生活质量最高的国家;

(2) 非洲东南部国家莫桑比克的生活质量提高最快;

(3) 中国的生活质量指数在过去17年中也提高了27%。

其中,"世界上最高"为绝对化概念,一般只能针对这个点设计题,本题为绝对化概念的一种考核,因此,本题答案选E。

10. 解析:本题答案选B。

根据题干"以下哪项是上述五人在本次测试中得分由高到低的排列"知,这是形式逻辑题,本题考查逻辑计算推论。综合信息,两人没到120分,刘强得了118分,刘强的得分比周梅高,得出周梅倒数第一,刘强倒数第二。排除A、C。

张华和刘强的得分之和大于蒋明和王丽的得分之和,因为刘强是这四个人中得分最低的,张华要比蒋明或王丽的得分高,只要和其中的一个相等,结果就不可能大于蒋明和王丽的得分之和。排除D、E。

11. 解析:本题答案选C——综合推理。

条件排列,分别代入验证,满足条件的直接选,可知本题答案选C。

12. 解析:本题答案选A——综合推理。

扶夷站在灏韵站之东、胡瑶站之西,并与胡瑶站相邻——灏韵站、(扶夷站、胡瑶站)——括号里表示两站相邻;韭上站与银岭站相邻——(韭上站、银岭站);韭上站与灏韵站相邻并且在灏韵站之东——韭上站、灏韵站。可以得出,自西向东分别是:灏韵站、韭上站、银岭站、扶夷站、胡瑶站。因此,本题答案选A。

13. 解析:本题答案选B——综合推理。

本题题干:韭上站、灏韵站。

结合上述两条题干,本题的结论是(自西向东):

韭上站、银岭站、灏韵站、扶夷站、胡瑶站,或者银岭站、韭上站、灏韵站、扶夷站、胡瑶站。因此,本题答案选B。

14. 解析：本题答案选 E——综合推理。

本题题干：(灏韵站、银岭站)。

结合上述两条题干，本题的结论是(自西向东)：

灏韵站、银岭站、韭上站、扶夷站、胡瑶站，或者韭上站、银岭站、灏韵站、扶夷站、胡瑶站。因此，本题答案选 E。

15. 解析：本题答案选 B——综合推理。

结合条件(1)、(2)知可能的排序为：

灏韵站、银岭站、韭上站、扶夷站、胡瑶站

灏韵站、韭上站、银岭站、扶夷站、胡瑶站

灏韵站、扶夷站、胡瑶站、韭上站、银岭站

灏韵站、扶夷站、胡瑶站、银岭站、韭上站

本题答案为 B——$2\times2=4$(最简单的排列组合)。

16. 解析：本题答案选 D。

根据“原本负责后勤的文珊接替了孔瑞的文秘工作，由 110 室调到了 111 室”可推出文珊原来在 110 室负责后勤，孔瑞原来在 111 室负责文秘，则可推出姚薇原来在 112 室负责网络。姚薇只能接替文珊工作，调到 110 室，进一步推出孔瑞就只能接替姚薇工作，调到 112 室。因此，本题答案选 D。

17. 解析：本题答案选 A。

由题干信息“如果上述断定为真，则以下哪项不可能为真”知，这是形式逻辑题，本题考查的是逻辑计算推理。根据题干信息：宏达的销售份额(已知下降)＝宏达的销售量/汽车总销量；汽车总销量(已知上升)＝宏达的销售量(已知不变)＋其他品牌的销量(可以推出：一定上升)。

A 选项	根据题干：在尾气排放新标准实施的头三个月中，宏达车在春江市的月销售量仍然保持在去年年底达到的水平，但在春江市的汽车市场上所占的销量份额明显下降。由此可推出结论：这三个月春江市汽车销售总量明显增加，该选项不可能为真，选 A
B 选项	题干论证的是“在该标准实施的头三个月中”，而该选项讲的是“排放新标准之前的三个月中”，属于无关选项，不选
C 选项	题干未涉及“汽车尾气排放新标准不实施”的相关信息，属于无关选项，不选
D 选项	题干未涉及“汽车尾气排放新标准继续实施”的相关信息，属于无关选项，不选
E 选项	题干论证的是“销量”，而该选项讲的是“利润”，属于无关选项，不选

18. 解析：本题答案选 E。

根据题干知，这是综合推理题，本题考查分组分类。

由题干条件可知：方、郭、何这三位女生中选两位，彭、裘、任、宋、唐这五位男生中选三位。郭、唐不合，彭、宋不合，裘、唐不合。由于彭、宋不合，裘、唐不合，又五男取三，故彭、宋必取其一、裘、唐必取其一，任必去。

19. 解析：本题答案选 D。

根据题干知，郭去，故唐不去。由裘、唐必取其一可知裘必去。

20. 解析：本题答案选 A。

根据题干知，若何不去，则由方、郭、何这三位女生中选两位可知方、郭必去，郭去则唐不去。

21. 解析：本题答案选 E。

根据题干知，若唐不去，则郭不去，由方、郭、何这三位女生中选两位可知方、何必去。

22. 解析：本题答案选 E。

由题干信息“根据以上条件，若饿鬼道不属于有器道，则下列中哪两道必属有器道”知，这是形式逻辑题，本题考查复合命题推理规则。题干形式化为：

(1) 天道 ∨ 人道；

(2) 饿鬼 ∨ 畜生；

(3) $\overline{(\text{天道} \wedge \text{畜生})} \wedge \overline{(\text{饿鬼} \wedge \text{畜生})} = (\overline{\text{天道}} \vee \overline{\text{畜生}}) \wedge (\overline{\text{饿鬼}} \vee \overline{\text{畜生}})$；

(4) $\overline{\text{饿鬼}}$；

⇒(2)+(4)⇒畜生(选言的否推肯)；

(3)+畜生⇒$\overline{\text{天道}}$(选言的否推肯)；

(1)+$\overline{\text{天道}}$⇒人道(选言的否推肯)；

⇒有器道必定有畜生道和人道，本题答案选 E。

23～24 题属于综合推理，属于“排列题型”。

23. 解析：本题答案选 C。

根据题干知，安 1(安徽第一，下同)；再结合(1)知，江西 7；再结合(2)知，浙江 4；再结合(3)知，福建省在调研完浙江省之后进行，于是福建 5。因此，本题答案选 C。

1	2	3	4	5	6	7
安徽		江苏	浙江			江西

24. 解析：本题答案选 C。

根据题干知，安 2；结合(2)知，浙江 5。因此，本题答案选 C。

1	2	3	4	5	6	7
	安徽	江苏		浙江		

25. 解析：本题答案选 A，这是综合推理、分组问题。

根据条件(4)已知约翰去西安或者杭州，赵强去张家界。

由于赵强去张家界，根据条件(2)的要求，必须有一个外国留学生去张家界。

由于约翰去西安或者杭州，根据条件(1)可推出约翰不能去张家界。而如果杰西去大连，则根据条件(1)可推出杰西也不能去张家界。所以，只能是安娜去张家界。

26. 解析：本题答案选 C，这是综合推理、分组问题。

根据条件(4)已知约翰去西安或者杭州，赵强去张家界。

由于赵强去张家界，根据条件(2)的要求，必须有一个外国留学生去张家界。

由于约翰去西安或者杭州，因此约翰不能去张家界。所以，杰西和安娜两个外国留学生中必须有一个去张家界。这样，杰西和安娜就不可能都去杭州。

27～29 题考查综合推理，先将题干信息形式化：

(1) 哲学北清→管理西京；

(2) 管理南山→哲学南山；

(3) (经济北清 ∨ 经济西京)→管理北清。

27. 解析：本题答案选 D。

根据题干的充分条件，采用排除法解题。根据(1)，可排除 B、C；根据(3)，可排除 A、E。所以，答案选 D。

28. 解析：本题答案选 B。

根据题干条件：哲学学院最终录用西京大学的候选人，根据条件(2)，管理南山→哲学南山(P 且非 Q 为真，说明如果 P，则 Q 为假)，所以，当管理学院录用南山大学候选人时，李先生的预测一定是错误的。因此，本题答案选 B。

29. 解析：本题答案选 B。

假设哲学学院录用北清候选人，根据(1)推出管理学院录用西京候选人；再根据(3)，否后推出否前，推出经济学院录用南山候选人。所以，排除 C。假设哲学学院录用西京候选人，根据第 28 题结果，可排除 A 和 D。假设哲学学院录用南山候选人，则经济学院录用北清或西京候选人，根据(3)推出管理学院录用北清候选人。因此，本题答案选 B。

强化训练

30. 解析：本题答案选 B。

由题干信息"有三分之二的服用过胃药的报名献血者通过测试而献了血"意味着"有三分之一的服用过胃药的报名献血者被淘汰了"，那么他们就占**实际献血人数**的 5%，而题干开头说"估计**报名献血者中**将有 5%因服用过胃药而被淘汰"，显然，报名献血者>实际献血人数。所以，本题答案选 B。

31. 解析：本题答案选 E。

根据题干"如果上述三人的考虑都得到满足，则可以得出以下哪项"知，这是形式逻辑题，本题考查综合推理。本题可形式化为：

(1) 张、李同行→张、李坐大巴；

(2) 高铁比飞机便宜→李高铁；

(3) 除非 P，否则 Q=$\overline{P}$→Q，$\overline{\text{雨雪}}$→王飞机；

(4) 航班时间合适→王、李飞机。

这类题目的难度在于没法快速判断，只能挨个选项排除，属于非常耗时的题目。

A 选项	选择乘坐飞机、高铁与大巴等交通工具到北京，说明可能还有其他交通工具，A 不选，该选项极易误选

续 表

B选项	王涛和李华乘坐飞机进京，对于推理(3)，无法推出
C选项	如果张云和王涛乘坐高铁进京，有同学选C，因为忽略了题干中有“预报”，预报不等于就一定有雨雪，不选
D选项	如果三人都乘坐飞机进京，李没有乘坐高铁，$\overline{\text{李高铁}}$→$\overline{\text{高铁比飞机便宜}}$——逆否规则；$\overline{\text{高铁比飞机便宜}}$≠飞机票比高铁票便宜，该选项不选
E选项	三人都乘坐大巴进京，王乘坐的不是飞机，$\overline{\text{王飞机}}$→雨雪——逆否规则；二月初北京有雨雪天气，正确选项

32. 解析：本题答案选B。

根据题干“以下哪项符合董事会的研究决定”知，这是形式逻辑题，本题考查真话假话。题干形式化为(碰到假言问题，可以将其转化为选言)：

王：纳米技术∧生物医药技术；

赵：生物医药技术→智能技术=$\overline{\text{生物医药技术}}$∨智能技术；

李：(纳米技术∧生物医药技术)→智能技术=$\overline{\text{(纳米技术∧生物医药技术)}}$∨智能技术。

“只有其中一位的意见被采纳”说明只有一句话为真。

若赵的话为真，则李的话也一定为真，与题干不符，所以，赵的话为假，其矛盾：生物医药技术∧$\overline{\text{智能技术}}$为真。因此，答案只能选B。

33. 解析：本题答案选A。

数学中经常用到整体法，但是逻辑中出现得相对较少。观察题干，不妨设“搞读书演讲、知识竞赛”=P，“搞文艺演出和专题展览”=Q，题干可以形式化为：

甲：P→$\overline{Q}$

乙：$\overline{Q}$→P

丙：$\overline{P}$

⇒假设$\overline{P}$为真，那么丙为真，甲也为真(前假即真)，与题干不符。

所以，$\overline{P}$为假，P为真；乙说的话为真(后真即真)；所以，(1)为假。

P→$\overline{Q}$的矛盾(P∧Q)为真，所以，本题答案选A。

34～35题考查的显然是综合推理，题干信息形式化为：

(1) 小明橙→小芳蓝；

(2) $\overline{\text{小雷红}}$→$\overline{\text{小芳蓝}}$= 小芳蓝→小雷红；

(3) $\overline{\text{小刚黄}}$→$\overline{\text{小花紫}}$= 小花紫→小刚黄；

(4) $\overline{\text{黄∧绿}}$= $\overline{\text{黄}}$∨$\overline{\text{绿}}$；

(5) 小明橙∧小花紫。

34. 解析：本题答案选B。

本题考查“条件排列”。

A选项	根据(5)知，小明不可能收到2份礼物，不可能为真，不选

续 表

B选项	该选项与题干不矛盾，可能为真，选 B
C选项	根据(5)知，小明不可能收到 2 份礼物，不可能为真，不选
D选项	根据(5)知，小明不可能收到 2 份礼物，不可能为真，不选
E选项	根据(5)知，小明不可能收到 2 份礼物，不可能为真，不选

35. 解析：本题答案选 D。

根据题干信息“小刚收到 2 份礼物”，再根据(5)知：小明橙、小花紫；再根据(1)、(2)、(3)知：小芳蓝、小雷红、小刚黄；再根据(4)知：小刚不可能同时收到黄色礼物和绿色礼物，因此，小刚只能收到黄色和青色 2 份礼物。因此，本题答案选 D。

36. 解析：本题答案选 C。

由题干“根据上述信息可以得出以下哪项”知，这是形式逻辑题，本题是真话假话题。

题干形式化为：

(1) 甲全杀；

(2) $\overline{\text{乙防御一号}} \to \overline{\text{丙杀一}}$；

(3) 电脑都杀 → 丙防一；

(4) 启动丙 → 启动甲；

⇒ 启动丙 → 启动甲 → 甲全杀 → 电脑都杀 → 丙防一

37～38 题考查的是综合推理，这类题最简单的解法是构造一个符合试题要求的获奖可能，这种构造不考虑是否唯一，只考虑是否满足了试题所有要求。构造的结构如下表：

1月	2月	3月	4月	5月	6月	7月	8月	9月	10月
周	周	周	周						
				王	王	王	王		
			郑	郑	郑	郑			
		吴	吴	吴	吴				

构造上述表格时，对题干信息的理解是：

① 王某和郑某仅有三个月同时当选；

② 郑某和吴某仅有三个月同时当选。

由这两个条件知：他们三人至少两个月同时当选。

至少有一人在 1 月当选——至少一人是 1、2、3、4 月当选。

结合条件(1)、(2)、(3)，可以假定周某是 1、2、3、4 月当选。

结合仅有两人在 7 月同时当选——7 月不应该是三人同时当选的两个月中的一个，所以，同时当选只能是 5、6 月或者 4、5 月或者 3、4 月。

根据(3)王某和周某不曾在同一个月当选——王某只能是 5、6、7、8 月，6、7、8、9 月，7、8、9、10 月三种可能性，由于要使 7 月只有两人当选，所以，只能是 5、6、7、

8月。

符合要求的另外两种可能是4、5、6、7月和3、4、5、6月。

故共同当选的月份是4—6月；王某当选的是5—8月。

因此，37题的答案选B，38题的答案选B。

39. 解析：本题答案选D。

题干中“不可能被补交报销单据这一新的事实所推翻”，就是说不可能再增加数据了，包括雇员数量和报销总额。

A选项	“仅有14个雇员”，有可能新的雇员提供了报销单据，不选
B选项	“只有3个雇员”，有可能新的雇员提供了报销单据，不选
C选项	“报销总额为5234元”，有可能是以前的雇员提供了报销单据，不选
D选项	“至少有4个雇员、报销了至少2500元”，雇员和报销金额都没有下限，所以，它不可能被任何新的报销金额所否定，选D
E选项	“报销额不比后勤部多”说明报销金额有一个上限，有可能是以前的雇员提供了报销单据，不选

技巧点拨：这道题主要考查“至少”的含义。

40. 解析：本题答案选E。

由题干“根据以上条件，请问丙来自哪个学院”知，这是形式逻辑题，本题考查的是综合推理。本题是图表推理中非常复杂的一题，涉及五个不同的元素：

	经济学院	管理学院	哲学学院	数学学院	化学学院
甲	×				×[由(1)和(2)可推知]
乙	×	×	×[由(3)和(5)可推知]	×[由(3)和(5)可推知]	√
丙	×		×[由条件(4)可推知]		×
丁	√	×[由(5)和(6)可推知]	×[由(5)和(6)可推知]	×[由(5)和(6)可推知]	×[由(2)和(6)可推知]
戊	×				

很容易得出丁来自经济学院，乙来自化学学院，丙来自管理学院或者数学学院。由于乙来自化学学院，与3名选手比赛过，他没有与管理学院的选手比赛过，因此比赛对象一定来自哲学学院、数学学院和经济学院。甲仅与2名选手比赛过，作为来自管理学院、哲学学院或数学学院的一名选手，由于以上三个学院的选手相互都交过手，因此甲不可能与来自化学学院的乙比赛过，可以推知甲不是来自哲学学院与数学学院，所以甲来自管理学院，这样可以推知丙来自数学学院。因此，本题答案选E。

41～42题根据题干信息知：

(1) 甲主机相通于任一不相通于丙的主机；

(2) 丁主机不相通于丙；

(3) 丙主机相通于任一相通于甲的主机。

41. 解析：本题答案选 D。

将已知“丙不相通于丙”①作为推理的起点，与各个条件结合进行推理，具体步骤和结论如下：甲主机相通于任一不相通于丙的主机②。由①和②推知：甲相通于丙。丁主机不相通于丙③。由①和③推知：甲相通于丁。综上所述，甲主机相通于丁，也相通于丙，因此本题答案选 D。

42. 解析：本题答案选 E。

由题干信息“丙不相通于任何主机”①作为推理的起点，与各个条件结合进行推理，具体步骤和结论如下：丙主机相通于任一相通于甲的主机②。由①和②推知：没有任何主机相通于甲(否则丙将相通于该主机)。

A 为无关选项，不确定，因为题干没有关于乙的明确信息；

B 为无关选项，不确定，同 A 选项，没有关于乙的明确信息；

C 为无关选项，真，因为若丁相通于甲，则丙就相通于丁，不符合题意；

D 为无关选项，真，该命题等价于“或者丁不相通于甲，或者乙相通于甲”，“丁不相通于甲”为真，所以该命题为真；

E 为正确选项，假，该命题等价于“丁或者乙相通于甲”，这意味着“丙相通于丁或者乙”，与题意不符，答案选 E。

43. 解析：本题答案选 B。

按照已知条件画出相应表格如下：邓强只能坐在 3 和 5 中的某一个位置，陈露可以坐在座位 1 上，这时候张霞可坐在座位 2 和 5 上；陈露也可以坐在座位 2 上，这时候张霞可以坐在座位 1、5 和 3 上。这样，张霞的位置有四种可能(排除 4，其余位置都可以坐)。

3	4 李丽	5
1(陈露)	2(陈露)	

44. 解析：本题答案选 D。

本题的关键点是“金”“月”两庭院间隔的庭院数与“木”“水”两庭院间隔的庭院数相同，所以，只需构造出一个合适的排列即可(答案不唯一)。

火	土	金	水	(日)	月	木

根据题目问法“哪个庭院可能是‘日’字庭院”知，应该采用排除法。

A 项排除，与条件(1)冲突；

B 项排除，若“日”字庭院在第二个庭院，当条件(2)“火”字庭院和“土”字庭院相邻满足时，则条件(3)不能满足；

C 项排除，若“日”字庭院在第四个庭院，当条件(2)“火”字庭院和“土”字庭院相邻满足时，则条件(3)不能满足；

D项可能，若“日”字庭院在第五个庭院，当“火”字庭院和“土”字庭院处在第六、七庭院时，则有多种可能性满足条件(3)；

E项排除，若“日”字庭院在第六个庭院，当条件(2)“火”字庭院和“土”字庭院相邻满足时，则条件(3)不能满足。

综上所述，本题答案选D。

45. 解析：本题答案选E。

第二个庭院是“土”字庭院，那么“火”字庭院在第一个或者第三个；又根据“日”字庭院不是最前面的那个庭院，得出上面的构造满足题意，答案选E。

46～49题最好的解决办法就是图表法。

	张	王	李	赵	刘
天枢			√	×	×
天机			×		
天璇			×		

46. 解析：本题答案选D。

A，假设A正确，那么李、刘和赵都被天枢录用，与条件(2)矛盾；

B，假设B正确，那么张只能被天璇录用，则王也被天璇录用，与B矛盾；

C，由(3)刘和赵被同一家单位录用知，C显然错误；

D，假设只有王被天璇录用，那么张、赵、刘被天机录用，与题干不矛盾；

E，天枢录用了其中的三个人——根据条件(1)、(3)知，赵、刘被天枢录用，与(2)矛盾。

所以，本题答案选D。

47. 解析：本题答案选C。

从表中可以清晰看出，赵和刘是捆绑的，不被天枢录用，如果天枢录用了张和王，则天机和天璇中有单位没有录用人，与题干矛盾，所以天枢除了李外最多只能从张和王中选一人录用。所以，本题答案选C。

48. 解析：本题答案选B。

张被天璇录用，则王一定被天璇录用，那么刘和赵必定被天机录用。所以，本题答案选B。

49. 解析：本题答案选E。

根据题干信息：刘被天璇录用，则赵也被天璇录用，这时张一定不能被天璇录用，否则王也被天璇录用，那么此时天机没有录用人，与题干矛盾。所以，本题答案选E。

由题干信息知，50～53题是形式逻辑题，考查的是综合推理。题干信息形式化为：

(1) L与P必定在一天，可以把LP当作一个整体；

(2) G、H不在同一天；

(3) K初一→G初二；

(4) S初三→H初二。

50. 解析：本题答案选 D。

由于LP必须在同一天、G与H不能在同一天，那么，假设K与S在同一天值班，则G与H在同一天值班，与题干矛盾。显然，K与S不能在同一天值班。因此，本题答案选 D。

51. 解析：本题答案选 A。

如果“P在初二值班”，则“L也不在初二值班”，那么G不在初二值班，H也不在初二值班，排除B、D，再根据(3)、(4)的逆否命题：非G初二→非K初一；非H初二→非S初三，排除C、E。因此，本题答案选 A。

52. 解析：本题答案选 E。

如果“G与K在同一天值班”，且“L与P在同一天值班”，那么“H与S在同一天值班”。

假设“K在初一值班”为真，那么“G在初二值班”也为真，但事实上“G与K在同一天值班”，与题干不符，因此，K不能在初一值班。

假设“S在初三值班”为真，那么“H在初二值班”也为真，但事实上“S与H在同一天值班”，与题干不符，因此，S不能在初三值班。

综上所述，K不能在初一值班，S不能在初三值班，本题答案选 E。

53. 解析：本题答案选 D。

如果“H在S的前一天值班”，那说明G与S在同一天值班，H与K在同一天值班。由于一共只有三天，所以，我们可以采用枚举法。

假设H在初一值班，那么G与S在初二值班，L与P在初三值班。

假设H在初二值班，那么G与S在初三值班，L与P在初一值班。

综上所述，L与P在初一值班或者初三值班。因此，本题答案选 D。

54. 解析：本题答案选 A。

由题干信息“如果赵强和李丽分配到同一部门，且张静分配到财务部，那么可以得出以下哪项”知，这是形式逻辑题，本题考查的是综合推理。题干信息形式化为：

(1) 李市场部=张财务部且赵财务部(“当且仅当”是充要条件判断依据，在逻辑中，A是B的充要条件等价于A=B)；

(2) 非孙公关部→马财务部；

(3) 刘财务部→非赵财务部；

(4) 非刘财务部或非马财务部=马财务部→非刘财务部。

由于前面几个推理都是假言推理，因此，最好将(4)写成假言形式，(2)+(4)得到：(5)非孙公关部→马财务部→非刘财务部(假言推理的传递规则)。

再根据“如果赵强和李丽分配到同一部门，且张静分配到财务部”知，赵强和李丽不可能被分配到财务部，因此，只能分配到市场部或者公关部。

假设赵强和李丽去市场部，那么根据(1)知：张财务部且赵财务部，赵强一个人不可能去两个部门，与题干不符，故赵强和李丽不能去市场部，只能去公关部。

因此，孙明就不能去公关部，再根据(5)非孙公关部→马财务部→非刘财务部知，刘亮不去财务部，且刘亮不能去公关部，那么刘亮被分配到市场部。因此，本题答案选 A。

55. 解析：本题答案选 D。

由“根据题干信息，以下哪项可能为真”知，这是形式逻辑题，本题考查的是综合推理。根据上题信息形式化为：

(1) 李市场部＝张财务部且赵财务部；

(2) 非孙公关部→马财务部；

(3) 刘财务部→非赵财务部；

(4) 非刘财务部或非马财务部＝马财务部→非刘财务部；

(5) 非孙公关部→马财务部→非刘财务部(假言推理的传递规则)。

A. 如果“赵强和孙明分配到财务部”，根据(5)知马财务部，那么此时财务部有三人，与题干不符，不可能成立，不选，同理，B 也不能选；

C. 如果“李丽和张静分配到市场部”，根据(1)知张财务部且赵财务部，张静一个人不可能去两个部门，与题干不符，不选；

D. 如果“马霞和张静分配到市场部”，题干推理未涉及，因此，可能为真；

E. 如果“孙明和李丽分配到市场部”，根据(5)知马财务部，根据(1)知张财务部且赵财务部，财务部不可能有三个人，与题干不符，不选。

56. 解析：本题答案选 D。

根据题干信息知：

(1) 别墅售价：甲＞乙＞丙；

(2) 普通商用房售价：甲＞丙＞乙；

(3) 经济适用房售价：乙＞甲＞丙。

由题干信息知，无论如何，甲城的平均价格肯定高于丙城，不可能是平均价格最低的，所以，本题答案选 D。

57. 解析：本题答案选 D。

本题主要涉及整体与局部的关系。除了经济适用房，其余均价均是甲最高，要使总体上甲的均价最高，只要满足“在经济适用房这一块，甲不会拉低太多平均”。也就是说：

第一，在经济适用房这一块，甲的均价不会比乙低太多；

第二，在经济适用房这一块，其面积所占的比例不会太大。

因此，本题答案选 D。

58. 解析：本题答案选 A。

根据题干信息“如果上述断定均为真，则以下哪项也必然是真的”知，这是形式逻辑题，本题考查复合命题中的推理。题干可以形式化为：

(1) 研究生小王不认识与会的任何人；

(2) “只要是有些人不认识的人赵研究员全都认识”＝“如果这个人有不认识的人，那么赵研究员就认识他”，事实上“其他人都不认识小王”，那么他认识除小王以外的所有人，包括李博士和张研究员；

(3) 赵研究员认识李博士，那么张教授一定认识赵研究员，因此，张教授和赵研究员相互认识，本题答案选 A。

59. 解析：本题答案选 C。

由题干“赵和张坐的不同椅子的组对数目最大可能值是”知，这是形式逻辑题，本题考查的是综合推理。本题是一道典型的单线性排列题，根据题干信息可以得出：

(1)“4 个是男孩：赵、钱、孙、李；3 个是女孩：张、周、陈，且所有的男孩子都不相邻”，说明男孩子只能占据 1、3、5、7 号位置，女孩子只能占据 2、4、6 号位置(见下图)；

(2) 孙在这排座位中间紧靠着第 4 个孩子的东边坐，且孙是男孩，所以，孙只能在 5 号位；

(3) 周坐在孙的东边，且周是女孩，所以，周只能在 6 号位；

(4) 赵与张相邻，且赵是男孩、张是女孩，因此，可以将他们打包处理，但是千万注意，其内部有相应的顺序，可以是“张赵”，也可以是“赵张”。

综上所述，赵和张坐的不同椅子有：1、2；2、3；3、4，共 3 种可能性，本题答案选 C。

2	3	4	5	6	7(最东)
女	男	女	男—孙	女—周	男

60. 解析：本题答案选 C。

由题干“以下哪项一定是错误的”知，这是形式逻辑题，本题考查的是综合推理。本题要找到与题干信息矛盾的选项，此类试题相对比较复杂。

A 选项	本选项中，钱、李和赵都是男性，假如赵在 1 号位，他右边 3、7 两个位置可以坐钱和李，该选项可能为真，不选
B 选项	本选项中，钱和赵是男性、张是女性，只要满足“钱和张坐在赵的东边”。假如赵在 1 号位，张可以在 2 号位，钱可以坐 3、7 两个位置，该选项可能为真，不选
C 选项	本选项中，钱、李和赵都是男性，赵不可能在 7 号位(要满足赵和张相邻这个条件)，因此，赵最右边的位置只能是 3 号位，在他左边不可能有 2 个男性，与题干不符，选 C
D 选项	本选项中，钱和赵是男性、张是女性，且赵最右边的位置只能是 3 号位，那么，其左边的 1 号、2 号位可以分别安排一男一女，该选项可能为真，不选
E 选项	本选项中，李和赵是男性、张是女性，且赵最右边的位置只能是 3 号位，那么，其左边的 1 号、2 号位可以分别安排一男一女，该选项可能为真，不选

第七章 加强与削弱

例题

1. 解析：本题答案选 A。

题干考查的是对比型的加强削弱，关于此类题目，笔者在此做一个小结：一定要使两者具有可比性。根据题干信息可知：都患难治疾病 T，服用过同样的常规药；实验用药不同：第一组服用W素，第二组服用不含有W素的安慰剂；实验结果相同：两组都有44人死亡。

A选项	"第二组的平均死亡年份比第一组早两年"，说明W素在延缓疾病发作的时间上发挥了作用，而不是"这种试验药物是无效的"，直接削弱了结论，选A
B选项	"平均寿命"与"试验药物是无效的"之间没有必然联系，属于无关选项，不选
C选项	"上述活着的病人"不是题干论证的对象，属于无关选项，不选
D选项	"上述活着的病人"不是题干论证的对象，属于无关选项，不选
E选项	"上述活着的病人"不是题干论证的对象，属于无关选项，不选

2. 解析：本题答案选D。

题干的观点是：基础数学课程可以用其他重要的工程类课程替代。以下为各个选项的分析过程：

Ⅰ. 支持了程老师的观点，基础数学课程可以替代；

Ⅱ. 削弱了程老师的观点，基础数学课程无法替代；

Ⅲ. 削弱了程老师的观点，基础数学课程无法替代。

所以，本题答案选D。

3. 解析：本题答案选D。

题干的观点是"机器人战争技术的出现可以使人类远离危险，更安全地实现战争目标"，同意作者观点的就是加强，不同意作者观点的就是削弱，以下为各个选项的具体分析：

A选项	机器人可能会掌控人类，但是题干的观点是"更安全地实现战争目标"，属于无关选项，不选
B选项	支持了题干，但是"部分国家"表明其支持力度较弱，不选
C选项	支持了题干，不选
D选项	说明没法实现"使人类远离危险，更安全地实现战争目标"，削弱了题干，选D
E选项	无关选项，不选

4. 解析：本题答案选E。

题干的信息是：3D立体技术可能成为电影主流，演员担心未来计算机生成的图像和动画会替代真人表演。如何削弱这个推理？不能替代真人表演，演员还要表演。

A选项	"导演只能和真人交流，而不是和电脑交流"，该选项是一个很强的干扰项："真人"未必只是"演员"，是不是交流生成的图像和动画的费用？"交流"是命题者给考生的心理暗示，该选项不选
B选项	无关选项，"跟上时代的发展"并不代表不可替代，不选
C选项	无关选项，没有提到"演员"，不选

续 表

D 选项	无关选项，没有提到“演员”，不选
E 选项	明确表示真人表演无可替代，削弱了题干，选 E

5. 解析：本题答案选 A。
记者的结论是：友南是上赛季西海队核心球员，而题干给出的“核心球员”的定义是：能在关键场次带领全队赢得比赛。

A 选项	该选项表明友南上场，并没有带领全队赢得关键比赛的胜利，质疑了记者的结论，选 A
B 选项	该选项没有涉及“核心球员”这一概念，属于无关选项，不选
C 选项	该选项论证的是“本赛季”，而题干论证的是“上赛季”，属于无关选项，不选
D 选项	该选项论证的是“友南缺阵”时的表现，而题干论证的是“关键场次带领全队赢得比赛”，属于无关选项，不选
E 选项	该选项没有涉及“核心球员”这一概念，属于无关选项，不选

6. 解析：本题答案选 D。
根据题干“以下哪项如果为真，最能支持上述专家的结论”知，这是非形式逻辑题，本题考查加强削弱。题干结论是：现在许多人没有事情，依旧晚睡→人们似乎从晚睡中得到了快乐，但这种快乐其实隐藏着某种烦恼。

A 选项	该选项只涉及晚睡者的“快乐”，没有涉及“这种快乐其实隐藏着某种烦恼”，可以部分地加强题干结论，但力度不强，不选
B 选项	该选项表示：晚睡者“在干事情”，而不是“无所事事继续晚睡”，削弱了题干结论，不选
C 选项	该选项表示：晚睡者“有事情可干”，而不是“无所事事继续晚睡”，削弱了题干结论，不选
D 选项	该选项既涉及了“人们似乎从晚睡中得到了快乐”，也涉及了“快乐其实隐藏着某种烦恼”，支持了题干论证，选 D
E 选项	该选项只涉及晚睡者的“烦恼”，没有涉及“人们似乎从晚睡中得到了快乐”，可以部分加强题干结论，但力度不强，不选

技巧点拨：本题的正确选项不仅要局部支持题干，还要考虑到“全面性”。

7. 解析：本题答案选 C。
由题干信息“以下哪项如果为真，最能质疑上述专家的论断”知，这是非形式逻辑题，本题考查的是加强削弱。题干的论证是基于手机平台的多款智能导游 App 被开发出来(X)→未来智能导游必然会取代人工导游，传统的导游职业行将消亡。

A 选项	题干论证未涉及“目前”，而是说未来的趋势，属于无关选项，不选
B 选项	题干论证涉及“导游 App”的若干劣势，可以削弱题干，但只涉及其中的某一方面，力度较弱，不选

续 表

C 选项	该选项表示“好的人工导游”具有独特的优势，而“智能导游 App”不可能具有此优势，表明其不可取代性，削弱了题干论证，选 C
D 选项	题干论证涉及“人工导游”的存在意义，可以削弱题干，但只涉及其中的某一方面，力度较弱，不选
E 选项	该选项表示“智能导游 App”发展的必要意义，支持了题干论证，不选

8. 解析：本题答案选 E。

由题干信息“以下哪项如果为真，最能支持上述专家的论断”知，这是非形式逻辑题，本题考查的是加强削弱。题干的论证是：84%的家长每天都会陪孩子写作业，而67%的受访家长会因为陪孩子写作业而烦恼(X)→家长陪孩子写作业，相当于充当学校老师的助理，让家庭成为课堂的延伸，会对孩子的成长产生不利影响。

A 选项	题干论证对象是“家长陪孩子写作业”，而不是其他教育方式，无关选项，不选
B 选项	该选项表示“家长确实没有精力去陪孩子写作业”，但“有些”表示其力度较弱，不选
C 选项	该选项表明“学习过程中的父母陪伴尤为重要”，削弱了题干论证，不选
D 选项	该选项表示“家长确实没有能力去陪孩子写作业”，但“或许”表示其力度较弱，不选
E 选项	该选项提出新论据，指出家长陪同孩子做作业会对孩子有不利的影响，属于过渡性支持，选 E

9. 解析：本题答案选 E。

由题干信息“以下哪项如果为真，最能支持上述推论”知，这是非形式逻辑题，本题考查的是加强削弱。题干的论证是：《淮南子·齐俗训》是考证牛肉汤做法最早文献资料→牛肉汤的起源不会晚于春秋战国时期。

A 选项	该选项直接质疑题干结论，不选
B 选项	该选项是对题干背景信息的说明，属于无关选项，不选
C 选项	题干论证对象不是“《淮南子》的作者”，属于无关选项，不选
D 选项	该选项是对题干背景信息的说明，属于无关选项，不选
E 选项	该选项提出新论据，指出牛肉汤的起源不会晚于春秋战国时期，属于过渡性支持，选 E

10. 解析：本题答案选 A。

题干论证的因果关系是：长期心跳过快→心血管疾病。

A 选项	不是心跳快导致心血管疾病，而是心血管疾病导致心跳快，属于因果倒置，最强削弱，选 A
B 选项	该选项中的“39%”是一个绝对概念，而题干中是“高出 39%”，是一个相对概念，属于无关选项，不选

续 表

C 选项	该选项中的"39%"是一个绝对概念,而题干中是"高出 39%",是一个相对概念,属于无关选项,不选
D 选项	题干论证的对象是人,而该选项论证的对象是兔子,属于无关选项,不选
E 选项	题干论证未涉及"年龄与心血管疾病的关系",属于无关选项,不选

11. 解析:本题答案选 B。

题干论证的是:夫妻间起居时间明显不同(X)→每月爆发激烈争吵的次数增多(Y)。

A 选项	题干论证的是"夫妻间起居时间明显不同"与"爆发激烈争吵的次数"之间的关系,而不是争吵与关系好之间的关系,属于无关选项,不选
B 选项	该选项论证的关系为:闹矛盾(争吵)(Y)→夫妻间起居时间明显不同(X),属于因果倒置,最强地削弱题干论证,选 B
C 选项	题干论证未涉及"个人的起居时间的变化因素",属于无关选项,不选
D 选项	题干论证未涉及"个人的起居时间的影响",属于无关选项,不选
E 选项	该选项是干扰项,它表示"很少是夫妻间争吵的直接原因",但也有可能是间接原因,该选项可以削弱题干论证,但力度不大,不选

12. 解析:本题答案选 D。

专家的观点是:光纤网络(X)将大幅提高人们的生活质量(Y)。

A 选项	可以从一定程度上削弱题干,但是,"有时"的削弱力度较弱,不选
B 选项	他因削弱,人们的生活质量的提高(Y)不是因为光纤网络(X),而是因为其他原因(Z),力度相对较弱,不选
C 选项	题干未涉及"相关上网费用",属于无关选项,不选
D 选项	否定了人们生活质量的提高(Y)与光纤网络(X)之间的关系,完全否定了该论证关系,属于因果无关的削弱,力度最强,选 D
E 选项	可以从一定程度上削弱题干,但是,"可能"的削弱力度较弱,不选

13. 解析:本题答案选 A。

根据题干"以下哪项如果为真,最能反驳上述推测"知,这是非形式逻辑题,本题考查加强削弱。根据关键字"据此推测"知,本题考查的是因果关系的加强削弱。

题干论证的前提为:宇宙空间也一定存在氨基酸分子,只要有适当的环境,它们就有可能转变为蛋白质,进一步发展成为有机生命;

题干论证的结论为:地球以外的其他星球也存在生命体,甚至可能是具有高等智慧的生命体。

A 选项	通过提出差异可知,由氨基酸分子转变为蛋白质的过程显然无法得出"进一步发展成为有机生命",割裂了因果关系,属于最强削弱,选 A

续　表

B选项	题干未涉及“社会化”，无关选项
C选项	削弱了背景信息，削弱力度较弱
D选项	削弱了背景信息，削弱力度较弱
E选项	“火星上不存在生命体”不代表“宇宙中不存在生命体”，特例的削弱力度较弱

14. 解析：本题答案选D。

题干的论证关系是：年老蜘蛛结的网可能出现缺口(Y)是因为动物(蜘蛛)的大脑随着年龄增加而退化(X)。

A选项	题干论证未涉及“优美的蛛网”，属于无关选项，不选
B选项	“脑容量明显偏小”可以理解为大脑退化，加强了题干，不选
C选项	年老蜘蛛结的网出现缺口(Y)可能不是因为大脑随着年龄增加而退化(X)，而是因为运动器官的老化(Z)，他因削弱，但力度相对较弱，不选
D选项	该选项表示“蜘蛛结网能力”与“大脑是否退化”之间没有因果关系，割裂了两者的因果关系，属于因果无关削弱，力度最强，选D
E选项	题干论证未涉及“蛛网的功能”，属于无关选项，不选

15. 解析：本题答案选B。

题干考查的是例证加强削弱，题干论证的因果关系是：氧气含量的多少可决定昆虫的形体大小。

	氧气含量的多少		昆虫的形体大小	加强/削弱
A选项		导致(可以决定)		无关选项
B选项	越高		越大	加强
C选项				无关选项
D选项				又带上了气压，无关
E选项				“动物”，无关选项

16. 解析：本题答案选C。

本题论证的是：自闭症与神经蛋白质有重要关联→蛋白质合成过多导致自闭症。

A选项	题干未涉及两者不同的“实验鼠”，而且题干主要论证的是“蛋白质”与“自闭症”的关系，属于无关选项，不选
B选项	题干未涉及两者不同的“雌雄老鼠”，属于无关选项，不选
C选项	“抑制神经连接蛋白的蛋白质合成可缓解实验鼠的自闭症状”属于无因无果加强，支持了题干，为正确选项

续 表

D 选项	题干未涉及两者不同的“关键基因”，属于无关选项，不选
E 选项	题干未涉及两者不同的“老年实验鼠”，属于无关选项，不选

17. 解析：本题答案选 D。

题干论证的因果关系是：鸟类利用右眼(A)→判断方向(B)。

A 选项	“左眼戴眼罩的鸟朝哪个方向飞的都有”，表示利用“左眼”来判断方向(B)，削弱了题干，不选
B 选项	“右眼戴眼罩的鸟顺利地从笼中飞了出去”，表示不利用右眼(无 A)→判断方向(B)，削弱了题干，不选
C 选项	“没戴眼罩的鸟朝哪个方向飞的都有”，表明“左眼右眼之间相互干扰”，无法加强题干，不选
D 选项	该选项表示“右眼蒙上(无 A)就不能判断方向(无 B，任一方向飞行)，而没戴眼罩或者仅左眼戴眼罩，右眼不受影响(有 A)，能够判断方向(有 B，顺利飞出)”，加强了题干，选 D
E 选项	“戴眼罩的鸟，不论左眼还是右眼，朝哪个方向飞的都有”，说明“不论左眼还是右眼”都可以用来判断方向，可以加强题干，但显然力度没有 D 选项强，不选

18. 解析：本题答案选 E。

题干论证的因果关系是：“男孩危机”现象(Y)是因为家庭和学校不适当的教育方法(X)。

A 选项	加强选项，支持了“不适当的教育方法”这一前提，但是其力度相对较弱
B 选项	无关选项
C 选项	无关选项，选项为“大学毕业后”
D 选项	加强选项，支持了“不适当的教育方法”这一前提，但是其力度相对较弱
E 选项	“男孩危机”现象(Y)可能不是因为家庭和学校不适当的教育方法(X)，而是因为男孩天性比女孩更喜欢游戏(Z)，他因削弱，选 E。

19. 解析：本题答案选 A。

根据题干“最能反驳上述论证”知，这是非形式逻辑题，本题考查加强削弱。

根据“由此可以推测”知，本题考查的是因果关系型加强削弱。题干论证的是：剑乳齿象的灭绝(Y)与人类的过度捕杀有密切关系(X)。

以下为各个选项的分析过程：

A 选项	剑乳齿象的灭绝(Y)不是与人类的过度捕杀有密切关系(X)，而是因为史前动物之间经常发生大规模相互捕杀的现象(Z)，他因削弱。
B 选项	加强选项，但力度较弱

续 表

C 选项	无关选项
D 选项	无关选项，“剑乳齿象的牙齿结构比较复杂，这表明它能吃草”，不等于“大型食草动物”，属于题干与选项核心概念的混淆
E 选项	无关选项，“幼年剑乳齿象的自我生存能力弱”，不能说明整个族群的生存能力弱，婴儿生存能力弱，但人类的繁衍生生不息

20. 解析：本题答案选 C。

根据“上述卫星照片的数据说明”知，题干考查的是因果关系型的加强削弱，题干的因果关系是：去年 H 国雨林面积的缩小比例明显低于往年(Y)是由于 H 国政府保护赤道雨林的努力取得了显著成效(X)。

A 选项	无关选项
B 选项	无关选项
C 选项	削弱，去年 H 国雨林面积的缩小比例明显低于往年(Y)，不是由于 H 国政府保护赤道雨林的努力取得了显著成效(X)，而是由于去年 H 国的旱季出现了异乎寻常的大面积持续降雨(Z)，他因削弱
D 选项	无关选项
E 选项	无关选项

21. 解析：本题答案选 B。

题干论证的是：爱慈老人院在疾病治疗水平方面评价偏低(Y)是由于医生数量不足(X)。

A 选项	题干论证未涉及“和祥老人院”，属于无关选项，不选
B 选项	该选项表示：爱慈老人院在疾病治疗水平方面评价偏低(Y)不是由于医务护理人员数量少(Z)，而更可能是由于医生数量不足(X)，无他因加强，选 B
C 选项	题干论证未涉及“发表的相关学术文章”，属于无关选项，不选
D 选项	题干论证未涉及“爱慈老人院的地理位置”，属于无关选项，不选
E 选项	该选项表示：爱慈老人院在疾病治疗水平方面评价偏低(Y)可能不是医生数量不足(X)，而更可能是由于医生的医术一般(Z)，他因削弱，但是“有些”表特称，一般力度较弱，不选

22. 解析：本题答案选 B。

司法公正表现在两个方面：肯定性误判率和否定性误判率，现在要通过肯定性误判率来衡量是否对司法公正的原则贯彻得足够好，那么必须要假设另一个指标相同。本题表明否定性误判率不会造成差异，那么肯定性误判率越低，法院对司法公正的原则贯彻得越好，属于无他因支持。

23. 解析：本题答案选 C。

题干论证的前提差：是否被轻微电击；题干论证的结果差：大脑运算能力的不同。显然是由“前提差导致结果差”的模式，据此研究人员得出结论：“脑部微电击可提高大脑的运算能力。”

A 选项	与题干论证无关，无关选项
B 选项	题干未涉及“多次刺激”，无关选项
C 选项	说明没有他差，两者之间具有可比性，对论证起到支持作用，属于无他因支持，选 C
D 选项	表明存在其他差异，测试结果的差异（Y）很有可能是由于测试时注意力更集中（Z），而不是由于是否被轻微电击导致的（前提差），削弱了题干
E 选项	该选项涉及的仅仅是题干的背景信息，力度不大

24. 解析：本题答案选 B。
本题属于方法、目的、措施型论证，题干要达到的目的是：缓解拥堵现象。

A 选项	无关选项，与题干设定的目的无关，不选
B 选项	该选项属于即使该方案执行了，也不能解决问题，削弱了题干，选 B
C 选项	题干未涉及“惩罚措施”，属于无关选项，不选
D 选项	其他方法有效与否不影响本方法，属于无关选项，不选
E 选项	题干未涉及“公共交通的进一步改善”，属于无关选项，不选

25. 解析：本题答案选 D。
根据题干知，本题的题干能达到的效果是：为了缓解上下班时间的交通压力。

A 选项	“用餐时间冲突”，题干未涉及，无关选项
B 选项	“工作效率难以保证”，题干未涉及，无关选项
C 选项	“集体合作才能完成”，题干未涉及，无关选项
D 选项	该选项表明交通拥堵一直存在，即使采取措施，也没法达到目的，削弱题干，选 D
E 选项	“步行即可上下班”，题干未涉及，无关选项

26. 解析：本题答案选 E。
根据题干知，本题的题干能达到的效果是：阻挡部分阳光，达到地球表面降温的目的。

A 选项	“会导致航空乘客呼吸不适”，题干未涉及，无关选项，不选
B 选项	“可以避免地球表面强烈阳光的照射”，说明可以起到降温作用，支持了题干论证，不选
C 选项	题干未涉及“减少大气层的碳含量”，属于无关选项，不选
D 选项	题干未涉及“破坏地球的大气层结构”，属于无关选项，不选
E 选项	说明科学家的提议最终无法达到目的，削弱了题干的论证，选 E

27. 解析：本题答案选 B。

题干论证的是：牛肉干的添加剂并不会导致动脉硬化→人们可以放心食用牛肉干而无须担心对健康的影响。

A 选项	削弱题干背景信息，力度较弱，不选
B 选项	说明食用牛肉干不会导致动脉硬化，不等于不会影响身体健康，有力地削弱了题干的论证，选 B
C 选项	题干未涉及“肉类”，无关选项，不选
D 选项	题干未涉及“其他对动脉健康有损害的食品”，无关选项，不选
E 选项	题干未涉及“研究方法”，无关选项，不选

28. 解析：本题答案选 B。

题干考查的是对比型的加强削弱，类比的对象的相关属性必须**不存在实质性的差异**，否则，类比的结论就不可靠。题干类比的对象是扑克和硬币，相关属性是用作赌具。如果 B 项为真，说明硬币虽然也能作赌具，但远不如扑克方便。因此，不能因为禁止学生带硬币进校以杜绝赌博行不通，就得出结论：禁止学生带扑克进校以杜绝赌博也不合理。这就有力地削弱了题干的论证。

技巧点拨：对于类比不当的加强削弱，主要看它们是否**存在实质性的差异**。

29. 解析：本题答案选 A。

解决实验题的一个大原则是：对象之间是否具有可比性，一般从以下三个方面入手解决：

(1) 实验对象是否是实验所需或者是否具有代表性；

(2) 实验的方法是否可行；

(3) 实验得出结论的过程是否严谨。

A 选项	直接质疑实验内容不具有代表性，样本不当，试想如果这 20 个全是甲骨文，有人不认得，能说这人不识字吗？
B 选项	无关选项，有没有博士学位与是否识字没有关系
C 选项	无关选项，无法质疑实验者的结论，在网络流行语言中不常用，也可能在生活语言中常用
D 选项	支持了题干，连大学老师都会读错，支持了题干结论“当前人们的识字水平并没有提高，甚至有所下降”，“有些”表示其支持力度较弱
E 选项	E 项是解释项，实为加强，承认确实识字水平不高

30. 解析：本题答案选 E。

要削弱此类论证，只要说明样本没有代表性。

31. 解析：本题答案选 B。

题干的信息是：公司职工自由散漫→吉安公司的员工都缺乏工作积极性和责任心。

A 选项	“当领导不在时，公司的员工会表现出自由散漫”，虽然限定了范围是在“领导不在时”，也确实承认了“公司的员工自由散漫”，支持了题干，不选

续 表

B 选项	如果该选项为真，则说明莫大伟的论证存在以偏概全的问题，也就是根据吉安公司在某城市职工的情况，草率地对整个吉安公司得出相关结论，削弱了题干，选 B
C 选项	题干未涉及“莫大伟大学刚毕业”，无关选项，不选
D 选项	题干未涉及“领导”，无关选项，不选
E 选项	题干未涉及“节假日”，无关选项，不选。但是，该选项是很强的干扰项，如果题干得出的结论是“吉安公司的员工在任何时候都缺乏工作积极性和责任心”，那么该选项是正确答案，该选项的侧重是“时间段”

32. 解析：本题答案选 C。

题干的论证为：幸福或不幸福并不意味着死亡的风险会相应地变得更低或更高→疾病可能会导致不幸福，但不幸福本身并不会对健康状况造成损害。显然，概念偷换是其中最大的问题，论据中说的是“死亡风险”，到了结论就成了“健康状况”，C 选项指出了这一点，因此，本题答案选 C。

基础训练

1. 解析：本题答案选 E。

本题专家的观点是：人文教育对人未来生活的影响会更大一些，即“智识”比“知识”更重要。

A 选项	题干论证未涉及“大学开设的课程”，属于无关选项，不选
B 选项	题干论证未涉及“两者能不能相互替代”，属于无关选项，不选
C 选项	该选项表示“智识”与“知识”都很重要，但没有突出哪个更重要，无法支持题干，不选
D 选项	题干论证未涉及“价值和意义的进一步探究”，属于无关选项，不选
E 选项	该选项表示“智识”比“知识”更重要，符合题干结论，支持了题干，选 E

2. 解析：本题答案选 B。

题干论证的是：不采取紧急措施改善空气质量→这些疾病的发病率和相关的并发症将会增加。

A 选项	题干论证未涉及“患者的性别与年龄”，属于无关选项，不选
B 选项	该选项表示有毒颗粒物→影响泪腺细胞→这些疾病的发病率和相关的并发症将会增加，属于过渡性加强，支持了专家的观点，选 B
C 选项	“空气质量的改善不是短期内能做到的”并不代表做不到，诉诸无知，属于无关选项，不选
D 选项	该选项表明即使环境破坏了，仍旧可以采取措施预防干眼症等眼疾，属于有因无果的削弱，不选
E 选项	题干论证未涉及“眼睛慢性炎症和干眼症等病例”的发病，属于无关选项，不选

3. 解析：本题答案选 D。

根据题干“最能削弱以上结论”知，这是非形式逻辑题，本题考查加强削弱。
题干的观点是：异地通婚可提高下一代的智商水平；题干的因果关系为：异地通婚⇒下一代智商提高。

A 选项	质疑样本数量，属于质疑背景信息，力度较弱，不选
B 选项	例证削弱，但是“一些”表明数字不确切，力度较弱，不选
C 选项	例证削弱，但是“一些”表明数字不确切，力度较弱，不选
D 选项	不是因为异地通婚导致下一代的智商水平高，而是因为高智商才导致异地通婚，属于因果倒置的削弱，其力度最强，选 D
E 选项	例证削弱，但是“一些”表明数字不确切，力度较弱，不选

4. 解析：本题答案选 A。
题干的结论是：配音已失去观众，必将退出历史舞台。

A 选项	该选项表明配音仍旧有很大的市场，不会退出历史舞台，削弱了题干结论，显然不能支持，选 A
B 选项	“有的人对此并不领情”说明“配音已失去观众”，支持了题干，不选
C 选项	该选项表明“观众更喜欢欣赏原著、不喜欢配音”，支持了题干，不选
D 选项	该选项表明“国人已经不习惯配音”，支持了题干，不选
E 选项	该选项表明“观众并不接受配音”，支持了题干，不选

5. 解析：本题答案选 D。
题干信息：想从事会计工作→想要获得注册会计师证书；
论证：小朱想获得注册会计师证书→小朱想从事会计工作。题干信息无法推出论证。

A 选项	该选项强调“已经具有”，题干是“想要获得”，无关选项，不选
B 选项	题干论证与“好的会计工作者”无关，不选
C 选项	题干论证与“有资格从事会计工作”无关，不选
D 选项	想获得注册会计师证书→想从事会计工作，可推出题干论证，选 D
E 选项	题干论证与“对会计理论非常熟悉”无关，不选

6. 解析：本题答案选 D。
题干论证的是：甲校学生比乙校学生成绩好→甲校的教学方法比乙校好。

A 选项	该选项表示甲校数学成绩好的原因不一定是教学方法好，而可能是试题容易的原因造成的，属于他因削弱，不选
B 选项	该选项表示甲校数学成绩好的原因不一定是教学方法好，而可能是学生基础好的原因造成的，属于他因削弱，不选

续 表

C 选项	该选项表示甲校数学成绩好的原因不一定是教学方法好，而可能是教材容易的原因造成的，属于他因削弱，不选
D 选项	该选项说明既然乙校的教师更勤奋而考试成绩却没有甲校好，这意味着很可能是乙校的教学方法不当所致。因此，该项会加强题干结论，选 D
E 选项	该选项表示甲校数学成绩好的原因不一定是教学方法好，而可能是学时多的原因造成的，属于他因削弱，不选

7. 解析：本题答案选 A。

本题的假设为：保持头部的暂时静止⇒鸽子获得稳定的视野，看清周围的食物。

A 选项	例证加强，无因无果型加强，选 A
B 选项	“鸟类”题干没有涉及，无关选项
C 选项	无关选项，解释鸽子行走时伸脖子的原因，同时没有涉及“食物”
D 选项	无关选项，解释鸽子行走时头部不断运动的原因，同时没有涉及“食物”
E 选项	无关选项

8. 解析：本题答案选 E。

题干的观点是“以商品已经做低价处理、商品已经开封或使用等理由拒绝退货”，而题干说明商家的承诺是“7 天内无理由退货”。

A 选项	支持了商家的做法，不选
B 选项	支持了商家的做法，为商家不退货找理由，不选
C 选项	无关选项，诉诸无知，不选
D 选项	无关选项，不选
E 选项	直接质疑结论，符合商家的承诺“7 天内无理由退货”，质疑了商家不退货而找理由的做法，为正确选项

9. 解析：本题答案选 A。

题干给出一个概念——理性计算，符合理性计算这个概念的就是加强，否则，就是削弱。

A 选项	该选项说明了“理性计算”是很有必要的，支持了题干，为正确选项
B 选项	“理性计算”有的时候不管用，削弱题干，不选
C 选项	“理性计算”会带来危险，削弱题干，不选
D 选项	“理性计算”没有存在的必要，遵纪守法即可，削弱题干，不选
E 选项	“理性计算”会助长歪风邪气，削弱题干，不选

10. 解析：本题答案选 D。

题干的结论是：过多使用计算机解决学习和生活问题的青少年实际的手写汉字能力要比其他孩子差。

A 选项	题干与“智力水平”无关，不选
B 选项	题干强调的是手写能力，无关选项，不选
C 选项	题干强调的是手写能力，无关选项，不选
D 选项	该选项通过对较少使用电脑的青少年动手能力和题干结论的对比，从反面证明了材料结论的合理性，可理解为无因无果加强，选 D
E 选项	与题干结论无关，不选

11. 解析：本题答案选 D。

专家要达到的目的是“让风在城市中更加自由地进出，促进城市空气的更新循环”，能达到专家设想的目的的就是加强题干，否则，就是削弱题干。

A 选项	建立风道无法达到目的，削弱题干，不选
B 选项	题干未涉及该选项，属于无关选项，不选
C 选项	设想过于理想，无法达到目的，削弱题干，不选
D 选项	能达到目的，加强了题干，选 D
E 选项	题干未涉及该选项，属于无关选项，不选

12. 解析：本题答案选 E。

本题显然是观点态度题，解题时应该把更多精力放在专家的观点上：父母应该抽时间陪孩子一起阅读纸质图书，可以在交流中促进其心灵的成长。

A 选项	题干未涉及“年轻父母工作压力较大”，属于无关选项，不选
B 选项	题干未涉及“电子瘾”，属于无关选项，不选
C 选项	该选项未涉及“心灵的成长”，讲学习机的不良后果，但该选项还是讲的儿童学习的问题，未涉及“促进其心灵的成长”，不选
D 选项	该选项很容易误选，注意题干讲的是“促进其心灵的成长”，而该选项讲的是“有利于保护儿童视力”，属于无关选项，不选
E 选项	该选项说：电子阅读减少了父母与孩子的交流，不利于“促进其心灵的成长”，说明专家的建议有效果，这显然支持了题干专家的观点，选 E

13. 解析：本题答案选 A。

题干的观点是：如果放弃等待的时间而事先公开其成果，公共卫生水平就可以更快地提高。

A 选项	这假设了人们会利用事先公开的成果，如果不会利用，也就不会有公共卫生水平的提高，显然这就是 A 所说的，所以 A 是正确选项

续 表

B选项	题干未涉及“医学研究者不愿成为论文评审者”，属于无关选项，不选
C选项	该选项显然与作者的预设相反，不选
D选项	题干未涉及“论文评审者”，属于无关选项，不选
E选项	题干未涉及“放弃在杂志上发表”，而仅仅是事先公布结果而已，属于无关选项，不选

14. 解析：本题答案选C。

钟医生的论证是：匿名评审制度有问题，如果研究者能放弃这段等待时间而事先公开其成果，我们的公共卫生水平就可以伴随着医学发现更快地获得提高。

A选项	无关选项。“不愿意放弃匿名评审制度”只是医学杂志社的主观行为，未涉及题干论证，不选
B选项	“社会公共卫生水平的提高还取决于其他因素”并不代表“医学新发现”就没有用，其他方法有效或者无效不影响本方法的有效，无关选项，不选
C选项	该项表明“匿名评审”还是有好处的，削弱了题干，选C
D选项	“有些”表特称，其数量具有不确定性，在加强削弱题中，很少会将特称命题作为正确答案，尽管该选项也能削弱题干，但由于削弱力度未知，不选
E选项	支持了题干，不选

15. 解析：本题答案选C。

题干论证的是：太阳能不会产生污染，无需运输，没有辐射的危险→应该鼓励人们使用太阳能。

A选项	“很少有人”不代表没有人，也不代表没有办法，不选
B选项	只强调设备成本高，后期的使用成本如何并未提及，也许比传统能源低，不选
C选项	该选项直接指出太阳能采集不到，无法供人们使用，削弱力度强，选C
D选项	无法削弱，不选
E选项	原论证中强调的是太阳能的优点，与传统能源的储存量无关，不选

16. 解析：本题答案选A。

本题属于观点态度题。题干的观点是：抚仙湖虫是昆虫的远祖，抚仙湖虫是吃泥的动物。

A选项：根据题干的观点可知：有的昆虫的远祖是食泥的动物，而该选项指的是“有的昆虫的远祖不是食泥的动物”，无法从题干中推出，属于无关选项，所以，本题答案选A。

B选项：根据题干“抚仙湖虫化石与直虾类化石类似”，可以支持题干，属于过渡型加强，不选。

C选项：结合题干“抚仙湖虫化石与直虾类化石类似”，加上该选项可以得出：抚仙湖虫是昆虫的远祖。本选项考查的是三段论推理，可以直接得出结论，支持了题干，不选。

D选项：该选项支持了题干抚仙湖虫是昆虫的远祖，不选。

E选项：支持了抚仙湖虫是吃泥的动物，属于无他因加强；抚仙湖虫的消化道充满泥沙不是因为在化石形成过程中由外界渗透进去的，更可能是因为它是食泥动物，不选。

17. 解析：本题答案选A。

题干的论证为：能够纠正词汇、语法和标点符号使用错误的中文电脑软件越来越多→学校不必重视学生汉语能力的提高。

A选项	即使避免词汇、语法和标点的使用错误，也不能确保文稿的语言质量，该建议不可行，达不到目的，削弱了题干，选A
B选项	“熟练应用计算机并熟悉各种软件”间接支持了题干，力度较弱，不选
C选项	题干未涉及“盗版”，无关选项，不选
D选项	题干未涉及“开设新课”，无关选项，不选
E选项	题干未涉及“软件更新”，无关选项，不选

18. 解析：本题答案选D。

题干论证的是：动作片通常由有经验的导演执导，爱情片一般由新导演执导→获得最高评价的动作片的百分比超过了获得最高评价的爱情片的百分比。

A选项	题干说的是百分比，不能推出具体数量的多少，不选
B选项	该选项削弱了题干，不选
C选项	题干未涉及预算的多少，不选
D选项	选项与题干论证的意思相同，选D
E选项	该选项只能支持“电影主题决定了影片的受欢迎程度却很可能是错误的”，不涉及二者导演的比较，力度较弱，不选

19. 解析：本题答案选C。

该问题需要锁定不支持调查方解释或无关的选项。

题干中调查方的解释认为：导演不同导致受欢迎程度不同。

C选项认为：影片预算的不同导致拍摄主题的不同，不能支持题干中调查方的解释。其余选项均说明了“导演对受欢迎程度的影响”。

20. 解析：本题答案选D。

根据题干“均能支持上述S市环保负责人的看法”知，这是非形式逻辑题，本题考查加强削弱。根据“措施”知，本题为观点、态度型加强削弱。本题的观点是：得益于近年来本市政府持续采取的控制大气污染的相关措施。

以下为各个选项的分析过程：

A选项	"广泛展开环保宣传",说明已经采取了相关措施,加强题干
B选项	"启动了内部控制污染方案",说明已经采取了相关措施,加强题干
C选项	"执行了机动车排放国Ⅳ标准",说明已经采取了相关措施,加强题干
D选项	"着手制定"说明还没制定、还没实施,不能支持环保负责人的看法
E选项	"制定了'绿色企业'标准",说明已经采取了相关措施,加强题干

21. 解析：本题答案选D。
题干论证为：由于它是在白天活动的(X),因此,阿克琉斯基猴的眼眶较小(Y)。

A选项	"短而宽的后脚骨"与题干论证无关,无关选项
B选项	直接割裂了因果关系,属于因果无关削弱
C选项	"其他灵长类动物"与题干论证无关,无关选项
D选项	无因(非白天)无果(眼眶大)加强,支持了题干,选D
E选项	"基因测序表明"与题干论证无关,无关选项

22. 解析：本题答案选D。
本题的论证关系是：饭前服用含有辣椒成分的药片,在5个星期之后,有60%的实验者的不适症状得到了缓解(Y)是因为辣椒缓解消化不良(X)。

A选项	无关选项,未涉及辣椒与消化不良之间的关系
B选项	说明有些实验者没起到作用,削弱,但只有5%,表明削弱的力度很弱
C选项	支持了题干结论,说明有效果,例证加强
D选项	指出不适症状很可能是由于注意健康饮食以后才缓解的,他因削弱
E选项	表明没有受到心理作用的影响,排除他因,无他因加强

23. 解析：本题答案选B。
根据"有人据此认为"知,本题为因果关系型加强削弱,题干论证因果关系是：这比上一年73亿美元的交易额高出23%(Y)是因为中国有越来越多的富人正在把财产转移到境外(X)。

A选项	"赴美留学"表明很多人购房的目的,支持了题干论证
B选项	本题论证的前提是：交易额增加,结论是：交易人数增加,必须保证交易单笔数额不变;该选项表示交易额增加,不是由于交易人数增加(X),而是因为单笔数额增加(Z),他因削弱,选B
C选项	"中国富人中存在群体炒房的团体"表明很多人购房的目的,支持了题干论证
D选项	"美国的房产市场风险很小"表明很多人购房的目的,支持了题干论证
E选项	"准备移居美国的中国人"表明很多人购房的目的,支持了题干论证

24. 解析：本题答案选 A。

由题干信息“以下哪项如果为真，最能对上述计划构成质疑”知，这是非形式逻辑题，本题考查的是加强削弱。本题属于观点态度题，又由“最能对上述计划构成质疑”知，本题为方法目的型加强削弱，能达到题干效果的就是加强，达不到效果的就是削弱。根据题干知，本题的题干能达到的效果是：缓解交通威胁。

A 选项	该选项说明用猎狗来驱赶鸡群，虽然可能减少鸡群对交通安全的威胁，但因此带来了猎狗对交通安全的威胁，最终无法解决“缓解交通威胁”的问题，削弱了题干，选 A
B 选项	该方法可能“伤害鸡群”，但只要能解决“缓解交通威胁”的问题即可，属于无关选项，不选
C 选项	该选项说明该方法的实施需要付出成本，但只要能解决“缓解交通威胁”的问题即可，属于无关选项，不选
D 选项	该选项说明该方法的实施需要付出成本，但只要能解决“缓解交通威胁”的问题即可，属于无关选项，不选
E 选项	该选项说明该方法的实施需要付出成本，但只要能解决“缓解交通威胁”的问题即可，属于无关选项，不选

25. 解析：本题答案选 D。

题干论证的因果关系是：经常吃微波食品的人或动物，体内会发生严重的生理变化(Y)是因为微波炉加热时食物的分子结构发生了改变(X)。

A 选项	与题干论证无关，题干没有涉及“营养流失”
B 选项	诉诸权威，无关选项
C 选项	诉诸权威，无关选项
D 选项	直接削弱结论，食品并未发生化学变化，只是加热了水分子，选 D
E 选项	诉诸无知，无关选项

26. 解析：本题答案选 A。

根据题干“以下哪项如果为真，最能支持上述专家的观点”知，这是非形式逻辑题，本题考查加强削弱。

论证的观点是：荷叶是减肥的良药。以下为各个选项的分析：

A 选项	“促进胃肠蠕动，清除体内宿便”有利于减肥，支持题干
B 选项	无关选项
C 选项	无关选项
D 选项	“荷花制品”，无关选项
E 选项	无关选项

27. 解析：本题答案选 D。

题干论证的是：1945 年后局部战争不断，但是却未发生像第二次世界大战那样严重的世界战争是因为人们恐惧于世界大战的破坏力。

A 选项	该选项加强了“恐惧感”与未“爆发世界大战”之间的因果关系，不选
B 选项	该选项说明人们确实恐惧于世界大战的破坏力，加强了题干，不选
C 选项	该选项说的是对“局部战争”的恐惧感，题干未涉及，不选
D 选项	该选项说明人们对战争的恐惧感无法避免再次发生世界战争，直接否定了题干的因果关系，选 D
E 选项	该选项属于无关选项，不选

28. 解析：本题答案选 C。
根据题干“以下哪项如果为真，最能加强上述解释”知，这是非形式逻辑题，本题考查加强削弱。本题属于观点态度题，题干的观点是“小孩更易于对某些食物产生强烈的厌食”，同意作者观点的就是加强，否则，就是削弱。

A 选项	“特殊味道”表明孩子们可能对于特殊味道有感觉，例证可能存在的一种特殊情况支持了解释，属于例证支持，力度较弱
B 选项	题干论证为“尝过的食物”而不是“未尝过的食物”，题干论证与选项不一致，属于无关选项，不选
C 选项	即使在相同条件下，小孩子更容易产生厌食，与心理因素无关，直接加强了题干，选 C（更好的选项）
D 选项	题干未涉及“健康与否”，属于无关选项，不选
E 选项	题干未涉及“厌食的持续时间”，属于无关选项，不选

29. 解析：本题答案选 A。
根据题干“以下哪项如果为真，最能质疑上述媒体的观点”知，这是非形式逻辑题，本题考查加强削弱。
论证的观点是：某大学干部子女的比例从 20 世纪 80 年代的 20%以上增至 1997 年的近 40%——某大学学生中干部子女的比例 20 年来不断攀升，远超其他阶层。以下为各个选项的分析：

A 选项	该选项表示两个“干部子女”并非一个概念，直接否定题干的因果关系，最强削弱
B 选项	无关选项，题干论证的是“干部子女”
C 选项	无关选项，题干论证的是“干部子女”
D 选项	无关选项，题干论证的是“干部子女”
E 选项	无关选项，题干论证的是“干部子女”

30. 解析：本题答案选 D。
制造商的预测：非处方购买的身份将令近年来销量一直低迷的皮肤贴销量大增，说

明影响销量的关键是处方与非处方。

A 选项	未涉及处方，不选
B 选项	未涉及处方，不选
C 选项	该选项说明新的非处方身份不一定会令消费者特别感兴趣，无法支持，不选
D 选项	说明很多戒烟者无法获得处方，因此，非处方皮肤贴的市场前景很广阔，选 D
E 选项	未涉及处方，不选

31. 解析：本题答案选 C。

题干论证的是：郊区居民不乘公交车→郊区市政不会从公交系统中受益。

A 选项	房地产税率与题干论证无关，不选
B 选项	公交线路补贴的市政议案是否通过与题干论证无关，不选
C 选项	该选项指出郊区市政可以通过商店从公交系统中受益，选 C
D 选项	公交车污染与题干论证无关，不选
E 选项	明年郊区市政是否支持补贴公交系统与题干论证无关，不选

32. 解析：本题答案选 E。

本题考查的是观点、态度的加强削弱，题干的观点是：每行驶 5 000 公里做一次定期检查，只能检查出汽车可能存在问题的一小部分。要想削弱，就要说明每行驶 5 000 公里做一次定期检查是非常有必要的。

A 选项	每行驶 5 000 公里做一次定期检查是非常有必要的，削弱了题干
B 选项	每行驶 5 000 公里做一次定期检查是非常有必要的，削弱了题干
C 选项	做定期检查是非常有必要的，削弱了题干
D 选项	每行驶 5 000 公里做一次定期检查是非常有必要的，削弱了题干
E 选项	每行驶 5 000 公里做一次定期检查不是非常必要的，无法削弱题干，选 E

33. 解析：本题答案选 C。

本题论证的观点是：过去那种计算方式高估了恐龙腿部所能承受的最大身体重量。

A 选项	题干讲的是“错误地估计了恐龙腿骨能承受的重量”，未涉及“恐龙腿骨实际所能承受的重量”，属于无关选项，不选
B 选项	题干未涉及“腿部骨骼是否粗壮”，属于无关选项，不选
C 选项	过去假定恐龙腿骨是“圆柱形”，事实上它有“一定的弯曲度”，由此得出我们高估了恐龙腿部所能承受的最大身体重量，显然是因为圆柱形腿骨能承受的重量比弯曲的腿骨大，支持了题干，选 C

续 表

D选项	题干未涉及“恐龙腿部的肌肉”，属于无关选项，不选
E选项	题干未涉及“恐龙的生活习性”，属于无关选项，不选

34. 解析：本题答案选 E。

题干的观点是：有更多的网络商店取代实体商店。主要从以下三个方面考虑削弱题干：(1)网络商店有弊端；(2)实体店有优势；(3)相比于网店，实体店无可取代。

显然，第三种削弱方式的力度最强，不管网络商店是否有弊端，相比于网店，实体店无可取代显然是最强削弱。A、C、D 属于第一种削弱方式，B 属于第二种削弱方式，E 属于第三种削弱方式，选 E。

35. 解析：本题答案选 D。

题干论证的结论是：在嘈杂环境中准确找出声音来源的能力，男性要胜过女性，这是一道对比型的加强题，正确选项一般要顾及差比双方。

A选项	能支持题干，但“有些”表特称，力度比较弱，不选
B选项	能支持题干，但“有些”表特称，力度比较弱，不选
C选项	题干论证的是“嘈杂环境中”而非“安静的环境中”，不选
D选项	该选项表示“男性注意力更易集中→更能准确找出声音来源”，而注意力集中程度明显与找出声音来源是密切相关的，说明在嘈杂环境中准确找出声音来源的能力，男性要胜过女性，加强了题干论证，选 D
E选项	题干论证的是“嘈杂环境中”而非“安静的环境中”，不选

36. 解析：本题答案选 D。

题干论证的方法是：增收沿线两条主要高速公路的机动车过路费；使用该方法的目的是：缓解沿线包括高速公路上机动车的拥堵。

A选项	题干论证未涉及“机动车过路费的支配比例”，属于无关选项，不选
B选项	题干论证未涉及“地铁乘客是否受益”，属于无关选项，不选
C选项	题干论证未涉及“收取过路费的方式”，属于无关选项，不选
D选项	如果该选项为真，说明实施上述计划可能在减少高速公路车流量的同时增加了普通公路的流量，因而不能从总体上真正缓解地铁沿线机动车的拥堵，这就有力地质疑了题干的计划，选 D
E选项	题干论证未涉及“高速公路与普通公路的比较”，属于无关选项，不选

37. 解析：本题答案选 E。

题干论证的方法是：增收沿线两条主要高速公路的机动车过路费；使用该方法的目的是：缓解沿线包括高速公路上机动车的拥堵。

A 选项	诉诸权威，属于无关选项，不选
B 选项	题干论证未涉及“与其他城市的交通拥堵状况对比”，属于无关选项，不选
C 选项	诉诸权威，属于无关选项，不选
D 选项	“市政府有足够的财力完成上述改造”表明该方法能够实施，但是能否达到题干的目的还不清楚，可以加强题干，力度较弱，不选
E 选项	如果该选项为真，则说明：如果地铁不通过改造以较大幅度地提高客运量，相当数量的地铁乘客会驾驶私人机动车，从而加剧地铁沿线机动车的拥堵。这就有力地论证了题干计划的合理性，选 E

38. 解析：本题答案选 C。

题干论证的方法是：用新型键盘替换传统键盘(X)→提高相关部门的工作效率(Y)。

A 选项	题干论证未涉及“键盘使用者最灵活的手指和平常人不同”，属于无关选项，不选
B 选项	该选项表明传统键盘的劣势，但存在劣势并不代表使用率不高，不选
C 选项	该选项表明使用新型键盘在短期内不利于提高工作效率。因此，用新型键盘替换传统键盘难以迅速地提高工作效率，削弱了题干论证，选 C
D 选项	题干论证未涉及“键盘价格”，属于无关选项，不选
E 选项	题干论证未涉及“键入速度和错误率”，属于无关选项，不选

39. 解析：本题答案选 D。

题干的观点是：(1)吸引外来人口有利于城市化进程属于开放派的观点；(2)吸引外来人口会导致人口激增的压力属于保守派的观点。

A 选项	该选项未限定“G 市”，属于无关选项，不选
B 选项	符合保守派的观点，不选
C 选项	符合保守派的观点，不选
D 选项	前半句支持开放派的观点，后半句支持保守派的观点，自相矛盾，选 D
E 选项	符合开放派的观点，不选

40. 解析：本题答案选 B。

本题的论证方法是：喝到酒驾法定值一半的人数传球次数出错→应该重新设定酒驾法定值。

A 选项	无关选项，“酒驾法定值”与测试手段无关，不选
B 选项	加强选项，只有酒驾法定值的一半，也会影响人的反应速度，因此，该“酒驾法定值”可能设定得偏高，确实应该重新设定“酒驾法定值”，选 B
C 选项	题干未涉及“能否驾车上路”，属于无关选项，不选

续 表

D 选项	削弱项，说明该举措没有实际意义，不选
E 选项	题干未涉及“身体健康”，属于无关选项，不选

41. 解析：本题答案选 A。

由题干信息“以下哪项如果为真，最能支持科学家的建议”知，这是非形式逻辑题，本题考查的是加强削弱。科学家的建议是：人们应该遵守作息规律。题干的论据是：熬夜有损身体健康，睡眠不足不仅仅是多打几个哈欠那么简单。

A 选项	该选项体现“长期睡眠不足”的危害性以及“遵守作息规律”的必要性，而且“长期”也体现出“作息规律与否”，契合题干，力度较强，选 A
B 选项	该选项体现了“降低体内脂肪调节瘦素激素的水平”，能一定力度地支持题干，但仅从一个方面说明，力度较弱，不选
C 选项	该选项体现了“熬夜会影响与他人的交流”，能一定力度地支持题干，但仅从一个方面说明，力度较弱，不选
D 选项	题干论证的对象是“熬夜”与“睡眠不足”，而不是“休息与睡眠”，无关选项，不选
E 选项	该选项体现了“睡眠有助于美容”，能一定力度地支持题干，但仅从美容一个方面说明，力度较弱，不选

强化训练

42. 解析：本题答案选 A。

根据题干“以下各项如果为真，都能削弱上述论据，除了”知，这是非形式逻辑题，本题考查加强削弱。根据“这说明”知，题干考查的是因果关系型的加强削弱，题干的因果关系是：原先《港湾》杂志的一些常年广告客户拒绝续签合同(Y)是由于道德责任高(X)。

A 选项	虽然“节制”，但肯定涉及“暴力与色情内容”，而广告商拒签，正说明广告商是由于道德责任高，加强题干，不能削弱，选 A
B 选项	原先《港湾》杂志的一些常年广告客户拒绝续签合同(Y)不是由于道德责任高(X)，而是由于杂志信誉度较低(Z)，他因削弱
C 选项	原先《港湾》杂志的一些常年广告客户拒绝续签合同(Y)不是由于道德责任高(X)，而是由于广告商主要推销家居商品(Z)，他因削弱
D 选项	原先《港湾》杂志的一些常年广告客户拒绝续签合同(Y)不是由于道德责任高(X)，而是由于广告费比改名前提高了数倍(Z)，他因削弱
E 选项	原先《港湾》杂志的一些常年广告客户拒绝续签合同(Y)不是由于道德责任高(X)，而是由于杂志登载虚假广告被媒体曝光(Z)，他因削弱

43. 解析：本题答案选 E。

根据题干“以下哪项如果为真，最能加强题干的论证”知，这是非形式逻辑题，本题考查加强削弱。根据“这说明”知，题干考查的是因果关系型的加强削弱，题干的因果关系是：原先《港湾》杂志的一些常年广告客户拒绝续签合同（Y）是由于道德责任高（X）。

A 选项	干扰项，杂志成本与广告商无关
B 选项	削弱，说明《港湾》杂志的一些常年广告客户拒绝续签合同（Y）不是由于道德责任高（X），而是由于"效益未受影响"
C 选项	无关选项
D 选项	无关选项
E 选项	一些在其他家庭类杂志做广告的客户转向《炼狱》杂志，说明该杂志还是有吸引力的，因此，原先《港湾》杂志的一些常年广告客户拒绝续签合同（Y）不是由于没有吸引力，而是由于道德责任高（X），属于无他因加强

44. 解析：本题答案选 B。

本题属于非形式逻辑削弱题型中的措施类，解题方法可从下面几个角度考虑：方法措施不可行；目的达不到；有严重后果。推理主线是：使用固定电话或短信→电磁辐射低于手机→人们会更安全。

A 选项属于无关选项，题干未涉及"国家规定标准"。B 选项说明生活中的辐射已经超过手机通话产生的电磁辐射强度，上述措施无效，无法达到使人更安全的目的，可以削弱题干，选 B。C 选项是无关选项，题干未涉及"体质逐渐适应强电磁辐射的环境"。D 选项：在削弱题中，"有些"表示的范围不确定，1≤有些≤全部，需要选的是具有普遍说服力的观点，"少数""有些""也许""大概"等模棱两可的选项一般不作为正确选项。E 项无法削弱题干论证，不选。

45. 解析：本题答案选 D。

题干的观点是：无糖饮料尽管卡路里含量低，但并不意味它不会导致体重增加。

A 选项	未涉及"无糖饮料"，无关选项
B 选项	例证削弱，但是"有些"表明其力度较弱
C 选项	未涉及"无糖饮料"，无关选项
D 选项	"胖子常喝无糖饮料"，说明无糖饮料会导致体重增加，支持了题干，此外，"不少"表示人数比较多，力度较大，选 D
E 选项	喝无糖饮料的人体重没有降下来（Y）是因为他们很少进行健身运动（Z），而不是因为喝无糖饮料造成的（X），他因削弱

46. 解析：本题答案选 E。

题干论证的因果关系是：鳕鱼数量锐减，同时海豹的数量却明显增加并且海豹很少以鳕鱼为食→不是海豹导致了鳕鱼的减少。

A 选项	"海水污染对鳕鱼造成伤害"表示他因导致了鳕鱼的减少，加强了题干论证，不选
B 选项	题干未涉及"海豹的数量与鳕鱼的数量谁多谁少"，属于无关选项，不选

续 表

C 选项	说明“不是海豹导致了鳕鱼的减少”，加强了题干论证，不选
D 选项	说明“不是海豹导致了鳕鱼的减少”，加强了题干论证，不选
E 选项	由于毛鳞鱼既是鳕鱼的主要食物，也是海豹的主要食物，因而海豹数量的明显增加将导致鳕鱼的食物数量的下降，这就说明了“海豹导致了鳕鱼的减少”，有力地削弱了题干的论证，选 E

47. 解析：本题答案选 B。

由题干信息“以下各项有关 H 国的判定如果为真，都能削弱上述议论，除了”知，这是非形式逻辑题，本题考查的是加强削弱。题干论证的是：青少年缺乏基本的驾驶技巧，特别是缺乏紧急情况的应对能力(X)→必须给青少年的驾驶执照附加限制(Y)。题干以 H 国的实例来加强其论据：在该国注册的司机中 19 岁以下的只占 7%，但他们却是 20%的造成死亡的交通事故的肇事者。

A 选项	该选项表明事故率高不是因为青少年缺乏基本的驾驶技巧，特别是缺乏紧急情况的应对能力(X)，更可能是因为青少年开的车较旧，性能也较差(Z)，属于他因同果削弱，不选
B 选项	题干论证的是“造成死亡的交通事故的肇事者”，并未涉及具体的死亡人数，该选项涉及的是“可能造成死亡的具体人数”，属于无关选项，不能削弱，选 B
C 选项	该选项表明事故率高不是因为青少年缺乏基本的驾驶技巧，特别是缺乏紧急情况的应对能力(X)，更可能是因为青少年开车的年均公里数(每年平均行使的公里数)要高于其他司机(Z)，属于他因同果削弱，不选
D 选项	该选项表明事故率高不是因为青少年缺乏基本的驾驶技巧，特别是缺乏紧急情况的应对能力(X)，更可能是因为青少年较不习惯系安全带(Z)，属于他因同果削弱，不选
E 选项	该选项表明事故率高不是因为青少年缺乏基本的驾驶技巧，特别是缺乏紧急情况的应对能力(X)，更可能是因为更多青少年喜欢酒后驾车(Z)，属于他因同果削弱，不选

48. 解析：本题答案选 A。

“但是”表明题干论证的重点是最后一句话：经历了萧条之后的企业主大都丧失了经商的自信，他们尽可能地推迟雇用新的职工。

A 选项	由于“他们尽可能地推迟雇用新的职工”，显然，“经济复苏不一定能迅速减少失业人数”，支持了题干，选 A
B 选项	题干未涉及“经济复苏的时间”，无关选项，不选
C 选项	题干未涉及“经济萧条的原因”，无关选项，不选
D 选项	题干未涉及“经济萧条的原因”，无关选项，不选
E 选项	与题干中“经济萧条”和“解雇职工”之间因果倒置，削弱题干，不选

49. 解析：本题答案选 C。

根据题干信息“外表年龄差异越大，看起来老的那个就越可能先去世”(越 P，越 Q)，可知本题是“因果关系型”加强削弱，其因果关系是：外表年龄差异越大→看起来老的那个就越可能先去世。

A选项强调研究对象有问题，属于削弱背景信息，力度较弱；此外，“可能”表明其力度较弱，此类选项一般不选。

B选项强调研究者水平不足，属于削弱背景信息，力度较弱；此类选项一般不选。

C选项直接否定了题干的因果关系，说明“外表年龄”与“老化”没有关系，属于因果无关的削弱，力度最强，选C。

D选项、E选项是无关选项，不选。

50. 解析：本题答案选E。

题干论证的是：X牌香烟的Y成分可以抑制EB病毒，EB病毒可以导致鼻咽癌→经常吸X牌香烟的人将减少鼻咽癌的风险。

A选项	该选项中“可以得出类似的结论”，支持了题干，不选
B选项	题干论证的是“减少鼻咽癌的风险”，而非“已经患鼻咽癌的患者病情好转”，混淆论证对象，属于无关选项，不选
C选项	Y成分可以抑制EB病毒，但它的其他副作用不属于题干的论证，属于无关选项，不选
D选项	该选项说明经常吸X牌香烟→Y成分对EB病毒的抑制作用→减少鼻咽癌的风险，属于过渡性加强，支持了题干结论，不选
E选项	该选项说明最终根本起不到“抑制EB病毒进而减少鼻咽癌的风险”的作用，说明方法不可行，直接削弱题干论证，选E

51. 解析：本题答案选A。

题干论证的是：经常泡网吧的学生中家庭条件优越的占80%→家庭条件优越是学生泡网吧的重要原因。由于题干中出现了具体百分数，因此，本题考查的是比例论证。

A选项	该选项中“该校位于高档住宅区且学生9成以上家庭条件优越”，而“经常泡网吧的学生中家庭条件优越的占80%”，事实上，它还低于家庭条件优越的学生占全部学生的比例，削弱了题干论证，选A
B选项	题干论证未涉及“网吧是否符合规范”，属于无关选项，不选
C选项	题干中“经常泡网吧的学生中家庭条件优越的占80%”，但并不意味着“所有家庭条件优越的学生都经常泡网吧”，属于题干背景信息，不选
D选项	题干论证未涉及“家长对学生上网吧的态度”，属于无关选项，不选
E选项	问卷调查的数量未必要100%，既然是抽样调查，30%也可以，无法削弱题干论证，不选

52. 解析：本题答案选B。

题干论证的是：经常泡网吧的学生中学习成绩下降的占80%→泡网吧是学习成绩下降的重要原因。

A选项	题干论证未涉及“重点高中与普通高中的成绩对比”，属于无关选项，不选
B选项	该选项表示“上学期半数以上学生的成绩都有明显提高”，而上网吧的学生中“学习成绩下降的占80%”，说明泡网吧导致了学习成绩下降，加强了题干论证，选B
C选项	该选项属于题干背景信息，不涉及题干论证，不选
D选项	该选项属于题干背景信息，不涉及题干论证，不选
E选项	该选项属于题干背景信息，不涉及题干论证，不选

53. 解析：本题答案选A。

由题干信息“上述判定最能支持以下哪项结论”知，这是非形式逻辑题，本题考查的是加强削弱。根据题干信息：一个人摄入的胆固醇及脂肪和他的血清胆固醇指标成正比，那么，如果中国的人均胆固醇和脂肪摄入量是欧洲的1/2，则其人均血清胆固醇指标也等于欧洲人的1/2。但题干断定，以欧洲人均胆固醇和脂肪摄入量的1/4为界限，在该界限内，上述二者成正比；超过这个界限，则不成正比。

A选项	中国的人均胆固醇和脂肪摄入量是欧洲的1/2，由此得出：0～1/4部分成正比例关系，1/4～1/2部分不成正比例关系，因此，中国的人均血清胆固醇指标不一定等于欧洲人的1/2，可以支持，选A
B选项	“界限对于所有人都是固定的”，属于一个标准，能否改变不能确定，不选
C选项	“欧洲人均胆固醇和脂肪摄入量”是一个标准，但未涉及具体多少欧洲人超标，无法支持，不选
D选项	题干论证未涉及“把胆固醇和脂肪摄入量控制在上述界限内”和“确保血清胆固醇指标的正常”之间的关系，无法支持，不选
E选项	题干论证未涉及“胆固醇含量的影响因素”，无法支持，不选

54. 解析：本题答案选E。

本题考查的是非形式逻辑削弱。本题属于观点态度题。题干的观点是：乘飞机出行越来越安全。

A选项“死里逃生”的概率提高了，说明以前可能会发生事故，但是如今可以安全飞行了，支持了题干，不选。

B选项“越来越注重对机组人员的安全培训”，间接地支持了结论，不选。

C选项“交通控制系统更加完善”，间接地支持了结论，不选。

D选项“技术与措施日臻完善”，间接地支持了结论，不选。

E选项，题干未涉及“飞机”与“驾车”的对比，属于无关选项，选E。

55. 解析：本题答案选C。

由题干信息“以下哪项如果为真，最能削弱上述结论”知，这是非形式逻辑题，本题考查的是加强削弱。本题属于对比型加强削弱。题干论证的是：这两组孩子的日常行为能力非常相似→独生孩子与非独生孩子的社会能力发展几乎一致。

A 选项	题干论证未涉及“两组孩子的地域”，属于无关选项，不选
B 选项	题干论证未涉及“孩子与母亲的接触时间”，属于无关选项，不选
C 选项	该选项表示：非独生孩子通常在 3 岁以后才有了弟弟或妹妹，在 3 岁以前，事实上通常无法区分独生孩子和非独生孩子，影响日常行为能力的生活环境，对于他们来说是一样的。因此，不能得出结论：独生孩子与非独生孩子的社会能力发展几乎一致，削弱了题干论证，选 C
D 选项	题干论证未涉及“参与此项目的研究者”，属于无关选项，不选
E 选项	题干论证未涉及“孩子与母亲接触的时间和与父亲接触的时间是否相同”，属于无关选项，不选

56. 解析：本题答案选 C。

根据题干“最能加强上述观点”知，这是非形式逻辑题，本题考查加强削弱。

由“导致”知，本题为因果关系型加强削弱，题干的因果关系为：文理分科→科普类图书的读者市场还没有真正形成。

以下为各个选项的分析过程：

A 选项	“有些”表明力度较弱，一般不作为加强削弱题的正确选项，本选项可以削弱题干，但是力度较弱
B 选项	无关选项，没有涉及“文理分科”
C 选项	例证加强，选 C
D 选项	无关选项，没有涉及“文理分科”
E 选项	无关选项，没有涉及“文理分科”

57. 解析：本题答案选 D。

根据题干“以下哪项如果为真，最能削弱上述论证”知，这是非形式逻辑题，本题考查加强削弱。

根据题干可以得出：这项改革措施是成功的。

A 选项	该选项与题干结论矛盾，未涉及题干论证，不选
B 选项	“S 市公务员只占全市社会成员很小的比例”说明公务员的幸福感总量增加未必能导致社会的幸福感总量增加，无法判断这项改革措施是否成功，可以削弱题干，但相对力度较弱，不选
C 选项	“减少了 S 市民营企业人员的幸福感总量”并不意味着社会的幸福感总量增加，无法判断这项改革措施是否成功，可以削弱题干，但相对力度较弱，不选
D 选项	直接否定题干中的衡量标准，即减少了社会的幸福感总量，可以推出这不是成功的改革，否定了假设，力度最强，选 D
E 选项	题干未涉及“广泛争议”，无关选项，不选

58. 解析：本题答案选 E。

由题干信息“以下哪项如果为真，最能削弱上述专家的推测”知，这是非形式逻辑题，本题考查的是加强削弱。题干论证的是：亚里洛文字中没有表示“海”的文字，但有表示“冬”“雪”等文字→使用亚里洛文字的部落或种族在历史上生活在远离海洋的寒冷地带。

A 选项	该选项可以削弱题干，属于例证削弱，但论据是“古代蒙古人从来没见过海”，那么“近代蒙古人有没有见过海”？力度较弱，不选
B 选项	亚里洛人有可能见过鱼，因此，有可能有表示“鱼”的文字，不能削弱题干，不选
C 选项	亚里洛人有可能感觉到“热”，因此，有可能有表示“热”的文字，不能削弱题干，不选
D 选项	亚里洛人有可能见过“山”，因此，有可能有表示“山”的文字，不能削弱题干，不选
E 选项	没有“云”显然不符合客观规律，但亚里洛文字中没有表示“云”的文字，属于有因无果的削弱，选 E

59. 解析：本题答案选 B。

根据题干“以下哪项如果为真，最能削弱上述论证”知，这是非形式逻辑题，本题考查加强削弱。题干论证的是：80 岁的老人和 30 岁的年轻人在玩麻将时所表现出的理解和记忆能力没有明显差别→一个人到了 80 岁理解和记忆能力会显著减退的看法是站不住脚的。

A 选项	质疑题干背景信息，题干表明的是“在玩麻将时所表现出的理解和记忆能力没有明显差别”，这个是前提，有效的论证一般很少质疑前提，属于无关选项，不选
B 选项	“玩麻将只需要较低的理解和记忆能力”表明麻将能力不足以区分记忆力是否好坏，也就是说它没有区分性，无法作为得出结论的依据，就像教授和小学生做 1+1=2，并不是说他们的智力一样，只是教授的智力没有表现出来而已，削弱了题干，选 B
C 选项	题干只涉及玩麻将的能力，不涉及玩麻将的时间，无关选项，不选
D 选项	题干不涉及“玩麻将是否有利于提高一个人的理解和记忆能力”，无关选项，不选
E 选项	直接支持了题干结论，不选

60. 解析：本题答案选 A。

根据题干“以下哪项如果为真，最能加强上述论证”知，这是非形式逻辑题，本题考查加强削弱。题干论证的是：80 岁的老人和 30 岁的年轻人在玩麻将时所表现出的理解和记忆能力没有明显差别→一个人到了 80 岁理解和记忆能力会显著减退的看法是站不住脚的。

A 选项	不是因为年龄原因，而是现在 30 岁的年轻人的理解和记忆能力高于 50 年前的同龄人，所以，两者没有可比性，说明“80 岁理解和记忆能力会显著减退的看法是站不住脚的”，支持题干，选 A
B 选项	样本不具有代表性，支持了题干观点，但是特例的支持力度很弱，不选

续　表

C选项	诉诸权威,无关选项,不选
D选项	题干未涉及"记忆能力的减退和理解能力的减退之间的关系",无关选项,不选
E选项	题干未涉及"人的平均寿命",无关选项,不选

61. 解析:本题答案选D。

题干的论证运用了求异法,只有"过度集权经济"这一项条件不同,两国其他条件都相同。要削弱题干"是过度集权经济而非气候变化"导致了两国农业产量的差异,就要证明气候变化是影响要素,而不是过度集权经济。

A选项	不涉及二者的对比,不选
B选项	该选项指出港口差异,虽然也是两国对比中的差异,但是港口不影响气候也不受气候影响,因此不能削弱,不选
C选项	指出了二者的相同之处,不能削弱,不选
D选项	该选项指出了其他因素的影响,因此,很可能S国农作物容易受气候条件影响,而T国的农作物不容易受气候条件影响。这样就证明了气候变化对两国农业可能是有影响的,削弱了论证,选D
E选项	不涉及二者的对比,不选

62. 解析:本题答案选B。

A选项	该选项说明很可能是录取分数线不同(生源质量的差异)影响了高考升学率,所以,不能依此说明教学水平谁高谁低,支持专家的说法,不选
B选项	该选项证明升学率高的学校教学水平可能确实高,削弱了专家的论断,选B
C选项	该选项说明高考升学率高的中学未必教学水平高,支持专家的说法,不选
D选项	该选项说明高考升学率低的中学未必教学水平低,支持专家的说法,不选
E选项	该选项为高考升学率低提出了其他原因的解释,有助于证明高考升学率与教学水平无关,支持专家的说法,不选

63. 解析:本题答案选E。

题干论证的是:自然灾害导致的伤亡更严重→环境变得恶劣,建议投入更多资金研究其原因。

A选项	救援设备是否先进与题干论证无关,不选
B选项	预报系统的研制与题干论证无关,不选
C选项	与题干论证无关,不选
D选项	与题干论证无关,不选

续　表

E 选项	该选项说明是其他因素导致人类更容易受到自然灾害的影响，而未必是因为地球环境更恶劣了，因此，投入更多科研基金可能没有必要，削弱了题干论证，选 E

64. 解析：本题答案选 E。
根据题干“以下哪项如果为真，最能对上述小册子的效果提出质疑”知，这是非形式逻辑题，本题考查加强削弱。又由“对上述小册子的效果提出质疑”知，本题为方法目的型加强削弱，能达到题干效果的就是加强，达不到效果的就是削弱。根据题干知，本题的题干能达到的效果是：帮助经常不刷牙的人早发现口腔癌；采用的措施是：发行一本小册子，进行每周一次的口腔自检查。

A 选项	“难以发现”并不代表这种情况不存在，且“有些”表明力度较弱，不选
B 选项	不涉及题干“方法是否有效”，无关选项，不选
C 选项	不涉及题干“方法是否有效”，无关选项，不选
D 选项	即使“可靠性不如在医院的专门检查”，只需要能发现“口腔癌”即可，不能削弱题干，不选
E 选项	该选项表明“经常不刷牙的人不大可能做每周一次的口腔自检”，表明方法不可行，最终达不到“帮助经常不刷牙的人早发现口腔癌”的目的，削弱了题干论证，选 E

65. 解析：本题答案选 D。
根据题干“以下各项如果为真，都能削弱上述论断，除了”知，这是非形式逻辑题，本题考查加强削弱。题干论证的是：机动车辆的增加，全球石油价格上升→空气污染。

A 选项	该选项表示“对废气的排放的限制”，不会造成更严重的空气污染，削弱了题干，不选
B 选项	该选项表示“H 市启用了其他交通方式来替代私家车出行”，不会造成更严重的空气污染，削弱了题干，不选
C 选项	该选项表示“更多人购买低耗油的小型车”，不会造成更严重的空气污染，削弱了题干，不选
D 选项	该选项表示“全球石油价格上升→劣质含硫石油进入 H 市→H 市空气污染”，属于过渡性加强，支持了题干，选 D
E 选项	该选项表示“拥有汽车的人缩减了行车计划”，不会造成更严重的空气污染，削弱了题干，不选

66. 解析：本题答案选 D。
根据题干“以下哪项作为魏先生对贾女士的反驳最为有力”知，这是非形式逻辑题，本题考查加强削弱。
魏先生的观点可以概括为：普及计算机知识应当从孩子抓起；
贾女士的观点可以概括为：在小学或幼儿园阶段所普及的计算机知识到成年时代就过时了。

A 选项	并未涉及“普及计算机知识应当从孩子抓起”，与题干论证无关，不选
B 选项	“孩子的接受能力”与“新知识”之间没有必然联系，与题干论证无关，不选
C 选项	特例削弱，用算盘类比“计算机知识”，力度较弱，不选
D 选项	直接质疑贾女士的观点，学习的知识可以过时，但是学习知识的能力不会过时，说明“普及计算机知识应当从孩子抓起”是非常必要的，学习知识的能力也是很有益处的，选D
E 选项	“不是中小学教育的主课”与“新知识”之间没有必然联系，与题干论证无关，不选

67. 解析：本题答案选 B。

由题干信息“以下哪项如果为真，最能削弱上述结论”知，这是非形式逻辑题，本题考查的是加强削弱。题干论证的结论是：如果这一论文能尽早发表的话，这 6 周内许多这类患者可以避免患病。

A 选项	“未送有关专家审查”不代表研究结果不可信，诉诸权威，不选
B 选项	如果该选项断定为真，则由于山茱萸的疗效在服用 2 个月后才能见效，因此，即使揭示山茱萸疗效的论文如果能提前 6 周发表，而且这类患者读到论文后立即服药，在这 6 周内也难以避免患病，削弱了题干结论，选 B
C 选项	削弱了题干背景信息，质疑题干论据的真实性，属于无关选项，不选
D 选项	“不是国内最权威的医学杂志”不代表研究结果不可信，诉诸权威，不选
E 选项	题干论证未涉及“口服山茱萸的不良后果”，属于无关选项，不选

68. 解析：本题答案选 B。

本题的结论是：利兹鱼的生长速度很可能超过鲸鲨(Y)；本题的前提是：平均寿命 40 年左右的利兹鱼，与平均寿命约为 70 年的鲸鲨体型相当(X)。该论证所依赖的假设是：生长速度=体长/平均寿命。以下为各个选项的分析：

A 选项	直接反驳结论，但是该选项是从背景信息入手，而没有涉及论证，力度不是最强
B 选项	否定了“生长速度=体长/平均寿命”这一基本假设前提，最能反驳上述论证，为正确选项
C 选项	无关选项
D 选项	无关选项
E 选项	无关选项

69. 解析：本题答案选 D。

由题干信息“以下哪项如果为真，最能削弱上述论证”知，这是非形式逻辑题，本题考查的是加强削弱。题干论证的是：被调查者的年龄越大，越不愿意回答收入和储蓄方面的问题→年龄较轻的人比年龄较大的人更愿意告诉别人有关自己的收入状况。

A 选项	该选项是题干论证的一个反例，年龄小(有因)不愿意告诉别人自己的收入状况(无果)，但是，该选项没有体现出“这种意愿与年龄的关系”，属于无关选项，不选

续　表

B选项	该选项是题干论证的一个反例，年龄大(无因)愿意告诉别人自己的收入状况(有果)，但是，该选项没有体现出“这种意愿与年龄的关系”，属于无关选项，不选
C选项	该选项是对题干的论证的支持，不选
D选项	该选项表示“这种意愿不会随着年龄而改变”，表明因与果之间没有必然联系，属于因果无关的削弱，选D
E选项	题干论证未涉及“具体收入高低”，属于无关选项，不选

70. 解析：本题答案选A。

由题干信息“以下哪项如果为真，最能削弱上述论证”知，这是非形式逻辑题，本题考查的是加强削弱。题干论证的是：与诸如企业家个人素质、战略规划质量或公司管理结构等因素相比，融资渠道对于初创公司的成功更为重要。要使题干的论证有说服力，必须假设风险资本家对一个初创公司的投资，与该公司的企业家个人素质、战略规划质量和管理结构等因素之间没有实质性的联系。

A选项	该选项如果为真，说明这二者有实质性的联系，前者以后者为主要考虑因素，削弱了题干的论证，选A
B选项	该选项是对内部因素的重要性进行对比，属于无关选项，不选
C选项	题干论证未涉及“初创公司的倒闭率”，属于无关选项，不选
D选项	题干论证未涉及“初创公司的管理结构与发展中的公司进行对比”，属于无关选项，不选
E选项	题干论证未涉及“初创公司的财务背景问题”，属于无关选项，不选

71. 解析：本题答案选C。

由题干信息“以下哪项如果为真，最能加强丹尼斯教授的观点”知，这是非形式逻辑题，本题考查的是加强削弱。题干论证的是：较大的房间铺设的木板条比较小的房间的木板条窄得多→用窄木条铺地板很可能是当时有地位的象征。

A选项	题干论证的是“欧洲19世纪早期的房子”，而该选项讲的是“欧洲19世纪晚期的房子”，属于无关选项，不选
B选项	“丹尼斯教授的学术地位”与题干论证无关，不选
C选项	该选项表明：相同的面积所使用的窄木条数量多于宽木条的数量，而木地板条的价格是以长度为标准计算的，铺设相同面积的地板使用窄木条将花费更多钱，因此，“用窄木条铺地板很可能是当时有地位的象征，用以表明房主的富有”，支持了题干结论，选C
D选项	题干论证未涉及“大理石”，属于无关选项，不选
E选项	该选项属于例证加强，属于有因有果的加强，但“小说”表明是虚构的，富商查理表示个例，力度较弱，不选

第八章　假　　设

例题

1. 解析：本题答案选 D。

由逻辑连接词“只有……才……”，可知本题是充分条件假设。

充分条件假设试题一般采用搭桥法。根据题干“只有我国的税务机关达到征收直接税和存量税的水平，才能开征房产税”，即征税→直接税，因此，写成如下形式：

$$\left.\begin{array}{l}\text{征税}\rightarrow\text{直接税}\\(\overline{\text{直接税}})\end{array}\right\}\Rightarrow\overline{\text{征税}}$$

，根据假言的逆否规则，很容易知道要选出“不能征税”。

显然，本题答案选 D。

对于充分条件假设，直接写出需要补充的内容，然后找到选项即可，而不是挨个选项排除。逐个排除法绝非解论证逻辑的良方。

2. 解析：本题答案选 D。

假设题如果有干扰项，最好的办法是把选项取否，谁最能破坏题干，谁一定是正确答案，也就是否定代入法。分子：物价乘以数量；分母：收入。现在物价提高了 25%，整个分数提高了 8%，要得到收入增加了，问必须补充的条件，这时保证数量保持不变即可。

3. 解析：本题答案选 C。

题干论证的是：在一年前一半打折出售，一半全额出售，而今年的机票 90%打折出售，只有 10%全额出售→由北京至西安的平均票价，比一年前要低。打折总额度＝打折票数量×平均每张打折额度，由此可见，打折票数量上升未必导致打折总额度上升，因为每张票打折额度有可能不一样。

A 选项	题干论证未涉及“售出率”，属于无关选项，不选
B 选项	题干论证未涉及“售出率”，属于无关选项，不选
C 选项	该选项表明每张票打折额度是必须假设的。否则，完全可能出现这样的情况：目前机票的打折率高于九折，一年前打折率低于五折，即目前打折机票的票价远高于一年前，这样题干的结论显然就不成立，选 C
D 选项	题干论证未涉及“服务水平”，属于无关选项，不选
E 选项	题干论证未涉及“所有航线的全额票价”，属于无关选项，不选

4. 解析：本题答案选 C。

由题干信息“以上论述必须假设以下哪项”知，这是非形式逻辑题，本题考查的是假设。

题干论证的是：不是由于语言的相互借用，或是由于语言的亲缘关系→不同的语言中出现意义和发音相同的词。此外，在论证逻辑中看到“而”“但是”等词，一般后一半的内容是题干论证的重点所在。

A 选项	题干论证的重点是"姆巴拉拉语和英语之间的关系",而不是"汉语和英语之间的关系",属于无关选项,不选
B 选项	题干论证未涉及"其他多种语言",属于无关选项,不选
C 选项	该选项属于"无他因假设",保证没有其他原因导致结果的发生。否则,存在第三种语言从英语或姆巴拉拉语中借用"狗"一词,这样,虽然"狗"在英语和姆巴拉拉语中的同音同义不是这两种语言间的直接借用,但却是通过第三种语言的间接借用,题干的论证就难以成立,属于必要性假设,选 C
D 选项	该选项明确推翻了题干结论,与题干立场相悖,同时,"一定"等绝对化词很少是必要性假设的正确答案,不选
E 选项	题干论证未涉及"不同语言的人相互接触"与"语言的相互借用"两者之间的关系,属于无关选项,不选

5. 解析:本题答案选 D。

题干信息:吸收铝治病,即铝是原因。同步出现或者先后出现的事件未必是因果关系,所以,题干信息形式化以后相当于:

痴呆患者大脑中有大量的铝
一种硅化合物可以吸收铝 } ⇒硅化物可以治疗痴呆症。

一般对于因果关系的假设主要从以下方面入手:

(1) 因果不倒置,即"不是由于痴呆而导致患者大脑中产生铝";

(2) 无他因,即"不是由于其他原因而导致患者痴呆"。

A 选项	无关选项,没有涉及论证的因果关系
B 选项	"会不会产生副作用"不是论证的重点,关键是能治疗即可
C 选项	"年龄"与论证无关
D 选项	强调因果不倒置,为必要性假设,选 D
E 选项	"病情的严重程度"与论证无关

6. 解析:本题答案选 A。

根据题干论证:类人猿只生活在森林中→这些被发现的古代工具是史前人类而不是类人猿使用过的。前提的相同点是:类人猿和其后的史前人类所使用的工具很相似,发现的工具就属于这种类型;前提的不同点是:热带大草原有史前人类居住过,而类人猿只生活在森林中;结论是:这些被发现的古代工具是史前人类而不是类人猿使用过的。

A 选项	前提必须保证一个假设,即热带草原和森林不会发生变化,若会变化,则类人猿是可能生活在热带草原的,就不一定会得出结论,属于无他因假设,选 A
B 选项	不管史前人类是否"在森林中生活过",都不影响结论的得出,无关选项,不选

续 表

C选项	题干论证未涉及“使用工具的熟练程度”，属于无关选项，不选
D选项	题干论证未涉及“史前人类的迁移”，属于无关选项，不选
E选项	题干论证未涉及“能否制造工具”，属于无关选项，不选

7. 解析：本题答案选 A。

题干的论据是：板块运动有助于维系行星表面的水体；题干的结论是：板块运动可被视为行星存在宜居环境的标志之一，中间显然存在跳跃，因此可以“搭桥”：

(1) 板块运动有助于维系行星表面的水体
(2)（水体与宜居之间建立联系）
⇒板块运动可被视为行星存在宜居环境的标志之一⇒维系水体→存在生命⇒行星如能维系水体，就可能存在生命。

故 A 选项为正确答案。

8. 解析：本题答案选 A。

题干论证的前提是：如果海水变色，飓风的移动路径也会变向；题干的结论是：可以根据海水的“脸色”判断哪些地方将被飓风袭击。要实现这个目的，“海水的颜色”与“飓风的移动路径”之间必须建立联系，因此，海水颜色与飓风移动路径之间存在某种相对确定的联系。所以，本题答案选 A。

9. 解析：本题答案选 C。

因为题干中没有涉及马、鸭和鸡蛋，因此，A、B 不选。根据题干可进行如下形式化：

中国儿童——牛、青草分为一类，美国儿童——牛、鸡分为一类
（牛、青草分为一类→按照关系分类，牛、鸡分为一类→按照“实体”范畴分类）
⇒中国儿童按照关系分类、美国儿童按照“实体”范畴分类。

这个推理存在明显的跳跃，因此，在牛、青草分类与关系，牛、鸡分类与“实体”范畴之间建立联系。所以，本题答案选 C。

10. 解析：本题答案选 B。

由题干可知，由于张华是甲班学生，对围棋感兴趣，因而他对军棋不感兴趣。又因为该班学生或者对国际象棋感兴趣，或者对军棋感兴趣，从而可知张华必定对国际象棋感兴趣。题干得出的结论是：张华对中国象棋感兴趣。从而题干的论证应当包含以下假设：张华对国际象棋感兴趣是他对中国象棋感兴趣的充分条件。因此，如果假设选项 B 成立，则题干的论证成立。在本题中，选项 A 和选项 E 也可以使题干的论证成立，但其假设过于宽泛。

技巧点拨：A 选项是典型的过度假设。

11. 解析：本题答案选 E。

题干的前提是：实行与利润挂钩工资制度的火龙公司的劳动生产率，比没有实行这一制度的其他子公司的平均劳动生产率高 13%。题干的结论是：在宏达山钢铁公司实行与利润挂钩的工资制度有利于提高该公司的劳动生产率。这是一道比较型假设题，题干是“前提差导致结果差”模式，因此需要利用求同法。

A 选项	题干论证的是“平均劳动生产率高出 13%”，而不是“劳动生产率”，不选
B 选项	题干论证的是“平均劳动生产率高出 13%”，而不是“利润率”，不选
C 选项	题干论证的是“平均劳动生产率高出 13%”，而不是“平均职工数量”，不选
D 选项	题干论证的是“平均劳动生产率高出 13%”，而不是需要它本来就是最高的，不选
E 选项	该选项属于求同法，且论证对象是“平均劳动生产率高出”，为题干假设，选 E

12. 解析：本题答案选 E。

题干论证是一组对比论证，对比的双方是：(1)班的学生和其他学生；他们的前提差是：是否开设逻辑思维课程；结果差是：(1)班的学生成绩比其他班级的学生成绩高出 21%。因此得出：开设逻辑思维课程→提高该校学生的学习成绩。这是典型的“前提差→结果差”的模式，要使该论证成立，必须保证在开设逻辑思维课程之前，两者的学习成绩具有可比性，即(1)班原来的学生成绩和其他各班级原来的平均学生成绩基本相同，这就是求同法。因此，本题答案选 E。

13. 解析：本题答案选 C。

由关键词“建议”知，本题是方法建议型假设，因此，要从以下三方面去找假设：(1)方法找得到；(2)方法有效果；(3)方法无恶果。而且优先顺序是：方法找得到＞方法有效果＞方法无恶果。题干论证的是：将蛾子放养到受这种野草影响的北半球地区，以此来控制欧洲蕨的生长。

A 选项	题干论证的不是“欧洲蕨生长的地区环境要求”，属于无关选项，不选
B 选项	说明方法不可行，不是题干必需的假设，是对题干方法的削弱，不选
C 选项	说明方法可行，是题干必需的假设，选 C
D 选项	说明“欧洲蕨已经在北半球蔓延并且毁坏了许多牧场”，加强题干背景信息，属于无关选项，不选
E 选项	其他方法有用与否不影响本方法的效果，属于无关选项，不选

14. 解析：本题答案选 E。

Ⅰ项需要假设，否则，即使林教授的身体条件不好，也可能适合担任校长助理的职务；Ⅱ项需要假设，否则，林教授的身体条件可能是很好的；Ⅲ项需要假设，否则，如果林教授仅是偶尔写过一两次信，那么写信时的身体情况，不一定能代表林教授的身体情况。

15. 解析：本题答案选 D。

Ⅰ项显然需要假设，否则，由医院没有张勇父亲的出生记录，就不能推出张勇父亲不是 1935 年出生的；Ⅱ项显然需要假设，否则，由张勇父亲不是 1935 年出生的，无法推出张勇父亲出生于 1934 年；Ⅲ项不是必须假设的，只需要张勇的父亲不记得就可以。

16. 解析：本题答案选 D。

题干论证的是：票房收入明显领先→观看该片的人数多于观看《卧虎藏龙》的人数；观看该片的人数远多于进口的《卧虎藏龙》的人数→国产影片《英雄》是前两年最好的

古装武打片。

Ⅰ	该选项是必要假设，总票房＝票价×人数，前者票价高于后者很多，显然推不出观看该片的人数多于观看《卧虎藏龙》的人数，为必要假设
Ⅱ	该选项是必要假设，否则，就不能根据观看《英雄》人数远多《卧虎藏龙》而得出结论：前者优于后者，为必要假设
Ⅲ	题干只是指出，由著名导演、演员、摄影师、武打设计师和服装设计师参与，是《英雄》的一个特点，但并没有断定这是评价《英雄》的质量的一个标准，不是必要假设

综上所述，Ⅰ和Ⅱ为必要假设，因此，本题答案选 D。

17. 解析：本题答案选 D。

晚期的作品中没有遵守成规
(　　)
一部作品遵守了那些成规
⇒该作品一定创作于他的早期⇒括号里的必要假设可以是：他晚年没有写过像早期那样的模仿作品。

综上所述，本题答案选 D。

基础训练

1. 解析：本题答案选 B。

题干的论据是：婴儿通过碰触物体、四处玩耍和观察成人的行为等方式来学习；题干的结论是：婴儿是地球上最有效率的学习者，中间显然存在核心概念的跳跃，可以采用“搭桥”，即在“通过碰触、玩耍和观察等方式”和“地球上最有效率的学习者”之间建立联系，因此，本题答案选 B。

2. 解析：本题答案选 A。

题干论证的是：通过面试，可以了解应聘者的个性，个性不适合的应聘者将被淘汰，因此招聘→面试（面试是必要条件）。“不可取代的环节”表明面试是招聘的必要条件，也就是说，只有通过面试才可以了解应聘者的个性。

A 选项	如果应聘者的个性不难通过招聘的其他环节展示，那就不能根据面试可以了解应聘者的个性而得出结论，面试是招聘的一个不可取代的环节，为必要性假设，选 A
B 选项	“个性”是“确定录用应聘者”的因素之一即可，不一定是主要因素，不是必要性假设，不选
C 选项	题干论证未涉及“经验丰富的招聘者才能准确地把握应聘者的个性”，不选
D 选项	题干论证未涉及“其他环节”，不选
E 选项	面试是目的之一即可，不一定是唯一目的，不是必要性假设，不选

3. 解析：本题答案选 E。

题干论证的是：直觉、多层次抽象等独特智能→计算机无法超过人类的智能水平。

这个论证关系需要建立一个桥梁，E 选项说明这些功能是人类独特的，即使计算机有一定的学习能力，也无法获得，所以，计算机无法超过人类的智力水平。

4. 解析：本题答案选 D。

根据题干“以下哪项最可能是上述论证的假设”知，这是非形式逻辑题，本题考查的是假设，建立证据结论之间的联系。本题论证的是：还相关产品本来面目→制定林果的统一行业标准。

A 选项	题干未涉及“外形很相似”，属于无关选项，不选
B 选项	该选项说的是“相关企业和普通大众并不认可我国林果专家的意见”，而题干表达的是“学界的声音很难传达到相关企业和普通大众”，对象不一致，不选
A 选项	题干未涉及“外形很相似”，属于无关选项，不选
C 选项	题干未涉及“正常的对外贸易活动”，属于无关选项，不选
D 选项	该选项说明目前还没有关于林果的统一标准，如果已经有了相关标准，就不需要制定了，选 D
E 选项	题干未涉及“市场上的销量”，属于无关选项，不选

5. 解析：本题答案选 A。

根据题干“以下哪项最可能是张教授论证的预设”知，这是非形式逻辑题，本题考查的是假设。

题干论证的是：世界石油短缺、环保和气候变化→应大力开发利用生物资源。

A 选项	该论证如果成立，需要假设发展生物燃料可有效降低人类对石油等化石燃料的消耗，否则，仍然无法解决问题，选 A
B 选项	题干未涉及“粮食供应问题”，属于无关选项，不选
C 选项	选项的对象是“生物柴油和燃料乙醇”，而题干的论证对象是“生物燃料”，前者是后者中的很小一部分，显然，题干与选项论证的对象不一致，不选
D 选项	题干未涉及“生产与运输的过程的消耗”，属于无关选项，不选
E 选项	题干未涉及“我国生物燃料取得的成绩”，属于无关选项，不选

6. 解析：本题答案为 C。

由题干信息“以下哪项最可能是上述科学家得出结论的假设”知，这是非形式逻辑题，本题考查的是假设。题干的论证前提是：猫的大脑皮层神经细胞的数量只是普通金毛犬的一半；题干的结论是：狗比猫更聪明，显然，论证前提与结论之间存在核心概念的跳跃。正确选项需要在“大脑皮层神经细胞的数量”与“聪明”之间建立联系，属于过渡性假设。

A 选项	题干未涉及“猫和狗两者对人类贡献的大小”，无关选项，不选
B 选项	题干未涉及“狗可能集成了狼结群捕猎的特点”，无关选项，不选

续 表

C选项	该选项在“大脑皮层神经细胞的数量”与“聪明”之间建立联系，属于过渡性假设，选C
D选项	题干论证未涉及“为什么猫的脑神经细胞数量比狗少”，无关选项，不选
E选项	题干论证未涉及“棕熊的脑容量”，无关选项，不选

7. 解析：本题答案选E。

题干论证的前提是：中山大道只允许通行轿车和不超过10吨的货车，大部分货车将绕开中山大道；题干认为应该得到的结论是：中山大道的车流量将减少，从而减少中山大道的撞车事故。前提中的核心概念是：大部分货车将绕开中山大道；结论中的核心概念是：中山大道的车流量将减少。两者之间显然存在概念的跳跃，因此需要“搭桥”，即在“不超过10吨的货车”和“行驶在中山大道的货车”之间建立联系，即“目前行驶在中山大道的大部分货车都在10吨以上”。因此，本题答案选E。

8. 解析：本题答案选D。

由题干“为使上述论证成立，以下哪项是必须假设的”知，这是非形式逻辑题，本题考查的是假设。题干的前提是：董来春参加→(郝建生不参加)∧(曾思敏不参加)，题干的结论是：董来春参加竞选→他将肯定当选。

Ⅰ	如果该选项不为真，那么当选者不一定是竞选实力最强的竞选者，就不能根据极具竞选实力的郝建生和曾思敏不参加竞选而得出结论：董来春肯定当选，为必要假设
Ⅱ	即使除了董来春还有其他竞选人，只要他们的竞争实力不强于董来春，题干的论证仍然可以成立，不是必要假设
Ⅲ	如果该选项不为真，那么除了郝建生和曾思敏，还有其他人的竞选实力比董来春强，那就同样不能根据极具竞选实力的郝建生和曾思敏不参加竞选而得出结论：董来春肯定当选，为必要假设

综上所述，Ⅰ和Ⅲ为必要假设，因此，本题答案选D。

9. 解析：本题答案选B。

题干的信息是：我不喜欢那感觉，因此，我不会批评我的继任者。

$\left.\begin{array}{l}(\text{批评}\rightarrow\text{喜欢})\\ \overline{\text{喜欢}}\end{array}\right\}\Rightarrow\overline{\text{批评}}$；需要补充的是：批评→喜欢(逆否命题)⇒只有喜欢被批评，才会批评。所以，本题答案选B。

10. 解析：本题答案选B。

题干论证的前提是：规模香蕉种植园大都远离人口集中的地区，可以安全地使用这种杀菌剂，不会有香蕉叶斑病；题干论证的结论是：全世界的香蕉产量，大部分不会受到香蕉叶斑病的影响。前提中的核心概念是：规模香蕉种植园；结论中的核心概念是：全世界的香蕉产量。两者之间显然存在概念的跳跃，因此需要“搭桥”，即在“规模香蕉种植园”和“全世界的香蕉产量”之间建立联系，也即“全世界生产的香蕉，大部分产自规模香蕉园”。因此，本题答案选B。

11. 解析：本题答案选 A。

题干的前提是：照片总是反映了物体某个侧面的真实而不是全部的真实；题干的结论是：照片作为证据是不恰当的。解答假设类习题的第一思路就是“搭桥”。

照片→只能部分反映事实
（只能部分反映事实→不能作为证据）}⇒照片不能作为证据。

照片→只能部分反映事实→不能作为证据；不能完全反映事实的不能作为恰当证据。所以，本题答案选 A。

12. 解析：本题答案选 B。

题干的前提是：照片总是反映了物体某个侧面的真实而不是全部的真实；题干的结论是：照片作为证据是不恰当的。

A 选项	削弱背景信息，不涉及题干论证，力度较弱，不选
B 选项	直接反驳题干的因果关系，割裂了因果关系，选 B
C 选项	题干不涉及“法庭审理中的参考价值”，与题干论证无关，不选
D 选项	题干不涉及“照片的真伪”，与题干论证无关，不选
E 选项	与题干论证“是否可以作为证据”无关，不选

强化训练

13. 解析：本题答案选 B。

题干的结论是：消费者在超市购买水果后，一定要清洗干净方能食用，而题干的前提是：水果在收摘之前都喷洒了农药。本题考查的是假设法最基本的原理：否定代入法。

A 选项	题干没有涉及其他水果，无关选项，不选
B 选项	有意义可行，需要假设的是 B 项超市里销售的水果并未得到彻底清洗。否则，牛师傅的结论就没有意义了，属于方法可行的假设，选 B
C 选项	过度假设，“只有……才”太强了，必要性假设很少会选这类词，不选
D 选项	无关选项，题干没有涉及消费者的癖好，不选
E 选项	无关选项，本选项是一个干扰项，“超市中销售的苹果常常留有一定的油脂痕迹”是题干的背景信息，与题干的前提结论无关，不选

14. 解析：本题答案选 D。

题干论证的因果关系是：在人脑深处有一个叫作丘脑枕的区域→这一发现有望为缺乏注意力而导致的紊乱类疾病带来新疗法（方法可行）。

A 选项	与题干论证无关，对于其他疾病有无用处不影响对于本次研究的作用
B 选项	与题干论证无关，“视觉信息”显然不等于“外界的刺激信息”，只是其中的一部分
C 选项	与题干论证无关，“视觉皮层”表明研究的仍旧是“视觉信息”

续 表

D选项	保证方法可行,如果大脑可以同时详细地处理太多信息,那么,这一发现将没有什么意义,也就不存在新疗法的问题了,选D
E选项	与题干论证无关,“视觉信息”显然不等于“外界的刺激信息”,只是其中的一部分

15. 解析:本题答案选E。

Ⅰ	根据题干“想象力和知识是天敌”+“知识的本质是科学,想象力的特征是荒诞”,所以,Ⅰ所依赖的假设使用的是过渡性假设
Ⅱ	根据题干“知识的本质是科学,想象力的特征是荒诞”+“知识符合逻辑,而想象力无章可循”,所以,Ⅱ是所依赖的假设使用的是过渡性假设
Ⅲ	根据题干“终身只能重复前人的发现”,所以,Ⅲ是所依赖的假设

综上所述:Ⅰ、Ⅱ和 Ⅲ为真。所以,本题答案选E。

16. 解析:本题答案选D。

根据题干信息:(只)有想象力才能进行创造性劳动,“只有……才……”。

形式化为:创造性→想象力,其矛盾为:创造性∧$\overline{\text{想象力}}$。所以,本题答案选D。

17. 解析:本题答案选D。

本题的论据是:灵活工作日制度→提高运作效率。

本题的结论是:灵活工作日制度→企业员工保持良好的情绪和饱满的精神。

Ⅰ	“灵活工作日制度”是针对每个员工的,而不是“业务骨干”,不是必要假设
Ⅱ	“良好的情绪和饱满的精神”是必要假设,符合题干的必要假设
Ⅲ	加非验证,假设实行周末休息制度,就无法实行“灵活工作日制度”,为必要假设

18. 解析:本题答案选E。

本题属于方法可行性假设,方法是:模拟的便条纸代替纸;目的是:让使用者在上面涂鸦,记录下设计师的创造性思维。对于方法可行性假设,主要从以下几个角度去解题:方法找得到(这种便条纸可以设计得出);方法可行(这种便条纸代替纸不会影响设计师记录下创造性思维);方法无恶果(这种便条纸不会影响设计师的工作)。

A选项	该选项中“只可能”表明力度较强,属于过度假设,不选
B选项	该选项中“只能”表明力度较强,属于过度假设,不选
C选项	该选项中“所有”表明力度较强,属于过度假设,不选
D选项	该选项讲的是这些涂鸦的价值,只需要“有些有应用价值”即可,“大多数”表明力度较强,属于过度假设,不选
E选项	该选项中“乱涂乱画所产生的灵感,并不一定通过在纸上的操作获得”表明“便条纸代替纸不会影响设计师记录下创造性思维”,方法可行,为必要假设,选E

19. 解析:本题答案选A。

根据题干信息:(1)足球比赛中,不是赢家就是输家;(2)在球迷的眼里,你要么是勇敢者，要么是懦弱者；(3)赢家都是勇敢者，输家都是懦弱者。由于比赛只有赢家、输家，球迷眼中只有勇敢者、懦弱者，那么可以分为四种情况：勇敢者赢家、懦弱者赢家、勇敢者输家、懦弱者输家。为使足球教练的论证成立，A选项是必须假设的。否则，如果在球迷看来，赢家都是勇敢者，但勇敢者不一定都是赢家，也就是说，输家中也可能有勇敢者，这样就不能得出结论：每个输家在球迷眼里都是懦弱者，即足球教练的论证不能成立。因此，本题答案选A。

20. 解析：本题答案选B。

由题干信息“以上哪项最可能是上文所做的假设”知，这是非形式逻辑题，本题考查的是假设。本题属于过渡性假设，即“搭桥”。题干论证的前提是：通过观察处于不同生长阶段的许多棵树，植物学家就能拼凑出一棵树的生长过程；题干的结论是：这一原则完全适用于目前天文学对星团发展过程的研究。题干对两者进行了类比，但是将植物学领域与天文学领域进行类比，必须补充相关必要条件。

<table>
<tr><td>A选项</td><td>该选项是题干的充分条件，而非必要条件，题干只是将植物学领域与天文学领域进行类比，而不需要适用于其他领域，属于过度假设，不选</td></tr>
<tr><td>B选项</td><td>如果事实上天文学的发展并不具备对恒星聚集体的不同发展阶段进行研究的条件，那么，就不可能基于对星团不同发展阶段的研究，对其总体的发展过程进行有效研究，题干的议论就难以成立，为必要假设</td></tr>
<tr><td>C选项</td><td rowspan="3">题干论证的是此种研究方法是否可行，而不涉及“天文学研究的意义、进展、课题”，属于无关选项，不选</td></tr>
<tr><td>D选项</td></tr>
<tr><td>E选项</td></tr>
</table>

21. 解析：本题答案选E。

由题干信息“以下哪项是上述论证必须假设的”知，这是非形式逻辑题，本题考查的是假设。本题属于必要性假设，必要条件的特征是“无条件必无结果”，解题时采用否定代入验证法——假设某一选项不成立，可以推出题干结论也不再成立，则此项是题干论证必须假设的。根据题干信息：牛顿的这封信中，有关微积分的几行字几乎没有涉及这一理论的任何重要之处→莱布尼茨和牛顿各自独立地发现了微积分。本题的逻辑漏洞在逻辑考试中经常涉及，“没有直接联系”并不代表“没有联系”，未排除他们通过第三方间接获得联系的可能性。

A选项	该选项与“发现微积分事件”没有关系，属于无关选项，不选
B选项	该选项与“发现微积分事件”没有关系，属于无关选项，不选
C选项	其他人发现微积分与否与“莱布尼茨和牛顿”发现微积分无关，属于无关选项，不选
D选项	该选项只能说明牛顿不可能从莱布尼茨处获得微积分研究成果，但不排除他能通过第三方间接获得联系的可能性，不选
E选项	如果事实上莱布尼茨或牛顿从第三渠道获得过关于微积分的关键性细节，那么即使他们两人在发现微积分的过程中彼此没有实质性的沟通，也不能得出结论：莱布尼茨和牛顿各自独立地发现了微积分，因此，该选项是论证必须假设的，选E

22. 解析：本题答案选 A。

由题干“以下哪项最可能是上述论证所假设的”知，这是非形式逻辑题，本题考查的是假设。本题属于对比型假设。根据题干信息：急性脑血管梗阻的症状和普通高山反应相似→在高海拔地区，急性脑血管梗阻这种病特别危险；说明急性脑血管梗阻和普通高山反应虽然表面症状相似，但其本质是不同的。

A 选项	如果事实上普通高山反应和急性脑血管梗阻的医疗处理没有什么不同，那么，即使由于急性脑血管梗阻的症状和普通高山反应相似，而把前者误诊为后者，也不会因此产生有害的结果，这样就难以得出结论：在高海拔地区，急性脑血管梗阻这种病特别危险。因此，该选项是题干论证所必须假设的，选 A
B 选项	该选项讨论的是两种疾病之间的因果关系，而题干是两种疾病之间的对比关系，不属于题干论证所必须假设的，不选
C 选项	题干论证的是“如不及时恰当地处理会危及生命”，属于题干的逆命题，不属于题干论证所必须假设的，不选
D 选项	题干论证未涉及“医疗条件”，不属于题干论证所必须假设的，不选
E 选项	题干论证未涉及“医生的诊断状况”，不属于题干论证所必须假设的，不选

第九章　解　　释

例题

1. 解析：本题答案选 E。

题干要求解释的是：为什么男性白领数量和女性白领数量在理论上相同的情况下，更多的女性白领参加相亲活动，也就是为什么女性白领更难嫁？

A 为无关选项，能解释，因为女性白领要求高，只找更优秀的，而男性白领可以找不是白领的女性。

B 为无关选项，能解释，外地的优秀女性多于外地的优秀男性，所以，本地优秀女性比优秀男性多。

C 为无关选项，能解释，优秀男性出国的更多，所以，国内优秀女性比优秀男性多。

D 为无关选项，能解释，男性不积极参加相亲活动，解释了更多女性参加相亲活动。

E 为正确选项，不能解释，题干说明还处于报名阶段，而该选项说明的是淘汰阶段，显然不能解释。

2. 解析：本题答案选 E。

根据题干信息“用手机打电话不会对专供飞机通信系统或全球定位系统使用的波段造成影响。尽管如此，各大航空公司仍然规定，禁止机上乘客使用手机等电子设备”，需要找一个他因来解释为什么会有这种情况，所以，需要找一个手机的其他弊端。

Ⅰ、Ⅱ和Ⅲ三项均说明了禁止机上乘客使用手机等电子设备的原因，所以均能解释。

3. 解析：本题答案选 D。
题干需要解释的矛盾是“普通民众觉得物价涨幅较高”而“物价涨幅指数较小”，需要调和两者之间的矛盾，本质上是整体与局部之间的关系，这类题目可以使用“拉高拉低平均”的秒杀技来解题。

A 选项	无关选项，题干没有表明数据的来源是不相同的，不选
B 选项	与物价没有直接关系，不选
C 选项	本项的“部分”表示解释的力度较弱，不能解释所有的消费品，不选
D 选项	说明了物价指数低的原因，这也是居民为什么感觉不到的原因所在，选 D
E 选项	无关选项，不选

4. 解析：本题答案选 C。
根据题干“以下除哪项外，均能解释人们的困惑”知，这是非形式逻辑题，本题考查的是解释。
本题需要解释的矛盾是：既然政府能在短期内实施“APEC 治理模式”取得良好效果，为什么不将这一模式长期坚持下去呢？以下为各个选项的具体分析：

A 选项	严格的减排措施难以落实，表明这个措施虽然好，但是实施难度大，可以解释，不选
B 选项	这个措施虽然好，但长期实施会影响社会发展，可以解释，不选
C 选项	说明实施“APEC 治理模式”的必要性，无法解释题干的矛盾，选 C
D 选项	这个措施只是权宜之计，但长期实施须从长计议，可以解释，不选
E 选项	说明代价和收益需要同时考虑，可以解释，不选

5. 解析：本题答案选 C。
题干的矛盾在于：南北极地区的冰川由于全球变暖而加速融化和北半球许多地区的民众在冬季感到相当寒冷；解释的目的是调和矛盾，给本来不能共存的两者“共存”的理由。

A 选项	题干论证的对象是“南北极地区”和“北半球”，未涉及“南半球”，显然属于无关选项，不能解释，不选
B 选项	该选项只解释了“全球升温”，加剧了两者的矛盾，不能解释，不选
C 选项	该选项既涉及了“全球升温”，又解释了为什么会出现“超强降雪和超低气温”，可以调和二者的矛盾，可以解释，选 C
D 选项	该选项讲的是“赤道附近的海水温度升高”，而题干论证的是“南北极地区的冰川由于全球变暖而加速融化”，论证对象不一致，不能解释，不选
E 选项	该选项只解释了“超低气温”，加剧了两者的矛盾，不能解释，不选

6. 解析：本题答案选 A。

解释题是题干看上去是矛盾的或者是说不通的，或者是因果没有关系的，需要补一个条件进去，这样题干就不矛盾了，能说得通了，因果有关系了。本题题干调查发现和专家的观点看上去是矛盾的，把 A 选项补进去，两者就不矛盾了——事故率差不多不代表无效，基准水平没说。

7. 解析：本题答案选 C。

题干要求解释的矛盾是：基于同一事实，为什么女权主义代表与该大学却有两种不同的解释？总的录取比例，女性 6/12，男性 7/12，女性低于男性。但是，哲学学院录取比例，女性 3/8，男性 1/3；管理学院录取比例，女性 3/4，男性 6/9，都是女性高于男性。其实，这是因为基数不一样，这样，总体性质和部分性质存在区别，反映这种区别的选项只能是 C。

注意：不能选 A，因为讨论的是性质上的差别，而不是部分加总是否能够得到总体的问题。A 选项仅仅指出了问题，但是仍旧无法调和女权主义代表与该大学的矛盾。

基础训练

1. 解析：本题答案选 E。

由题干信息“以下各项如果为真，哪项最无助于解释上述现象”知，这是非形式逻辑题，本题考查的是解释。根据题干的信息知，本题需要解释的矛盾是：城市居民因污染而患病的比例一般高于农村，但城市中心的树木反而比农村的树木长得更茂盛、更高大。

A 选项	由于“保护措施得当”，因此，“城市中心的树木反而比农村的树木长得更茂盛、更高大”，可以解释题干矛盾，不选
B 选项	“温度高可能有利于树木生长”，可以解释题干矛盾，不选
C 选项	“趋光性可能有利于树木生长”，可以解释题干矛盾，不选
D 选项	“城市栽种的主要树木品种与农村不同”可能会导致“城市中心的树木反而比农村的树木长得更茂盛、更高大”，可以解释题干矛盾，不选
E 选项	农村中含氧量高，这一因素有利于树木生长，选 E

2. 解析：本题答案选 D。

题干需要解释的是：一般商品只有在多次流通过程中才能不断增值，而艺术品在一次“流通”中实现大幅度增值。其实，需要找的是普通商品的局限性和艺术品的优势。D 选项“对艺术品的交易价格没有什么影响”不能解释。其他各项均从艺术品为什么价格高、大幅增值的角度进行了解释。

3. 解析：本题答案选 B。

A 选项	原料价格“都”波动，并没有说明两种原料价格如何波动，不能解释，不选

续 表

B选项	该选项明确地提出了用甘蔗的好处，选B
C选项	该选项赞成用玉米，加剧了矛盾，不选
D选项	该选项指出甘蔗的缺点，加剧了矛盾，不选
E选项	未指出二者的区别，不能解释，不选

4. 解析：本题答案选D。

本题属于比较型解释，所有比较型论证逻辑要掌握技巧，可以快速选出答案。

前　　提	结　　果
巴斯德：在山上的不同高度分别打开装着煮沸过的培养液的瓶子 普歇：用干草浸液做材料重复了巴斯德的实验	巴斯德：在山顶上，20个装了培养液的瓶子中只有1个长出了微生物 普歇：所有装了培养液的瓶子都很快长出了微生物

显然发现：前提差(导致了)结果差，解释一般就是要说明：结果差为什么会产生，需要解释的正确答案通常就是由于前提之间的差异产生的。

5. 解析：本题答案选D。

警察局和汽车保险公司在防盗装置能否降低汽车被盗的危险性上发生了分歧，要解决他们的分歧，就要分析他们的结论成立所依赖的事实。

D选项表明，装防盗装置的汽车自身的被盗系数就非常高，所以，即使防盗系统降低了其被盗的危险性，由于所处环境的原因，其被盗的危险性依然高于其他的本身危险系数低、未装防盗装置的汽车。这样就有效地解释了上述矛盾。其他选项均无法解释题干的矛盾。

因此，本题答案选D。

6. 解析：本题答案选C。

本题需要解释的是“有了电子书，人们为什么还是选择纸质阅读”，只要是说电子阅读的缺点和纸质阅读的优点，都有可能是合理的解释，选项C说“怀旧爱好者喜欢收藏经典图书”，显然，收藏与阅读无必然关系。

7. 解析：本题答案选C。

本题主要从以下两方面解释题干的现象：

(1) 古人为什么不会得近视；　　(2) 现代人为什么容易得近视。

A、B、D、E四个选项从各个方面进行了解释，C选项说古代近视危害小，对近视的人少没有任何解释作用，符合“除了”，因此，本题答案为C。

8. 解析：本题答案选C。

A选项	该选项指出他因：大气层顶层臭氧含量减少，可以解释，不选
B选项	该选项指出他因：暴晒的人吸收更大剂量的有害放射物，可以解释，不选

续　表

C选项	该选项说的是来自太阳以外的紫外线辐射量，题干说明的是"与太阳紫外线照射相关的皮肤癌病例"，与题干无关，不能解释，选C
D选项	该选项指出他因：暴晒的男性人数显著增长，可以解释，不选
E选项	该选项指出他因：30年前的暴露也会引起皮肤癌，可以解释，不选

9. 解析：本题答案选A。

题干指出地球吸热升温可能导致融化，再指出有一个可以抵消此作用的因素，故接下来应说明能抵消地球吸热升温的因素是什么。D选项明显不恰当，排除。B、C选项对地球的降温有一定作用，但远达不到"抵消"的程度。A选项指出地球发散的热能值与其吸收的热能值相近，作为抵消的因素最恰当。故本题答案为A。

10. 解析：本题答案选C。

题干的矛盾是：在酒本身并没有任何改变的情况下，酒的价格上涨反而常常导致其销量增加。

在质量不变的情况下，价格上涨常常导致酒的销量增加，说明顾客误以为质量与价格之间存在正相关关系，因此，只有C选项可以解释题干，其他各项都是无关项。

11. 解析：本题答案选B。

题干的矛盾的是：运营成本大幅度增加，但成品油生产商的利润并没有减少，反而增加了。

A选项	原油成本只占成品油生产商运营成本的一半，原油市场价格的不断提高也会导致生产成本的增加，加剧了矛盾，不能解释
B选项	其他原因导致利润增加，调和了矛盾，能解释，选B
C选项	不能解释，员工工资也是运营成本的一部分，此外，"个别高薪员工的工资"对整体的影响相对较小
D选项	解释了成本的增加，加剧了矛盾，不能解释
E选项	解释了成本的增加，加剧了矛盾，不能解释

12. 解析：本题答案选E。

题干的矛盾是：2011年家庭收入比2010年提高了，但是贫穷率却没有下降。

A选项	该选项只能解释为什么收入提高了，与题干"贫穷率下降"无关，不选
B选项	该选项只能说明消费能力变高了，与题干"贫穷率下降"无关，不选
C选项	该选项直接否定了题干条件："一般说来，家庭收入的提高会使贫穷率下降"，不能解释，不选
D选项	该选项提出了新概念"贫困人口比例"，题干未涉及；如果理解成贫穷率的话，与题干信息矛盾，也不能提供解释，不选
E选项	该选项引入其他因素"经济萧条的影响"，说明有其他原因导致贫穷率较高，合理地解释了题干的矛盾，选E

13. 解析：本题答案选 C。

题干的现象是：如果孩子在 5 岁前每天看电视超过 2 小时，他们长大后出现行为问题的风险将会增加 1 倍多，即讨论看电视时间长短与行为问题的关系。

A 选项	题干的论证“看电视的时间”与“看什么电视节目”是两回事，无关选项
B 选项	题干的论证“看电视的时间”与“看什么电视节目”是两回事，无关选项
C 选项	解释为什么电视看得多了会产生“行为问题”，可以解释，选 C
D 选项	题干的论证“看电视的时间”与“看什么电视节目”是两回事，无关选项
E 选项	“身心健康发展”题干没有涉及，属于无关选项

14. 解析：本题答案选 B。

题干需要解释的现象是：金雕仅在放飞地 3 公里的范围内飞行。须找到一个合理的他因来解释现象。

A 选项	题干信息并不能说明金雕无法飞行，此外，也没有对 3 公里这个数据做出合理解释，不选
B 选项	金雕的放飞地 2 公里范围内有一牧羊草场，成为狼群袭击的目标，则金雕也将在上述范围内飞行，这显然最有助于解释题干所示的金雕的行为，而且对“3 公里范围内飞行”做了一个合理的解释，选 B
C 选项	若“放飞地广阔草原的野狼几乎灭绝了”，那么金雕就要飞到更远的地方去捕食，而不“仅在放飞地 3 公里范围内飞行”，加剧了题干矛盾，不选
D 选项	与题干信息“无线电传导器不断传回的信号显示”矛盾，不选
E 选项	与题干信息“因此，金雕追击野狼的飞行范围通常也很大”矛盾，不选

15. 解析：本题答案选 C。

题干论述的解释是：海獭不吃被赤潮毒素污染区域的蛤蜊是因为海獭能够尝出蛤蜊的毒素。

A 选项	无关选项，不选
B 选项	无关选项，不选
C 选项	该选项说明海獭有可能是因为海水变红才不吃蛤蜊，而不是尝出毒素，以存在他因的方式反对了原来的解释，选 C
D 选项	无关选项，不选
E 选项	味觉系统的辨别能力高不代表能尝出毒素，不选

16. 解析：本题答案选 A。

本题为非形式逻辑矛盾解释题。须解释题干矛盾，即“中原地区降水量比往年偏低，这有利于河流的水草生长，河流的水草总量通常也会随之而增加”，但是为何“经历极端干旱后水草总量并未随之增加，只是处于一个很低的水平”。注意题目前者说“降水量偏低”，而后者说“极端干旱”。这是关键所在。A选项指出河流极端干旱之后的干涸导致了大量水生生物死亡，使得水草总量并未随着增加，合理地解释了题干的矛盾。因此，正确答案为A。

17. 解析：本题答案选C。

根据题干“以下哪项措施最可能有效地解决上述游客锐减问题”知，这是非形式逻辑题，本题考查加强削弱，属于方法措施型加强削弱。题干的目的是：有效地解决上述游客锐减问题。

问题的根本是：去年与前年的最大的不同是入场门票从120元升到190元。导致游客人数锐减的主要原因在于门票价格的上涨。因此，要有效地解决游客人数锐减的问题，就要从门票价格上着手。所以，本题答案选C。

18. 解析：本题答案选E。

由题干信息“以上哪项判定最无助于解释上述现象”知，这是非形式逻辑题，本题考查的是解释。题干需要解释的现象是：非自花授粉樱草的繁殖条件比自花授粉的要差，但是游人在植物园多见的是非自花授粉樱草而不是自花授粉樱草。只要说明非自花授粉樱草比自花授粉樱草有更强的生命力就可以解释题干所述的现象。

A选项	该选项说明“非自花授粉樱草的种子发芽率较高”，可以弥补繁殖条件的不足，可以解释，不选
B选项	该选项说明“自花授粉樱草是几年前从国外引进的”，有可能数量相对较少，可以解释，不选
C选项	该选项说明“非自花授粉樱草比自花授粉樱草基数大”，即使繁殖条件不足，可以解释，不选
D选项	该选项说明“土壤中的养分更易被非自花授粉樱草吸收”，生存竞争能力更强，可以解释，不选
E选项	如果该选项为真，则由于非自花授粉樱草多植于园林深处，较不易被游人看见，无助于解释上述现象，选E

强化训练

19. 解析：本题答案选E。

根据题干的信息，题干需要解释的是：为什么参加疗养的职工占全校职工的比例下降了，但疗养院的入住率反而上升了。

A选项	该选项说明：虽然参加疗养的教职工占全校教职工的比例下降，但因为教职工总数有较大增长，参加疗养的教职工的绝对人数有所增长，从而导致疗养院的入住率上升，可以解释，不选
B选项	该选项说明：外地人可以进入疗养院，可以解释，不选
C选项	该选项说明：房间可容纳的人数发生了变化，可以解释，不选

续 表

D 选项	该选项说明：房间数量发生了变化，可以解释，不选
E 选项	吸引力的提高解释不了“参加疗养的职工占全校职工的比例下降了，但疗养院的入住率反而上升了”，无助于解释题干的矛盾，选 E

20. 解析：本题答案选 A。

由题干信息“以下哪项如果为真，最有助于解释上述看来矛盾的现象”知，这是非形式逻辑题，本题考查的是解释。题干需要解释的是：随着国家法定的最低工资额的提高，零售商的人力成本也随之大幅度提高，但是零售商的利润非但没有降低，反而提高了。

A 选项	该选项中“上述零售商的基本顾客，是领取最低工资的人”表明消费者的基本消费能力提高了，导致营业额增加，尽管成本提高了，但利润仍可能提高，可以解释题干的矛盾，选 A
B 选项	即使“人力成本只占零售商经营成本的一半”，随着人力成本的提高，总成本也会增加，利润应该减少，无法解释题干的矛盾，不选
C 选项	“其他零售商经营成本也有所提高”，总成本也会增加，利润应该减少，加剧了题干的矛盾，不选
D 选项	该选项表示“零售商的雇员有一部分来自农村”，随着零售商的雇员有一部分来自农村，相应成本也会增加，利润应该减少，无法解释题干的矛盾，不选
E 选项	该选项表示“降低了某些高薪雇员的工资”，但题干表明“零售商的人力成本也随之大幅度提高”，也就是说该选项仍旧没法解释为什么利润会增加，无法解释题干的矛盾，不选

21. 解析：本题答案选 E。

根据题干“下列哪项最可能是法院的合理依据”知，这是非形式逻辑题，本题考查解释。根据题干的信息，本题需要解释的现象是：离家 300 米的学校不能上，却被安排到 2 公里以外的学校就读。根据常识就会了解：我国的儿童上小学原则是“就近入学”，但具体如何“就近”法，不是靠直线距离哪所近就去哪所，而是将所有区域划分为若干学区（类似题中的施教区），该区域内的所有适龄儿童必须按学区分配入学，这就有可能造成有学生（如住在学区边缘的学生）离学区学校反而并不是最近的现象。

A 选项	该选项指出了家长的逻辑错误，但题中并未提及 300 米是直线距离，而且“唯一依据”一说表明直线距离仍然是依据之一，那仍然不能解释为什么不能执行这个依据而必须执行其他依据，该选项具有一定的干扰性，不选
B 选项	该选项解释了为什么施教区的学生可能离小学比较远的原因，但仍不足以打消家长“就近入学”的困惑，不选
C 选项	题干论证未涉及“儿童入学究竟上哪一所学校”的选择权，属于无关选项，不选
D 选项	题干中并没有提到这位学生有什么特定的需要变通的情况，显然也不是法院判决的依据，不选
E 选项	该选项说明了教育局这种做法的合法性，可以解释，选 E

22. 解析：本题答案选 B。

根据题干“以下哪项如果为真，最能质疑李军对车辆玻璃冰霜迅速融化的解释”知，这是非形式逻辑题，本题考查加强削弱。再由“因此”知，题干考查的是因果关系型的加强削弱。题干论证的因果关系是：车辆仅有的除霜孔位于前挡风玻璃，而车辆预热后除霜孔完全开启→开启除霜孔使车辆玻璃冰霜融化。

A 选项	题干未涉及“车辆一侧玻璃窗”，无关选项，不选
B 选项	如果该选项为真，也就是没有除霜孔的车尾玻璃窗与有除霜孔的前挡风玻璃具有相同的冰霜融化速度，则非常有利于说明开启除霜孔很有可能并不是车辆玻璃冰霜融化的主要原因。这就对李军的解释提出了有力的质疑，属于例证法的削弱，选 B
C 选项	题干未涉及“空气气温增加”，无关选项，不选
D 选项	削弱了题干结论，属于削弱背景信息，力度不强，不选
E 选项	题干未涉及“启用车内空调暖风功能”，无关选项，不选

第十章　评价与结构类似

例题

1. 解析：本题答案选 D。

根据题干信息，本题属于评价焦点型，本题需要精准地分析两人的分歧何在。王研究员认为最重要的是坚持精神，而李教授认为最重要的是敢于尝试新技术。

A 选项	该选项没有涉及“坚持精神”，不选
B 选项	题干论证对象是“敢于尝试新技术”，而不是“创新”，前后核心概念不一致，不选
C 选项	题干论证对象是“敢于尝试新技术”和“坚持精神”，而不是“努力发明新技术”和“坚持创业”，前后核心概念不一致，不选
D 选项	该选项很好地概括了两者的分歧所在，选 D
E 选项	题干论证对象是“敢于尝试新技术”，而不是“敢于成立小公司”，核心概念不一致，不选

2. 解析：本题答案选 D。

本题考查的是评价焦点，焦点题的关键是：优先找结果差，如果没有结果差，再找前提差。本题的焦点显然是：一个人认为应该选喜爱辩论的人，另一个人认为应该选能打硬仗的辩手。两者的焦点在于：招募的标准是对辩论的爱好还是辩论的能力。所以，本题答案选 D。

3. 解析：本题答案选 E。

郑女士的论证基于这样的假设：GDP 增长率是比较两个城市的经济前景的主要指

标。胡先生的论证则基于这样的假设：GDP 数值是比较两个城市的经济前景的主要指标。因此，两人争议的焦点是：比较两个城市的经济前景，GDP 数值与 GDP 增长率哪个更重要？

4. 解析：本题答案选 E。
上述论证的前提是：不理解自己的人是不可能理解别人的；上述论证的结论是：那些缺乏自我理解的人是不会理解别人的。题干的结论是对论证的机械重复，所以，正确答案是 E。

5. 解析：本题答案选 A。
前提主语：(公达律师事务所)⇒结论主语：(老余)。
因此，整体具有的特征，局部/个体未必具有。
技巧点拨：注意区分总体特征和个体特征的区别。
本题选项 E 具有很强的干扰性，如果题目改动一下：
前提主语：(老余)⇒结论主语：(公达律师事务所)。
此时，答案就要选 E，老余具有的特征，其所在工作单位不一定具有。

6. 解析：本题答案选 D。
本题的论证过程没有考虑左撇子在所有人中所占的比例较小的事实。如果考虑到这一事实，即使大多数家务事故都是出自右撇子，也并不能推出左撇子比右撇子更容易出操作事故的结论。
例如，假设左撇子在所有人中的比例为 10%，家务事故的 95%出自右撇子，也就是只有 5%的家务事故出自左撇子，则可以推出与题干相反的结论，即右撇子比左撇子更容易出操作事故。
技巧点拨：本题考查整体与局部之间的关系。

7. 解析：本题答案选 A。
作者的结论是基于大排量是事故的原因这样的前提得出的，但是没有更多证据表明大排量与事故这两个事件在这个论证中真的具备因果联系。或许存在其他因素导致了同样的结果。首先，题干没有建立小排量车和是否超速之间的条件(充分或者必要)关系；其次，他的调查没有得出一般性结论，排除 B、C、D 选项。所以，A 选项作为上述小陈的论证评价最合适。

8. 解析：本题答案选 D。
根据题干“以下哪项作为上述的结论最为恰当”知，这是非形式逻辑题，本题考查评价。题干信息为：有 X，那么有 Y；无 X，那么没有 Y。因此，X 和 Y 之间有密切关系，即文化教育的发展和近视现象有密切关系。由于五分之三不等于 100%，因此，不能推出必然，只能推出可能。

A 选项	该项不恰当，因为由题干最多可说明，实施文化教育过程的某种并非不可避免的人为因素造成近视，而不能说明是文化教育本身造成近视，两者未必有因果关系，不选
B 选项	“很少出现近视”不等于没有近视，注意“只有……才……”的句子结构，不选

续 表

C 选项	该项不恰当，上述实施文化教育过程造成近视的人为因素，有可能是阅读和课堂作业带来的视觉压力，但不必然是，不选
D 选项	有密切关系表明两者之间存在相关性，选 D
E 选项	没有近视不等于没有接受正规教育，也不等于是文盲，不选

9. 解析：本题答案选 D。

对于此类题，只需将题干的推理结构和选项一一对应即可。

题干	甲：非 P，则非 Q。 乙：我反对，P，则 Q
A 选项	甲：非 P 且 Q。 乙：我反对，草木 Q 且人非 Q，与题干结构不符，不选
B 选项	甲：非 P，则 Q。 乙：我反对，P 且 Q，与题干结构不符，不选
C 选项	甲：非 P，则非 Q。乙：我反对，非 Q 则非 P，与题干结构不符，不选
D 选项	甲：非 P，则非 Q。 乙：我反对，P，则 Q，与题干结构一致，选 D
E 选项	甲：非 P，则非 Q。 乙：我反对，P，则 R，注意“谋其政”与“行其政”的区别，与题干结构不符，不选

10. 解析：本题答案选 B。

本题考查比较结构中的求异法。题干的逻辑原理是通过对比，寻找因果关系。

A 选项	选言命题的“否推肯”，与题干结构不一致，不选
B 选项	对比试验的求异法，与题干结构一致，选 B
C 选项	归纳推理，与题干结构不一致，不选
D 选项	类比推理，与题干结构不一致，不选
E 选项	直言三段论，与题干结构不一致，不选

11. 解析：本题答案选 B。

根据题干“以下哪项和题干中得出结论的方法最为相似”知，这是比较句子结构题，本题考查求异法。

A 选项	选项没有涉及两个要素之间的对比，属于排除法，不选
B 选项	前提有差异（一个使用了氮肥，一个没有），结果也有差异（产量不同），属于前提差导致结果差，是求异法，选 B
C 选项	属于二难推理，不选
D 选项	剩余法，不选
E 选项	“一定压强下的一定质量气体，温度升高，体积增大；温度降低，体积缩小”，属于共变法，不选

12. 解析：本题答案选 C。

题干的信息是：郑强知道数字 87654321，并不能推出郑强知道这组数字表达的每一个含义，所以，无法推出郑强知道这组数字是陈梅家的电话号码，两者不可同一替代，属于认知错误。例如，我们都知道伟大作家“鲁迅”，但是事实上并不是每一个知道“鲁迅”的人都知道“周树人”。

A 选项	该选项中的两个“中国人”不是同一概念，前者是集合概念，后者是非集合概念，犯了偷换概念的错误，与题干错误不类似，不选
B 选项	该选项中的“原子”是“金砖”的组成部分，由“原子不是肉眼可见的”推到“金砖不是肉眼可见的”，犯了以偏概全的错误，与题干错误不类似，不选
C 选项	该选项中的“晨星”和“暮星”两个概念其实指的是同一种事物，属于两个概念的同一关系，黄兵知道“晨星”，但未必知道“暮星”，选项的错误与题干类似，都是属于认知错误，选 C
D 选项	该选项中“张冉听到了比赛结束的哨声”并不等于“1∶0 的比分保持到终场”，完全可以是其他比赛结果，属于转移话题，与题干错误不类似，不选
E 选项	该选项中的“大蚂蚁是大动物”的两个“大”表示的含义不一样，“大蚂蚁”中的“大”表示的是年龄大，“大动物”中的“大”表示的是体积大，犯了以偏概全的错误，与题干错误不类似，不选

基础训练

1. 解析：本题答案选 E。

题干论证的是：工作正好满 8 年的白领，体重比刚毕业时平均增加了 8 千克→有规律的工作会增加人们的体重。该论证是存在缺陷的，同一对象的对比必须保证两者之间具有可比性。

A 选项	该选项中加入了“经常进行体育锻炼”这一因素，无法进行对比，属于无关选项，不选
B 选项	题干论证未涉及“8 年后是否会继续增加”，属于无关选项，不选
C 选项	该选项表明“时间对体重的影响”，属于无关选项，不选
D 选项	该选项表明“性别对体重的影响”，属于无关选项，不选
E 选项	该选项设置了“有规律工作的人”和“没有规律工作的人”的对照，属于前提差导致结果差的模式，若“有规律工作的人”体重增加得多，则题干结论成立；若“有规律工作的人”体重增加得少，则题干结论不成立，选 E

2. 解析：本题答案选 D。

陈先生的观点是：偷来的汽车撞伤了人，性质更严重。

林女士不同意陈先生的观点。林女士的论点是：非法侵入电脑同样会造成人身伤害。因此，两人争论的焦点是非法侵入别人电脑的犯罪性质和开偷来的汽车伤人是否一样严重。所以，本题应选 D。

3. 解析：本题答案选 B。

题干论证方式：A∨B→C，C∧¬B→A，犯了后真推前真的错误。

只有 B 选项与题干类似：C→A∧B，逆否即为：¬A∨¬B→¬C，那么¬C∧A→¬B，犯了后真推前真的错误，与题干类似。

因此，本题选 B。

4. 解析：本题答案选 E。

题干论证的是：前提：违法必究，违反道德的行为受不到惩罚，就会导致民众失去道德约束；结论：为了维护社会的稳定，任何违反道德的行为都不能不受惩治。

显然，题干的论证有漏洞，"所有违反道德的行为都受不到惩罚"这种行为不当，因此，其矛盾命题"有些违反道德的行为要受惩治"为真，但是推不出"任何违反道德的行为都要受惩治"。

题干由否定"违反道德的行为者未受惩治"，只能得出结论"有些违反道德的行为要受惩治"，不能得出结论"违反道德的行为都要受惩治"。事实上，第一个结论是合理的，第二个结论是不合理的。所以，本题答案选 E。

技巧点拨：本题的考点实质是逻辑方阵的考查，"所有 S 都不是 P"为假，推不出"所有 S 都是 P"为真。

5. 解析：本题答案选 C。

根据题干"钟教授的论证基于以下哪项假设"知，这是非形式逻辑题，本题考查假设。题干论证的是：起早摸黑做实验的人越来越少了→从前的研究生那种勤奋精神越来越不多见了。前提中的核心概念是：起早摸黑做实验的人；结论中的核心概念是：研究生那种勤奋精神。两者之间显然存在概念的跳跃，因此需要"搭桥"，即在"起早摸黑做实验的人"和"研究生那种勤奋精神"之间建立联系，即"研究生是否起早摸黑做实验是他们勤奋与否的一个重要标准"。因此，本题答案选 C。

6. 解析：本题答案选 D。

根据题干"以下哪项最为恰当地指出了钟教授推理中的漏洞"知，这是非形式逻辑题，本题考查评价，属于评价漏洞题。题干论证的是：我的研究生中，起早摸黑做实验的人越来越少了→研究生那种勤奋精神越来越不多见了。钟教授把自己的学生推到整个生命科学院的学生，相当于由部分属性推到整体属性，犯了以偏概全的错误，因此，本题答案选 D。

7. 解析：本题答案选 D。

小陈的结论是：远离太阳的彗星出现不寻常的现象。其依据是：这种闪烁光从未被观察到。小王并不否定小陈的论据所陈述的情况的存在，只是对这一情况做出了另一种解释，基于这一解释，可得出与小陈不同的结论。选项 D 最为准确地概括了小王所使用的这一方法。

8. 解析：本题答案选 C。

根据题干"以下哪项最为准确地概括了上述司机和交警争论的焦点"知，这是非形式逻辑题，本题考查评价。在本题中，司机之所以认为高速公路上的最高时速不应由 120 公里改为现在的 110 公里，是基于以下两方面的理由：一是会不必要地降低高速公路的使用效率；二是会使一些有经验的司机违反交规。交警的反驳主要针对司机的第二条理由，也就是对高速公路最高时速的修改是否一定会使一些有经验的司机违反交规。因此，在本题的诸选项中，选项C最为准确地概括了司机和交警争论的焦点。

9. 解析：本题答案选C。
本题考查的实质是偷换概念。前提是：学生与老师的比例低的学校，学生的高考成绩普遍都比较好——前提强调的是“比例”；结论是：让他的孩子选择学生总人数最少的学校就读，结论强调的是“数量”。这显然是偷换概念，选项C则最为恰当地指出郑兵上述决定的漏洞。

10. 解析：本题答案选D。
题干的句子结构为：如果A，则B；如果没有A，B也会受影响。

A选项	没有A就没有B，没有B也就没有A，与题干结构不符，不选
B选项	如果A，则B；如果C，则D，与题干结构不符，不选
C选项	过去A，现在B；过去C，现在D，与题干结构不符，不选
D选项	如果A，则B；如果没有A，B也会受影响，与题干结构类似，本题答案选D
E选项	如果A，则B，与题干结构不符，不选

11. 解析：本题答案选D。
根据题干“以下哪项与上述题干中的问答方式最为相似”知，这是比较句子结构题。
题干的句子结构是：A与B两个事物进行对比，哪个受的关注度高就选哪个。
以下为各个选项的分析过程：

A选项	A与B两个事物进行对比，哪个受的关注度低，就选哪个，与题干不符，不选
B选项	A与B两个事物进行对比，哪个更受欢迎，就选哪个，不选
C选项	A与B两个事物进行对比，按照个人喜欢选择，与题干不符，不选
D选项	A与B两个事物进行对比，哪个受的关注度高就选哪个，符合题干，选D
E选项	A与B两个事物进行对比，应该选事物C，与题干不符，不选

12. 解析：本题答案选E。
题干的句子结构为：A(坚守程序正义)→B(结案率提高)，B(结案率提高)，所以A(坚守程序正义)。

A选项	该选项结构是：A(品学兼优)→B(获奖学金)，非B(没有获奖学金)，所以非A(不是品学兼优)，与题干结构不一致，不选
B选项	该选项结构是：A(获奖学金)→B(品学兼优)，A(获奖学金)，所以B(品学兼优)，与题干结构不一致，不选
C选项	该选项结构是：A(品学兼优)→B(获奖学金)，非A(不是品学兼优)，所以非B(没有获奖学金)，与题干结构不一致，不选

续 表

D 选项	该选项结构是：A 并且非 B(品学兼优但没有获奖学金)，所以 A(品学兼优)并不一定导致 B(获奖学金)，与题干结构不一致，不选
E 选项	该选项结构是：A(品学兼优)→B(获奖学金)，B(获奖学金)，所以 A(品学兼优)，与题干结构一致，选 E

13. 解析：本题答案选 D。

题干的推理结构为：所有 S 是 P，所以，所有不是 P 的都不是 S。

A 选项	“所有 S 是 P，所以，所有不是 S 的都不是 P”，与题干结构不符，不选
B 选项	“所有 S 是 P，所以，所有是 P 的都是 S”，与题干结构不符，不选
C 选项	“所有 S 是 P，所以，所有是 P 的都是 S”，与题干结构不符，不选
D 选项	“所有 S 是 P，所以，所有不是 P 的都不是 S”，与题干结构相同，选 D
E 选项	“所有 S 是 P，所以，所有不是 S 的都不是 P”，与题干结构不符，不选

14. 解析：本题答案选 D。

本题考查穆勒五法。题干很明显考查的是求异法(前提差导致结果差)。

A 选项	同一品牌的化妆品其他条件都不变，只有价格不一样，属于共变法
B 选项	属于剩余法
C 选项	“年纪越大胆子越小”，属于共变法
D 选项	说明是不同方法导致了实验结果的不同，属于求异法，选 D
E 选项	无关选项

15. 解析：本题答案选 A。

根据题干“以下哪项与该工作人员得出结论的方式最为相似”知，这是比较句子结构，本题考查逻辑学谬误。题干的推理为：无法判定它是否有质量问题，因此，这箱鹌鹑蛋没有质量问题。

题干论证的错误在于：不能证明其存在便认定其不存在，显然，推出前提的论据不充分——诉诸无知。

A 选项	不能证明宇宙是没有边际的，便认为宇宙是有边际的，与题干论证符合，选 A
B 选项	因为没有论坛规范，所以，管理员没有权力参照规范，推出结论的论据足够充分，与题干论证不符合，不选
C 选项	“事主认为没有责任，因此不予施救”，在事主看来，他有足够的依据做出这个决定，与题干论证不符合，不选(强干扰项)
D 选项	并非外星人不存在，就是指外星人存在，推出结论的论据足够充分，与题干论证不符合，不选

续 表

E 选项	不属于商业管理范围，说明有足够的论据得出“相关部门无法对此进行处罚”，与题干论证不符合，不选

16. 解析：本题答案选 E。

根据题干“以下哪项与李四光的推理方式最为相似”知，这是比较句子结构，本题考查逻辑学谬误。题干中的推理为：A 和 B 在某些方面相同或相似，一个事物具有的特征，另一个事物也具有，最后发现这个推论是正确的。

A 选项	没有类比，不符合题干论证，不选
B 选项	结果不是好的，不符合题干论证，不选
C 选项	结果不是好的，不符合题干论证，不选
D 选项	不知道结果是不是好的，不符合题干论证，不选
E 选项	乌兹别克斯坦与新疆塔里木河流域气候类似，乌兹别克斯坦盛产长绒棉，新疆塔里木河流域也应该盛产长绒棉，事实也是如此，符合题干论证，选 E

17. 解析：本题答案选 B。

根据题干“以下哪项与上述反驳方式最为类似”知，这是非形式逻辑题，本题考查比较句子结构。

题干	甲：只有 A，才 B。乙：我不同意，过分强化 A，则不能 B
A 选项	甲：只有 A，才 B。乙：我不同意，只有 A，也不一定有 B，与题干结构不符，不选
B 选项	甲：只有 A，才 B。乙：我不同意，过分强化 A，则不能 B，与题干结构一致，选 B
C 选项	甲：只有 A，才 B。乙：我不同意，有 A，却没有 B，与题干结构不符，不选
D 选项	甲：只有 A，才 B。乙：我不同意，没有 A，却有 B，与题干结构不符，不选
E 选项	甲：只有 A，才 B。乙：不可能，再 A，则 C，与题干结构不符，不选

18. 解析：本题答案选 E。

根据题干“以下哪项与上述论证最为相似”知，这是非形式逻辑题，本题考查比较句子结构。

题干	A，因为 B 且 C，那么 A
A 选项	A，因为非 B 或非 C，那么非 A，与题干结构不符，不选
B 选项	A，因为 A 都有 B 且 C，与题干结构不符，不选
C 选项	A，因为只有 C 才 B，与题干结构不符，不选
D 选项	A，因为非 B，就不能非 C 且非 D，与题干结构不符，不选
E 选项	A，因为 B 且 C，那么 A，与题干句子结构类似，选 E

19. 解析：本题答案选 E。

根据题干“以下哪项与上述对话方式最为相似”知，这是非形式逻辑题，本题考查比较句子结构类似。根据题干信息，题干结构为：甲：A 比 B 难，先 A 后 B；乙：不对，B 比 A 难，先 B 后 A。

A 选项	该选项结构为：甲：不涉及两个事物对比，与题干结构不类似，不选
B 选项	该选项结构为：甲：不涉及两个事物对比，与题干结构不类似，不选
C 选项	该选项结构为：甲：A 比 B 难，A 比 B 更重要；乙：不对，如果 B，那么 A，B 比 A 更重要，与题干结构不类似，不选
D 选项	该选项结构为：甲：A 比 B 难，先 B 后 A；乙：不对，B 比 A 难，先 A 后 B，与题干结构不类似，不选
E 选项	该选项结构为：甲：A 比 B 难，先 A 后 B；乙：不对，B 比 A 难，先 B 后 A，与题干结构类似，选 E

20. 解析：本题答案选 C。

由题干信息“在以下哪个问题上，总工程师和厂长最可能有不同意见”知，这是非形式逻辑题，本题考查的是评价。根据题干信息，厂长的观点是：采用新工艺流程将大大增加生产成本→本厂无利可图；总工程师的观点：不否认采用新工艺流程会增加生产成本，但指出了这种生产成本的增加能显著有利于提高生产能力，因而增加利润，从而使该厂有利可图。因此，总工程师和厂长的不同意见是：采用新工艺流程是否一定使该厂无利可图。

因此，本题答案选 C。

强化训练

21. 解析：本题答案选 D。

安全气囊的作用，不在于避免汽车事故，而在于当事故发生时减少车主受伤害的程度。题干的论证显然忽略了这一点，因而本题应选 D。

22. 解析：本题答案选 C。

根据题干“以下哪项最为恰当地概括了陈副经理的质疑方法”知，这是非形式逻辑题，本题考查评价。分析两者的论证可以得出：

李经理打算新的一年继续执行该奖励制度，因为去年该店的汽车销售数量较前年增长了 16%；

陈副经理指出竞争对手都没有调整营销人员的奖励比例，但在过去一年也出现了类似的增长。

李与陈的冲突在于前提不同，但是结论相同；陈副经理并没有否认李经理的论据，但提出了一个反例，用以说明销售量的增加并不一定是提高奖励比例的结果，这就说明，李经理的论据虽然成立，但不足以推出结论。因此，本题答案选 C。

23. 解析：本题答案选 A。

根据题干信息,张先生指出:通过向吸烟者征税来缓解医疗保健事业的投入不足。李女士对这一建议的合理性提出质疑。两人争论的焦点是:张先生关于缓解医疗保健事业投入不足的建议是否合理。

A 选项	该选项为正确选项,概括了两人争论的焦点,选 A
B 选项	虽然张先生的建议中包含“有不良习惯的人应当对由此种习惯造成的社会后果负责”的意思,但李女士的争议不是针对这层意思的,不选
C 选项	题干未涉及“两者造成的危害是否一样”,不选
D 选项	题干讲的是“通过向吸烟者征税来缓解医疗保健事业的投入不足”是否合理,而该选项讲的是“由增加个人负担来缓解社会公共事业的投入不足”是否合理,显然扩大了范围,不选
E 选项	虽然李女士的反驳中包含“通过征税的方式来纠正不良习惯不合理”的意思,但张先生并没有建议把征税作为纠正不良习惯的一般方式,不选

24. 解析:本题答案选 D。

李女士指出,如果向吸烟者征税是合理的,那么向经常食用高脂肪、高胆固醇的食物的人征税也是合理的。后者显然是不合理的。李女士犯了不当类比的逻辑学谬误。因此,D 项恰当地概括了李女士的反驳所运用的方法。

25. 解析:本题答案选 A。

根据题干“上述推理的漏洞也类似地出现在以下哪项中”知,这是非形式逻辑题,本题考查比较句子结构。题干的句子结构为:如果 P,那么 Q,但是非 P 且 Q,那么该论证不成立。

A 选项	如果 P,那么 Q,但是非 P 且 Q,那么该论证不成立,与题干论证一致,选 A
B 选项	如果 P,那么 Q,但是 P 且非 Q,那么该论证不成立,与题干论证不一致,不选
C 选项	如果 P,那么 Q,但是 P 且非 Q,那么该论证不成立,与题干论证不一致,不选
D 选项	既然可能是 P,那么可能非 P,与题干论证不一致,不选
E 选项	既然一定是 P,那么一定不是非 P,与题干论证不一致,不选

26. 解析:本题答案选 B。

根据题干“以下哪项中的推理与题干的最为类似”知,这是非形式逻辑题,本题考查比较句子结构。题干的句子结构为:越 X 越 Y,在 X 上,a 比 b 高,那么,在 Y 上,a 比 b 高。

特别注意:“海拔越高,空气越稀薄”的比较对象是两个独立的事物,属于横向比较。

A 选项	该选项中“年龄与成熟的关系”只能在一个个体上纵向比较,而不能在“两个独立的事物”之间横向比较,与题干论证不一致,不选
B 选项	该选项中“越 X 越 Y,在 X 上,a 比 b 高,那么,在 Y 上,a 比 b 高”,与题干论证一致,选 B

续 表

C 选项	该选项属于“同一对象不同时间段的对比”，与题干论证不一致，不选
D 选项	该选项涉及两个因素：“产品质量”和“广告投入”，而题干论证仅涉及一个，与题干论证不一致，不选
E 选项	该选项中“越 X 越 Y，在 Y 上，a 比 b 难，那么，在 X 上，a 比 b 量大”，属于题干的因果倒置，与题干论证不一致，不选

27. 解析：本题答案选 B。

如果日常饮食中维生素足量的孕妇缺乏维生素而非孕妇不缺乏维生素，说明就是腹内婴儿造成孕妇缺乏维生素；否则，孕妇缺乏维生素就不是腹内婴儿造成的。C 本来就不足量，就算测出来缺乏维生素也不能说明是胎儿造成的。

28. 解析：本题答案选 B。

根据题干“上述论证采用了以下哪种论证方法”知，这是非形式逻辑题，本题考查评价。

“斑马身上的黑白条纹是它们互相辨认的标志”，排除了幼小斑马不能识别黑白条纹，而只剩下一种可能：每匹母斑马都可以辨别出自己后代的条纹，属于排除法，本题答案选 B。

技巧点拨：否定一种情况，然后推出另一种情况的，属于排除法；肯定一种情况而推出剩下几种情况的，属于剩余法。

29. 解析：本题答案选 E。

根据“以下哪项与题干的论证方式题最为类似”知，这是非形式逻辑题，本题考查比较句子结构。题干的论证为：一个事物整体上比另一个事物好，一个个体是最好的，那么它一定属于整体上好的，有以偏概全之嫌。此外，在比较结构中，对于概念划分的考查比较多。根据题意知“南口镇仅有一中和二中两所中学”，一中学生和二中学生属于矛盾关系。

A 选项	没有涉及一个事物的整体与另一个事物的整体之间的对比，与题干论证不符，不选
B 选项	没有涉及一个事物的整体与另一个事物的整体之间的对比，与题干论证不符，不选
C 选项	没有涉及一个事物的整体与另一个事物的整体之间的对比，与题干论证不符，不选
D 选项	“心理教育”与“心理素质”是两回事，此外，“儿童”与“成年人”是反对关系，与题干论证不符，不选
E 选项	一个事物整体上比另一个事物好，一个个体是最好的，那么它一定属于整体上好的，与题干论证一致，选 E

30. 解析：本题答案选 D。

根据“以下哪项与题干的论证最为类似”知，这是非形式逻辑题，本题考查比较句子结构。题干断定的条件关系是：A 离不开 B，B 离不开 C；C 具有一定的属性，因此，A 也具有一定的属性。

A 选项	A 离不开 B,B 离不开 C;要有 A,必须有 C,与题干论证不一致,不选
B 选项	A 离不开 B,B 离不开 C;不是所有人都有 C,因此,不是所有人都有 A,与题干论证不一致,不选
C 选项	“离不开”表示的是必要条件,而“允许”不是表示必要条件,与题干论证不一致,不选
D 选项	A 离不开 B,B 离不开 C;C 具有一定的属性,因此,A 也具有一定的属性,与题干论证一致,选 D
E 选项	A 离不开 B,B 离不开 C;C 需要真诚,因此,不真诚不是 A 的开始,与题干论证不一致,不选

31. 解析:本题答案选 D。

由题干“上述议论中的漏洞,也类似地出现在以下哪项中”知,这是非形式逻辑题,本题考查的是逻辑学谬误,具体考查的是“数量”与“比例”之间的关系。根据题干信息:差错率是单位数量的文字中出现差错的比例,第一个原因“引进非专业编辑”是可能的原因;而第二个原因则不能解释,一般地说,差错率和文字的总量没有确定关系。题干把近年来上述出版社出版物的大量增加,解释为该社近年来出版物的差错率明显增加的重要原因,是一个漏洞。

Ⅰ	航空公司的投诉率,是单位数量航班乘客中投诉者的比例,一般地说,它和乘客的总量没有确定关系。该选项把“9·11”事件后航班乘客数量的锐减,解释为美国航空公司投诉率有明显下降的重要原因,与题干的漏洞类似
Ⅱ	该选项的两个理由是合理的,没有漏洞
Ⅲ	今年的高考录取率比去年增加了 15%,第一个原因“狠抓了教育质量”是可能的原因;第二个原因则不能解释,录取率与今年参加高考的人数没有确定关系,与题干漏洞类似

综上所述,Ⅰ和Ⅲ与题干的漏洞类似。因此,本题答案选 D。

32. 解析:本题答案选 B。

根据题干“上述论证中的逻辑漏洞,与以下哪项中出现的最为类似”知,这是非形式逻辑题,本题考查比较句子结构。题干的论证为:A 比 B 更容易导致 C,大多数 A 没有导致 C,因此,没有必要过分强调 A。考生要特别注意 A 与 B 是矛盾关系,使用枪支的犯罪与其他类型的犯罪是一对矛盾。

A 选项	“肥胖者”与“体重正常的人”是反对关系,与题干不符,不选
B 选项	A 比 B 更容易导致 C,大多数 A 没有导致 C,因此,没有必要过分强调 A。其中,“不检点的性行为”与“检点的性行为”是一对矛盾,符合题干,选 B
C 选项	没有涉及“大多数 A 没有导致 C”,与题干不符,不选
D 选项	“高收入者”与“低收入者”是反对关系,与题干不符,不选
E 选项	“高分考生”与“低分考生”是反对关系,与题干不符,不选

模拟试卷一

26. 解析：本题答案选 C。

根据题干“以下哪项能说明甲或乙的逻辑错误”知，这是非形式逻辑题，本题考查评价谬误。

根据题干信息：甲的观点是“男婴的出生率总是摆动于 22/43 这个数值，而不是 1/2”，也就是说甲认为“男婴的出生率略高于女婴”，乙的观点是“多数国家和地区，女人比男人多。可见，认为男婴出生率总在 22/43 上下波动是不成立的”。乙用来反驳甲的论据是“许多国家和地区都是女人比男人多”，这个反驳是不成立的。“男婴的出生率略高于女婴”并不意味着“男人一定多于女人”，因为还受男婴女婴的存活率、男人女人的相对寿命等众多因素的影响。所以，乙的反驳实际上混淆了概念。没有证据去断定选项 A、B、D、E 的正误。因此，本题答案选 C。

27. 解析：本题答案选 B。

根据题干“以下哪项最能削弱以上结论”知，这是非形式逻辑题，本题考查加强削弱。根据题干信息，可知题干论证为：北海大学的平均成绩为 81 分，而南山大学的平均成绩仅为 56 分→相比北海大学，南山大学的学生对古典音乐的了解很少。这是一道“对比型”加强削弱题，这类题最常见的削弱方式是：两类对象不具有可比性。

A 选项	大学的规模与大学的性质不影响题干结论的得出，属于无关选项，不选
B 选项	该选项表明“两类学生对音乐的理解不具有可比性”，北海大学的平均成绩高很有可能是这部分学生恰好音乐功底好，而不能说明“整个北海大学的学生比南山大学的学生对古典音乐了解更多”，可以削弱题干论证，选 B
C 选项	该选项表明：相关测试未包含全部内容，但是对两个学校的学生而言，测试的内容没有差别，不能削弱题干论证，不选
D 选项	该选项表明：部分北海大学的学生考得好不是因为对古典音乐的了解更深，而是因为作弊了，属于他因削弱，但是“部分”表明其力度较弱，不选
E 选项	对于抽样调查的样本问题，一般超过 100 就不再质疑其样本数，况且题干也没提到两所学校的学生数，不能削弱题干论证，不选

28. 解析：本题答案选 B。

根据题干“以下哪项与上文所提供的信息相抵触”知，这是形式逻辑题，本题考查逻辑计算推理。根据题干信息可以得出：

(1) 在滑雪场坡道上受伤的事故率已明显下降；

(2) 其他与滑雪相关的事故率却在上升。

A 选项	题干提供的是“事故率”，是关于比例的信息，不能推出绝对数量，不选

续 表

B选项	题干中“坡道受伤率从1950年的0.9%下降到1980年的0.3%”说明1950年的坡道**受伤可能性**高于1980年，该选项与题干不符，选B
C选项	题干论证未涉及“报告的准确性”，属于无关选项，不选
D选项	题干提供的是“事故率”，是关于比例的信息，不能推出绝对数量，不选
E选项	题干论证未涉及“其他事故的具体分类”，属于无关选项，不选

29. 解析：本题答案选E。

根据题干“如果以上论述为真，则以下哪项不可能为假”知，这是形式逻辑题，本题考查逻辑计算推理。根据题干信息：滑雪场坡道上受伤的事故率从1950年的0.9%下降到1980年的0.3%，其他滑雪相关的事故率从1950年的10%上升到1980年的25%。

A选项	题干提供的是“事故率”，是关于比例的信息，不能推出绝对数量，不选
B选项	题干论证未涉及“平均每位滑雪者的饮酒量”，属于无关选项，不选
C选项	题干只说明“由于雪橇和捆绑技术的提高，在滑雪场坡道上受伤的事故率已明显下降”，而未涉及“雪橇和捆绑技术的提高”会影响其他与滑雪相关的事故率，未必为真，不选
D选项	题干论证未涉及“雪橇和捆绑技术的提高”会影响其他与滑雪相关的事故率，未必为真，不选
E选项	1980年发生在坡道上的事故占全部与滑雪相关的事故的比例为0.3%∶(0.3%+25%)，1950年发生在坡道上的事故占全部与滑雪相关的事故的比例为0.9%∶(0.9%+10%)，前者小于后者，不可能为假，选E

30. 解析：本题答案选C。

根据题干“如果上述断定都是真的，则以下哪项一定也是真的”知，这是形式逻辑题，本题考查真话假话推理。根据题干信息：假设第一个人是甲，根据甲从不说假话，他的回答应是“我是甲”。因此，第一个人不是甲。由此可得第三个人的回答假，因此，第三个人也不是甲。由此得出第二个人是甲。因此，第二个人的回答真。由此得第一个是乙，第三个是丙。综上所述，本题答案选C。

31. 解析：本题答案选E。

根据题干“如果以上论述为真，则以下哪项不可能为假”知，这是形式逻辑题，本题考查简单命题推理规则。根据题干信息：

(1) 20世纪初的自然科学家中有些是逻辑主义者和经验主义者；

(2) 所有这类自然科学家都受到英国科学家罗素的影响；

(3) 所有受罗素影响的人都不主张虚无主义。

I选项	根据“**所有受罗素影响的人**都不主张虚无主义”推不出“**20世纪初的自然科学家**都不主张虚无主义”，不必然为真

续 表

Ⅱ选项	根据"所有受罗素影响的人都不主张虚无主义"不必然推出"不主张虚无主义的自然科学家都受罗素的影响",即"所有S都是P"不必然推出"所有P都是S",不必然为真
Ⅲ选项	"所有这类自然科学家都受到英国科学家罗素的影响"并不代表"所有受罗素的影响的科学家或者是逻辑主义者,或者是经验主义者",不必然为真

综上所述,三个副选项均不必然为真。因此,本题答案选E。

32. 解析:本题答案选E。

根据题干"以下哪项所表达的意思与上文最为相近"知,这是形式逻辑题,本题考查复合命题的等价。根据题干信息:不可能(让产品上一个档次∧不想加大科研方面的投入),本题需要利用"摩根公式"写出其等价命题:非让产品上一个档次∨加大科研方面的投入。再根据选言命题否定一个推出肯定另一个的规则,即:如果想让产品上一个档次,就要加大科研方面的投入,这是必然的,因此,本题答案选E。

33. 解析:本题答案选A。

根据题干"如果以上陈述为真,则以下哪一个选项最有可能为真"知,这是形式逻辑题,本题考查逻辑计算推理。根据题干信息:城市大医院每周出生的婴儿数量多,乡镇小医院每周出生的婴儿数量少;根据基本数学常识,出生男婴和女婴的基本概率应该是50%和50%;事件发生的次数越多,越接近正常概率。城市大医院每周出生的婴儿数量多,由于正常情况下,在医院出生的男婴和女婴的数量大体相同,因此城市大医院出现非正常周的次数少;相反,乡镇小医院每周出生的婴儿数量少,较容易有极端情况出现,比如一周出生3个婴儿,其中有2个是男婴,此种情况属于非正常周,因此小医院属于非正常周的概率也就更高。因此,本题答案选A。

34. 解析:本题答案选B。

根据题干"以下哪个结论可从以上陈述中推出"知,这是形式逻辑题,本题考查复合命题的推理规则。根据题干信息:(1)精神健康→自尊;(2)自尊→不断赢得他们所尊重的人的尊重;(3)赢得这种尊重→善待他们所尊重的人。(1)+(2)+(3)联推得:精神健康→自尊→不断赢得他们所尊重的人的尊重→善待他们所尊重的人。假言推理的正确规则是:前真推后真,后假推前假,其他不知道。

A选项	该选项表示:精神健康→得到别人的善待,而题干是"精神健康的人可推出善待他们所尊重的人",与题干不符,不选
B选项	该选项表示:精神健康→善待他们所尊重的人,与题干相符,正确
C选项	该选项表示:精神健康的人为得到他人的善待→自尊,而题干是"精神健康的人是为了善待别人",而不是要别人善待他,与题干不符,不选
D选项	该选项表示:期望得到他人的善待→善待他人,而题干不涉及是否得到他人的善待,与题干不符,不选
E选项	题干论述是"自尊→不断赢得他们所尊重的人的尊重→善待他们所尊重的人",该选项与题干不符,不选

35. 解析：本题答案选 C。

根据题干“以下哪项如果正确，最能解释儿童中彼特逊病的发病率上升”知，这是非形式逻辑题，本题考查解释。根据题干信息，题干需要解释的矛盾是：美国的麻疹等传统儿童疾病的发病率显著下降的同时伴随着儿童中彼特逊病的发病率上升。

A 选项	该选项表示“彼特逊病的病毒感染主要受遗传因素影响”，无法解释其发病率上升伴随着“麻疹等传统儿童疾病的发病率显著下降”，不选
B 选项	该选项表示：题干结论在其他国家没有发现，无法解释题干，不选
C 选项	该选项表示：由于得过麻疹的儿童形成了抵抗导致彼特逊病的病毒的免疫力，可以解释题干矛盾，选 C
D 选项	题干论证未涉及“疾病的后果”，属于无关选项，不选
E 选项	题干论证的是“发病率”，与具体患者人数无关，无法解释题干，不选

36. 解析：本题答案选 E。

根据题干“以上论述依据下面哪项假设”知，这是非形式逻辑题，本题考查假设。根据题干信息，题干的前提是：在南极洲发现的落叶树的化石中**没有一个有霜冻年轮**；题干的结论是：在南极洲，当这些已**形成化石的树木生长的时候，不大可能发生过这种霜冻现象**。需要假设的前提显然要在“**霜冻年轮**”与“**形成化石的树木生长的时候，不大可能发生过这种霜冻现象**”之间建立联系。

A 选项	题干论证未涉及“非落叶性树木化石”，属于无关选项，不选
B 选项	题干论证未涉及“哪些树种更容易产生霜冻年轮”，属于无关选项，不选
C 选项	题干论证未涉及“霜冻年轮的树木化石被发现的频率”，属于无关选项，不选
D 选项	题干论证未涉及“现在的落叶树”，属于无关选项，不选
E 选项	该选项在“**霜冻年轮**”与“**形成化石的树木生长的时候，不大可能发生过这种霜冻现象**”之间建立联系，属于题干论证的必需假设，选 E

37. 解析：本题答案选 E。

根据题干“以下哪一项如果是正确的，为以上建议提供了最有力的支持”知，这是非形式逻辑题，本题考查加强削弱。根据题干信息，题干论证的前提为：一个错误的阳性结果指出人们患了这种病而实际上他们没有；一个错误的阴性结果指出人们没有患这种病而实际上他们患有。题干论证的结论为：医生应采用产生错误的阳性结果比例最低的实验室测试手段。

A 选项	题干论证未涉及“治疗的副作用”，属于无关选项，不选
B 选项	题干论证未涉及“检测的副作用”，属于无关选项，不选

续 表

C 选项	该选项表明：早点确定结果有利于病人，支持了“错误的阴性结果”最低，说明对于没有更早检测出来的病人应该尽早发现，应当把错误的阴性结果比例最低的作为测试手段，不能支持，不选
D 选项	该选项表明：无法得出具体测试手段的区别，就说明比例最低的方法不可行，削弱了题干论证，不选
E 选项	该选项表明：如果所有的检测这种病的实验室测试手段出现错误的阴性结果的比例是相同的，那就意味着出现错误的阳性结果比例最低的实验室测试手段是最好的测试手段，属于过渡性加强，选 E

38. 解析：本题答案选 C。

根据题干“以下哪项陈述最准确地描述了上述论证的缺陷”知，这是非形式逻辑题，本题考查评价谬误。考生注意，当逻辑考试题目中出现数字时，题目的设计**一般都与数字有关**，须针对数字进行简单分析。本题中，中国男性超重比例上升了 11 个百分点，女性超重比例上升了 9 个百分点；墨西哥的男性超重比例上升了 33 个百分点，女性超重比例上升了 27 个百分点。由此可知，无论在中国还是在墨西哥，男性超重的增长速度都高于女性超重的增长速度。题干前提与结论是相反的，因此漏洞在于前后矛盾，即论据与所得出的结论不一致，因此，本题答案选 C。

39. 解析：本题答案选 E。

根据题干“以下哪项陈述能最有效地解决上文中的不一致之处”知，这是非形式逻辑题，本题考查评价。这类试题的关键是找到逻辑错误：**认知错误**。“马伯庸就是马力”这是一个事实，但并不代表所有人都知道，所以必须指出：虽然这个是客观存在的事实，但未必大家都知道，因此，本题答案选 E。

40. 解析：本题答案选 A。

根据题干“如果以下陈述为真，则哪一项将给中国官员的断言以最强的支持”知，这是非形式逻辑题，本题考查加强削弱。根据题干信息，中国官员的断言是：“欧盟若对中国光伏产品设限，将搬起石头砸自己的脚。”“搬起石头砸自己的脚”意在表明欧盟的这一决定也会影响到自己。

A 选项	该选项表明：欧盟若对中国光伏产品设限，就会影响欧盟大批光伏上下游企业的发展，正所谓“搬起石头砸自己的脚”，支持了题干论证，选 A
B 选项	该选项表明：欧盟若对中国光伏产品设限，则会促进欧洲太阳能产业的快速发展，削弱了题干论证，不选
C 选项	该选项表明太阳能产业的重要性，说明欧盟“对中国光伏产品设限”的必要性，削弱了题干论证，不选
D 选项	题干论证未涉及“欧洲债务问题”，属于无关选项，不选
E 选项	该选项表明：欧盟若对中国光伏产品设限，则会促进欧洲太阳能产业的快速发展，削弱了题干论证，不选

41. 解析：本题答案选 B。

根据题干“如果以上的陈述都是正确的，则根据这些陈述，下列哪一项一定是正确的”知，这是形式逻辑题，本题考查复合命题推理。根据题干信息，可以得出：(1)管理人员不试图反驳这些谣言→它们就会传播开来并最终摧毁顾客的信心；(2)管理人员努力驳斥这种谣言→这种驳斥使怀疑增加的程度比使它减少的程度更大；(3)管理人员不试图反驳这些谣言∨管理人员努力驳斥这种谣言。根据二难推理的推理规则可以得知：最终摧毁顾客的信心∨使怀疑增加的程度更大。综上所述，银行声誉一定会受损，因此，本题答案选 B。

42. 解析：本题答案选 E。

根据题干“不能有效地从上面陈述中得出下面哪个结论”知，这是形式逻辑题，本题考查复合命题推理。根据题干信息可以得出：非(低薪水的工作∨良好商业关系的亲戚)→高中生辍学都会失业。

A 选项	题干等价于：高中生辍学都会失业∨良好商业关系的亲戚∨低薪水的工作，因此，该选项为题干的等价命题，可以推出，不选
B 选项	该选项即为：非(低薪水的工作∨良好商业关系的亲戚)→高中生辍学都会失业，可以推出，不选
C 选项	由题干可以得知，非(低薪水的工作∨良好商业关系的亲戚)＝非低薪水的工作∧没有良好商业关系的亲戚，再根据“前真推后真”的推理规则可以得知：高中生辍学都会失业，如果一个人就业了，那么他就不是高中辍学者，可以推出，不选
D 选项	该选项表示：高中生辍学却有工作，否定了“高中生辍学都会失业”，再根据“后假推前假”规则可以得出：(低薪水的工作∨良好商业关系的亲戚)，再根据“薪水不低”，利用“否定必肯定”原则可以得出：他必定有良好商业关系的亲戚，可以推出，不选
E 选项	该选项肯定了“高中生辍学都会失业”，即肯定了后件，因此不能推出确定为真的结论，无法推出，选 E

43. 解析：本题答案选 E。

根据题干“如果以上陈述为真，则根据下列哪项能够推出张明的分数比陈文的分数低”知，这是形式逻辑题，本题考查逻辑计算中的关系推理。由题干信息：

(1) 根据陈文的分数比朱利的低，但是比李强的高，可以得出：朱利＞陈文＞李强；

(2) 根据宋颖的分数比朱利和李强的低，可以得出：宋颖＜朱利、李强，进一步得出：朱利＞陈文＞李强＞宋颖；

(3) 根据王平的分数比宋颖的高，但是比朱利的低，可以得出：朱利＞王平＞宋颖。

结论是：张明的分数比陈文的低，即陈文＞张明，将每个选项代入检验，选项 E 符合条件，李强＞王平＞张明，即可推出陈文＞张明。因此，本题答案选 E。

44. 解析：本题答案选 E。

根据题干“上述陈述均不能支持下述判断，除了”知，这是非形式逻辑题，本题考查加强削弱。本题考查“归纳推理”的加强与削弱。

A 选项	题干只列举了 3 种动物的感觉能力强于人类所显示的感觉能力，而不是“大多数动物”，属于轻率概括，不能支持，不选
B 选项	题干只是表明“猫比正常人在微弱光线中视力更好”，而不是“任何能在弱光中看见东西的人都不如猫在弱光中的视力”，属于偷换概念，不能支持，不选
C 选项	题干均是“基于事实的判断”，不涉及研究人员的观点，不能支持，不选
D 选项	题干论证是基于“人和其他动物所显示的感觉能力的对比”，而不是“人类自身在发展过程中的变化”，不能支持，不选
E 选项	题干表明“3 种动物的感觉能力强于人类所显示的感觉能力”，表明“有些动物有着区别于人的感觉能力”，可以支持，选 E

45. 解析：本题答案选 B。

根据题干“以下哪项如果为真，是上述官员的建议所必须假设的”知，这是非形式逻辑题，本题考查假设。本题属于“方法建议型假设”，本题的方法是：采取上调成品油价格 10％的方式控制车辆上路数量；本题需要达到的目的是：缓解交通拥堵。

Ⅰ 选项	该选项表明“方法无恶果”，但即使市民反对也不影响该措施的实行，不属于必要性假设，不选
Ⅱ 选项	该选项表明“方法有效果”，如果“上调成品油价格 10％”对广大车主没有影响，则无法达到目的，属于必要性假设
Ⅲ 选项	该选项属于诉诸权威，即使没经过“绝大多数专家的认可”，只要有效果，也同样可以达到目的，不属于必要性假设，不选

综上所述，只有Ⅱ为必要性假设，因此，本题答案选 B。

46. 解析：本题答案选 B。

根据题干“以下哪项与该俗语结构最为相似”知，这是非形式逻辑题，本题考查比较句子结构。根据题干信息，可知题干句子结构为：非 **A**∧**B** 的结构。

A 选项	该选项属于 **A**∧**B** 的结构，与题干论证不一致，不选
B 选项	该选项属于非 **A**∧**B** 的结构，与题干论证一致，选 B
C 选项	该选项属于 **A**∧非 **B** 的结构，与题干论证不一致，不选
D 选项	该选项属于 **A**∧非 **B** 的结构，与题干论证不一致，不选
E 选项	该选项属于 **A**∧非 **B** 的结构，与题干论证不一致，不选

47. 解析：本题答案选 C。

根据题干“如果以下哪项为真，向研究人员对其发现的解释提出了最严重的质疑”知，这是非形式逻辑题，本题考查加强削弱。题干论证为：人的精神状况(X)→身体对传染病的抵抗能力(Y)。

A 选项	题干论证未涉及“研究人员的观点与谁相似”，属于无关选项，不选

续 表

B选项	该选项表示：身体对传染病的抵抗能力差(Y)不是因为在防止接触性传染病方面不注意(Z)，而更可能是因为人的精神状况差(X)，属于无他因加强，不选
C选项	该选项表示：免疫系统失调→许多有这种问题的人患上了慢性抑郁症，属于“因果倒置削弱”，为最强削弱，选C
D选项	题干论证未涉及“患抑郁症是否具有突发性”，属于无关选项，不选
E选项	该选项表示：身体对传染病的抵抗能力差(Y)不是因为人的精神状况差(X)，而是因为在防止接触性传染病方面不注意(Z)，属于他因削弱，但力度弱于“因果倒置削弱”，不选

48. 解析：本题答案选B。

根据题干“以下哪项如果为真，最能削弱上述论证”知，这是非形式逻辑题，本题考查的是加强削弱。根据题干信息，题干论证为：为了延缓衰老，人们**必须**在每天的饮食中添加这些抗氧化剂，目的是延缓衰老，“必须”则表示方法的唯一性。本题为“方法目的型加强削弱”。

A选项	该选项表示“体内自由基不是唯一的原因”，那也可能是其中一个原因，该选项是对背景信息的一个说明，不能削弱，不选
B选项	该选项表明，即使不“在每天的饮食中添加这些抗氧化剂”，也可以达到中和人体内新陈代谢所产生的自由基，延缓衰老的目的，削弱了题干，选B
C选项	该选项表示该方法实现难度较大，但并不是无法实现
D选项	题干论证未涉及“哪些患者容易出现自由基”，属于无关选项，不选
E选项	题干论证未涉及“吸烟的危害”，属于无关选项，不选

49. 解析：本题答案选A。

根据题干“从上述断定能推出以下哪项结论”知，这是形式逻辑题，本题考查单步推理。根据题干信息：(1)避免灾难的最好方法是使行星的运行轨道发生一定的偏斜；(2)要使行星的运行轨道发生偏斜，唯一的方法是使用储存在空间站的核武器对行星进行袭击。注意抓住题干核心词：“唯一”。

Ⅰ	根据(1)+(2)可以得出：人类在空间站中储存核武器是必要的，因此，Ⅰ选项可以推出
Ⅱ	根据题干可知：核武器是**使行星的运行轨道**发生一定的偏斜的唯一方法，而并没有说核武器是**防止空间灾难**的唯一有效的方法，Ⅱ选项不能推出，不选
Ⅲ	题干表述“如果这种碰撞一旦发生，对地球将是灾难性的”，但并不能推出“已出现过多次地球与行星的碰撞”，Ⅲ选项不能推出，不选

综上所述，本题答案选A。

50. 解析：本题答案选D。

根据题干“以下哪项最好地描述了‘许多无意义的词语能引起人们积极或消极的反

应'这一论断在上述论证中的作用"知，这是非形式逻辑题，本题考查评价方法。根据题干信息，题干论证是：许多无意义的词语也能引起人们积极或消极的反应→人们对词语的反应不仅受词语意思的影响，而且受词语发音的影响。很显然，"许多无意义的词语能引起人们积极或消极的反应"是题干的论据，作为前提，用来支持全文的结论"人们对词语的反应不仅受词语意思的影响，而且受词语发音的影响"，因此，本题答案选 D。

51. 解析：本题答案选 A。

根据题干"问：下列说法哪项正确"知，这是形式逻辑题，本题考查逻辑计算推理。设共有士兵 a 人，则 $a=3x+2=5y+3=7z+2$，所以 $a-2$ 应该是 3 和 7 的倍数，也就是 21 的倍数，死了四五百人，所以 $a-2$ 应该在 1000 与 1100 之间，这中间满足的数有 1008、1029、1050、1071、1093。又因为 $a-3$ 是 5 的倍数，所以刚才的几个数再减 1 也应该是 5 的倍数，满足条件的只有 1071，所以 $a-2=1071$，$a=1073$，$1073/4=268$ 余 1。综上所述，本题答案选 A。

52. 解析：本题答案选 A。

根据题干"从上述断定最可能得出以下哪项结论"知，这是形式逻辑题，本题考查复合命题的推理规则。根据题干信息可以得出：(1)提交全体住户投票表决→获得 10%的住户签字的协议；(2)宠物爱好者的提议被住户投票否决了，由此可以推出该提议经过了表决。因为提交表决在先，否决在后。没有提交表决不可能有否决，因此，得出推理：否决→提交全体住户投票表决→获得 10%的住户签字的协议，其中，10%的住户签字的协议是必要条件，必须满足，因此答案选 A。

53～55 题详解如下：

(1) 视察 F 在第一天或第六天；

(2) 视察 J 的日子比视察 Q 的日子早；

(3) 视察 Q 恰在视察 R 的前一天；

(4) 视察 G 在第三天→视察 Q 在第五天。

53. 解析：本题答案选 B。

根据题干"下面哪一选项是符合要求的按顺序排列的从第一天至第六天视察的工厂的名单"知，这是形式逻辑题，本题考查综合推理。本题考查"代入排除法"。如果该选项与题干冲突，那么一定不是正确答案，即排除之。

条件(1)视察 F 在第一天或第六天	排除 D
条件(2)视察 J 的日子比视察 Q 的日子早	排除 A、E
条件(3)视察 Q 恰在视察 R 的前一天	排除 C

综上所述，本题答案选 B。

54. 解析：本题答案选 D。

根据题干"下面哪一选项必定是假的"知，这是形式逻辑题，本题考查综合推理。

根据(2)+(3)知：J 在 Q 之前，Q 在 R 前一天，所以 R 最早只可能是第三天，而不可能是第二天，因此，本题答案选 D。

55. 解析：本题答案选 B。

根据题干“如果视察 R 恰在视察 F 的前一天，则下面哪一选项必定是真的”知，这是形式逻辑题，本题考查综合推理。根据“视察 R 恰在视察 F 的前一天”＋(1)视察 F 在第一天或第六天，可以得出视察 F 只能是第六天、视察 R 为第五天；再根据(3)视察 Q 恰在视察 R 的前一天，那么视察 Q 为第四天；再根据(4)的逆否命题：视察 Q 不在第五天→视察 G 不在第三天，由此得出：只能将 H 或者 J 安排在第三天。因此，本题答案选 B。

模拟试卷二

26. 解析：本题答案选 C。

根据题干信息“如果以上陈述为真，则以下哪项陈述一定为真”知，这是形式逻辑题，本题考查二难推理。本题题干形式化为：

(1) 某龙头企业败诉→培养了自己的竞争对手；

(2) 某龙头企业胜诉→为《bang!》日后告赢《三国杀》抄袭提供了一个非常好的案例；

(3) 某龙头企业或者胜诉，或者败诉。

联立以上三条(两个假言＋一个选言)可以得出：某龙头企业或者在培养自己的竞争对手，或者在为《bang!》将来状告自己抄袭提供好的案例。因此，本题答案选 C。

27. 解析：本题答案选 C。

由题干信息“以下哪项论证与题干所犯的错误最为类似”知，这是非形式逻辑题，本题考查的是结构类似。

题干	题干的句子结构是：如果 P，那么 Q；现在 Q，所以 P
A 选项	该选项的句子结构是“P 或者 Q，如果非 P，那么一定 Q”，与题干句子结构不类似，不选
B 选项	该选项的句子结构是“如果 P，那么 Q，P 且非 Q，因此，非 P”，与题干句子结构不类似，不选
C 选项	该选项的句子结构“如果 P，那么 Q；现在 Q，所以 P”，与题干句子结构一致，选 C
D 选项	该选项的句子结构是“只有 P 才 Q，因为 Q，所以 P”，很多同学误选 D，但是与 C 相比，它是“只有……才”的推理结构，与题干句子结构不类似，不选
E 选项	该选项的句子结构是“如果 P，那么 Q，非 P，因此非 Q”，尽管表达的意思与题干比较类似，但与题干结构不符，不选

28. 解析：本题答案选 B。

由题干信息“上述论证基于以下哪项假设”知，这是非形式逻辑题，本题考查的是假设。

题干前提是：过去的学生经常抗议核武器，现在的学生很少抗议核武器；结论是：现在的学生一定是没有过去那么关心政治了。两者之间存在论证的跳跃，必须**搭桥**，在抗议核武器和关心政治之间建立联系，“对核武器的抗议”是“关心政治”的标志，所以，本题答案选 B。

29. 解析：本题答案选 C。

根据题干信息“以下各项都符合题干的断定，除了”知，这是形式逻辑题，本题考查复合命题的等价命题。本题进行形式化为：除非(他具有坚定的信念)；同时，除非(一个人能勇敢地面对挫折)，否则他就不能在逆境中成功，将其形式化为：

(1) $\overline{\text{具有坚定的信念}}$→$\overline{\text{在逆境中成功}}$=在逆境中成功→具有坚定的信念(逆否规则)；

(2) $\overline{\text{勇敢面对挫折}}$→$\overline{\text{在逆境中成功}}$=在逆境中成功→勇敢面对挫折(逆否规则)。

A 选项	逆境中成功→坚定的信念，符合逆否规则，能从题干推出，不选
B 选项	逆境中成功→坚定的信念，符合逆否规则，能从题干推出，不选
C 选项	坚定的信念→成功，无法从题干推出，选 C
D 选项	逆境中成功→坚定的信念=(非逆境中成功)或坚定的信念，符合假言命题的等价规则，能从题干推出，不选
E 选项	题干原命题，不选

30. 解析：本题答案选 E。

根据题干信息“由此可见，新建筑的钢材使用应满足”知，这是形式逻辑题，本题考查复合命题的推理。本题题干形式化为：

(1) 成钢∨昆钢；

(2) 成钢→$\overline{\text{达钢}}$=$\overline{\text{成钢}}$∨$\overline{\text{达钢}}$；

(3) 威钢→达钢；

(4) 昆钢▽威钢。

假设使用威钢，那么$\overline{\text{昆钢}}$，那么一定使用成钢(相容选言的否推肯)；

再根据(2)，得出$\overline{\text{达钢}}$，而根据(3)，得出达钢，显然与题干不符，那么$\overline{\text{威钢}}$；

$\overline{\text{威钢}}$+(4)⇒昆钢，所以不使用威钢，使用昆钢，本题答案选 E。

31. 解析：本题答案选 B。

根据题干信息“上述情况为真，请问哪一天小成一定会卖电动玩具”知，这是形式逻辑题，本题考查复合命题推理。本题题干形式化为：

(1) 星期六：气球∨服装；

(2) 1 个上午和 3 个下午：气球；

(3) 2 个连续的下午卖电动玩具。

根据小成每周的周四和周日他坚决不出摊可以得出：

			不出摊			不出摊

由于周六不卖电动玩具，因此，只能在周一、周二，或者周二、周三 2 个连续的下午卖电动玩具，那么，周二下午一定在卖电动玩具，本题答案选 B。

32. 解析：本题答案选 D。

由题干信息“以下哪项判定如果为真，最能削弱上述结论”知，这是非形式逻辑题，本题考查的是削弱。题干论证是：共有 5 名部门经理考上 MBA，同时也有 16 名普通员工考上 MBA→普通员工比部门经理更容易考上 MBA。这是一个“对比论证”，要使该论证成立，还需要知道“普通员工”和“部门经理”的基数，如果“100 名普通员工中考上了 16 名，但是 5 名部门经理全部考上了 MBA”，该论证显然就不成立了，因此，要削弱题干，也只需要从两者之间的数量比例关系上去削弱，因此，本题答案选 D。

33. 解析：本题答案选 B。

由题干信息“如果 P 在展室 A 展出，W 在展室 B 展出，则展室 A 可以展出下列任意两座雕像，除了”知，这是形式逻辑题，本题考查的是综合推理，考查分组问题。

如果 P 在展室 A 展出，W 在展室 B 展出，则根据条件(1)，从 W 在展室 B 展出可推出 U 在展室 A 展出。根据条件(2)，由于 S 和 T 都不能与 R 在同一个展室展出，所以，如果 R 在展室 A 展出，则 S 和 T 在展室 B 展出。这样，由于展室 B 的展品已达到三件，所以 Q 必须在展室 A 展出。而如果 R 在展室 B 展出，则 S 和 T 在展室 A 展出。这样，由于展室 A 的展品已达到四件，所以 Q 必须在展室 B 展出。将上述展出情况总结如下：

展室 A：P、U、R、Q

展室 B：W、S、T

或者

展室 A：P、U、S、T

展室 B：W、R、Q

由于无论哪种情形，Q 和 T 都不能同时在展室 A 展出，所以正确答案是选项 B。

34. 解析：本题答案选 A。

由题干信息“如果 T 在展室 B 展出，那么下列哪两座雕像不能在同一展室展出”知，这是形式逻辑题，本题考查的是综合推理，考查分组问题。

如果 T 在展室 B 展出，则根据条件(2)可推出 S 在展室 B 展出，R 在展室 A 展出。根据条件(1)可推出 U 和 W 一个在展室 A 展出而另一个在展室 B 展出。这样，由于展室 B 名额已满，所以剩余的 P 和 Q 一定都在展室 A 展出。总结上述展出情况即：

展室 A：R、U/W、P、Q

展室 B：T、S、U/W

可以看出，P 和 S 不能在同一展室展出，所以，本题答案是 A。

35. 解析：本题答案选 D。

代入排除：

误差分别为 2、3、4、5 分钟，只有 12 点 59 分符合，慢 5 分钟、慢 2 分钟、快 3 分钟、快 4 分钟，分别对应 12 点 54 分、12 点 57 分、1 点零 2 分、1 点零 3 分。因此答案选 D。

36 题答案 B，37 题答案 C。解析如下。

题干信息：
(1) 甲、乙是高中生；
(2) 丙、丁是初中生；
(3) 戊、己、庚是小学生；
(4) 高中生都不分到三人缆车；
(5) 小学生都不分到单人缆车；
(6) 甲和丙分到同一个缆车。
解题步骤：
整理题干信息，结合(1)、(4)、(6)可知，甲和丙分到同一个缆车，此缆车一定是双人缆车。
36 题，因为丁乘坐单人缆车，甲、丙乘坐双人缆车，小学生戊、己、庚都不能乘坐单人缆车，所以剩下的乙只能乘坐一个单人缆车。本题答案为 B。
37 题，若丁乘坐三人缆车，而甲、丙乘坐双人缆车，乙是高中生，不得乘坐三人缆车，所以丁与小学生中的两人乘坐三人缆车，乙与一名小学生乘坐双人缆车，此时，无人乘坐单人缆车。本题答案为 C。

38. 解析：本题答案选 E。
本题论点：产量高由于施过磷酸钙单质肥料。论据：东面地施过磷酸钙单质肥料，西面地没施，结果东面地产量比西面地高。这是一个运用了求异法的论证削弱题。根据“削弱找不同”，找增加不同因素的选项即可，即 E 选项。E 选项，两块地的土质不同，所以不能确定产量高是因为过磷酸钙肥料。A 选项，肥料是过期的，对论证并无影响，因为过期就一定不能增产？事实上，该论证体现的是用了比不用产量高。B 选项，说的是过硫酸钙单质化肥，与论证无关。C 选项，每块地种植了不同种类的四种玉米，即东面地种某四种玉米，西面地也种这四种，增加相同因素起加强作用。D 同样是增加相同因素，加强作用。

39. 解析：本题答案选 C。
由题干信息“下列哪项如果为真时，最有助于解释如上述糙皮病的不同发病率”知，这是非形式逻辑题，本题考查的是解释，本题是“对比型解释”。对于此类题型，出现了结果的差异，所以，我们需要补足前提的差异。题干需要解释的是：许多主要吃玉米的欧洲人得了糙皮病。然而，当时在美洲，糙皮病仍然还是未知的；大家都是吃玉米，为什么会出现不一样的结果？我们显然需要找到“欧洲南部人”和“美洲人”吃玉米的差异。

A 选项	题干论证未涉及“玉米为什么会被介绍到欧洲南部”，属于无关选项，不选
B 选项	题干论证中说“它在玉米中的构成形式是人体不可吸收的”，因此，即使“美洲种植的玉米比在欧洲种植的玉米含有较多的烟酸”，这些烟酸也很难被人吸收，仍旧无法解释上述现象，不选
C 选项	“烹调玉米的传统方式将玉米中的烟酸转换成人体可用的形式”就可以很好地解释为什么“美洲人不得糙皮病”，选 C

续 表

D 选项	“也吃烟酸丰富的食物”为什么仍旧还是有人得“糙皮病”？无法解释，不选
E 选项	题干论证未涉及“人们之前对糙皮病的认知”，属于无关选项，不选

40. 解析：本题答案选 E。

由题干信息“以下哪项如果为真，将最严重地削弱心理学家的结论”知，这是非形式逻辑题，本题考查的是削弱。题干论证的因果关系是：观看男性暴力行为后出现打人行为比观看女性暴力行为后出现打人行为多→相对电影中的女性的暴力行为，儿童更容易效仿电影中的男性的暴力行为。本题其实是一个“对比性研究”，要削弱该研究得出结果的可信性，一般需要找出两组实验对象本身是有差异的。

A 选项	该选项没有体现出两者实验对比的差异，无法削弱题干，不选
B 选项	该选项没有体现出两者实验对比的差异，无法削弱题干，不选
C 选项	该选项说明两组实验对象的男女比例差不多，没有体现出两者实验对比的差异，无法削弱题干，不选
D 选项	“第一组 58%的孩子显出无聊情绪，12%的孩子睡着了”说明影片内容不精彩，与题干论证无关，不选
E 选项	该选项说明第一组儿童比第二组出现更多的暴力倾向(Y)很可能是因为其中违纪问题儿童的比例比在第二组的比例更大(Z)，而不是因为观看电影的影响(X)，他因削弱，可以削弱题干结论，选 E

41. 解析：本题答案选 C。

根据题干信息“如果三位员工的预测都为真，则以下哪项一定为假”知，这是形式逻辑题，本题考查复合命题推理规则。题干形式化为：

(1) 阿大→阿二；

(2) 阿三→$\overline{\text{阿四}}$；

(3) 阿三 ∨ $\overline{\text{阿二}}$ = 阿二→阿三；

(1)+(3)得出：(4)阿大→阿二→阿三→$\overline{\text{阿四}}$。

(4) 的矛盾可以是：阿大 ∧ 阿四，一定为假。

所以，本题答案选 C。

42. 解析：本题答案选 B。

根据题干信息“以上结论是以以下哪个前提作为依据的”知，这是形式逻辑题，本题考查复合命题推理规则。本题题干形式化为：

诺贝尔
(　　　) } ⇒中科院院士(结论)。

要想得到这个结论，必须在两者之间建立联系：诺贝尔→中科院院士。

因此，本题答案选 B。

43. 解析：本题答案选 B。

【考点分析】一一对应。

【题干化简】(1) 北乙∨西乙→¬南丁∧¬南丙；

(2) 南兴区或北海区要引入项目甲或者项目乙。

如果南兴区引入项目丁，则否定了(1)的后件，则北海和西城不能引入项目乙。代入条件(2)，假设北海引入项目甲，则东城引入项目乙，继而推得西城引入项目丙，符合题干条件，故选 B。

44. 解析：本题答案选 E。

题干化简同上题。

如果项目甲必须在东城区或西城区落户，要满足条件(2)，就只能让乙在北或者乙在南落户，首先假设乙在北落户，则根据条件(1)，南不能让丁和丙落户，只能让甲落户。故与项目甲必须在东城区或西城区落户不符，排除。

所以，乙只能在南落户，符合条件(1)和(2)。

45. 解析：本题答案选 B。

非(虚名且实利)＝(非虚名)或(非实利)，即虚名→非实力。

46. 解析：本题答案选 E。

【考点分析】复合命题。

由题干得出条件：知道幕后信息且拥有一亿美元→破产或者坐牢。

A 项：否定前件无效。

B 项：否定前件无效。

C 项：否定前件无效。

D 项：否定后件推否定前件，但正确的形式应该是：两年之内，如果你既未破产，也未坐牢，那么你不知道幕后信息或者未拥有过一亿美元，与 D 项不一致，错误。

E 项：否定后件推否定前件，正确，入选。

47. 解析：本题答案选 C。

【考点分析】支持题。

结论：锂电池将会替代传统电池。A、B、D、E 都说明了锂电池在其他方面比传统电池有很明显的优势，从而支持了结论。C 项：锂电池可以嵌入汽车底盘，为汽车提供动力，可以方便无线充电，传统电池也可以为汽车提供动力，所以两者没有明显的优劣区分，入选。

48. 解析：本题答案选 C。

【考点分析】搭桥拆桥。

题干中的结论是核聚变已经完成。要提出质疑：即在单间的空气里有可测量到的氦-4 气体，是作为核聚变已经完成的依据，而核聚变的过程是原子核聚合或被“熔化”的过程中释放出能量和氦气等，若氦-4 的含量低于空气中正常的含量，则不能说明核聚变已经完成。C 项若为真，则质疑了题干中的结论。故选 C。

49. 解析：本题答案选 C。

【考点分析】搭桥拆桥。

题干中结论：一位专家断言，转基因食品是安全的，可放心食用。

选项 A：转基因农作物抗杂草，所以无须使用含有致癌物质的除草剂，支持专家断言，

故排除。

选项 B 提到，十三年来转基因作物从未发生过安全事故，支持专家断言，排除。

选项 C 前一句可得出转基因水稻有毒，这不能支持，削弱了专家的断言，入选。

选项 D 提到，杂交育种产生的作物是安全的，用传统方式对作物品种的杂交选育，实质上也是转基因，说明转基因也是安全的，支持了专家的断言，故排除。

选项 E 提到，转基因农作物对此类动物不会引起过敏反应，而灵长类动物和人类有很多相似之处，也就是转基因不会引起人类过敏，支持专家断定，排除。

50. 解析：本题答案选 D。

【考点分析】搭桥拆桥。

题干的前提：中国自周朝开始便实行同姓不婚的礼制。

结论：我国古人早就懂得现代遗传学中优生优育的原理，否则就不会意识到近亲结婚的危害性(因果关系：是因为我国古人知道优生优育的原因)。

选项 A 有削弱，提出了存在他因，但是对象不一致，力度较低。只是针对政治联姻，普遍的“同姓不结婚”显然不是政治联姻，排除。

选项 B：我国古人基于同姓婚姻导致乱伦和生育不良的经验而制定同姓不婚的礼制，具有加强性，故排除。

选项 C 与题干论证无关。

选项 D 提到，同姓不婚的礼制鼓励异族通婚，异族通婚促进了各族之间的融合，有削弱，存在他因——促进各族融合。D 针对的是普遍的通婚，对象更一致。力度远强于 A，入选。

选项 E 与题干论证无关。

51. 解析：本题答案选 B。

【考点分析】复合命题等价推理。

题干：(1) 雅士→琴棋书画；

(2) 俗人→柴米油盐；

(3) ¬柴米油盐→¬琴棋书画，等价于琴棋书画→柴米油盐。

联合(1)、(3)得出选项 B，雅士离不开柴米油盐。

52. 解析：本题答案选 D。

【考点分析】真话假话。

假设老大前半句为真，则第三个蛋为生的；那么老二后半句话为假，前半句为真，第二个蛋是熟的；由此得出老三的话全部为真，和题干矛盾。所以老大前半句话为假，第一个蛋为熟的，第三个蛋也为熟的。由老二的后半句话为真，可得第二个蛋为生的。由此推出老三前半句话为假，后半句话为真，符合题意。故答案选 D。

53. 解析：本题答案选 C。

【考点分析】论证推理，削弱题型。

题干论证的论据：将电缆埋在泳区四周的下面可以使鲨鱼自动游开，既不伤人也不伤海洋动物；

结论：装上这种电缆后，泳区既能维持旅游业，同时又能满足环保人士的要求。

C选项：虽然这种电缆可能会在既不伤人也不伤海洋动物的情况下使鲨鱼自动游开，但是由于不像以前的网能被游人看到，可能会使他们对浴场的安全性产生怀疑，从而不敢光顾这些海滩，所以削弱了环保人士的建议。故正确答案为C。

54. 解析：本题答案选D。

由题干信息"如果J的讲座被安排在第四场，则第三场讲座的学者必定是"知，这是形式逻辑题，本题考查的是综合推理，具体考查的是"直线型排列问题"。根据题干信息知：

如果"J的讲座被安排在第四场"，那么J是下午第一场进行讲座；如果F被安排在第三场，那么在M和N之间安排了2个人F、J，与题干不符；同理，G、L也是类似情况，所以，第三场只能是M或N，因此，本题答案选D。

55. 解析：本题答案选E。

由题干信息"如果午餐发生在M和N的讲座之间，则下列哪一项列出了可以安排在M和N之间的讲座的所有可能的学者"知，这是形式逻辑题，本题考查的是综合推理，具体考查的是"直线型排列问题"。根据题干信息知：

"如果午餐发生在M和N的讲座之间"，说明M和N分别在第三场和第五场进行，也可以是在第二场和第四场进行；假设M和N分别在第三场和第五场进行，那么F、G在第一、二场，M和N之间的讲座者可能为J、L；假设M和N分别在第二场和第四场进行，那么F、G在第一、三场，且均有可能位于M和N之间。

综上所述，M和N之间可能是F、G、J、L，因此，本题答案选E。